体験型 読み聞かせブック
英語好きな子に育つ
たのしいお話 365

覚えてみよう、聞いてみよう、話してみよう

小学生のための英語教育研究グループ 著

子供の科学 特別編集

誠文堂新光社

本書をお子さんと一緒に読まれるご家族の方へ
英語は自分の可能性と世界を広げる扉です。

　世界で最も多くの人に話されている言葉はなんでしょうか？　じつは、答えはひとつではありません。ある言語について母語として話している人々と、公用語あるいは第二言語として話している人々がいるからです。母語のランキングでは1位は中国語となるようです。英語は2位です。ところが公用語となると中国語が2位、英語が1位に逆転するといわれています。

　このことから、中国語は話者人口が多いものの、その使用者には偏りがあり、一方、英語は世界のさまざまな場でコミュニケーションの手段として広く用いられていることがわかります。ただし、世界の人口を約70億人とすると、アメリカ合衆国やイギリスのように英語を「母語」とする人々は4億人程度、フィリピンやシンガポールのように「第二言語・公用語」として用いる人々は14億人程度です。英語を「外国語として学んでいる」人々も含めると、現在は英語の母語話者よりも非母語話者の方が圧倒的に多いのです。だとすると、これから私たちが英語を使う機会は、もはやアメリカ人やイギリス人など母語話者よりも、たとえばアジアの中で中国や韓国の人たちと共通の伝達手段として用いるような場面が多くなるかもしれません。

　また、世界の4人にひとりが程度の差こそあれ英語を用いているということは、確かに英語の重要性を語ってはいますが、反対に、世界の4人に3人とは英語以外の言語を用いなければならないということも理解する必要があります。街角で外国の人を見かけたからといって、すぐに英語で話しかけるのではなく、その前に、その人は「何語で話したいのだろう」と思いをはせることが大事です。もしかすると、日本で育ち、

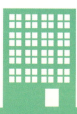

筑波大学人文社会系教授 卯城 祐司

全国英語教育学会会長
前小学校英語教育学会会長　博士（言語学）

　日本語でやりとりすることを希望されているかもしれません。そして、英語だけでなく、世界に存在するたくさんの言葉を学ぶことによって、その言葉を話す人々や国、文化について理解を深めることができ、友だちの輪も広がります。
　人が話す言葉と、ものごとの理解の仕方や振る舞い方には密接な関係があるといわれています（サピア＝ウォーフの仮説）。たとえば、虹の色が何色か、太陽や月の色が何色かは地域や話している言語によって異なります。同じものを見ているのに不思議ですね。また、日本語のハンカチは清潔な印象がありますが、英語のhandkerchiefは、時には鼻をかむために使うものです。本書で英語という言葉が持つ奥深さを知ることによって、さらに英語が好きになるでしょう。
　小学校での英語の授業もいよいよ教科化となることが決まり、中高大、そして生涯学習に至るまで、しっかりとした英語の力を身につけることが重要となっています。しかし、使えない単語や文法をいくら覚えても、それは「知識」としての英語に過ぎません。まずは英語を用いて積極的にコミュニケーションを図ろうとする意欲や興味・関心を高めることこそ大切です。そして、話す言葉や文化が異なっても、異なりよりも重なりを求め、相手を理解・尊重しようと務める態度を養うことを目指していきましょう。本書を通じて、みなさんが英語を大好きになり、なによりも英語を用いたよいコミュニケーター（Good Communicator）となってくださることを心から願っています。

contents もくじ

January 1月

1日 英語は26文字ですべてをあらわせる…14
2日 神様の名前が曜日になった!?…15
3日 英語で数を数えてみよう!…16
4日 合い言葉は…? 英単語で忍者ゲーム!…17
5日 ハクション! はAchoo!!…18
6日 ローマ字で日本語を書いてみよう…19
7日 「ドンマイ」が通じなくても、気にしないで…20
8日 「ぼく」「おれ」「わたし」英語でなんていう?…21
9日 アメリカの学校は教科書がレンタル!?…22
10日 Good morning! 英語であいさつしてみよう…23
11日 英語ってどれくらいの人が話してる?…24
12日 イヌは英語でなんて鳴く?…25
13日 いいことがあったらハイタッチをしよう!…26
14日 海外では「トイレ」じゃ通じない!?…27
15日 ふたつの辞書を使ってみよう…28
16日 多い名字ナンバーワンはスミスさん…29
17日 東西南北を英語でいってみよう…30
18日 世界で使っている地図はみんな同じもの?…31
19日 英語で自分のことを話してみよう!…32
20日 国の名前はひとつじゃない!?…33
21日 英語で「痛いの、痛いの、とんでいけ〜!」…34
22日 学校でも病院でも○○先生、とは呼ばないよ…35
23日 バイリンガルってどんな人?…36
24日 外国人がいやがる日本人の習慣…37
25日 キミの「ファミリーツリー」をつくってみよう…38
26日 「私はチキン」は気をつけて!…39
27日 インドの"Yes"は"No"みたい…40
28日 物語や童話には、「名作」がたくさん!…41
29日 桃太郎① Peach Boy…42
30日 桃太郎② Peach Boy…44
31日 夏目漱石の英語力とイギリス留学…46

February 2月

1日 ボールはわかるけど、ドッジってなに?…48
2日 「S・M・L」というのは日本だけ!?…49
3日 英語で元気に「行ってきます!」…50
4日 英語を発音するコツは、表情豊かに話すこと!…51
5日 外国の学校に行こう!…52
6日 英語の九九は12の段まである!…53
7日 英語で友だちにあれこれ聞いてみよう…54
8日 「さむ〜い!」を英語でいうと?…55
9日 キミはどうやる? 指を使った数の数え方…56
10日 今の気分を英語で答えよう!…57
11日 ジュースとjuice、どうちがう?…58
12日 アメリカの学校に職員室はない!?…59
13日 いろいろな色の名前を英語でいってみよう…60
14日 バレンタインデーにはカードを送ろう…61
15日 英語でやってみよう「あっち向いてホイ!」…62
16日 ミッドナイトのミッドってどんな意味?…63
17日 アルファベットに大文字と小文字がある理由…64
18日 あいさつは「ハワイ」と「アイムパイン」…65
19日 学校にパジャマで行くってホント!?…66
20日 星条旗に秘密あり!? アメリカってどんな国?…67
21日 海外に行けば、私たちも「エイリアン」!…68
22日 写真をとるときになぜ「チーズ」っていうの?…69
23日 海外旅行で英語を話そう! 飛行機にて…70
24日 なにに乗って学校に行く?…72
25日 Excuse me.とI'm sorry.のちがい…73
26日 体のパーツを英語でいってみよう…74
27日 魚じゃないのに名前がフィッシュ!?…75
28日 アルファベットを伝えるヒミツのコード…76
29日 電話で「ハロー!」はエジソンの大発明!?…77

写真館vol.1 ▶▶▶ 日本一の山「富士山」…78

contents もくじ

March 3月

1. 「1番目、2番目、3番目……」は英語でなんていう?…80
2. 「いただきます」を英語でいうと?…81
3. ミツバチの道は一直線…82
4. フリーって日本語で自由だけじゃないの!?…83
5. 「これは○○です」を英語でいってみよう…84
6. 顔のパーツを英語でいってみよう…85
7. アメリカの子どもたちはスクールバスで通学する…86
8. パン好きも必見! 覚えておきたいパンの名前…87
9. どれだけ単語がわかれば英語で話ができるの?…88
10. 英語で聞いてみよう!「将来なにになりたい?」…89
11. McDonald'sのDが大文字なのはなぜ?…90
12. 友だちをさそってみよう「~しようよ!」…91
13. アメリカのドアは内側に開く…92
14. こうすれば伝わる! 英語の「発音」レッスン…93
15. 世界の都市の名前をいってみよう…94
16. 「スマートな人」ってやせている人のこと?…95
17. セント・パトリックス・デー 街が緑色に染まる…96
18. 日本人はJapanese。ではアメリカ人は?…97
19. UFOもBGMもそのままじゃ通じない!…98
20. 海賊を意味するバイキング 食べ放題との関係は?…99
21. 兄でも弟でもbrother!…100
22. ラッキーを呼ぶいい回しを覚えよう…101
23. 鼻ほじり、おなら、げっぷをされちゃったときは?…102
24. 「バナナに行け」ってどういう意味?…103
25. 花粉症は英語でなんていう?…104
26. 鉄道発祥の地イギリスの本当の国名にビックリ!!…105
27. 「あげどうふ」で通じる!? 英語の発音マジック!…106
28. 「キノコの輪」に入らないで! イギリスの妖精伝説…107
29. かぐや姫① The Tale of Princess Kaguya…108
30. かぐや姫② The Tale of Princess Kaguya…110
31. 英語でチャンスをつかんだ野口英世…112

April 4月

1. 今日はなん日? 英語で日付をいおう!…114
2. 子どもがなりたい職業は? ~アメリカ編・日本編~…115
3. 自己紹介を英語で元気にしてみよう!…116
4. 国によってちがう! 建物の1階の呼び方…117
5. シャープペン、ボールペンは英語じゃない!…118
6. いろいろなあいさつのフレーズを使いこなそう…119
7. アメリカのお金はドルとセント!…120
8. おつりの計算は足し算で…121
9. 町にあるいろいろなお店や建物…122
10. どちらにするか迷ったら、トラのつま先つかまえろ!…123
11. ふしぎ! アクセントを変えると英語になる?…124
12. 考え方がわかる!?「自分」を指すジェスチャー…125
13. どんな味? 英語で表現してみよう!…126
14. 「テレ」がつくものを探せ!…127
15. I beg your pardonを覚えよう…128
16. 春をお祝いする「イースター」を楽しもう!…129
17. 指が緑色の人は、庭いじりがうまい?…130
18. あなたはベイビーでしょ、といわれたら…131
19. 海外旅行で英語を話そう! 空港にて…132
20. 日本が夜9時のとき、ニューヨークは何時?…134
21. 英語? 日本語? 公園にある遊び道具のお話…135
22. 英語で聞いてみよう「これは○○ですか?」…136
23. おお、ロミオ! どうして英語の日は4月なの?…137
24. 「朝のかがやき」ってなに? ~いろいろな花の名前~…138
25. トイレに行きたいときは「姉ちゃん氷水!」…139
26. あま~いシロップの産地 カナダは世界第2位の広い国…140
27. 近い? 遠い? 国によってちがう距離の感覚…141
28. どんなスポーツが好きですか?…142
29. 「三人寄れば文殊の知恵」を英語でいうと?…143
30. 人々に勇気と希望をあたえたヘレン・ケラー…144

5

contents もくじ

May 5月

1日 「いい天気ですね」と英語でいえるようになろう…146
2日 地球はわれらの大事な球体…147
3日 英語で聞いてみよう！「どんな○○が好き？」…148
4日 英語でいちばん使われている単語は？…149
5日 アメリカのバスはおつりが出ない!?…150
6日 「お腹の中にチョウがいます！」…151
7日 数字じゃない！ 英語の月の呼び方…152
8日 パスポートを持っていますか？…153
9日 赤ちゃん言葉で「おやすみなさい」は？…154
10日 春夏秋冬を英語でいってみよう…155
11日 イギリスのお金 ポンドとペンスのこと…156
12日 キミの指はなん本？…157
13日 ドライブが楽しくなる！ 英語で物当てゲーム①…158
14日 トライアングルは「三角形」聞いたことある、図形の名前…159
15日 カナダでは、英語が通じない地域があるって本当？…160
16日 時計に書いてあるa.m.とp.m.ってなに？…161
17日 グレープフルーツとキーウィフルーツ…162
18日 英語で友だちをほめてみよう…163
19日 欧米人はマンガの読み方がわからない!?…164
20日 のばしていうか短くいうかで、ちがう単語になる！…165
21日 なぜ「英語」っていうの？…166
22日 英語であいづちをうってみよう！…167
23日 「見る」は英語でなんていう？…168
24日 宇宙飛行士になるには？…169
25日 シングにerをつけると、シンガー…170
26日 正しいスペルがいえたら優勝！…171
27日 季節は日本と真逆!? コアラの国オーストラリア…172
28日 本当の名前は別にある！ くまのプーさんのお話…173
29日 赤ずきん① Little Red Riding Hood…174
30日 赤ずきん② Little Red Riding Hood…176
31日 福沢諭吉は英語のパイオニアだった!?…178

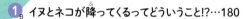

June 6月

1日 イヌとネコが降ってくるってどういうこと!?…180
2日 「サンキュー」だけじゃない「ありがとう」を表す言葉…181
3日 にたもの同士の単語はいっしょに覚えちゃだめ！…182
4日 「マンションに住んでいます」ってホント!?…183
5日 アメリカを旅するクォーター…184
6日 人なら片足、動物なら両足hopでとべ！…185
7日 ミツバチは働き者、フクロウはかしこい…186
8日 鳥のように食べる人ってどんな人？…187
9日 英語の歌で大なわ遊びに挑戦！…188
10日 1億、10億……英語で大きな数字を言ってみよう…189
11日 青信号は会話の中でもゴーサイン…190
12日 「石の上にも三年」を英語でいうと？…191
13日 英語で聞いてみよう！「〜はどこにある？」…192
14日 「私」を意味するIは、なぜいつも大文字なの？…193
15日 英語ゲーム、ご主人様の心の中は？に挑戦！…194
16日 便利なジェスチャーが逆の意味になることも!?…195
17日 ドライブが楽しくなる！ 英語で物当てゲーム②…196
18日 サッカーワールドカップに「イギリス代表」はいない!?…197
19日 幸運がやってくるおまじない…198
20日 単語の頭にかくれている"数"をあらわす言葉…199
21日 海外旅行で英語を話そう！ ホテルにて…200
22日 英語には2種類の「聞く」がある!?…202
23日 「死ぬことはすばらしい」ってどんなあいさつ？…203
24日 いろんな意味をもつhaveを使いこなそう！…204
25日 新幹線や飛行機でおなじみ 英語のアナウンス…205
26日 robotという言葉は、あるお芝居から誕生した！…206
27日 つらいことがあったあとにはすばらしいことがある！…207
28日 「足」にまつわる単語のお話…208
29日 気になるあのコに英語でアタック！…209
30日 タイム・イズ・マネー！ フランクリンは名言が大好き…210

contents もくじ

July 7月

1. 水族館にいる生き物…212
2. 運動選手の足は…水虫!?…213
3. 英語で聞いてみよう!「誕生日はいつ?」…214
4. 独立記念日（Independence Day）ってどんな日?…215
5. 同時通訳ってどんな仕事?…216
6. キミはなに座? 星座を英語でいえるかな?…217
7. おりひめは「夏の夜の女王」…218
8. 宇宙はゼロ、ジェットコースターは4、ってなんだ!?…219
9. そのカタカナ語、英語では通じませんよ!…220
10. 国を代表する動物とイギリスの王室のペット…221
11. アルファベットで習字!? おしゃれなカリグラフィー…222
12. キュウリは冷静? 丸太はよく眠る?…223
13. イギリスのお金は年をとる?…224
14. いろんな意味をもつputを使いこなそう!…225
15. ひとり分を買おうとしたら、丸ごと出てくる!?…226
16. kawaiiは、英語としても通じる!…227
17. 「アイスブレイカー」って誰のこと?…228
18. seven stepsで遊ぼう!…229
19. 日本語の「話す」は英語ではひとつではない!?…230
20. 「お湯をわかす?」それとも「水をわかす?」…231
21. 大統領は「大工の頭」からきた?…232
22. 英語が苦手な人のためのゴロ合わせ…233
23. 日本語とは意味がちがう「ハンサム」と「チャレンジ」…234
24. うわさ話をしていると現れるのは誰?…235
25. o'clockの o'ってどんな意味?…236
26. 「ジェントルマン・アンド・レイディーズ」はNG?…237
27. 省略する日本語、すべていう英語…238
28. イングリッシュじゃない、シングリッシュとは??…239
29. ガリバー旅行記① Gulliver's Travels…240
30. ガリバー旅行記② Gulliver's Travels…242
31. 日本の女子教育のとびらを開いた津田梅子…244

August 8月

1. 英語がなまって日本語に!? ミシンのお話…246
2. ソフトクリームもシュークリームも通じない!?…247
3. わかめ・こんぶ・のり 英語ではなんというの?…248
4. 虹は7色ではない!? いろいろな色のお話…249
5. Coolをかっこよく使ってみよう!…250
6. playはスポーツ、音楽、お芝居で大活躍…251
7. アメリカでは、水遊びと花火に要注意…252
8. 「うりふたつ」じゃなくて「さやの豆」?…253
9. 知っていればこわくない! イギリスの「カッパ」…254
10. 友だちとの会話に大活躍 kidding…255
11. コンシェルジュには正しい英語を使おう…256
12. いろんな意味をもつtakeを使いこなそう!…257
13. アメリカには子ども用のビールがある!?…258
14. 寝ている子どもとイヌはそっとしておこう…259
15. オリンピックではフランス語が優先…260
16. なぜpineとappleでパイナップル?…261
17. リモコン、エアコン…、最後につく"コン"ってなに?…262
18. 海外に広がる日本の食べ物…263
19. 海外旅行で英語を話そう! レストランにて…264
20. 英語でいえるかな? 身近な虫の名前…266
21. 略語で時短! ネットではやく短く投稿する方法…267
22. 「羊の皮をかぶったオオカミ」ってどんな人?…268
23. イギリスの切手には国名がない!?…269
24. ネズミが登場する表現いろいろ…270
25. ジェットコースターは通じない!?…271
26. 「スプラッシュ!」ってなんの音?…272
27. 「百聞は一見にしかず」は英語ではなんていう?…273
28. 英語でかっこよくいってみよう! 野球にまつわることば…274
29. いつもリビングにいる「テリー」って誰だ?…275
30. アジアの国、フィリピンでは英語が日常的に使われている!…276
31. 日本初! 英会話の本を書いたジョン万次郎…277

写真館vol.2 ▷▷▷ 伝統的でおしゃれな「着物」…278

7

contents もくじ

September 9月

1. Back to School 新学年が始まるよ！…280
2. "Red light, Green light"ってどんな遊び？…281
3. 馬のように働き、馬のようにあそぶ？…282
4. 赤ちゃんの時代の名前…283
5. 男の人もスカートをはく土地がある？…284
6. みんな大好き！ サンドイッチとホットドッグ…285
7. あこがれのあの人に出会ったら………286
8. 「アルバイト」は英語じゃなかった！…287
9. 音はそっくりなのに意味がちがう!?…288
10. ヒマワリは英語でも「太陽の花」…289
11. ハンコをよく使う日本、サインが一般的な英語圏…290
12. イギリスでは食器の泡は流さない？…291
13. 「赤道」という名前の国がある！…292
14. haveで「身につけている」をあらわそう！…293
15. お月様の名前は毎日変わるってホント!?…294
16. 台風という言葉はtyphoonからきた…295
17. 海外旅行で英語を話そう！ ショップにて…296
18. 筆記体が書けると、かっこいい!?…298
19. 日本語と同じ発想をする英語の表現…299
20. 「cool」な英語を使おう！…300
21. 不吉？ 13と666のお話…301
22. 朝からパイは食べられないよ…302
23. いろんな場面で話しかけてみよう！…303
24. ゾウは決して忘れない？…304
25. 時速160キロと時速100マイルでは、どっちが速い？…305
26. 英語で電話をかけてみよう！…306
27. 1-800-EATCAKEって、なんの番号!?…307
28. ヘンゼルとグレーテル① Hansel and Gretel…308
29. ヘンゼルとグレーテル② Hansel and Gretel…310
30. 杉原千畝と命のビザ…312

October 10月

1. オーストラリアのコーヒー文化…314
2. 宿題？ そんなの「ケーキひと切れ」だよ…315
3. つい買いたくなる？ 商品名に使われる魔法の言葉…316
4. 街を守るバットマンは、「悪い人」ではない！…317
5. 先生に感謝の気持ちを伝えよう！…318
6. 「ピックアップ」は英語のようで英語でない？…319
7. 酔っぱらうとスカンクになる!?…320
8. ピーマンは英語じゃなくて日本語？…321
9. 18か国語をあやつる超人!? 南方熊楠…322
10. アフタヌーンティーは、イギリス流おやつの時間…323
11. 英語？ フランス語？ まさか日本語？…324
12. 「アメリカ」という名前はなにからきているの？…325
13. 「お手」「お座り」って英語でなんていう？…326
14. 英語のなぞなぞに挑戦！〜初級編〜…327
15. knifeやknowのkはなぜ発音されないの？…328
16. セリフがかぶったら「ジンクス！」といおう…329
17. putで「身につける」をあらわそう！…330
18. 「！」や「？」はどこからきたの？…331
19. 海外旅行で英語を話そう！ 具合が悪くなったとき…332
20. スーパーへ行こうはなぜ通じない？…334
21. 楽しい歌にかくされたこわ〜い意味とは……？…335
22. 豚がピッグで豚肉がポーク？ まるでちがう言葉なワケ…336
23. bとvを比べてみよう…337
24. 町なかでとつぜん英語で道を聞かれたら……？…338
25. 「やっちゃだめ！」を教えるNOがついている看板…339
26. 方言をなおすとレディになれる!?…340
27. 住所の書き方は日本と反対！…341
28. 世界でいちばん長〜い名前の国はどこ？…342
29. EUのもとを考えたあるオーストリア人とは？…343
30. オーストラリアの人は言葉を短くする達人！…344
31. ハロウィーンを楽しもう！…345

写真館vol.3 ▷▷▷ 手軽でおいしい「寿司」…346

contents もくじ

November 11月

1. あこがれのスイートルームはあまくない！…348
2. 「それはギリシャ語です」は「ちんぷんかんぷん」のこと…349
3. いってみたい！英語のおもしろい表現…350
4. 会社名がゲーム機やカメラの名前になる!?…351
5. 「めがねをはずす」って英語でなんていう？…352
6. 学校のチャイムは、英語の国からやってきた！…353
7. 動物は英語でどうやって数える？…354
8. 遊んでみよう！英語の「通りゃんせ」…355
9. 目にすると怒ってしまう色ってな～んだ…356
10. 同じ英語なのにちがう名前で呼んでいる？…357
11. コンピューターは英語で動かす!?…358
12. 「ハンチョー」と「サラリーマン」…359
13. イギリスでは、もともと英語を話していなかった!?…360
14. のどにカエルがいるってどういうこと？…361
15. エッ、たいへん！体温が98.6度!?…362
16. 海外と結びつきの強い愛媛県生まれの人…363
17. 世界各国誕生日のお祝いいろいろ…364
18. オーストラリアにある教室のない学校…365
19. 世界トイレの日…366
20. 種類や大きさで動物の呼び方は変わる…367
21. 料理人が多いと、スープはまずくなる？…368
22. 英語のなぞなぞに挑戦！～中級編～…369
23. 寿司は英語でもsushi！…370
24. シンデレラのガラスのくつは、「スリッパ」だった!?…371
25. 世界の子どもたちの暮らし…372
26. 会話の途中で突然ピース！それってどういう意味？…373
27. クリスマスよりもりあがる感謝祭！…374
28. 世界遺産ストーンヘンジはなぞだらけ…375
29. ジャックと豆の木① Jack and the Beanstalk…376
30. ジャックと豆の木② Jack and the Beanstalk…378

写真館vol.4 ▷▷▷ 迫力ある国技「相撲」…380

December  12月

1. 英語圏では雪だるまは人間？…382
2. Let it goが「レリゴー」に聞こえるのは、なぜ？…383
3. リンゴが大活躍する英語のおもしろ表現…384
4. Good byeの元の意味は「神が守ってくださるように」…385
5. 覚えておこう！授業でよく使う英語…386
6. クリスマスツリーのお話…387
7. 「首が痛い」は「うんざりだ」…388
8. 「英検」で力だめししよう！…389
9. 英語でちょうせん！早口言葉…390
10. ビーチでバーベキュー！オーストラリアのクリスマス…391
11. 「うわさ」が続くのは、どれくらい？…392
12. 私には「アキレスのかかと」などない！…393
13. 言葉から差別をなくそう…394
14. 「永遠のお別れ」のいろいろないい方…395
15. 頭の体操、英語のクイズに挑戦しよう！…396
16. オーストラリアの動物と看板…397
17. 海外旅行で英語を話そう！道端にて…398
18. 熱いの？辛いの？hotな食べ物…400
19. おせんべいはなんという？みんな大好きおやつの話…401
20. キミはなにどし？干支を英語でいえるかな？…402
21. ドイツの子どもたちも英語を学んでいるよ！…403
22. チャックは日本語って知ってた？…404
23. いろいろな国に伝わる ドラゴン退治のお話…405
24. ロンドンの静かなクリスマス…406
25. 待ち遠しい！クリスマスのお話…407
26. 言葉の研究者だったグリム兄弟…408
27. どちらが日本語？トランプとかるた…409
28. 早起きの鳥はミミズをつかまえる…410
29. アメリカにも福笑いがある!?…411
30. 英語のなぞなぞに挑戦！～上級編～…412
31. ボーイズ・ビー・アンビシャス！クラーク博士が残したもの…413

Let's enjoy! この本の読み方

● **執筆者のお名前**
第一線で活躍されている研究者や先生方が執筆されています。英語の専門家ならではの視点でわかりやすく解説されています。

● **読んだ日**
お子さん、または読み聞かせをしたご家族の方が、読んだ日を記入できる欄です。兄弟でのご利用や、くり返し読む場合を想定して3回分のスペースを設けました。

● **日付**
毎日1話ずつ読んでもらえるよう、1月1日〜12月31日まで、1話ごとに日付をつけて日めくり式で紹介しています。

● **音声**
音声に対応したお話には「音声対応」マークがついています。このマークがついた日付をスマートフォンやタブレット端末で読み取ることで、音声を聞くことができます。くわしくは12ページをご覧ください。

● **カタカナ表記**
英文や英単語にはすべてカタカナの読み方が入っています。実際の英語の発音とはちがいますが、お子さんにとってのわかりやすさを考えて、カタカナ表記を採用しました。

● **ひとくちメモ**
テーマに関連するこぼれ話や学習に役立つおまけ情報を紹介しています。

● **「体験」に導くコラム**
体験アイディアのコラムがちりばめられています。「やってみよう」「話してみよう」「調べてみよう」「覚えておこう」など、家族で楽しめる体験アイディアを掲載しています。

10

この本はこんなふうになっています。一日読みすすめるごとに、どんどん英語が好きになっていきますよ。

● **ジャンル別アイコン**
全部で12のジャンルにわかれています。興味のあるジャンルから読んでもよいでしょう。

おもしろい英語のお話
ABCのいい方や曜日、私とあなたなど、英語の初歩的なことから、英語ならでの動物を使った表現など、日本語とはちがう英語の面白さがわかるお話です。

英語を使ってみよう
数の数え方から、順番のいい方、日常のあいさつ、自己紹介の仕方、外国の子どもたちと友だちになれる会話まで、いろいろな場面で使える英語を紹介しています。

音にまつわるお話
外国の動物の鳴き声から、英語をうまく発音するコツ、日本語なのに英語に聞こえる表現、国による発音のちがいまで、英語の音にまつわるお話です。

ものの名前のお話
動物や昆虫、野菜やお菓子、町のお店や文房具など、身近にあるいろいろなものの名前を英語で紹介しています。日本語と同じいい方をするものもあります。

英語のことわざのお話
英語には「百聞は一見にしかず」や「三人よれば文殊の知恵」など、日本語にそっくりなことわざや、日本語にはない独特な表現をすることわざがあります。

英語にまつわる偉人のお話
日本人や外国の人で、英語にかかわりのあった偉人を紹介するお話です。有名なあの人と英語の意外な関係など、新しい発見があるかもしれません。

外国のくらしと文化のお話
外国の人は言葉だけではなく、ものの見方や毎日のくらし、文化や歴史も日本とはちがいます。それらを知ることは、英語を学ぶことと同じくらい大切なことです。

外国の学校のお話
登校の仕方や先生の呼び方、新学期の始まりなど、日本と外国の学校ではちがうところがあります。中には日本のみなさんがびっくりするようなこともあります。

たのしい行事のお話
ハロウィーンやクリスマスなど、日本でもおなじみの行事の由来、外国の人の過ごし方、サンクスギビングデーなど日本にはない行事を紹介するお話です。

英語で遊んでみよう
英語を使った楽しいゲームのお話です。「あっち向けてホイ」や数え歌、早口言葉やなぞなぞ、車の中でできるゲームなど、楽しい遊びをたくさん紹介しています。

海外旅行で役に立つ英語
飛行機の中や空港、ホテルやレストラン、道に迷ったときや、具合が悪くなったときなど、海外旅行に行ったときに役に立つ英語を紹介しています。

英語で読む昔ばなし
有名な「桃太郎」や「かぐや姫」、「ガリバー旅行記」や「ヘンゼルとグレーテル」などの昔ばなしを、日本語と英語で読んでみましょう。英語の音声も聞けます。

🔊マークのついた
英文が聞けるよ！

音声の聞き方

　この本は音声に対応しています。日付に「音声対応」と書かれているページで、🔊マークがついている英文や英単語はネイティブ・スピーカーによる音声を聞くことができます。AR（拡張現実）アプリをダウンロードすることで、お手持ちのスマートフォンやタブレット端末で簡単に再生することができます。

1 ARアプリをダウンロードする

App StoreやPlayストアからCOCOAR2（ココアルツー）をダウンロードしてください。

2 ARアプリを起動する

COCOAR2のアイコンをタップして、ARアプリを起動してください。「マーカーを画面の中央に映して下さい」と表示され、すぐにスキャンモードに入ります。

※ARアプリを起動するときに、カメラへのアクセスを求められることがあります。

3 日付のアイコンをスキャンする

スキャンモード中は、画面にオレンジの枠が表示されます。この枠の真ん中に「音声対応」と書かれた日付のアイコンが映るように、端末の位置を調整してください。

※スキャンする位置や角度によっては、うまく読み込めなかったり、まれに別のお話の音声が流れることがあります。その場合は、右下に表示される⊗ボタンをタップしてリセットし、再度正しい位置でスキャンしてください。

4 音声が再生される

スキャンが成功すると、自動的に音声が再生されます。音声再生中は画面に本書の表紙が表示されます。右下に表示される⊗ボタンをタップすると、リセットされます。

※音声はリピート再生されます。音声が長い場合には、お使いの端末の設定によりスリープモードになることがあります。

Sunday

注意点

- お使いの通信環境により、音声の読み込みに時間がかかったり、画像を認識できなかったりする場合があります。
- 暗い環境でのご利用は、認識できない原因になります。なるべく明るい場所で利用してください。
- スマートフォン、タブレット端末の機種によってはARアプリに対応していない場合があります。
- COCOAR2は、COCOARの上位互換アプリではありません。COCOARのマーカーは、COCOAR2のアプリではご利用いただけません。

音声はホームページからダウンロードすることもできます

音声は、誠文堂新光社のホームページからダウンロードすることもできます。ダウンロードした音声は、パソコンや携帯音楽プレーヤーなどで聞くことができます。

http://www.seibundo-shinkosha.net/

［重要なお知らせ］
COCOAR2を使った音声視聴は、2019年11月まで利用可能です。それ以降は、事前の予告なくサービスを終了する場合がございます。
なお、上記期間後は引き続き、誠文堂新光社のホームページから音声をダウンロードすることができます。

1月

January

英語は26文字ですべてをあらわせる

1月1日 January

音声対応

国立明石工業高等専門学校
飯島睦美先生に聞きました

読んだ日　月　日　｜　月　日　｜　月　日

日本語は48文字

あいうえお、かきくけこ…。日本語は五十音と呼ばれるかな文字がありますね。これは日本語に使われる音をあらわしたものです。「五十音」といいますが、普段使う文字は48文字です。この48文字を組み合わせることで、言葉や文章をつくることができます。

英語はどうでしょう？　なんと26文字。日本語のほぼ半分です。アルファベットと呼ばれ、ABCからはじまり、最後はZで終わります。日本語のローマ字表記でも同じアルファベットを使いますね。

アルファベット表

Aa	Bb	Cc	Dd	Ee	Ff	Gg
エー	ビー	シー	ディー	イー	エフ	ジー
Hh	Ii	Jj	Kk	Ll	Mm	Nn
エイチ	アイ	ジェイ	ケイ	エル	エム	エヌ
Oo	Pp	Qq	Rr	Ss	Tt	Uu
オー	ピー	キュー	アール	エス	ティー	ユー
Vv	Ww	Xx	Yy	Zz		
ヴィ	ダブリュー	エックス	ワイ	ズィ		

alphabet

大文字と小文字がある

アルファベット26文字にはすべて大文字と小文字があります。「C-c」「K-k」「Z-z」のように形が似ているものもあれば、「A-a」「B-b」「L-l」「Q-q」のように、あまり似ていないものもあります。右上のイラストを見てみましょう。大文字は形がわかりやすいものが多いのに、小文字は形がいろいろですね。

大文字と小文字の使い方にはルールがあります。たとえば、文章の最初の文字は大文字ではじめます。「わたし」を意味する「I」という言葉もいつも大文字を使うことになっています。人や町、国の名前も最初の文字は大文字にしなければなりません。外国人である私たちには少し難しいルールですね。日本語にはないルールなので、まちがえないように気をつけましょう。

カッコいい！　筆記体

アルファベットには速く書くために開発された「筆記体」というものもあります。一筆書きみたいですが、これで書いた文章はちょっとかっこいいですね。サインなどでよく使われます。ただし、英語を話す国々でも、使う人と使わない人がいるようです。

英語だけでなく、フランス語、ドイツ語のアルファベットも26文字です。21文字と少し少ないのがイタリア語。スペイン語は27文字と英語より少し多くなっています。

14

神様の名前が曜日になった!?

1月 January 2日

共栄大学 国際経営学部 助教
鈴木健太郎先生に聞きました

読んだ日　月　日／月　日／月　日

月曜日 Monday
日曜日 Sunday
火曜日 Tuesday　水曜日 Wednesday　木曜日 Thursday　金曜日 Friday　土曜日 Saturday

「太陽の日」と「月の日」

カレンダーを見ながら、一週間の曜日を英語でいってみましょう。

- 日曜日 Sunday／月曜日 Monday
- 火曜日 Tuesday／水曜日 Wednesday
- 木曜日 Thursday／金曜日 Friday
- 土曜日 Saturday

それぞれの単語のうしろについているdayは、「〜の日」という意味です。日曜日のSundayは「太陽（sun）の日」、月曜日のMondayは「月（moon）の日」ということです。日本語の曜日には、太陽（日）、月、火星、水星、木星、金星、土星と、７つの天体の名前がつけられています。日曜日と月曜日は、英語でも日本語でも、もとの意味が似ているからわかりやすいですね。

火曜日から土曜日はどうなるの？

ところが、火曜日から土曜日は、ちょっとようすがちがいます。英語のTuesday、Wednesday、Thursday、Friday、Saturdayは、北欧神話やローマ神話に登場する神々にちなんでつけられました。Tuesdayは「チュール」、Wednesdayは「ウォーデン」、Thursdayは「トール」、Fridayは「フレイヤ」、Saturdayは「サトゥルヌス」という神様の名前がもとになっています。だから、日本語の呼び方とはちがうんですね。

やってみよう

オリジナルカレンダーをつくろう！

曜日をアルファベットで書くときは、Sun、Monというように、最初の３文字であらわすこともあります。カレンダーやスケジュール帳には、よくこんなふうに短く記されていますよね。英語で月と曜日を入れた、自分だけのカレンダーをつくってみましょう。

ひとくちメモ　日本で現在のような曜日が使われるようになったのは、明治時代になってからです。また世界には、曜日の名前として、番号やその国で有名な神様の名前が使われているところもあります。

英語で数を数えてみよう！

ものの名前のお話

駒沢女子短期大学 教授
金澤延美先生が書きました

1月 January 3日

読んだ日　月　日　｜　月　日　｜　月　日

1から19までの数え方

みなさんは英語でいくつまで数えることができますか？　日本語では1〜9、10〜19、20〜29と、9ごとに区切ると覚えやすいですよね。英語では、まず12までを一気に覚えるのがおすすめです。特に10までは13以上の数字の基本となるので、しっかり覚えておきましょう。

13から19は、基本的には、3から9までの数のあとに10を意味するteenをつけます。20から99までは、同じルールで数えていけるから簡単ですよ。20はtwenty、21はこれに1を足したtwenty-one。このルールで29まで数えることができます。

30から上もこれと同じで、30、40、50、60、70、80、90の英語を覚えるだけで、99まで数えられるのです。

覚えておこう

百、千のいい方

百の単位を英語でhundredといいます。だから、英語で100はone hundred、200はtwo hundredといいます。千の単位は英語でthousand。だから、1,000はone thousand、2,000はtwo thousandといいます。

1 one	2 two	3 three	4 four	5 five	6 six	7 seven	8 eight	9 nine	10 ten
11 eleven	12 twelve	13 thirteen	14 fourteen	15 fifteen	16 sixteen	17 seventeen	18 eighteen	19 nineteen	20 twenty
21 twenty one	22 twenty two	23 twenty three	24 twenty four	25 twenty five	26 twenty six	27 twenty seven	28 twenty eight	29 twenty nine	30 thirty
40 forty	50 fifty	60 sixty	70 seventy	80 eighty	90 ninety	100 one hundred	200 two hundred	1000 one thousand	2000 two thousand

 ひとくちメモ
万の単位は英語にはありません。万をあらわしたいときは、千の10倍と考えます。10,000は1,000×10ですね。だから、10,000は英語でten thousandといいます。

合い言葉は…？ 英単語で忍者ゲーム！

1月 4日 January

国立明石工業高等専門学校
飯島睦美先生に聞きました

読んだ日　月　日　｜　月　日　｜　月　日

「山！」といったら「川！」

友だちと英単語を使った「忍者ゲーム」をやってみましょう。ルールは簡単です。まず、ペアになるふたつの言葉を決めます。山（mountain）と川（river）のように、自然の中にあるものが覚えやすいですよ。

ゲームは、まずあなたが「合い言葉は？ mountain！（山）」といいます。そこで、相手は「river！（川）」と答えます。すぐに答えられたら相手の勝ちです。相手がまちがったり答えられなかったりしたら、あなたの勝ちです。おたがいに合い言葉をいう順番を変えながら競い合います。

合い言葉を考えてみよう！

合い言葉に使えそうな言葉を、たくさん考えてみましょう。たとえば、次のような言葉をペアにして覚えると簡単です。少しなれてきたら、もっと難しい単語や長い文章をつくってみてもいいですね。

sea（海）／ water（水）
sky（空）／ star（星）
moon（月）／ sun（太陽）
woods（森）／ tree（木）
pond（池）／ fish（魚）

flower（花）／ bug（虫）
valley（谷）／ waterfall（滝）
lake（湖）／ swan（白鳥）

🗣 話してみよう

森の中になにがありますか

忍者ゲームで、自然や動物の単語をたくさん覚えたら、次はもう少しレベルアップ！　下の例文のような会話を練習してみましょう。

What are there in the woods？
森の中になにがありますか？
There are trees.
木があります。

ひとくちメモ　海は英語でseaですが、より広い海洋を指すときはoceanを使います。「虫」を意味する英語は多く、一般的にはbugやinsect、足のない細長い虫はworm、イモ虫や毛虫はcaterpillar、ガはmothなどと使いわけます。

17

ハクション！はAchoo!!

北海道教育大学札幌校 非常勤講師
駒木昭子先生が書きました

1月5日 January

読んだ日　月　日　｜　月　日　｜　月　日

くしゃみをしたら、神のお恵みを！

　日本人の私たちのくしゃみは「ハクション！」といいますが、英語の場合は、Achoo!!。たしかにそのようにも聞こえますね。日本ではくしゃみをした人に対して、とくになにもいいません。しかし、英語ではAchoo!!とくしゃみをしたら、一緒にいた人はBless you!とか、God bless you!（神のお恵みがありますように）といいます。ちょっと大げさな感じがしますが、これには理由があるのです。

　中世のヨーロッパのいい伝えでは、Achoo!とくしゃみをすると体からフワっと魂が抜けていって、その魂の抜けたすきに悪霊が入りこんでしまうといわれていました。それでBless you!ということが習慣になりました。日本語にすると、「お大事に」くらいの感じです。そしてBless you!といわれたら、Thank you.とお礼をいいます。

ドラキュラのくしゃみ？

　くしゃみのことは英語でsneezeといいます。Dracula sneezeというくしゃみもあります。これは、腕を曲げて口を隠しながらするくしゃみのこと。手のひらで口をおおわないので、インフルエンザの感染を防ぐにはgood ideaだといわれています。

覚えておこう

「痛っ！」はアウチ！

物を落としたときなどに、「あっ！」といいますね。英語では、Oops!です。「痛っ！」はOuch!、「ゲー（オエェー）」はYuck!です。誇らしげに何かを見せたいとき、日本では「ジャジャーン」といいますね。英語ではTa-dah!といいます。

吹き替えをしていない（字幕版の）英語のドラマや映画をよく見ていると、おもしろい表現を見つけることができますよ。言葉だけでなく、しぐさなどもよくチェックしてみましょう。

ローマ字で日本語を書いてみよう

1月6日 January

共栄大学 国際経営学部 助教
鈴木健太郎先生に聞きました

読んだ日 　月　日　　月　日　　月　日

アルファベットで日本語が書けるの？

日本語には、漢字やひらがななどの文字がありますね。同じように、英語にも文字があります。それがA、B、Cなどのアルファベットです。

アルファベットは英語で使われる文字ですが、じつは、日本語を書きあらわすこともできます。たとえばRINGOは、「りんご」と読みます。「りんご」は、英語ではなく日本語ですよね。このように、アルファベットを使って日本語を書きあらわしたものを、ローマ字といいます。

ローマ字は、日本語の音をあらわすことができます。ですから、日本語がわからない外国の人に、日本語の読み方を伝えるのに役に立ちます。たとえば、漢字の上にひらがなでルビ（ふりがな）をふると、知らない漢字でも読むことができるのと同じように、りんごのように日本語の上にローマ字でルビをふれば、外国の人でも、日本の人の名前や地名を読むことができます。

ローマ字には、書き方のルールがなん通りかありますが、ここではいちばんよく使われるヘボン式を紹介しています。

ローマ字表

	A	I	U	E	O				
あ A	あ A	い I	う U	え E	お O				
か K	か KA	き KI	く KU	け KE	こ KO	きゃ KY	きゃ KYA	きゅ KYU	きょ KYO
さ S	さ SA	し SHI	す SU	せ SE	そ SO	しゃ SH	しゃ SHA	しゅ SHU	しょ SHO
た T	た TA	ち CHI	つ TSU	て TE	と TO	ちゃ CH	ちゃ CHA	ちゅ CHU	ちょ CHO
な N	な NA	に NI	ぬ NU	ね NE	の NO	にゃ NY	にゃ NYA	にゅ NYU	にょ NYO
は H	は HA	ひ HI	ふ FU	へ HE	ほ HO	ひゃ HY	ひゃ HYA	ひゅ HYU	ひょ HYO
ま M	ま MA	み MI	む MU	め ME	も MO	みゃ MY	みゃ MYA	みゅ MYU	みょ MYO
や Y	や YA		ゆ YU		よ YO				
ら R	ら RA	り RI	る RU	れ RE	ろ RO	りゃ RY	りゃ RYA	りゅ RYU	りょ RYO
わ W	わ WA				を WO				
ん N	ん N/NN								
が G	が GA	ぎ GI	ぐ GU	げ GE	ご GO	ぎゃ GY	ぎゃ GYA	ぎゅ GYU	ぎょ GYO
ざ Z/J	ざ ZA	じ JI	ず ZU	ぜ ZE	ぞ ZO	じゃ J	じゃ JA	じゅ JU	じょ JO
だ D	だ DA	ぢ DI	づ DU	で DE	ど DO	ぢゃ DY	ぢゃ DYA	ぢゅ DYU	ぢょ DYO
ば B	ば BA	び BI	ぶ BU	べ BE	ぼ BO	びゃ BY	びゃ BYA	びゅ BYU	びょ BYO
ぱ P	ぱ PA	ぴ PI	ぷ PU	ぺ PE	ぽ PO	ぴゃ PY	ぴゃ PYA	ぴゅ PYU	ぴょ PYO
ふぁ F	ふぁ FA	ふぃ FI		ふぇ FE	ふぉ FO	ふゃ FY	ふゃ FYA	ふゅ FYU	ふょ FYO

やってみよう

ローマ字を使ってみよう

上のローマ字表を見ながら、自分の名前や家族の名前をローマ字で書いてみましょう。慣れてきたら、家族や友だちに、ローマ字でお手紙を書いてみましょう。

ひとくちメモ ヘボン式のヘボンとは、アメリカ人のジェームス・カーティス・ヘボンさんから名づけられました。ヘボンさんは、江戸時代の終わりごろに日本に来た宣教師で、初めて和英辞典をつくった人です。

19

「ドンマイ」が通じなくても、気にしないで

中国学園大学　国際教養学部
竹野純一郎先生が書きました

1月7日 January

読んだ日　月　日｜月　日｜月　日

「ドンマイ」は「ドント・マインド」？

友だちがなにかで落ち込んでいるときに、「ドンマイ」といってはげますことがありますね。この場合の「ドンマイ」は「気にするな」という意味です。「ドンマイ」は英語のDon't mind.を略した言葉だと考えられています。でも、「ドンマイ」と英語のDon't mind.では意味がちょっとちがいます。

日本語の「ドンマイ」は「気にするな」という意味ですが、英語のDon't mind.は、「私は気にしないよ」という意味。たとえば、「エアコンの温度を上げてもいいですか？」と聞かれたときに「私は気にしないよ」というときに使われます。「気にするな」を、正しい英語にすると、Never mind.となります。

🔊 **No body is perfect. Never mind.**
かんぺきな人なんていないよ。ドンマイ。

「ベストテン」はtop ten

「好きな曲ベストテン」など、なにかのランキングをつけたその上位10位までのことを「ベストテン」といいます。「ベストテン」は英語のbest tenからきた言葉だと考えられていますが、英語にはこの言葉はありません。

「ベストテン」を英語にすると、top tenや、ten bestとなります。「好きな曲ベストテン」は、top ten songsや、ten best songsといいます。

調べてみよう

屋根の上に太陽系がある!?

日本で「ソーラーシステム」といえば、太陽光発電システムのことですよね。でも、英語でsolar systemといえば、「太陽系」を意味します。だから英語で、Our house has a solar system on the roof.（うちの屋根にはソーラーシステムがついているんだ）といったら、びっくりされます。太陽光発電システムを正しい英語にすると、solar heating systemといいます。

太陽系の惑星は英語で、Mercury（水星）、Venus（金星）、Earth（地球）、Mars（火星）、Jupiter（木星）、Saturn（土星）、Uranus（天王星）、Neptune（海王星）といいます。

「ぼく」「おれ」「わたし」英語でなんていう?

1月 8日 January

京都教育大学 英文学科
泉 惠美子 先生に聞きました

読んだ日　月　日　｜　月　日　｜　月　日

自分のことをなんと呼ぶ?

みなさんは、自分のことをなんと呼んでいますか? 女の子なら「私」、男の子なら「ぼく」がふつうですね。親しい人が相手なら、「あたし」「うち」「おれ」を使っているかもしれません。

これらは英語でなんていうと思いますか? じつはすべてIといいます。英語では「私」をあらわす言葉はIだけなのです。だから、I am happy.（私はしあわせです）という文章だけでは、この人が男なのか女なのかはわかりません。

夏目漱石の小説に『吾輩は猫である』という作品がありますね。英語のタイトルは『I am a cat』といいます。これを日本語にすると、『"私"は猫です』かもしれませんし『"ぼく"は猫だよ』となるかもしれません。このふたつではずいぶん印象がちがいますね。

言葉に対する考え方のちがい

自分をあらわす言葉がたくさんある国と、ひとつしかない国とでは、その言葉に対する考え方がちがいます。日本語では言葉そのものに深い意味があったり、話す相手とのつながりがこめられていたりしますが、英語のIは自分をあらわす記号のようなもので、それ以外の意味はまったくふくまれていません。

世界的に見ると、むしろ日本語のように、自分のことをいうのにたくさんの言葉があるほうがめずらしいのです。外国の人にとっては、そんなところが日本語の難しさなのかもしれません。

覚えておこう

「あなた」や「私たち」はどうあらわす?

「私」のほかに、人をあらわす英語を覚えておきましょう。「私たち」はwe、「あなた」はyouといいます。「あなたたち」もyouであらわします。「彼女」はshe、「彼」はheといいます。「彼女たち」「彼ら」はtheyを使います。

ひとくちメモ　「私」をあらわす英語はIしかありませんが、文章の中で「私」がどのように使われるかによってちがった言葉になります。「私の」はmy、「私を」はme、「私のもの」ならmineとなります。

21

外国の学校のお話

アメリカの学校は教科書がレンタル!?

1月9日 January

大阪市立大学 関西国際大学 非常勤講師
フィゴーニ啓子 先生が書きました

読んだ日　月　日｜月　日｜月　日

あたり前はあたり前じゃない

アメリカと日本の小学校では、ちがうことがたくさんあります。たとえば、アメリカの小学校には給食はありません。カフェテリアと呼ばれる食堂があり、そこでパンやおかずを買って食べます。お弁当を持ってきた人も、カフェテリアや校庭で食べるのです。

また、日本ではおなじみですが、教科書にちょっと落書き、なんてことはアメリカの学校では許されません！ なぜなら、教科書はレンタルだからです。出版社などから学校用と家庭用に1冊ずつ借りて使います。日本であたり前と思っていることが、あたり前ではないことがわかりますね。

オリジナルのマスコットがいる

アメリカではあたり前だけれど、日本でめずらしいものもあります。たとえばアメリカの小学校には、学校オリジナルのスクールカラーとマスコットがあります。マスコットがかかれたTシャツや帽子などが校内で売られています。遠足など特別な日にみんなで身につける習慣があるそうです。

考えてみよう

school dinner ってなんだ!?

問題です。イギリスにはschool dinnerと呼ばれているものがあります。これはなんだと思いますか？ dinnerは夕食の意味です。答えはひとくちメモで！

クイズの答え：給食。イギリスではもっとも大事な食事をdinnerと呼ぶことがあるのです。家での食事が貧しかった人にとって、給食がもっとも大事な食事になっていた時代の名残だそうです。

Good morning!
英語であいさつしてみよう

共栄大学 国際経営学部 助教
鈴木健太郎先生に聞きました

読んだ日　月　日　｜　月　日　｜　月　日

朝、友だちに会ったらなんていう？

　朝、友だちと会ったら「おはよう」、別れるときは「さようなら」、寝る前には「おやすみなさい」……と、一日の間にはたくさんのあいさつがありますね。英語ではなんというかわかりますか？

　英語で「おはよう」はGood morning. といいます。goodは「よい、すぐれた」、morningは「朝、午前中」という意味で、そのまま日本語にすると「よい朝ですね」というような意味になります。朝に限らず、午前中に使われるあいさつです。

　午後になるとGood afternoon.（こんにちは）、夜はGood evening.（こんばんは）といいます。afternoonは「午後」、eveningは「夕方、晩」という意味です。このほかにも一日中使えるあいさつとして、Good day. といういい方もあります。

　また、友だちどうしなど、親しい関係の場合は、Morning.やEvening.などとgoodを省略して使うこともあります。

話してみよう

いろいろなあいさつ

あいさつができるようになると、それだけで相手との距離がぐっと近くなりますよ。まずは簡単なものから使ってみましょう。

🔊 Good morning.
　おはよう。
🔊 Good afternoon.
　こんにちは。
🔊 Good evening.
　こんばんは。
🔊 Hello. / Hi.
　こんにちは。
🔊 Good day.
　こんにちは。
🔊 Good bye.
　さようなら。
🔊 Good night.
　おやすみなさい。
🔊 See you tomorrow.
　また明日。

ひとくちメモ　Good morning.やGood evening.は、「さようなら」の意味で使われることもあります。これは、礼儀正しいいい方です。

外国のくらしと文化のお話

英語ってどれくらいの人が話してる？

1月11日 January

秀明大学　学校教師学部
星野由子先生が書きました

読んだ日　月　日　｜　月　日　｜　月　日

世界にはどれだけの言語がある？

　この世界に、国は約200カ国あります。ということは世界には200の言葉がある、ということでしょうか？

　日本に住んでいると、日本語、ドイツ語、フランス語……と「国の名前＋語」と思いがちです。しかし、ひとつの国でひとつの言語、という国ばかりではありません。たとえばヨーロッパのスイスでは、ドイツ語、フランス語、イタリア語、ロマンシュ語の4つを主に使います。また、たくさんの部族がいる先住民族には、その部族の数と同じくらい多くの言語をもっていたりします。

　こうやってこまかく調べていくと、なんと世界には約6,000の言語があることがわかりました。あまりに多くてビックリしますね。

英語を話す人はどれくらい？

　世界には約200の国に約70億の人がいます（2016年現在）が、この中で英語を話す人はどれくらいいるのでしょう？　アメリカ、イギリス、カナダ、オーストラリア、ニュージーランド、アイルランドなど、英語を主に使う国だけで考えると約4億人といわれています。

　そのほか、第二言語といって、母語の次に公の場で英語を使うことになっている国もあります。もちろん、外国語として英語を勉強し、使っている人たちもいます。この人たちが約14億人といわれています。

　ということは、この世界で英語を話す人はおよそ18億人ということになりますね。

学んでみよう

手話も言語のひとつ

言語というと話したり聞いたりする言葉だけを考えるかもしれませんが、手話も言語のひとつです。日本語用の日本手話とアメリカで使われているアメリカ手話はちがいます。また、日本語と日本手話もちがう言語と考えられています。そのため、日本語も日本手話も使える人はふたつの言語を使えることになりますね。

ひとくちメモ　オーストラリアはおもに英語を使う国ですが、じつはそのほかに200もの言語があります。先住民族であるアボリジニの言葉がたくさんあるのです。

イヌは英語でなんて鳴く？

筑波大学 人文社会系
卯城祐司 先生が書きました

読んだ日　月　日　｜　月　日　｜　月　日

国が変われば鳴き方も変わる？

日本では、イヌは「ワンワン」と鳴くと表現します。英語では、犬はbow wowです。フランス語ではouah ouah、ドイツ語ではwau wau、スペイン語では guau guauです。ドイツ語の鳴き方は、なんとなく日本の「ワンワン」に近いような気がしますね。

イヌと並んで人気のあるネコはどうでしょう？　日本では「ニャオ」ですが、英語ではmeow。同じように、フランス語ではmiaou、ドイツ語ではmiau、スペイン語ではmiauです。イヌの鳴き声に比べると、どの言葉もにていますね。鳴き声はどの国でも変わらないはずなのに、国によって表現がちがうのはふしぎです。

ヒツジ、ニワトリ、カエルの鳴き声は？

イギリスに古くから伝わる童謡マザーグースには、「メェメェ黒ヒツジさん」という歌があります。この歌は、

Baa, baa, black sheep,
メェ　メェ　黒ヒツジさん、
Have you any wool?
きみから羊毛は取れるのかい？

という歌詞で始まります。「メェ」という鳴き声は、英語ではbaaとなるのですね。

ニワトリが登場する「コケコッコ」は、Cock A Doodle Doo!　と歌い出します。どうやら「コケコッコ」は、英語ではcock a doodle dooというようです。輪唱でおなじみの「カエルの歌」を英語で歌うと、おしまいは、Croak, croak, croak, croak, cro-croakとなります。「ゲロゲロゲロ」は出てきません。本当はなんと鳴いているのか、それは動物たちに聞いてみないとわかりませんね。

調べてみよう

イヌの鳴き声のバリエーション

英語でイヌの鳴き声は bow wowだけではありません。鼻を鳴らすように「クーン」と鳴くときは、whineとあらわします。「キャンキャン」という子犬の鳴き声は yapや yelpです。ほかにも、ruf rufや woofなど、イヌの種類や大きさ、年齢によって、鳴き声はいろいろです。

ひとくちメモ　英語では、「鳴く」という言葉も動物によって変わります。イヌは bark、ネコはmeow、トリはchirp、オオカミはhowl、そしてライオンはgrowlです。大きくてどう猛な動物ほど、強そうな鳴き方ですね。

外国のくらしと文化のお話

いいことがあったら ハイタッチをしよう！

1月13日 January

福岡教育大学 英語教育講座 教授
中島 亨 先生が書きました

読んだ日　月　日　｜　月　日　｜　月　日

手のひらと5本の指でタッチ！

　頭の高さまで両手をあげて「パチン」と音を立てて手を打ち合うあいさつを「ハイタッチ」といいます。英語を話す国々では、あいさつのときだけでなく、いいことがあったときにもよくやります。

　じつは英語では「ハイタッチ」といっても通じません。high-fiveといいます。highというのは「高い位置」という意味。fiveは5本の指をあらわしています。指が全部ふれあうように手全体でタッチすることから、こう呼ばれるようになったそうです。

　外国の若者たちは、いろいろ工夫してオリジナルのhigh-fiveを楽しんでいます。そうしてお互いにとても仲がよいことをアピールするのです。みなさんも下のイラストを見て、友だちといっしょにやってみましょう。

 ひとくちメモ　インターネットの動画サイトなどで、high-fiveと入力して検索すると、たくさんの種類のhigh-fiveを見ることができます。それらを参考にして、自分たちだけのオリジナルhigh-fiveを考えてみましょう。

海外では「トイレ」じゃ通じない!?

1月14日 January

共栄大学 教育学部専任講師
名畑目真吾先生が書きました

読んだ日　月　日　｜　月　日　｜　月　日

国によってちがうトイレのいい方

「トイレ」という言葉はカタカナで書きます。だから、外国からきた言葉だということがわかりますね。では、日本語の「トイレ」は、そのまま英語として使えるのでしょうか？　答えはNoです。トイレは英語で、

🔊 toilet

と発音します。日本語と似ていますが、ちょっとちがいますね。ビルや駅のトイレには、よくtoiletと書かれているでしょう。

じつは、このtoiletは、おもにイギリスやオーストラリアで使われる言葉です。アメリカでは別の言葉が使われています。いちばんよく使われるのは、

🔊 bathroom

や

🔊 restroom

でしょう。bathroomをそのまま訳すと「浴室」という意味になります。アメリカの家は、トイレとお風呂がいっしょのことが多いので、このように呼ばれます。もうひとつのrestroomは、「休けい室」という意味。ふつうbathroomは家の中で、restroomはレストランなどの公共の場所でよく使われます。

また、カナダでは、

🔊 washroom

といいます。

考えてみよう

トイレのいい方で出身地がわかっちゃう!?

トイレをあらわす英語は、国や使われる場所によってちがうことを学びました。では、次の問題を考えてみましょう。トイレのことをAさんはwashroom、Bさんはtoilet、Cさんはbathroomといいます。さて、Aさん、Bさん、Cさんは、それぞれどこの国の出身でしょうか？　答えはひとくちメモにあります。

ひとくちメモ　Aさん（washroom）はカナダ出身、Bさん（toilet）はイギリスかオーストラリア出身、Cさん（bathroom）はアメリカ出身の可能性が高いでしょう。ただし、住んでいた場所や習慣などによってちがうこともあります。

ふたつの辞書を使ってみよう

1月 15日 January

国立明石工業高等専門学校
飯島睦美先生に聞きました

読んだ日　月　日　｜　月　日　｜　月　日

まずは英和辞典を使ってみよう

国語辞典を持っていますか？　わからない言葉に出会ったら、その言葉の意味を知るために使いますね。英語を勉強するときにも辞書が活やくします。もっともよく使うのは英和辞典でしょう。国語辞典は「あいうえお順」ですが、英和辞典はABC順に並んでいます。国語辞典なら五十音の各行の最初の文字「あかさたな」が並んでいるところには、アルファベットが並んでいます。わからない英単語に出会ったら、英和辞典を取り出し、辞書の横についてるアルファベットで最初の文字を探しましょう。

もしappleという単語を調べたい場合は、まずAのページを開き、次に調べたい単語の2文字目（appleでいえばp）を探し、次に3文字目を探して、と順番に探すことで、appleのページを見つけることができます。

日本語からひける辞書もある

これは英語でなんというのかな？　と思ったら和英辞典の出番です。和英辞典は日本語で引くので、国語辞典と同じように「あいうえお順」で並んでいます。知っている英単語だけでいいたいことを伝えるのは難しいもの。

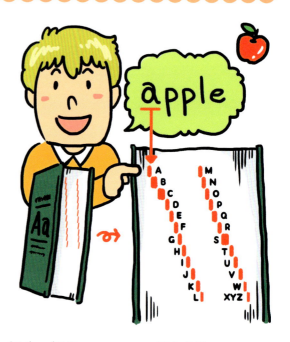

英語を学習するときは、英和辞典だけでなく和英辞典も使いこなしてください。

やってみよう

声に出して読んでみよう

小中学生用の英和・和英辞典をひくと、カタカナで読み方が示されています。太い文字で書かれているカナは強く発音するところです。たとえばappleだったら、「**ア**プル」と書いてあるはずです。これは「ア」を強く発音してください、という意味です。

さらに英語が上達したら英英辞典という辞書もあります。これは英単語の意味を英語で解説している辞書です。英語を話す人々にとっての国語辞典ですね。

28

外国のくらしと文化のお話

多い名字ナンバーワンはスミスさん

1月16日(日) January

京都ノートルダム女子大学他　非常勤講師
北村友美子先生が書きました

読んだ日　月　日　月　日　月　日

日本は佐藤や鈴木が多いけれど

日本において日本語の名字でもっとも多いランキングの第1位は「佐藤」、第2位は「鈴木」、第3位は「高橋」です（2016年現在）。では英語の名字はどうでしょう？　もっとも多い名字の第1位はSmith、第2位はJohnson、第3位はWilliamsだそうです。

職業がもとになった名字もいっぱい

ところで、英語の名字には由来があります。大きくわけて、①大むかしの職業から名前がついた、②名字がまだないころにお父さんの名前を借りて「〜の息子」と名乗った、③容姿からついたニックネームが名字になった、④住んでいた地形から名字をつけた、の4種類です。

たとえばSmithは、「金属加工の職人」という意味。どの町にも包丁や鍋など金属を加工して生活用品をつくる人が多くいたので、名字のSmithがいちばん多くなったといわれています。ほかにはパン屋だったBacker、料理人だったCookなどがあります。

ニックネーム由来の名字には、足が長かったことからLong、赤い髪だったので、またはずるがしこい人だったのでつけられたfox（※foxは「きつね」という意味です）などがあります。地形由来の名字では、大むかしに橋の近くに住んでいたのでBridges、川の近くに住んでいたのでRiversが有名です。もちろんどの名字も今のその人の職業や住んでいる場所や姿とは一切関係ありません。

（2015年アメリカでの名字ランキング調べによる）

覚えておこう

名前のしくみ

英語の場合、名字のことはfamily nameまたはlast nameといいます。日本語で「上の名前」なんていいますね。ジョンやマイクなどの「下の名前」のことは、first nameといいます。

ひとくちメモ　日本の名字でも「金属加工の職人」という意味の名前があります。それは、「鍛冶」さんです。スペイン語、イタリア語、ドイツ語、アラビア語などにも、この意味の名前があるんですよ。

東西南北を英語でいってみよう

共栄大学 国際経営学部 助教
鈴木健太郎先生に聞きました

1月17日 January

方位磁石の4つの文字

方位磁石を手に取って、よく見てみましょう。「N」「S」「E」「W」という4つのアルファベットが書かれていますね。これらの文字は、東西南北の方角をあらわしています。Nはnorthの頭文字で、「北」という意味です。その反対側にあるSはsouthで、「南」をあらわします。同じように、Eはeastで「東」、Wはwestで「西」をあらわします。方角を調べるときは、色つきの針が指す方向がN（north）になります。

となり同士の方角をくっつける

では、東西南北のそれぞれの間にある方角は、なんというのでしょうか？ 日本語では、南東、北西というように、ふたつの方角をくっつけていいますね。英語も同じように、南東はsoutheast、北西はnorthwestなどと、ふたつの単語をくっつけて方角をしめすのです。

さらにそのとなりの南南東や北北西は、なんというのかわかりますか？ やっぱり日本語と同じように、南南東はsouth-southeast、北北西はnouth-northwestなどと、単語をくっつけるだけなのです。そうやって単語をくっつけながら、いろいろな方角をいってみましょう。なんとnorth、south、east、westという4つの単語を覚えただけで、全部で16個の単語がいえましたね。

使ってみよう

上下左右を英語でいうと？

上下や左右という方向も、英語でいってみましょう。「上の〜」というときは、upといいます。「下の〜」はdownです。「左の〜」はleft、「右の〜」はrightといいます。まとめていうと、up and down, left and rightとなります。

英語で東西南北の4つの頭文字を合わせるとnews（ニュース）になります。newsは「新しい」という意味のnewを複数形にしたものですが、「4つの方角からいろんな情報が集まるnews」と覚えてもいいですね。

30

世界で使っている地図はみんな同じもの？

1月18日(日) January

秀明大学 学校教師学部
星野由子先生が書きました

読んだ日　月　日｜月　日｜月　日

自分の国が真ん中にくる

頭の中に世界地図を思いえがいてみてください。その地図は、どのようなものでしょうか？　日本が真ん中にあって、東側には太平洋を超えてアメリカ大陸があり、はるか南側にはオーストラリア大陸やニュージーランド、そして西側には韓国や中国をはさんで一番はしにイギリスがあるような地図ではないですか？

じつは、みなさんが思いえがいた地図は世界共通ではありません。世界地図は、住む地域によってちがうものが使われているのです。

1の地図は、世界でもっとも使われている地図です。国や大陸の形はみなさんが見ている地図と同じですが、日本が東のはしにあり、ヨーロッパやアフリカが中央にありますね。自分の国が地図の中心にあったほうが、ほかの国との位置関係がわかりやすいため、このような地図を使っているのです。

上下さかさまの地図もある!?

2のような地図も存在します。さかさまですね。これは、南半球の国にある地図です。南半球が上に描かれています。しかし、これはおみやげ用。この地図はオーストラリアで売られていますが、公式な場では1を使っているそうです。

2

1

調べてみよう

国内でも時差がある

アメリカやカナダ、オーストラリアやロシアのように、横に広い国では、国内でも時差があります。そのため、テレビで時刻を表示するときには、地域名と時刻が一緒に出てきます。

ひとくちメモ　日本は「極東」と呼ばれますが、1の地図を見ると、なぜ「極東」なのかがわかりますね。ヨーロッパの人たちから見たら、日本は遠い東の果ての国なのです。

英語で自分のことを話してみよう!

1月 19日 January

京都教育大学 英文学科
泉 恵美子 先生に聞きました

読んだ日　月　日　｜　月　日　｜　月　日

いろいろなことをしたりできたり

英語で「自分」のことを I といいます。I のあとにいろいろな言葉をつければ、自分の名前や自分が好きなこと、自分がやりたいことや得意なことなどをあらわすことができます。

I am ～（私は～です）
am のあとに自分の名前や、気持ちをあらわす言葉を続けます。
🔊 I am Hanako.　私は花子です。
🔊 I'm happy.　私は楽しいです。

I like ～（私は～が好きです）
like のあとに食べ物や人の名前などを続けます。
🔊 I like apples.　ぼくはりんごが好きです。
🔊 I like Taro.　私はタロウくんが好きです。

I play ～（私は～をします）
play のあとにスポーツや楽器などを続けます。
🔊 I play soccer.　ぼくはサッカーをします。
🔊 I play the piano.　私はピアノをひきます。

I want to ～（私は～がしたいです）
want to のあとに自分がやりたいことを続けます。
🔊 I want to play tennis.　私はテニスがしたいです。

🔊 I want to eat a banana.　私はバナナが食べたいです。

I can（私は～ができます）
can のあとに自分ができること（得意なこと）を続けます。
🔊 I can play the guitar.　ぼくはギターをひくことができます。

覚えておこう

否定したいときは not

am のうしろに not をつけると、「～ではありません」という意味になります。たとえば、I'm happy. に not をつけると、I'm not happy.（私は楽しくありません）という意味になります。am 以外の文章に not をつけるときは、I のあとに do not (don't) をつけます。たとえば、I like apples. に not をつけると、I don't like apples.（私はりんごが好きではありません）となります。

ひとくちメモ　can に not をつけると、I can not (can't) play the guitar.（私はギターがひけません）となります。

国の名前はひとつじゃない!?

共栄大学　国際経営学部　助教
鈴木健太郎先生に聞きました

1月20日 January

読んだ日　月　日　月　日　月　日

日本をJapanというのはなぜ？

日本のことを、英語ではJapanといいます。なぜ呼び方が違うのでしょうか？　これには、いろいろな説があります。有名な説のひとつは、マルコ・ポーロの『東方見聞録』という旅行記に出てくる「ジパング」という名前です。これがヨーロッパに伝わり、英語のJapanになったといわれています。では、マルコ・ポーロはなぜ日本のことをジパングと呼んだのでしょう。

マルコ・ポーロは、日本に来る前に中国にたどりつきました。昔の中国では、日本のことを「ジッポン」などと呼んでいたため、マルコ・ポーロもそう呼ぶようになり、それがなまって「ジパング」と呼ぶようになったのではないかと考えられています。

英語ではドイツとはいわない

日本が英語ではJapanと呼ばれているように、日本語の呼び方と英語の呼び方がちがう国があります。たとえば、イギリスは公式の国名をthe United Kingdom of Great Britain and Northern Irelandといいます。日本語にすると「グレートブリテン及び北アイルランド連合王国」という意味です。

United States of America
アメリカ

Republic of Turkey
トルコ

Swiss Confederation
スイス

Russian Federation
ロシア

Portuguese Republic
ポルトガル

Kingdom of Norway
ノルウェー

French Republic
フランス

People's Republic of China
中国

Italian Republic
イタリア

Spain
スペイン

ドイツは、英語だとGermany（公式にはthe Federal Republic of Germany）といいますし、オランダも、英語ではthe Netherlands（公式にはthe Kingdom of the Netherlands）となります。

調べてみよう

国名の由来を調べてみよう

ドイツやオランダという国の名前は、どこからきたのでしょう？　その由来を調べてみましょう。いつごろ日本で使われはじめた名前なのか、最初に伝えたのはどこの国の人だったのか、などがヒントになりますよ。また、世界の国々で日本がなんと呼ばれているかを調べてみてもおもしろいですね。

ひとくちメモ　マルコ・ポーロの『東方見聞録』では、ジパングは黄金の国だと紹介されています。ジパングが本当に日本のことかどうかはわかりませんが、実際に、当時の日本ではたくさんの金がとれていました。

英語で「痛いの、痛いの、とんでいけ～！」

1月21日 January

皇學館大学文学部 コミュニケーション学科 准教授
川村 一代 先生が書きました

読んだ日　月　日｜月　日｜月　日

英語も日本語とほとんど同じ！

体をどこかにぶつけたときや転んだとき、お父さんやお母さんに「痛いの、痛いの、とんでいけ～！」とおまじないをかけてもらったことはありますか？　ふしぎと痛くなくなるこのおまじない、じつは英語でも同じいい方をします。

🔊 **Pain, pain, go away.**

painは「痛み」、go awayは「はなれる」という意味なので、日本語のおまじないとほとんど同じです。「痛いの」と「pain」を2回くりかえすところもそっくりですね。

歌から生まれたおまじない

"Pain, pain, go away."のおまじないは、「Rain, rain, go away」という歌から生まれました。

歌詞を紹介しましょう。

Rain, rain, go away.
雨、雨、やんで
Come again another day.
別の日にふって
Little Johnny wants to play.
ちっちゃなジョニーが遊びたいんだから
Rain, rain, go away.
雨、雨、やんで

この歌詞の中のrainとpainの音がにているので"Pain, pain, go away."のおまじないが生まれたのです。

このほかにも、"Let me kiss it and make it well."（よくなるように、お母さんにキスさせて）といってお母さんが痛いところにキスするおまじないもあります。どのおまじないにも、お母さんの「早くよくなってね」という願いが込められています。

調べてみよう

世界の「痛いの、痛いの、とんでいけ～！」

痛みを吹き飛ばすおまじないは、世界中でいろいろないい方をするようです。調べてみるとおもしろいですね。

 ひとくちメモ　「Rain, rain, go away」の歌詞の中のJohnnyを、自分の子どもの名前にかえて歌うお母さんもいます。

外国の学校のお話

学校でも病院でも ○○先生、とは呼ばないよ

1月22日(日) January

東北福祉大学
太田聡一先生が書きました

読んだ日　月　日｜月　日｜月　日

下の名前で呼んでもOK

みなさんは学校で先生を呼ぶとき、「○○先生」と呼びかけますね。では、英語ではどのように先生を呼ぶのか、わかりますか？ 先生はteacherだから、Hello, Baker teacher！などというのでしょうか？ じつは、英語には「〜先生」にあたる言葉はありません。男の先生なら、名前の前にMr.をつけます。女の先生なら、Mrs.（結婚している人）、またはMiss（独身）をつけて呼びます。

大学生になると、先生を名前（ファーストネーム）で呼ぶこともめずらしくありません。だから学生が先生に向かって「マイケル」とか「ジェニー」と呼びかけているのです。日本人からしたらちょっとビックリしますね。

名前の前に肩書きをつける

日本では、学校の先生のほかにも「先生」と呼ばれる職業があります。たとえば、お医者さんや弁護士、政治家などです。英語では、これらの仕事についている人たちも先生と呼ぶことはありません。お医者さんはふつう、Dr. 〜と呼ばれます。弁護士には決まった呼び方はなく、ただMr. 〜と呼びます。また、政治家は、それぞれの肩書きをつけます。たとえば、President Kennedy（ケネディ大統領）というふうに呼ぶのです。

マイケル
もう一回
説明してください。

覚えておこう

ミスタージョンはとても失礼

Mr.は男性の名前の前につける敬称です。Mr. 〜で、「〜さん」という意味になります。ただし、Mr.のあとにつけるのは上の名前（ラストネーム）だけ。下の名前にMr.をつけて呼ぶのはとても失礼なこと。たとえば、John Smithさんを呼ぶ場合、Mr. Smith（スミスさん）はOKですが、Mr. John（ジョンさん）はNG。気をつけましょうね。

 ひとくちメモ　Dr.は博士号を取得した人にあたえられる呼び方。大学の先生でもDr. 〜と呼ばれる人もいます。また、女性の呼称には、既婚か未婚かで区別しないMs.という呼び方もあります。

バイリンガルってどんな人?

1月23日 January

共栄大学 国際経営学部 助教
鈴木健太郎先生に聞きました

読んだ日　　月　日　｜　月　日　｜　月　日

2か国語は当然!?

英語をぺらぺらと話すことができたら、楽しそうですよね。日本語と英語のように、ふたつの言葉を自由に話せる人のことをバイリンガル（bilingual）といいます。biは「ふたつの」、lingualは「言語の」という意味です。

日本では、日本語以外の言葉を使うことがあまりないので、英語が話せる人は、ちょっと注目されますよね。しかしヨーロッパでは、2か国語以上話せる人がたくさんいます。歴史的にほかの国との行き来が多く、いまでも、EU（欧州連合）というグループの中では、国の間を自由に行き来することができるため、2か国語以上を話せる人がたくさんいるのです。

ちなみに、3か国語を話せる人のことは、「3つ」を意味するtriを頭につけてtrilingual、たくさんの言葉を話せる人は、「多くの」を意味するmultiを頭につけてmultilingualといいます。

スポーツのインタビューに注目！

ヨーロッパのスポーツ中継で、試合後のインタビューを見ていると、ときどきおもしろい光景が見られます。最初に英語で質問をす

ると英語で答え、次にフランス語で質問するとフランス語で答える、といったように、いくつもの言葉でインタビューをしていることがあるのです。ときには、英語の質問に、フランス語で答えたり、答えている途中で別の言葉になったりすることもあります。機会があったら、何か国語でインタビューをしているか、注意して聞いてみてください。

調べてみよう

ひとつの国に言葉がふたつ？

ある国やグループの中で、公式に使われる言葉を公用語といいます。日本では日本語が公用語として使われているので、公用語はひとつの国にひとつだけと思うかもしれません。しかし、世界には、ふたつ以上の公用語を持っている国があります。どんな国があるか調べてみましょう。

イリオス遺跡を発掘したことで有名なシュリーマンという人は、18か国語を話すことができたそうです。それだけ話せれば、世界中の人と自由に話すことができそうですね。

外国人がいやがる日本人の習慣

1月24日 January

北海道教育大学札幌校 非常勤講師
駒木昭子 先生が書きました

読んだ日　月　日　月　日　月　日

鼻水はすすらない？

外国の人にとって、日本人が何気なくしていることで不快に思うことがあるそうです。

たとえば、鼻水をズルズルとすする音。これが、すごくいやなのだそうです。では外国の人たちは鼻水が出たとき、どうしているのでしょうか？

欧米の人なら、泣いているときなどはハンカチを取り出して思いっきり鼻をかみます。鼻水はすすらず、すみやかに鼻をかむのが一般的なのです。日本人はティッシュペーパーを使いますが、欧米ではハンカチを使います。だから、ハンカチをお友だちと貸し借りすることも絶対にしません。

何気なくやっていることで、文化のちがう人たちを不愉快にさせてしまっていることは、ほかにもあるかもしれません。おたがいの文化を知り、そしてちがいを尊重して、理解し合っていきたいものですね。

麺類もすすらない？

ラーメンやそばをズルズルと音を立てながら食べたり、ズルズルと音を立ててスープを飲んだりすることも、外国の人にとっては食欲がなくなってしまうくらい不快なことなのだそうです。私たちは、麺類などは音を立てて食べたほうがおいしい感じがしますね。

観察してみよう

おどろくこともありますよ

日本に来ておどろくこともあるようです。電車やバスで居眠りしている人がいますね。外国の人はあれを見て、こわくないのかなぁと思うそうです。日本はそれだけ安全な国なのでしょう。また、ゴミ箱がとても少ないのに、街がきれいなことにもびっくりするようです。

ひとくちメモ　日本の習慣でいいなぁと思うことは、口に出さなくても、相手の気持ちを察しようとすることだそうです。
日本人はあまり感情を表現しないのに、相手の気持ちを読めるってすごい能力と思っているようですよ。

キミの「ファミリーツリー」をつくってみよう

中国学園大学 国際教養学部
竹野純一郎先生が書きました

読んだ日　月　日　｜　月　日　｜　月　日

家系図は「家族の木」

自分を中心に、家族や親せき関係を整理したいとき、家系図を書いてみるとわかりやすいです。このような図のことを英語ではfamily treeといいます。日本語にすると「家族の木」。下のイラストのように、枝がわかれながら増えていくところは、まさに木のようですね。自分で書くとよくわかりますよ。

みなさんのお父さん、お母さんも、それぞれのお父さん、お母さんから生まれました。代がひとつ上がるごとに人数が倍になっていくことに気がつきましたか？

おじいちゃんやおばあちゃんに聞いてみれば、さらにその先までさかのぼることができますよ。

覚えておこう　家族、親せきにまつわる英単語を覚えよう

⑥おじいちゃん グランドファーザー grandfather
⑤おばあちゃん グランドマザー grandmother
おじいちゃん グランドファーザー grandfather
おばあちゃん グランドマザー grandmother
⑦おばさん アント aunt
⑧おじさん アンクル uncle
②お父さん ファーザー father
①お母さん マザー mother
おばさん アント aunt
⑨いとこ カズン cousin
③いもうと ヤンガーシスター younger sister
自分 ミー me
④おにいさん オルダーブラザー older brother

ひとくちメモ　お父さんお母さんの兄弟、姉妹のことをおじさん、おばさんと呼びますね。日本語ではさらに区別があります。伯父・伯母はお父さんお母さんの兄・姉を、叔父・叔母は弟・妹のことを指しているのです。

「私はチキン」は気をつけて！

1月26日（日）January

愛媛大学 教育学部
立松大祐先生が書きました

読んだ日　月　日　月　日　月　日

鶏肉を選ぶときのいい方

飛行機に乗ったとき、機内食を食べることがあります。キャビンアテンダント（CA）が、Would you like beef or chicken？（牛肉と鶏肉のどちらにしますか？）と話しかけてきたとします。あなたが鶏肉を選びたいとしたら、なんといえばいいでしょうか？

正解は、Chicken, please. または、I'll have chicken. です。

くれぐれも、I'm chicken. とはいわないようにしてくださいね。これは「私はチキン」という意味で、「チキンをください」とはまったく別の意味になってしまいますよ。

「おくびょう者」という意味もある

chickenとは「ニワトリ」のことです。ニワトリの中には、気性があらく、ニワトリどうしをバトルさせる「闘鶏」に使われるものもありますが、どちらかといえばおとなしい動物です。人間から見ると、おどおどしているように見えるところがあります。そんなことから、英語圏ではchickenが「いくじなし」や、「おくびょう者」という意味でも使われるようになったそうです。「私はチキン（チキンをください）」といったつもりが「私はおくびょう者です」と伝わってしまっては大変ですね！

話してみよう

飛行機の中での会話

海外の航空会社なら、CAさんとの会話も英語で行うことが多いです。毛布をかしてもらいたいときなども、英語で表現できるといいですね。飛行機で使う英語は、70ページでも紹介しています。

Would you like beef or chicken？
ビーフとチキンのどちらにしますか？
Chicken, please. / I'll have chicken.
チキンをお願いします。
May I have a blanket？
毛布をかしてください。

ひとくちメモ　I'm no spring chicken. という英語があります。spring chickenとは「若どり」のことで、自分はもはや春に生まれた若どりではないという意味。つまり「もう若くない」ということをあらわす表現です。

インドの "Yes" は "No" みたい

1月27日 January

愛知県春日井市立鷹来小学校
加藤拓由 先生が書きました

読んだ日　月　日｜月　日｜月　日

首を横にふっているけれど

インドでは、運転手さんに「○○に行きたいのですが、場所はわかりますか？」とたずねてからタクシーに乗ります。ある男性がタクシーに乗って目的地に行くために、運転手に場所がわかるかを聞きました。1台目の運転手さんは、首を左右にかしげるようにしました。「ああ、わからないんだ」と思い、男性は次のタクシーに向かいました。しかし、2台目も、3台目も、4台目も、みな同じしぐさをして男性の顔を見つめています。

「インドのタクシー運転手さんは、どうしてみんな行き先を知らないんだろう？」と男性がイライラしていたときです。インドに長く暮らしている人が「インドでは、首を左右にかしげることが Yes なんですよ」と教えてくれました。

No のサインはどうする？

では、No のサインはどうなのでしょう？ No は、ほかの国々と同じで、首を水平に振ります。ちがいに慣れるまでは、とってもまぎらわしいですが、慣れてくると自然にインド式サインが使えるようになります。みなさんもインドに行ったら、Yes と No のサインのちがいを注意深く見てみましょう。

Yes or No

見てみよう

インドは映画大国!?

映画といえば、アメリカのハリウッドを思い浮かべる人も多いでしょう。インドでも、多くの映画がつくられています。インド映画の中心地は西部のムンバイ郊外にあるボリウッドです。インド映画の特徴は、なんといっても、たくさんの人がそろって踊る見事なダンスと独特の音楽です。国内に1,000にもおよぶ方言があるため、言葉ではなく、ダンスや音楽で登場人物の気持ちや動きをあらわすようになったといわれます。みなさんもインド映画を見てその楽しさを体験してみてください。

ひとくちメモ　英語のギターは、インドの弦楽器シタールからきています。また、フルーツポンチは、インドの数字の5（punch）がもとになっています。

物語や童話には、「名作」がたくさん！

1月28日(日) January

中国学園大学 国際教養学部
竹野純一郎 先生が書きました

読んだ日　月　日　月　日　月　日

日本の昔話の英語のタイトルは？

　日本には古くから伝わる有名なお話がたくさんありますね。日本の名作は英語にするとどうなるのでしょうか？
　『桃太郎』はPeach Boyです（42ページ参照）。『一寸法師』はLittle One-Inchでいいでしょう。『かちかち山』はClick-Clack Mountainで、『鶴の恩返し』はThe Crane PrincessやThe Grateful Craneなどと訳されています。みなさんが慣れ親しんだ日本の名作が、英語ではどのように紹介されているか調べてもおもしろいですね。

イソップ物語のタイトルは……

　Aesop's Fables（イソップ物語）は、ギリシアのイソップが物語ったと伝えられる寓話集です。動物が登場するお話が多いのは特徴のひとつですね。いくつか代表的な作品を見てみましょう。
　The Ant and the Grasshopperは日本語では『アリとキリギリス』という題名です。The Dog and Its Reflection（犬とその影）は『犬と肉』、The Tortoise and the Hareは『ウサギとカメ』、The North Wind and the Sunは『北風と太陽』、The Honest Woodman

（正直な木こり）は『金の斧と銀の斧』です。どれも有名なお話ですね。英語で読んでみてはいかがでしょう。

鑑賞してみよう

アンデルセン童話の代表作

Works by Hans Christian Andersen（アンデルセン童話）は、デンマークの作家アンデルセンが自分で生み出した童話集で、次のようなお話があります。
『親指姫（Thumbelina）』『人魚姫（The Little Mermaid）』『みにくいアヒルの子（The Ugly Duckling）』『マッチ売りの少女（The Little Match Girl）』。これらの名作を英語でも鑑賞してみましょう。

ひとくちメモ　Grimm's Fairy Tales（グリム童話）はグリム兄弟がドイツの民話を集めてつくりました。作品には『赤ずきん（Little Red Riding Hood）』（174ページ参照）や『白雪姫（Snow White）』があります。

桃太郎 ①
Peach Boy

秀明大学 英語情報マネジメント学部 准教授
Gaby Benthien 先生が書きました

| 読んだ日 | 月　日 | 月　日 | 月　日 |

　昔々、子どもがいないおじいさんとおばあさんが川のそばの村に住んでいました。ある日、おばあさんが川で洗濯をしていると、大きな桃が川を流れてきました。おばあさんは桃を引き上げ、それを家に持ち帰っておじいさんと食べようと思いました。

　おじいさんが山から帰ってきて、桃を食べることにしました。しかし、桃を切って中を開けようとすると、中から「気をつけて！」という声が聞こえました。桃は割れ、かわいい男の子が飛び出てきました。

　おじいさんとおばあさんは、その男の子を桃太郎と名づけました。

日本に昔から伝わるおとぎ話「桃太郎」。桃から生まれた桃太郎は、大きくなると悪さをしている鬼を退治に行くと決めます。3匹の動物をお供に鬼ヶ島へ渡り、見事に鬼をたおしました。そして、鬼から奪った宝物を村へ持ち帰り、幸せに暮らすことになるのです。

Once upon a time, an old childless couple lived in a village near a river. One day, the old woman was washing clothes by the river. Suddenly, a giant peach floated down the river. The old woman pulled it out and took the peach home to eat it with her husband.

The husband came home from the mountains, and they decided to eat the peach. But when they were about to cut it open, they heard a voice from inside that told them "Be careful!" The peach split open, and a cute boy jumped out.

The couple decided to call the boy Momotaro, or peach boy.

桃太郎 ②
Peach Boy

秀明大学 英語情報マネジメント学部 准教授
Gaby Benthien 先生が書きました

読んだ日　月　日　｜　月　日　｜　月　日

男の子は毎日どんぶり飯をなん杯も食べてどんどん大きくなり、強くなりました。桃太郎はまたとても優しく、おじいさんとおばあさんの家事を手伝いました。ある日、桃太郎はおじいさんに「自分の国のためになにかをしたいです。たくさんの鬼が島に来て悪いことをしていると聞いています。僕は鬼をやっつけて、宝物を持って帰りたいです」といいました。おじいさんとおばあさんはびっくりしましたが、桃太郎に強くなるためのきびだんごをつくってあげました。また、着物、ハチマキ、旗、剣もつくってあげました。島に行く途中、桃太郎はイヌとサルとキジにきびだんごをあげて仲間にしました。3匹とも鬼と戦って桃太郎を助けたいと思いました。

長い時間歩いた後、彼らは砂浜に到着しました。そこに鬼ヶ島と鬼の城がありました。桃太郎は船をつくり、みんなでその船に乗って島に渡りました。サルは門を開け、3匹は桃太郎を鬼の攻撃から守りました。キジはくちばしで目をつつき、サルは手でひっかき、イヌは歯でかみつきました。負けた鬼たちは、これからは悪いことはしないことを約束し、桃太郎に宝物を渡しました。

桃太郎とイヌ、サル、キジは家に帰りました。桃太郎は宝物を村人と分け、桃太郎とおじいさんとおばあさんは残りの人生を楽しく過ごしました。

このお話に出てくる主な英単語

- village（村）
- be careful（気をつけて）
- voice（声）
- chores（家事）
- ogres（鬼）
- treasure（宝物）
- headband（ハチマキ）
- flag（旗）
- sword（剣）
- pheasant（キジ）
- dumplings（きびだんご）
- villagers（村人）

音声は1月29日から続いています。

The boy grew quickly, growing as much as the height of one bowl of rice a day, or even two, and became strong and powerful. Momotaro was also very kind, and helped the old couple with various chores. One day he said to his father "I want to do something for my country！I heard that there were many ogres on an island who do bad things, and I want to stop them and bring back all the things they took from others." The couple was surprised, but gave him some dumplings, which made him even more powerful, clothes, a headband, a flag and a sword. On the way to the island, Momotaro was joined by a dog, a monkey, and a pheasant, which followed him for a share of the dumplings. All three wanted to help him fight the ogres.

After a long walk, they arrived at the beach and saw Ogre Island and its fortress. Momotaro built a boat, and all four went across to the island. The monkey unlocked the gate, and all the animals helped Momotaro defeat the ogres. The pheasant pecked at their eyes with his beak, the monkey used his hands to claw the ogres, his three friends and the dog his teeth to bite them. Momotaro fought the ogres with his sword.The defeated ogres promised to be good from now on, and gave Momotaro all their treasures.

Momotaro and his three friends made their way back home. Momotaro divided the treasure among the other villagers, and Momotaro and the old couple lived in comfort for the rest of their lives.

答えてみよう

活躍した動物は？

桃太郎と一緒に鬼退治に行った3匹の動物はなんでしょう。答えは「ひとくちメモ」です。

ひとくちメモ: イヌ、サル、キジの3匹です。イヌは歯でかみつきました。サルは手でひっかきました。キジはくちばしで目をつつきましたね。

夏目漱石の英語力とイギリス留学

1月31日 January

神田外語大学 グローバル・コミュニケーション研究所特任講師
亀井ダイチ・アンドリュー先生が書きました

読んだ日　月　日｜月　日｜月　日

漱石は英語の達人

夏目漱石という人を知っていますか？『坊っちゃん』や『吾輩は猫である』を書いた有名な作家ですね。

漱石は作家になる前に、英語の先生をしていました。本格的に英語の勉強をはじめたのは16歳。最初は成績はあまりよくなかったのですが、努力をして優秀な成績をとるようになります。英文科の大学生となった漱石は、ほとんどの授業を英語で勉強することになったため、その英語力はどんどん伸びていったようです。漱石は英語の力をつけるためには、英語を読み続けることが大切だと考えていました。

イギリス留学とその後

そして1900年、33歳のときに漱石はイギリスに留学をします。英語教育の研究のための留学で、国から費用をもらっていましたが、ロンドンは物の値段が高く、生活が大変でした。

しかし、生活が苦しくても本を買うお金はけちらず、ロンドンにいる間に400冊以上の本を買ったといわれています。

帰国後は、帝国大学の講師になり、「シェイクスピア」の講義はとても人気を集めました。しかし、職業作家となるため、教師をやめて朝日新聞社に入社。本格的な作家活動に入りました。

考えてみよう

漱石の本の英語のタイトルは？

漱石は、たくさんの名作を書きました。それらのタイトルは英語でなんというでしょう。一緒に考えてみましょう。
1 『吾輩は猫である』　答え：I Am a Cat
2 『坊っちゃん』　答え：Botchan
3 『三四郎』　答え：Sanshirō
4 『それから』　答え：And Then
5 『門』　答え：The Gate

留学中、下宿先の女主人のすすめで、漱石は35歳にして自転車デビューを飾ります。最初はまたがるだけでも大変。乗れても曲がれず、よく自転車から落ちていたそうです。

2月

ボールはわかるけど ドッジってなに？

2月 February 1 日

高知大学 人文社会科学部
今井典子 先生が書きました

読んだ日　月　日　｜　月　日　｜　月　日

ボールを避けるだけ？

みなさんの中には、ドッジボールが大好きな人も多いと思います。ドッジボールは英語でdodgeball。ballは「ボール」ですね。ではこのdodge ってなんなのでしょう？

dodgeは「避ける・かわす・よける」という意味です。ドッジボールはボールをキャッチするのが苦手な人でも、ボールをずっと避け続けていれば負けにはなりませんね。

このdodgeは、dodge a ball（ボールをよける・かわす）のほかにも、dodge a question（質問をかわす・はぐらかす・避ける）、dodge a direct answer（はっきりした返事を避ける）、dodge a blow（打撃をさっとかわす）など、ボールではないものに対しても使われます。

学んでみよう

野球のボールの投げ方

ドッジボールのほかに、ボールを投げる球技で人気があるものといえば、野球ですね。ピッチャーには、上から投げる（オーバースロー）人や、下から投げる（アンダースロー）人、中には横から投げる（サイドスロー）人もいます。この場合のスロー（throw）は「投げる」という意味です。しかし英語では、オーバースローとはいわずoverarm throw、アンダースローではなくunderarm throw、サイドスローもsidearm throwといいます。すべてarm（腕）が入っていますね。

ひとくちメモ　ランニング・ホームランで野球場がもりあがることがありますね。この「ランニング・ホームラン」という言葉、いかにも英語らしいいい方ですが、じつは日本語。英語では、inside-the-park home run といいます。

48

「S・M・L」というのは日本だけ!?

2月 February 2日

東北福祉大学
太田聡一 先生が書きました

読んだ日　月　日　月　日　月　日

サイズをあらわすS・M・L

日本では、ドリンクのサイズをあらわすとき、「S・M・L」といいますね。これらの文字は、なんの意味かわかりますか？　正解は、small（小）・medium（中）・large（大）です。それぞれの頭文字をとって、S・M・Lといいます。けれども、アメリカやイギリスでは、このS・M・Lという短縮した呼び方はほとんど使われていません。ファストフード店で日本のように略して注文すると、店員さんにへんな顔をされてしまうでしょう。

Lよりも大きなサイズは？

洋服のサイズもS・M・Lではなく、small・medium・largeといいます。日本ではLサイズよりも大きなサイズのことを、LLといいますね。でも、このLLもアメリカやイギリスでは通じません。

L（large）より大きなサイズは、extra largeといいます。Sよりも小さいサイズのことも、SSサイズではなく、extra smallといいます。

覚えておこう

いろいろ使えるextra

extraという単語は、「ふつう以上に」という意味です。洋服のサイズのほかに、extra spicy（ものすごくからい）や、extra hard（とても難しい）のように使われます。また、ふだんの会話の中では、「余分な」とか「追加の」という意味でも用いられます。

ひとくちメモ　アメリカでは以前、ある有名なハンバーガー店が、Lサイズよりも大きいsupersizeを提供していました。Lサイズより大きなポテトやドリンクって、どれくらいの量だったんでしょう？

英語で元気に「行ってきます!」

2月3日 February

中国学園大学 国際教養学部
竹野純一郎先生が書きました

「行ってきます」と「ただいま」

みなさんは出かけるときには「行ってきます」、帰ってきたときには「ただいま」といいますね。英語でこうしたあいさつをしたいときはなんというのでしょうか？ 英語には「行ってきます」や「ただいま」のような決まったいい方はありません。でも、もちろんだまって出かけたりするわけではありませんよ。出かけるときなどによく使われるあいさつを紹介しましょう。

出かけるときによく使われるのが、I'm leaving now.。日本語で「行ってくるね」という意味です。もっと簡単に、See you later.（またあとでね）やBye.（じゃあね）ともいいます。

🔊 I'm leaving now. 行ってきます。
🔊 See you later. / Bye. またあとでね。

では、「ただいま」はどうでしょう？ 英語で「ただいま」は、I'm home.（家についたよ）やI'm back.（戻ってきたよ）などといいます。短く、Hi.（やあ）というだけのときもあります。

🔊 I'm home. / I'm back. / Hi. ただいま。

「行ってらっしゃい」と「おかえり」

「行ってきます」といわれたら、「行ってらっしゃい」といいますね。英語で「行ってらっしゃい」は、See you later.（またね）などといいます。

「ただいま」には、「おかえり」ですね。「おかえり」は簡単に、Hello, dear.やHi.やHey.などといいます。

🔊 Hello, dear. / Hi. / Hey. おかえり。

「おかえり」といったあと、「今日はどうだった？」と続けて聞くこともよくあります。

🔊 How was your day？ 今日はどうだった？

こう聞かれたときは、Fine.（よかったよ）などと答えましょう。

🔊 Fine！/ Good！/ Great！ よかったよ！

 Have a nice day.（よい一日を）も「行ってらっしゃい」という意味があります。このようにいわれたら、You too.（あなたもよい一日を）と答えればいいですよ。

50

英語を発音するコツは、表情豊かに話すこと！

2月 February 4日

中国学園大学 国際教養学部
竹野純一郎 先生が書きました

読んだ日　月　日　｜　月　日　｜　月　日

英語の発音は難しい

日本人が英語を発音しようとすると難しいことがあります。これは英語にあって日本語にない音があることが原因です。日本人が発音するのが苦手だといわれている音を少し紹介しましょう。

まず、light（光）とright（右、正しい）です。日本語にはrightの「ラ」の音がないので、どちらもlightの音になってしまいがちです。

表情豊かに話すとよい

think（考える）も発音が難しい単語です。thinkのthの音は、舌先を前歯で軽くはさんで音を出すのですが、日本人はsinkと発音しがちです。I thinkのつもりがI sinkと発音していると、相手には「私は沈みます」に聞こえますよ。同様に、mouth（口）と発音しているつもりでもmouse（ネズミ）に聞こえてしまうかもしれません。

ほかにも英語にあって日本語にはない音はいくつもあります。音の一番小さな単位のことを「音素」といいますが、この音素の数は日本語よりもドイツ語や英語のほうがたくさんあります。そのため、日本人よりも英語を話す人のほうが話すときにくちびるや舌を含

めた表情筋を大きく動かして発音しているようです。みなさんも顔の筋肉をしっかり使って英語の発音をしましょう。

学んでみよう

日本語にあって英語にない音

英語のほうが日本語よりも音の数は多いのですが、日本語にあって英語にない音もあるのでしょうか？ 厳密にあるかないかを判断するのは難しいのですが、「ラ」「リ」「ル」「レ」「ロ」や「リャ」「リュ」「リョ」を発音し分けたり、くちびるをあまり使わずに「ウ」や「フ」を発音したりするのは難しいようです。また、「ッ」のように音をスキップさせるのも苦手のようですね。ふだん英語を話す人が日本語を話しているときには発音に注意して聞いてみてください。

rightのrとlightのlの発音のちがいは288ページでくわしく紹介しています。また、violinのvとbの発音のちがいは337ページでくわしく紹介しています。

外国の学校に行こう！

共栄大学　国際経営学部　助教
鈴木健太郎先生に聞きました

2月 February 5日

読んだ日　月　日　／　月　日　／　月　日

義務教育は何年？

みなさんが通っている小学校のことを、英語ではelementary schoolといいます。これはアメリカ式の呼び方で、イギリス式ではprimary schoolと呼びます。日本では6年間ですが、アメリカでは5〜8年間くらい、イギリスでは6〜7年間くらいを小学校で過ごします。長さに幅があるのは、学校の制度が州や地域によってちがうためです。全国どこでも同じ日本から見ると、不思議ですね。

中学校はlower secondary schoolといいます。ほかにもmiddle schoolやjunior high school、secondary schoolなどの呼び方があります。アメリカでは3年間、イギリスでは5年間通います。イギリスはここまでが義務教育です。

アメリカでは、このあと高校があります。high schoolやsenior high schoolと呼ばれ、3〜4年間くらい通います。これで義務教育が終わりです。

universityとcollegeのちがいは？

大学のことを、universityやcollegeと呼びますが、このちがいはなんでしょうか？　じつは、今のアメリカやイギリスでは、このふたつのちがいはあいまいです。

昔は、学生と教授が、同じ寮で寝起きをしながら勉強をしていました。その寮がcollegeで、たくさんのcollegeがあつまったものがuniversityと呼ばれていました。今は、そのようなはっきりとした決まりはありません。

また国によっても意味がちがいます。たとえばカナダでは、4年制の大学はuniversity、2年制の大学はcollegeとはっきりとわかれています。同じ英語を話す国でも、言葉の意味は国によって変わってくるのですね。

話してみよう

何年生ですか？

自分の学年を英語でいってみましょう。日本語の学年のことを、英語ではgradeといいます。
I am in the fifth grade.
私は5年生です。

ひとくちメモ　アメリカには、飛び級制度があります。毎年、みんながいっしょに1年ずつ進級するのではなく、勉強ができる人はどんどん上の学年に進めるのです。なかには9歳で大学に入った人もいるんですよ。

英語の九九は12の段まである！

国立明石工業高等専門学校
飯島睦美先生に聞きました

2月6日 February

読んだ日　月　日　月　日　月　日

書いて覚える

九九は得意ですか？　3×6は？と聞かれたら「さぶろくじゅうはち！」とすぐに答えられるかもしれませんね。日本では小学校の2年生で習う九九。何度も「声に出して」暗唱しながら覚えます。しかし英語の九九は「書いて」暗記します。右のような表をそのまま暗記するのだそうです。

たとえば英語で4の段のかけ算は次のようになります。

🔊 four times one is four, four times two is eight, four times three is twelve……

4×1は4、4×2は8、4×3は12……。「しにがはち」のように、リズムよく、短くいいあらわす方法が英語にはありません。だから書いて覚えるのですね。日本語の九九は口でいいやすいように工夫されているので、くりかえし声に出すと覚えやすいのです。

12の段まである

表をよく見てみると、もうひとつ、日本とちがうところがあります。日本語は九九と呼ぶように9の段までしかありませんが、英語では12の段まであるのです。

これは、身の回りに12がひとまとまりの単位になっていることが多いことと関係しています。たとえば1ダースのペン、といったら12本。1年は12か月。時計も昼12時間、夜12時間。12の段まで覚えていると便利な理由がわかりますね。

MULTIPLICATION TABLE

1×
1×1 = 1
2×1 = 2
3×1 = 3
4×1 = 4
・
・
・
12×1 = 12

2×
1×2 = 2
2×2 = 4
3×2 = 6
4×2 = 8
・
・
・
12×2 = 24

3×
1×3 = 3
2×3 = 6
3×3 = 9
4×3 = 12
・
・
・
12×3 = 36

4×
1×4 = 4
2×4 = 8
3×4 = 12
4×4 = 16
・
・
・
12×4 = 48

5×
1×5 = 5
2×5 = 10
3×5 = 15
4×5 = 20
・
・
・
12×5 = 60

6×
1×6 = 6
2×6 = 12
3×6 = 18
4×6 = 24
・
・
・
12×6 = 72

7×
1×7 = 7
2×7 = 14
3×7 = 21
4×7 = 28
・
・
・
12×7 = 84

8×
1×8 = 8
2×8 = 16
3×8 = 24
4×8 = 32
・
・
・
12×8 = 96

9×
1×9 = 9
2×9 = 18
3×9 = 27
4×9 = 36
・
・
・
12×9 = 108

10×
1×10 = 10
2×10 = 20
3×10 = 30
4×10 = 40
・
・
・
12×10 = 120

11×
1×11 = 11
2×11 = 22
3×11 = 33
4×11 = 44
・
・
・
12×11 = 132

12×
1×12 = 12
2×12 = 24
3×12 = 36
4×12 = 48
・
・
・
12×12 = 144

日本ではたいていの人は大人になっても九九をすべて覚えています。しかし英語の九九は忘れやすいのか、5の段まで、など途中までしか覚えていないという大人も少なくありません。

英語で友だちにあれこれ聞いてみよう

2月7日 February

音声対応

京都教育大学 英文学科
泉 惠美子 先生に聞きました

読んだ日　月　日　｜　月　日　｜　月　日

相手のことを聞いてみよう

英語で「私」を意味するIを使えば、自分の好きなことや、やりたいことについて話すことができます（32ページ参照）。でも、自分のことを話すだけでは会話とはいえませんね。今日は、友だちに、どんなことが好きで、なにがやりたいのかなどについて英語で聞いてみましょう。人になにかをたずねるときは、文章の最後に「？」をつけます。

Are you ～？（あなたは～ですか？）

youのあとにあなたが知りたい相手の情報を続けます。

🔊 Are you Hanako？　あなたは花子さんですか？
🔊 Are you happy？　あなたは楽しいですか？

Do you like ～？（あなたは～が好きですか？）

likeのあとに食べ物や人の名前などを続けます。

🔊 Do you like apples？
あなたはりんごが好きですか？
🔊 Do you like Taro？
あなたはタロウくんが好きですか？

Do you play ～（あなたは～をしますか？）

playのあとにスポーツや楽器などを続けます。

🔊 Do you play soccer？
あなたはサッカーをしますか？
🔊 Do you play the piano？
あなたはピアノをひきますか？

Do you want to ～（あなたは～がしたいですか？）

want toのあとに相手がやりたいことを続けます。

🔊 Do you want to play tennis？
あなたはテニスがしたいですか？
🔊 Do you want to eat a banana？
あなたはバナナが食べたいですか？

Can you ～（あなたは～ができますか？）

Can youのあとに相手ができること（得意なこと）を続けます。

🔊 Can you play the guitar？
あなたはギターをひけますか？

ひとくちメモ　アメリカではお店に入ると、Can I help you？といわれることがあります。これは「なにかお手伝いしましょうか？」という意味です。日本語の「いらっしゃいませ」と同じような感覚で使われています。

「さむ〜い!」を英語でいうと?

2月8日 February

音声対応

京都教育大学 英文学科
泉 恵美子 先生に聞きました

読んだ日　月　日 ｜ 月　日 ｜ 月　日

気温の感じ方を英語にしよう

毎年1月20日ごろは大寒といって、1年でいちばん寒い日といわれています。今日は英語で「寒い」や「暑い」、「すずしい」や「あたたかい」のいい方を紹介しましょう。

🔊 **It is cold today.** 今日は寒いです。
🔊 **It is hot today.** 今日は暑いです。
🔊 **It is cool today.** 今日はすずしいです。
🔊 **It is warm today.** 今日はあたたかいです。

　coldとcoolではcoldのほうが寒く、hotとwarmでは、hotのほうが暑い状態をあらわしています。また、cold、cool、warmは、人の態度をあらわすときにも使います。coldは「態度が冷たい」、coolは「落ちついている」、warmは「思いやりがある」といった感じです。なお、It isはIt'sと短くしていうこともあります。

外は寒いけど、部屋の中は暑い

冬は部屋の中はあたたかいのに、一歩外に出ると寒いですよね。部屋から外に出たときに思わずいいたくなるのがこの台詞です。

🔊 **It's cold outside.** 外は寒いね。

日によっては、凍えるほど寒いときもあります。そんなときはこういいます。

🔊 **I'm freezing.** 凍えるほど寒い。

freezeは「凍る」という意味で、freezer（冷凍庫）の仲間です。暖房がききすぎて、冬なのに部屋の中にいると暑いときもありますね。そんなときはこういいましょう。

🔊 **It's hot in here.** 中は暑いよ。

I'm freezing.

覚えておこう

「肌寒い」を英語でいうと

朝起きたら急に寒くなっていることがあります。そんなとき日本語では「肌寒い」といいますね。「肌寒い」は英語でchillyといいます。coldとcoolの間くらいの寒さです。
It's chilly today. 今日は肌寒いです。
今日紹介した「寒い」を並べるとこうなります。右にいくほど寒い状態をあらわしています。
cool→chilly→cold→freezing

大寒から15日が過ぎると、暦の上では立春です。立春は毎年2月4日頃で、この頃から一部のあたたかい地域では梅が咲き始めます。でも、地域によってはこの頃が寒さのピークになるところもあります。

55

キミはどうやる？指を使った数の数え方

2月9日 February

愛知県尾張旭市立本地原小学校 教諭
鈴木由季子先生が書きました

読んだ日　月　日　｜　月　日　｜　月　日

国によって指の使い方がちがう

「あと何日で遠足かな？」「今日参加するのは何人かな？」なんてときに、自分の指をおりながら数を数えていきますよね？　まず親指から折り始めて、2、3、4と数が大きくなるにつれて人さし指、中指、薬指、そして小指へと順番におっていきます。5をこえたら逆に小指から親指へと、順番に指をあげていきます。「あたり前じゃないか」と思わないでください。この数え方、じつは日本だけなんです。

今日は他の国ではどのように数えるのか、下のイラストでたっぷりご紹介しましょう。

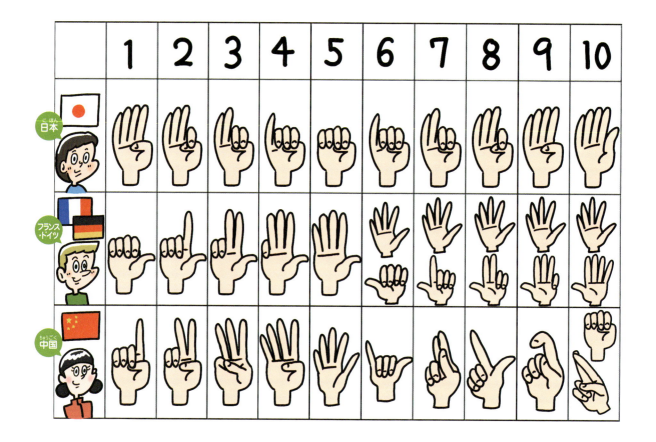

ひとくちメモ　他の国ではどのように指を使って数をあらわすのか知っておくことは、海外でお買い物をするときに役立ちます。

今の気分を英語で答えよう!

2月10日 February

共栄大学 国際経営学部 助教
鈴木健太郎先生に聞きました

読んだ日　月　日 ｜ 月　日 ｜ 月　日

感情を英語で表現しよう

テストでいい点をとったり、いいことをしてほめられたりしたときにどんな気持ちになりますか？　うれしいですよね。反対に、大切なものをなくしたり、友だちとけんかをしたりすると悲しい気分になりますよね。

私たちは毎日さまざまなことを感じ、それを言葉や動きで表現しています。うれしいと大きな声で笑い、悲しいと涙をこぼして泣くこともあります。そんな気持ちを英語で表現できたら、世界が広がると思いませんか？

今日は、自分の感情を英語であらわしてみましょう。

簡単な表現を覚えて使おう！

「うれしい」は英語でhappyです。「私はうれしいです」を英語にすると、I am happy.となります。ほかにも、気持ちをあらわす言葉に、「怒っている」や「悲しい」があります。また、泣いたり、笑ったり、驚いたりするといった、行動をあらわしても感情が伝わりますね。簡単な表現で気持ちを伝えてみましょう。

🔊 I am happy.
私はうれしいです。

🔊 I am sad.
私は悲しいです。

🔊 I am angry.
私は怒っています。

🔊 I am crying.
私は泣いています。

🔊 I am laughing.
私は笑っています。

🔊 I am surprised.
私は驚いています。

ひとくちメモ　感情をあらわす英語の前にsoを加えると、その感情をより強くあらわすことができます。I am so happy.「私はとってもうれしいです」、I am so angry.「私はとっても怒っています」となります。

ものの名前のおはなし

ジュースとjuice、どうちがう?

秀明大学　学校教師学部
星野由子先生が書きました

2月 11日 February

音声対応

読んだ日　月　日　｜　月　日　｜　月　日

ジュースとjuiceのちがいとは?

　日本語でジュースは、あまい飲み物という意味で多く使われます。英語でジュースはjuiceと書きますが、このjuiceは日本語のジュースとはちがいます。

　juiceは果汁100％の飲み物のこと。そのため、コーラを英語でjuiceと呼ぶことはありません。コーラのように、アルコールが入っていない飲み物はsoft drinkといいます。日本語でも聞いたことがありますね。

　では、果汁100％ではないジュースは英語ではなんというのでしょうか。果汁10％のオレンジジュースのことは、orange drinkやorange flavored drinkといいます。また、炭酸飲料はsodaやsoda popと呼びます。

肉汁もジュース⁉

　juiceには日本語のジュース以外の意味もあります。

　juicesのように最後にsをつけると「肉汁」という意味になるのです、つまり、ステーキやハンバーグを切ったときに出てくる汁のことですね。果物か肉かにかかわらず、英語のjuiceは素材からあふれ出ている液体のことを指しているということがわかります。

話してみよう

ジュースを注文してみよう

海外旅行で行ったレストランなどで使える表現を紹介しましょう。

🔊 I'd like an orange juice.
　オレンジジュースをください。

🔊 Two orange juices, please.
　オレンジジュースをふたつください。

ひとくちメモ　果汁の割合で正式名称がちがうのは、じつは日本も同じ。果汁が10％や30％のものは、ラベルに「オレンジジュース」ではなく「果汁入り飲料」「清涼飲料水」と書いてあるはずです。

58

アメリカの学校に職員室はない!?

2月12日 February

広島大学大学院教育学研究科 教授
築道和明先生が書きました

読んだ日　月　日｜月　日｜月　日

先生それぞれに部屋がある

　和英辞書で「職員室」を引くと a staff roomやa teachers' roomなどの単語が出てきます。しかし、a teachers' roomといっても、英米の子どもたちには、どの部屋を指しているのかわからないかもしれません。
　というのも英米の学校には、職員室がないのです。では、英米の先生たちは、学校でどうしているのでしょう？　先生には自分の教室があり、そこで授業や仕事をします。そこは先生がいつもいる場所なので、授業が終わっても職員室には帰りません。次の授業が始まるときには、授業を受ける子どもたちが、担当の先生の教室に移動してくるのです。

リラックスする場所が用意されている

　日本のように先生たちがみんなで使う部屋はないの？　という疑問も浮かぶでしょう。いろいろな呼び名がありますが、a staff loungeといって、先生たちがソファに座って休んだり、おしゃべりをしたりする部屋がちゃんと準備されています。学校を題材にした映画を見る機会があったら、a staff loungeをチェックしてみてください。

覚えておこう

学校の施設の英単語

職員室はありませんが、日本の学校と同じ施設もいろいろあります。英語ではなんというのか覚えましょう。

図書室　library
保健室　nurse's office
体育館　gymnasium
校庭　　school grounds

ひとくちメモ　「校長室」は、a principal's officeといいます。英米の学校にも校長室はあります。授業中に騒いだり、問題行動を重ねたりすると、校長室に行くように指示されます。校長先生からの指導を受けるのです。

いろいろな色の名前を英語でいってみよう

2月13日 February

京都教育大学 英文学科
泉 惠美子 先生に聞きました

読んだ日　月　日　｜　月　日　｜　月　日

lightとdark

「青」は英語でblueといいます。では「水色」はなんていうでしょう？「水色」は英語でlight blueといいます。lightは英語で「明るい」という意味です。つまり、水色は英語で「青の明るい色」とあらわすのです。

light（明るい）はblueのほかの色にも使えますよ。greenにつけるとlight green（明るい緑）、brown（茶）につけるとlight brown（うす茶）となります。

light（明るい）の反対は、dark（暗い）です。色の名前にdarkをつけると、その色のこい色をあらわすことができます。blueにdarkをつけるとdark blue（こい青・暗い青）、brownにdarkをつけるとdark brown（こげ茶）です。

下のイラストを見ながら、いろんな色の英語のいい方を学んでみましょう。

学んでみよう

あなたのひとみの色は？

みなさんは鏡で自分のひとみを見たことがありますか？ ひとみの色はメラニン色素の量によって決まるといわれています。日本人はblack（黒）やbrown（茶）のひとみの人が多いですが、アメリカやヨーロッパの人は、blue（青）やgreen（緑）、gray（灰色）のひとみを持つ人もいます。

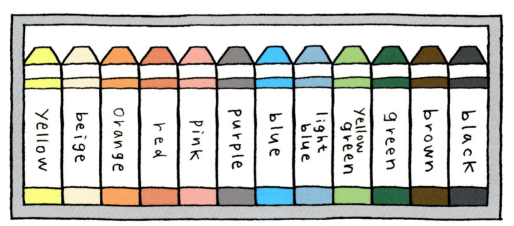

- yellow きいろ
- beige うすだいだい（はだいろ）
- orange だいだい
- red あか
- pink ももいろ
- purple むらさき
- blue あお
- light blue みずいろ
- yellow green きみどり
- green みどり
- brown ちゃいろ
- black くろ

 ひとくちメモ　「藍色」という色を聞いたことがありますか？「藍色」はこい青のことです。「藍」は染め物に使われる植物のこと。英語で「藍色」はindigoといいます。

60

バレンタインデーには カードを送ろう

2月 February 14日

鳴門教育大学
畑江美佳先生が書きました

読んだ日　月　日　月　日　月　日

もともとチョコをおくる日じゃない

バレンタインデーは、「聖バレンタイン」が処刑された2月14日にちなんでいます。およそ1800年前、バレンタインは宗教のちがいから牢屋に入れられていました。その牢屋の看守に目が見えない妹がいると知ったバレンタインは、彼女のために祈ります。そして手紙を渡しました。妹が手紙を開くと、なんと書いてある字が見えるようになったのです。奇跡を起こしたバレンタインは死後聖人となり、彼の亡くなった2月14日が祝日になりました。

カードを送ろう

バレンタインが書いた手紙の最後に、From your Valemtineとサインしてありました。「あなたのバレンタインより」という意味です。ここから、バレンタインデーには、自分の大切な人にプレゼントと共にカードを送る、という習慣がうまれました。現在でも欧米では、「バレンタインカード」を送ります。これは女性から男性へだけではなく、男性から女性へも、家族、友人同士でも送りあいます。カードにはハートの絵がよく使われます。英語のheartは「心臓」。自分のもっとも大事な部分を送る、という意味なのです。

やってみよう

バレンタインカードをつくろう

欧米の子どもたちは、自分たちでつくったカードをおたがいに交換するパーティをします。デコレーションに必ず使うアイテムは、「赤いハート」「リボン」「レース」です。「リボン」は、中世の時代に戦場にむかう兵士にお守り代わりに渡したといわれ、幸運をあらわします。「レース」はラテン語で「網」の意味があり、「人の心を捕まえる」という意味があります。「赤いハート」の意味はわかりますよね。みなさんも素敵なカードをつくってみましょう。

ひとくちメモ：sweetheart が恋人や大切な人をあらわし、このsweet（甘い）からチョコやキャンディーが連想され、チョコを送るようになりました。最初に始めたのはイギリスのお菓子会社です。

61

英語でやってみよう「あっち向いてホイ！」

2月15日 February

音声対応

北海道室蘭市立海陽小学校教諭
相馬和俊先生が書きました

読んだ日　月　日／月　日／月　日

look（見て、見て）といいながら、相手の人の顔を指さして、上下左右のどこかに指を向けます。相手が自分の指と同じ方向を向いたら「勝ち」。ちがうほうを見たらセーフになって、もう一度ジャンケンからやり直します。

上下左右のかけ声を紹介します。

🔊 look, look, up！　上
🔊 look, look, down！　下
🔊 look, look, left！　左
🔊 look, look, right！　右

みんなでリズムを取りながら、テンポよくやるともりあがりますよ。

英語でジャンケン

英語のジャンケンでは、グーはrock（石）、チョキはscissors（はさみ）、パーはpaper（紙）であらわします。日本と似ていますね。

🔊 rock, scissors, paper, 1, 2, 3 !

とリズムをとりながらかけ声をいって、手を出します。

英語であっち向いてホイ

英語で、あっち向いてホイもやってみましょう。ジャンケンをして、勝った人は、look,

やってみよう
「あいこでしょ」はなんていう？

日本語でお互いが同じものを出した場合「あいこでしょ！」といって再びじゃんけんしますね。英語ではあいこだったときは、かけ声の1，2，3！からやり直します。

ひとくちメモ　世界各国にじゃんけんはあります。「はさみ」や「石（岩）」が登場せず、代わりに「リュウ」や「井戸」「アリ」などが出てくるものもあります。

ミッドナイトのミッドってどんな意味？

2月 February 16日 音声対応

共栄大学 国際経営学部 助教
鈴木健太郎先生に聞きました

読んだ日　月　日　｜　月　日　｜　月　日

イラストを見ながら、朝から夜まで、一日の時間帯を英語でいってみましょう。
afternoonの after は「〜のあと」という意味です。正午（noon）のあとだから、afternoon（午後）と覚えましょう。midnightのmidは「真ん中の」という意味です。だから真夜中は、midnightとなります。

- evening 夕方
- afternoon 午後
- night 夜
- midnight 真夜中

- early morning 早朝
- noon 正午
- morning 朝

覚えておこう

「明日の夜」はなんていうの？

「今日の〜」「昨日の〜」「明日の〜」のようにいつの日の時間なのかをいうときは、前にthis、last、tomorrowをつけていいます。

❶今日→this
　今朝　　this morning
　今晩　　this night（tonight）
❷昨日→last
　昨日の朝　last morning
　昨日の夜　last night
❸明日→tomorrow
　明日の朝　tomorrow morning
　明日の夜　tomorrow night

ひとくちメモ　あいさつはGood morning.（おはよう）、Good afternoon.（こんにちは）、Good night.（おやすみなさい）のように、それぞれ時間帯の言葉の前にgoodをつけていいます。

アルファベットに大文字と小文字がある理由

2月17日(日) February

弘前大学 教育学部
佐藤 剛 先生が書きました

読んだ日　月　日　｜　月　日　｜　月　日

アルファベットの誕生

　日本語の「あいうえお」にあたる英語のアルファベット。AからZまで26文字を全部いうことができますか？

　アルファベットの歴史はとても古く、26文字のうちいくつかの文字はエジプトの象形文字までさかのぼると考えられています。「アルファベット」という言葉の語源は、ギリシャ語のひとつ目の文字「α」とふたつ目の文字「β」を続けて読んだ「アルファベータ」。αは「牡牛」という意味で、牛の頭の形が変化した文字、βは「家」という意味で当時の住居の形が変化した文字です。いろいろな民族に使われながら現在のものができあがりましたが、当初は大文字・小文字の区別がなく、大文字だけが使われていたようです。

大文字から小文字へ

　アルファベットが発明された当時、もちろん紙やペンはなく、人々は石や鉄といったかたいものに文字を刻んでいました。先に大文字が使われていたのは、こまかい文字を書くことは大変なので、できるだけ曲線のない文字が好まれたことが理由です。

　小文字はそれから700〜800年後に誕生しました。きっかけは、書くものが石や鉄から動物の皮に変わったことなのだそうです。貴重な皮に多くの文字を入れるため、コンパクトに書ける小文字が生まれたのです。書くための素材が新たに誕生すれば、いつの日か文字が変化する日がくるかもしれませんね。

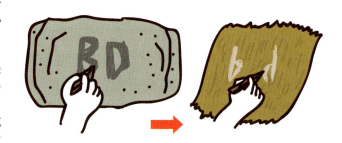

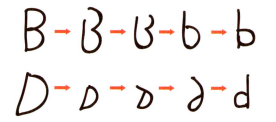

調べてみよう

小文字の覚え方

「B」の小文字の「b」と、「D」の小文字の「d」は同じ形が左右を向いているだけに見えて、どっちかわからなくなりませんか？　大文字から小文字への変化を知るとわかりやすくなります。

ひとくちメモ　文字は、「早く」「楽に」「たくさん」書きたいという思いから変化してきました。タブレットにタッチペンで書くことも多い今、変化するとしたらどんな文字になるでしょう？　考えてみましょう。

あいさつは「ハワイ」と「アイムパイン」

2月 February 18日 音声対応

三重県小学校英語活動研究会代表 JES三重県理事
鷹巣雅英先生が書きました

読んだ日　月　日　｜　月　日　｜　月　日

日本語に聞こえる英語のあいさつ言葉

英語が日本語のように聞こえたら、声に出していいやすくなりませんか？　たとえば、How are you?。「こんにちは。元気ですか？」という意味のあいさつの言葉です。下の音声を聞くと、なんとなく「ハワイー」といっているように聞こえませんか？

🔊 How are you ?
　こんにちは。元気ですか？

How are you?（元気ですか？）といわれたら、返事は、I'm fine.（はい。元気です）。

🔊 I'm fine.
　はい。元気です。

後ろのfineは「パイン」と聞こえませんか？あいさつは、初めはなかなかうまくいえませんが、英語が「ハワイ」や「パイン」という日本語に聞こえると、「それなら、いってみようかな」という気持ちになりませんか？

ほめ言葉も日本語風に

英語のほめ言葉も、日本語を話す感覚で話すことができます。だれかがすごいことをしたときは、Wonderful！（すごいね！）ということがあります。音声を聞いてみてください。

🔊 Wonderful !
　すごいね！

「ワンだフォー」と聞こえませんか？　「ワンだフォー」だったら、日本語みたいでいいやすいですよね。Wonderful！のほかに、Tremendous！もよく使われるほめ言葉です。これも「すごいね！」いう意味です。

🔊 Tremendous !
　すごいね！

こちらは「トレメンです」に聞こえませんか？　日本語にはそんな言葉はありません。でも、「イケメンです」みたいで、いいやすいですよね。英語が苦手な人は、こんな風に、聞こえたとおりにいって試してみることは英語名人になるコツですよ。

2月

ひとくちメモ　上で紹介した「日本語のような英語」は、106ページや139ページでも紹介しています。いろんな日本語が英語みたいに聞こえるので、おもしろいですよ。

65

たのしい行事のお話

学校にパジャマで行くってホント!?

2月 February 19日

島根大学　外国語教育センター　嘱託講師
ハーヴィー佳奈先生が書きました

読んだ日　　月　　日　｜　月　　日　｜　月　　日

アメリカの小学校のおもしろ行事

　朝起きて、着替えずパジャマのまま学校へ行く、なんてことは日本の学校では考えられません！　でも、アメリカでは小学校によっては、きちんとした格好をしなくてもいい日があります。その名も「パジャマデー」。名前の通り、パジャマを着たまま登校する日のことです。この日は、学校でも一日中パジャマで過ごします。アメリカの子どもたちにとって大人気の一日です。

　パジャマデーのほかにも、アメリカの小学校にはおもしろい日があります。たとえば「クレージーヘアデー」。「クレージー」は、日本語で「メチャクチャ」のこと。「ヘア」は髪の毛のことです。だから、「クレージーヘアデー」は、日本語で「メチャクチャな髪型の日」という意味。この日は、髪をさか立ててかためてみたり、スプレーでピンクや緑、紫といったはでな色にしたり、カツラをかぶったりと、とにかくみんな思い思いの変わった髪型にして学校に行きます。

先生たちも参加する

　パジャマデーとクレージーヘアデーは、子どもたちだけのものではありません。なんと先生たちも参加するのです。中には、子どもたちよりもクレージーな髪型にしてくる先生もいます。いつもはきびしい先生が、変な髪型をしていたら、なんだか話すのが楽しくなりそうです。こんなユーモアいっぱいの特別な日。みんなの学校にもあったらいいですよね。

覚えておこう

学校の行事のいい方

パジャマデーのようなおもしろい行事はないかもしれませんが、日本の学校にもさまざまな行事がありますね。英語でなんというのか覚えましょう。

field trip「遠足」
school excursion「修学旅行」
parents' day「参観日」

なお、アメリカやイギリスなどでは修学旅行や参観日がない学校も多いです。

ひとくちメモ　日本でパジャマといえばゆったりしたものが主流。でもアメリカの子ども用パジャマは、体にピッタリとしたものがほとんど。これは、ロウソクなどの炎が、服に燃えうつるのを防ぐためだそうです。

外国のくらしと文化のお話

星条旗に秘密あり!? アメリカってどんな国?

2月20日 February

国立明石工業高等専門学校
飯島睦美先生に聞きました

読んだ日　月　日　｜　月　日　｜　月　日

広大な国、アメリカ

　アメリカと聞いてみなさんはなにを想像しますか？　大きなハンバーガーやフライドポテト、自由の女神、大統領のいるホワイトハウスなどでしょうか。

　アメリカの広さはなんと日本の25倍！さまざまな民族が暮らしていて、人口は日本の約2倍です。日本の首都は東京ですが、アメリカの首都はホワイトハウスがあるワシントンD.C.。そのほかにも文化の中心となるニューヨークやハリウッド映画で有名なロサンゼルスといった大きな都市があり、特徴も地域によって大きく違います。

星条旗の星は州の数

　日本には47の都道府県があります。同じようにアメリカには50の州があります。みなさん知っている州はありますか？　じつはアメリカから遠く離れた島、ハワイもそのなかのひとつ。そしてアメリカの国旗、星条旗の中の50個の星はそれらの州の数をあらわしているのです。今度アメリカの国旗を見たら、数を数えてみましょう。

考えてみよう

星条旗の縞模様13本の秘密！

星の数は今の州の数ですが、国旗の縞模様にも秘密があります。その秘密はなんでしょう？答えはひとくちメモで！

ひとくちメモ　昔アメリカはイギリスの植民地でした。1776年の独立宣言とその後の独立戦争を経て、アメリカはイギリスから独立しますが、そのときの州の数が13だったのです。

海外に行けば、私たちも「エイリアン」！

中国学園大学 国際教養学部
竹野純一郎 先生が書きました

2月21日(日) February

読んだ日　月　日｜月　日｜月　日

「エイリアン」にはふたつの意味

みなさんはエイリアン（alien）と聞くと、どのようなものをイメージしますか？ こわい宇宙人を思い浮かべる人も多いでしょう。これは、『エイリアン』という映画の影響なのかもしれません。

しかし、alienには「異星人、宇宙人」という意味のほかに「外国人」という意味もあるのです。

別の国からきた人

「外国人」をあらわす単語には、foreignerやalienがあります。foreignerと聞くと、「よそ者」という感じを受ける人もいるので、本人に向けてYou are a foreigner. といわないように気をつけましょう。

また、alienは役所などで使う少しかたい表現です。

日本のように日本人がたくさんいる国であれば、外国の人を「外国人」と呼ぶのが自然なのかもしれません。しかし、たとえばアメリカには、いろいろな国から人がやってきているので、いわば周りは外国人だらけです。

そこで、He is Canadian. / He is from Canada.「彼はカナダ人（カナダ出身）だ」などと、外国からきた人は出身地であらわすのが習慣になっています。

調べてみよう

イギリス人を英語でいえる？

日本人は英語でJapaneseです。みなさんが海外に行ったら、I am Japanese. / I am from Japan. といいましょう。それでは、イギリスの人は海外ではなんというのでしょう？ 答えは、I am British. / I am from Britain [the UK]. ですね。イギリスという呼び方をしているのは日本人だけなので要注意です。アメリカ人であれば、I am American. / I am from America [the USA]. ですね。いろいろな国の、国籍や国名をあらわす英語を調べてみましょう。

外国人のことを略して「外人」という人が以前は多くいました。しかし、それでは「外の人」という意味で失礼になると考え、「外国人」といういい方を選ぶ人が増えてきています。

68

外国のくらしと文化のお話

写真をとるときになぜ「チーズ」っていうの?

共栄大学 国際経営学部 助教
鈴木健太郎先生に聞きました

2月 February 22日

音声対応

読んだ日　月　日　月　日　月　日

笑顔をつくる魔法の言葉

「はい、チーズ!」は、英語のSay cheese!を日本語にしたものです。cheeseは食べるチーズのことで、そのまま日本語にすると「チーズといって!」という意味になります。写真をとる人がSay cheese!というと、とられる人はCheese!といいます。このとき、「チー」とのばしてみると、口の形が「い」の形になって、横に広がりますよね。これで、自然に笑顔の写真がとれるというわけなのです。

🔊 **Say cheese!**

日本では「はい、チーズ!」といわれても、とられる人はなにもいいませんので、なんでチーズなんだろう? と不思議に思うのももっともですね。

「チーズ」以外のかけ声

Say cheese!以外のほかのかけ声をしょうかいしましょう。

🔊 **Three Two One!**

「3、2、1!」とカウントダウンをします。シンプルでわかりやすいかけ声ですね。

🔊 **Smile!**

「笑って!」というかけ声です。笑うのが下手な人にとっては、ちょっと苦手なかけ声かも……。

🔊 **Are you ready?**

「準備はいい?」という意味です。準備ができたらSay cheese!

覚えておこう

写真をとってほしいときは……

旅先では写真をとってはいけない場所もありますから注意が必要です。また、周りの人に写真をとってもらいたいこともあります。こんなときに役に立つ表現を覚えておくと便利ですよ。

🔊 **Can I take a picture here?**
ここで写真をとってもいいですか?

🔊 **Excuse me. Would you take a picture of us?**
すみません。私たちの写真をとってもらえますか?

ひとくちメモ　写真をとるときにかける声は、国によっていろいろです。中国では「1、2、3、茄子!」、フランスでは「Cui Cui」と声をかけます。「Cui Cui」は小鳥の鳴き声です。

69

海外旅行で英語を話そう！

飛行機にて

2月23日 February

音声対応

日本大学 生産工学部 教養・基礎科学系（英語科）
濱田 彰 先生が書きました

読んだ日　月　日　月　日　月　日

飛行機の中では、乗務員さんやほかのお客さんと話をする機会がたくさんあります。

scene 1 座席案内 »

あなたの座席はどこでしょう？
乗務員にたずねてみましょう。

Where is my seat ?
私の座席はどこですか？

Come this way.
You have a window seat.
この通路をお進みください
窓側のお席です

Thank you.
ありがとうございます

scene 2 飲み物サービス »

離陸してからしばらくたつと、飲み物サービスが始まります。
メニューを見て、好きな飲み物を頼んでみましょう。

Something to drink ?
お飲み物はいかがですか？

Orange juice, please.
オレンジジュースをください

Yes. Here you are.
かしこまりました。どうぞ

Thanks.
ありがとう

ひとくちメモ　長い時間飛行機に乗っていると、飽きてしまうと思っていませんか？　機内では、映画を見たり音楽を聴くことができたりします。長い時間を有効に使って、旅を楽しみましょう。

scene 3 食事サービス

食事は空の旅の楽しみのひとつです。たいていの場合、2種類あるメニューのうちひとつを選ぶことになります。

scene 4 トイレに行きたくなったら

トイレへ行くために隣の乗客の前を通りたいときはどうすればよいでしょうか？

● 海外旅行に行ったメンバー

さとし
はじめて外国に旅行をする

みき
一度、外国へ旅行した経験がある

こうすけ
外国には何度も行ったことがある

なにに乗って学校に行く？

共栄大学　国際経営学部　助教
鈴木健太郎先生に聞きました

2月24日 February

音声対応

読んだ日　月　日｜月　日｜月　日

学校にはどうやっていく？

　みなさんは、どうやって学校に通っていますか？　歩いて行くという人が多いかもしれませんね。家と学校が少しはなれている人はbycicle（自転車）、遠くの学校に通っている人ならtrain（電車）やbus（バス）、おうちの人にcar（車）で送ってもらうという人もいるかもしれません。

🔊 I go to school by train.
　学校へは電車で通っています。

　アメリカにはschool bus（スクールバス）があります。黄色いスクールバスで子どもたちが通学する風景は、アメリカのドラマや映画でもよく見かけますね。

船や新幹線で通勤・通学

　島に住んでいる人の中には、学校や会社に行くために、boat（小さな船）やship（大きな船）で通っている人もいます。また、毎日、bullet train（新幹線）に乗って通勤・通学をしている人もいます。毎日、新幹線に乗れて楽しそう！　と思うかもしれませんが、学校の帰りにちょっと寄り道……ということができなくなってしまうかもしれませんね。みなさんは、どんな乗り物に乗って学校に行ってみたいですか？

話してみよう

いろいろな乗り物

いろいろな乗り物を英語でいってみましょう。

- 🔊 subway（アメリカ英語）／ underground（イギリス英語）地下鉄
- 🔊 limited express　特急電車
- 🔊 airplane　飛行機
- 🔊 taxi　タクシー
- 🔊 police car　パトカー
- 🔊 fire engine　消防車
- 🔊 truck　トラック
- 🔊 motorcycle　オートバイ

ひとくちメモ　アメリカのタクシーは黄色、という印象が強いですね。いちばん目立つ色だから黄色になったといわれています。でも、すべてのタクシーが黄色ではなく、ほかの色のタクシーも走っています。

Excuse me. と I'm sorry. のちがい

2月25日 February

高知大学 人文社会科学部
今井典子先生が書きました

読んだ日　月　日｜月　日｜月　日

「すみません」には2種類ある

道を聞くときや店の人に声をかけるとき、友だちとの待ち合わせにおくれたときなどに使う日本語に「すみません」があります。英語でもこれらはすべて同じ表現を使うのでしょうか？

じつはそうではありません。英語では、日本語の「すみません」にあたる表現として、Excuse me. と I'm sorry. があります。しかし、このふたつは異なる意味を持っているので注意が必要です。

ポイントは謝っているのかどうか

Excuse me. は、「ちょっと、すみません」や「失礼します」というニュアンスになります。たとえば、「すみません、図書館へはどう行ったらいいですか？」「すみませんが手伝ってくれませんか？」「すみません、ちょっと前を通ります」などといった場面で使います。この場合、自分が悪いことをしたわけではないので、謝っているのではありませんね。

それに対して I'm sorry. は「もうしわけない」という気持ちを表すときに使います。たとえば、遅刻をしたり、窓ガラスを割ってしまったりしたときなどです。道をたずねるときに、I'm sorry. といって声をかけると、相手は「なぜ謝っているのだろうか？」とふしぎに思います。反対に、待ち合わせにおくれてきて、Excuse me. というのは、相手に失礼になってしまいます。気をつけましょうね。

話してみよう

ひとりはmeで、ふたり以上はus

座っている誰かの前を通るとき、あるいは、混んでいる場所でほかの人を押しわけて進むとき、「すみませ〜ん」といいますが、その場合は I'm sorry. ではなく、Excuse me. を使います。自分ひとりが通るのではなく、誰かといっしょ、ふたり以上の場合は Excuse us. になります。つまり、meはひとりのとき、usは複数のときに使います。

ひとくちメモ　I'm sorry. は、謝るとき以外に「残念に思う」「お気の毒に」という気持ちを伝えるときにも使います。たとえば、I'm sorry about your accident.（事故のことはお気の毒ですね）などといいます。

体のパーツを英語でいってみよう

2月26日 February

音声対応

京都教育大学 英文学科
泉 惠美子 先生に聞きました

読んだ日　月　日　｜　月　日　｜　月　日

ものの名前の中にある体の名前

ヘッドホンにフェイスタオル、ハイネックセーターにショルダーバッグ、リストバンドにトゥシューズ……。ここでクイズです。これらの言葉にはある共通のものがかくされています。さて、それはなんでしょう？　答えは体のパーツの名前です。ヘッドホンはhead（頭）、フェイスタオルはface（顔）、ハイネックセーターはneck（首）、ショルダーバッグはshoulder（肩）、リストバンドはwrist（手首）です。

このように、体に身につけるものは、その体のパーツの名前からつけられることが多いです。

体のパーツを説明してみよう

お父さんの手と自分の手をくらべたことはありますか？　お父さんの手はみなさんの手より大きいですよね。また、キリンの首はとっても長いです。英語で説明してみましょう。

🔊 **My father has big hands.**
私のお父さんは手が大きいです。

bigは「大きい」という意味です。handsはhandのうしろにsをつけた形です。

🔊 **The giraffe has a long neck.**
キリンは首が長いです。

longは「長い」という意味ですね。キリンは脚も長いので、a long neckをlong legsにして、The giraffe has a long legs.で「キリンは脚が長いです」という文章にもできます。

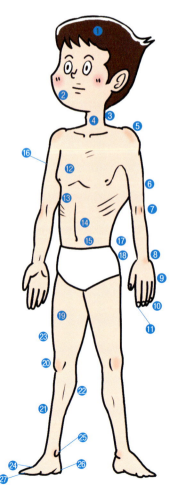

- 🔊 ① head　頭
- 🔊 ② face　顔
- 🔊 ③ neck　首
- 🔊 ④ throat　のど
- 🔊 ⑤ shoulder　肩
- 🔊 ⑥ arm　うで
- 🔊 ⑦ elbow　ひじ
- 🔊 ⑧ wrist　手首
- 🔊 ⑨ hand　手
- 🔊 ⑩ finger　指
- 🔊 ⑪ nail　つめ
- 🔊 ⑫ chest　胸
- 🔊 ⑬ body　胴体
- 🔊 ⑭ stomach　おなか
- 🔊 ⑮ navel　おへそ
- 🔊 ⑯ back　背中
- 🔊 ⑰ hip　こし
- 🔊 ⑱ bottom　おしり
- 🔊 ⑲ thigh　太もも
- 🔊 ⑳ knee　ひざ
- 🔊 ㉑ shin　すね
- 🔊 ㉒ calf　ふくらはぎ
- 🔊 ㉓ leg　脚
- 🔊 ㉔ foot　足
- 🔊 ㉕ ankle　くるぶし
- 🔊 ㉖ heel　かかと
- 🔊 ㉗ toe　つま先

ひとくちメモ　急に寒さを感じたりこわい思いをしたりすると、鳥肌が立つことがありますね。鳥肌のことを英語ではgoose bumpsといいます。gooseは「ガチョウ」、bumpsは「突起」という意味です。

ものの名前のお話

魚じゃないのに名前がフィッシュ!?

2月 27日 日曜日 February

共栄大学 国際経営学部 助教
鈴木健太郎先生に聞きました

読んだ日　月　日 ｜ 月　日 ｜ 月　日

見た目がそのまんま名前に？

ヒトデ、クラゲ、ザリガニ。この3つの共通点はなんでしょう？　答えは簡単。どれも海や水の中にすむ生き物ですね。

ヒトデは英語で、starfishといいます。5つの腕を広げた形が、星（star）のマーク☆にそっくりです。ふたつめのクラゲは、jellyfishといいます。プヨプヨしたやわらかい体が、まるでお菓子のゼリー（jelly）みたいですね。

そして、3つめのザリガニはcrayfish（またはcrawfish）です。これは古いフランス語のcreviceが変化したものだといわれています。同じように海や水辺にすむcrab（カニ）と、はじめの3文字がいっしょですね。

名前にfishとつく生き物

では、英語のstarfish、jellyfish、crayfish、この3つの共通点はなんでしょう？　そう、どれも名前のうしろにfishがつきます。fishは「魚」という意味です。でも、ヒトデもクラゲもザリガニも、本当は魚のなかまではありません。

英語では、ふつうの魚のほかに、水生生物や魚介類などをfishと呼ぶこともあるそうです。魚とはまるでちがう生き物なのに、名前がフィッシュなんておもしろいですね。

調べてみよう

まだまだいるゾ！ fishがつく生き物

名前のうしろにfishとつく生き物は、ほかにもいます。次の英語はどんな生き物のことか、調べてみましょう。答えは「ひとくちメモ」にあります。

① catfish
② shellfish
③ cuttlefish
④ clownfish
⑤ hagfish

ひとくちメモ

クイズの答え：①ナマズ、②食用の貝類、③コウイカ（モンゴウイカ）、④クマノミ（anemonefishともいいます）、⑤ヌタウナギ（深海にすむ円口類でウナギとは別の生物。hagは「オニババ」という意味です）。

アルファベットを伝える ヒミツのコード

2月 February 28日

京都教育大学 英文学科
泉 恵美子 先生に聞きました

読んだ日　月　日　｜　月　日　｜　月　日

聞きまちがえると大変！

メールアドレスやホームページのURLのように、長いアルファベットの並びを人に伝えたいとき、聞きまちがえるとやっかいですね。もっとも確実なのは書いて渡すことですが、電話など、口で伝えなければならないこともあります。

そんなとき便利なのが「通話表」です。国際的には「フォネティックコード」と呼ばれます。音が似ている文字の聞きまちがいを防ぐためにつくられました。

「GはゴルフのG」

たとえばメールアドレスのBとGを聞きまちがえたら、そのアドレスにメールを送ることはできませんね。

このようなミスを防ぐために「Gはゴルフのg、BはブラボーのB」とよく知られている単語の頭文字を使う、というマナーがあります。その単語のリストを「通話表」とか「フォネティックコード」というのです。無線の世界や国際的な機関では、どの単語を使うかまで決まっているんですよ。

しかし、友だちなどとメールアドレスを教えあうときは、「AはアメリカのA、BはブラジルのB」など、お互いが知っているであろう単語を使えば大丈夫。聞いているほうも、MなのかNなのか、IなのかYなのか、似ている音で迷ったときは、「MはマイクのM？」とたずねると、便利ですよ。

やってみよう

自分の名前を説明してみよう

ローマ字で自分の名前を書いてみましょう。そしてその一文字一文字を説明する単語を考えてみましょう。だれもが知っている単語だとわかりやすいですよ。

 フォネティックコードはインターネットで簡単に検索することができます。日本語版「和文通話表」では、「アは朝日のア、イはイロハのイ、ウは上野のウ」など、だれもが知っている単語でできています。

電話で「ハロー!」はエジソンの大発明!?

2月29日 February

国立明石工業高等専門学校
飯島睦美先生に聞きました

読んだ日　月　日｜月　日｜月　日

小学校を3カ月でやめちゃった!

みなさんは、電話で会話をはじめるとき、「もしもし」といいますよね。英語では、それを「Hello」と呼びかけます。

この「Hello」という言葉を、電話で最初に使ったのは、発明家のトーマス・エジソン（Thomas Edison）だといわれています。

エジソンは、1847年にアメリカのオハイオ州で生まれました。子どものころからとても好奇心が強く、学校でわからないことがあるたびに「Why?（なぜ?）」とたずねて、先生を困らせていました。おかげで、せっかく入った小学校も、わずか3カ月でやめることになりました。

それからエジソンは、自分でいろいろな本を読んで勉強をしました。とくに好きだったのは、科学の実験です。わからないことがあれば、今度は自分の手で実験をして確かめようとしたのです。

「発明王」エジソンの誕生

やがて、エジソンは電気を使って、いろいろな発明を手がけるようになります。30歳のときには、ニューヨークの近くに大きな研究所をつくりました。

そこで彼が手がけたものは、電話機や蓄音機（音を録音・再生する機械）、電球、発電機、映画の撮影機、トースターなどです。今でも、私たちの生活に役立っているものがたくさんありますね。

エジソンが生み出した発明は、全部で1000以上もあるといわれています。まさに、世界の「発明王」です。けれども、もしも本当に、電話で最初に「Hello」という言葉を使ったのなら、それがエジソンのいちばんの"発明"だったかもしれませんね。

ひとくちメモ　電話機を発明したグラハム・ベルが、初めて電話で話した言葉は、助手のワトソンに「ワトソン君、ここにきたまえ」だったといわれています。

話してみよう 子供の科学 写真館 vol.1

外国の人に「日本のことを英語で教えて！」といわれることが、これから増えていきます。そんなときは、日本のすばらしいものを英語で紹介しましょう。きっと外国の人も喜んでくれるでしょう。

写真／10 FACE / Shutterstock.com

日本一の山「富士山」

　毎年、富士山には多くの外国の人が訪れています。7月に山開きになると、登山をする人たちでにぎわいます。その中には外国の人もたくさんいます。日本一の山を近くで見たり、登ったりしてみたい気持ちは、みんな同じなのですね。日本を代表する富士山を英語で説明できるとかっこいいですね。挑戦してみましょう！

Mount Fuji is the highest mountain in Japan.
富士山は日本でいちばん高い山です。

It is 3776 meters high.
高さは3776メートルです。

And it was enrolled in the world Heritage in 2013.
そして、2013年には世界遺産にも登録されました。

3 月

March

「1番目、2番目、3番目……」は英語でなんていう?

3月1日 March

音声対応

京都教育大学 英文学科
泉 恵美子 先生に聞きました

読んだ日　月　日｜月　日｜月　日

順番はワン・ツー・スリーじゃない

英語で数を数えるときは、one、two、three……といいます（16ページ参照）。では、英語で順番はどういえばいいのでしょう？ 野球で一塁のことをファースト、二塁のことをセカンド、三塁のことをサードといいますね。じつはこれが英語の順番のいい方なのです。英語で「1番目」はfirst、「2番目」はsecond、「3番目」はthirdといいます。

firstを使ったいろいろな言葉を紹介しましょう。アメリカ大統領夫人のことをfirst ladyといいます。ladyは「女性」という意味で、女の人をていねいにいうときに使う言葉です。大統領は国民の先頭（1番目）に立つ人ですから、first ladyは、「1番目の女性」という意味です。

飛行機でいちばんいい席のことをfirst classといいます。座席が広く、食事のサービスも一流なので、firstというわけです。

4番目からあとは

1番目、2番目、3番目は、one、two、threeではなく、first、second、thirdといいますが、4番目からあとは、数の数え方ににたいい方になります。4番目は、fourのうしろにthをつけてforthといいます。下の表で比べてみましょう。

数字	数のいい方	順番のいい方
1	ワン one	ファースト 🔊 first
2	ツー two	セカンド 🔊 second
3	スリー three	サード 🔊 third
4	フォー four	フォース 🔊 fourth
5	ファイブ five	フィフス 🔊 fifth
6	シックス six	シクスス 🔊 sixth
7	セブン seven	セブンス 🔊 seventh
8	エイト eight	エイス 🔊 eighth
9	ナイン nine	ナインス 🔊 ninth
10	テン ten	テンス 🔊 tenth

3位 third　1位 first　2位 second

 ひとくちメモ　英語で「いちばんよいもの」をbestといいます。反対に、「いちばん悪いもの」はworstといいます。なお、「ベストテン」は英語では通じません。英語ではtop tenといいます。

「いただきます」を英語でいうと?

中国学園大学　国際教養学部
竹野純一郎先生が書きました

3月2日 March

読んだ日　月　日 | 月　日 | 月　日

「いただきます」

日本人は、ごはんを食べる前に「いただきます」といいます。しかし、英語を使う国の人たちは、とくになにもいわずに食べ始めるのがふつうです。外国の人がマナーが悪いわけではなく、日本と外国では文化がちがうのです。

🔊 **Let's eat !**
食べましょう!

というのがいいでしょう。

また、目の前においしそうなごちそうが並んでいたら、

🔊 **Everything looks delicious.**
ぜんぶおいしそう。

といってもいいでしょう。

「ごちそうさま」

ごはんを食べ終わったあとの「ごちそうさま」に相当する言葉も英語にはありません。

ごはんを食べ終わったあとは、

🔊 **I'm done.**
食べ終わりました。

と伝えるのがいいでしょう。レストランで食事をしたとき、お皿をさげてもいいかどうかを聞かれたときも同じようにいいます。

また、ごはんを食べたらおなかいっぱいになるので、そのことを伝えてもいいでしょう。

🔊 **I'm full.**
おなかいっぱいです。

使ってみよう

感謝の気持ちを伝えよう

「ごちそうさまでした」という代わりに、**That was delicious.**(おいしかったです)や、**Thanks for the nice meal.**(おいしい食事をありがとう)といって、料理がおいしかったことや感謝の気持ちを伝えてみましょう。

 ひとくちメモ　大人がよく使う「おつかれさま」も、英語にはとくに決まったいい方はありません。場面によって、See you tomorrow.(また明日)やThank you for your work.(仕事をしてくれてありがとう)を使います。

ミツバチの道は一直線

3月3日 March

共栄大学　国際経営学部　助教
鈴木健太郎先生に聞きました

読んだ日　月　日｜月　日｜月　日

スズメバチとは区別して

ハチが近くに飛んでくると、刺されるのではないか？　と怖くなって逃げ出したくなりますね。しかし、そのハチがミツバチなら逃げまわる必要はありません。ミツバチが刺すのは、巣が襲われたときだけ。もし巣から遠い場所でミツバチとすれちがったら、逃げたり追いかけたりせず、そっと見守りましょう。人に対して攻撃的なのはスズメバチなどの狩りバチです。ミツバチとは大きさがちがいますから、見分けられるようになっておきたいですね。

英語ではミツバチのことをbee、スズメバチなどの狩りバチのことをwaspと呼んで区別しています。特にヨーロッパではハチを育てて蜜をとる「養蜂」が盛んです。ミツバチは蜜を運ぶ大事な生き物として大事にされています。

花から巣まで最短コースをまっすぐ

ミツバチの中でも、花の蜜を巣に持ち帰るのは働きバチの仕事。働きバチは蜜のもとになる花から巣まで、わき目もふらず一直線に帰ってきます。この様子から、英語にはbeelineという言葉が生まれました。「ミツバチの道」という意味ですが、そこから「最短コースを一直線」とか「寄り道せずまっすぐ帰る」という意味で使われています。

覚えておこう

女王バチも働きバチもメス

ミツバチの社会は一匹の女王バチ、数万の働きバチ、そのほか数百のオスバチで成り立っています。女王バチがメスというのはわかりやすいですが、蜜をとりにいく働きバチも全員メスというのは知らない人もいるかもしれません。英語の図鑑だと、働きバチの解説に彼女を意味するsheが使われます。日本語の図鑑よりわかりやすいですね。

ひとくちメモ　カメラなどを積んで飛ぶ無人飛行機のドローン。ドローンはオスのミツバチを意味するdroneからきています。オスのミツバチの羽音がドローンの飛行中の音と似ていることからこの名がついたとされています。

フリーって日本語で自由だけじゃないの!?

共栄大学 国際経営学部 助教
鈴木健太郎先生に聞きました

3月 March 4日

読んだ日　月　日｜月　日｜月　日

よく使われるフリー

「これからフリータイムです！」という言葉を聞くことがあります。すると、そこにいる人たちは自由に好きなことを始めます。このようにfree（フリー）には「自由な」という意味があります。しかし、それだけではないのです。

たとえば、フリーペーパーやフリーダイヤルというと、ただでもらえたり、電話ができたりするので、このときのfreeは、「無料の」という意味になるのです。

うしろにフリーがつくと……

先にフリーがつく言葉だけではなく、○○フリーという言葉もたくさんあります。よく聞くのは、バリアフリー（障がいがない）やアルコールフリー（アルコールが入っていない）、カロリーフリー（カロリーゼロ）です。

freeがうしろにつく場合は、「〜がない」という意味になるのです。そのほかにも、freeには「ひまな」という意味もあります。奥が深い言葉ですね。

考えてみよう

フリーマーケットのフリーは？

フリーがつく言葉に、フリーマーケットがあります。このときのフリーはどんな意味で使われているのでしょう？　答えはひとくちメモで！

ひとくちメモ　フリーマーケットは、「flea market」と書き、"蚤の市"という意味。「free market」ではないのです。

「これは○○です」を英語でいってみよう

3月 March 5日

音声対応

京都教育大学 英文学科
泉 惠美子 先生に聞きました

読んだ日　月　日 | 月　日 | 月　日

「これ」と「あれ」

もののことを説明するとき、ものの名前をいう代わりに、「これ」や「あれ」ということがありますね。英語で「これ」はthis、「あれ」はthatといいます。「これは○○です」といいたいときは、This isのうしろに、ものの説明を続けます。英語で「あれは○○です」といいたいときは、That isのうしろにものの説明を続けます。

🔊 **This is my notebook.**
　これは、私のノートです。

🔊 **That is a blackboard.**
　あれは、黒板です。

🔊 **That is my school.**
　あれは、私の学校です。

人にも使えるthisとthat

thisとthatは、ものだけじゃなく、人をあらわすときにも使えます。たとえば、だれかに家族を紹介したり、友だちをほかの友だちに紹介したりするときに使います。飼っているペットを紹介するときにも使えますよ。

🔊 **This is my mother.**
　こちらは、私の母です。

🔊 **This is my brother.**
　こちらは、私の弟です。

🔊 **This is my friend.**
　こちらは、私の友だちです。

🔊 **That is my dog.**
　あれは、私のイヌです。

覚えておこう

これは○○ではありません

isのうしろにnotをつけると、「〜ではありません」という意味になります。たとえば、This is not my bike.は「これは私の自転車ではありません」という意味になります。

 ひとくちメモ　That isはThat'sと短くすることができます。会話ではこちらのほうがよく使われます。That is my dog.は、That's my dog.となります。

84

ものの名前のお話

顔のパーツを英語でいってみよう

京都教育大学 英文学科
泉 惠美子 先生に聞きました

3月 March 6日

音声対応

読んだ日　月　日　｜　月　日　｜　月　日

- ① hair かみの毛
- ② forehead おでこ
- ③ sideburn もみあげ
- ④ temple こめかみ
- ⑤ cheek ほっぺた
- ⑥ eye 目
- ⑦ eyebrow まゆげ
- ⑧ eyelid まぶた
- ⑨ eyelash まつげ
- ⑩ pupil ひとみ
- ⑪ ear 耳
- ⑫ earlobe 耳たぶ
- ⑬ earhole 耳の穴
- ⑭ nose 鼻
- ⑮ nostril 鼻の穴
- ⑯ mouth 口
- ⑰ tongue 舌
- ⑱ tooth 歯
- ⑲ lip くちびる
- ⑳ gum 歯ぐき
- ㉑ vampire teeth 八重歯
- ㉒ jaw あご
- ㉓ chin あごの先
- ㉔ freckle そばかす
- ㉕ pimple にきび

ものの名前にかくされた顔の名前

みなさんがふだん使っている日本語の中には、顔にまつわる英語がたくさんかくれています。たとえば、髪の毛をかわかすヘアドライヤーの「ヘア」は、英語のhair（髪の毛）のことです。耳につけて音楽を聞くイヤホンの「イヤ」は、英語のear（耳）のことです。また、スポーツの試合で選手同士が目で合図をすることを「アイコンタクト」といいますが、この「アイ」も英語の「目」という意味のeyeからきています。

空気がかわく季節には、みなさんもくちびるにリップクリームをぬることがあるでしょう。リップクリームの「リップ」は英語で「くちびる」という意味のlipからきています。上のイラストを見ながら、いろんな顔のパーツを英語でいってみましょう。

お母さんを自慢しよう！

長くてきれいな髪。美しい目。たまにはお母さんのことを、だれかに自慢してみましょう。

🔊 **My mother's hair is long and beautiful.**
私のお母さんの髪は長くてきれいです。

longは「長い」、beautifulは「美しい」という意味です。このように、ふたつの言葉をならべるときは、間にandを入れます。

🔊 **My mother's eyes are beautiful.**
私のお母さんの目はとてもきれいです。

eyesはeyeのうしろにsをつけた形です。

ほくろは英語でmoleといいます。えくぼは「小さいくぼみ」という意味もあるdimple。しわは顔のしわもズボンのしわも同じで、wrinkleといいます。

外国の学校のお話

アメリカの子どもたちはスクールバスで通学する

3月 March 7日

アメリカ・ニュージャージー日本人学校
Nancy DalCortivo 先生が書きました

読んだ日　月　日｜月　日｜月　日

どうやって学校に行く？

みなさんはどうやって学校に通っていますか？ 徒歩？ それとも電車で通っていますか？ 今日は、アメリカの子どもたちがどうやって学校に通っているか、見てみましょう。

ニューヨークやロサンゼルスなどの大都市に住んでいる子どもたちは、多くの場合、歩きか電車やバスなどの公共交通機関を使って学校に通っています。もう少し小さな町では、歩いて通う子どももいますが、両親に車で送ってもらっている子どももいます。ほかの子どもたちは、スクールバスで学校に行きます。いなかに住んでいる子どもたちは、ふつうはスクールバスで学校に通っています。

アメリカでは、日本のように子どもたちだけで学校に行くことは、ほとんどありません。ひとりで通学できるのは、安全な地域に住んでいる子どもたちだけです

1クラスの人数は？

1クラスの人数は、日本よりもアメリカのほうが少ないです。日本では21人〜35人のクラスが多いのですが、アメリカの1クラスの人数は16人〜26人くらいです。30人以上のクラスもありますが、アメリカではとても大きなクラスです。

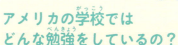

覚えておこう

アメリカの学校ではどんな勉強をしているの？

日本と同じように数学や国語（アメリカでは英語です）、理科、科学、社会といった必修科目があります。それ以外に芸術、体育、音楽、技術などの特別な科目もあります。
体育の授業は週に1、2回、芸術、音楽、技術の授業は週に1回あります。芸術の授業では美術室でアートプロジェクトに取り組みます。音楽の授業では歌を歌ったり、楽譜の読み方や有名な音楽家について勉強したりします。体育の先生は子どもたちを外につれていき、スポーツやゲームをして体を動かします。雨のときは体育館で授業をします。

ひとくちメモ　今は幼稚園でもコンピューターを教えているところがあります。おさないころからコンピューターの基本的な使い方を覚えるので、4年生からはじまるコンピューターの授業も準備万端です。

パン好きも必見！ 覚えておきたいパンの名前

3月8日 March

愛知県立大学 外国語学部 准教授
池田 周 先生が書きました

読んだ日　月　日　｜　月　日　｜　月　日

ふつうのパンはbread

食パンやアンパン、サンドイッチや給食のパンなど、日本にはたくさんの種類のパンがありますが、パンを主食とする国では、もっとたくさんのパンがあります。ここでは、英語でいろいろなパンの種類を紹介しましょう。みなさんがよく目にする、小麦粉を使った生地を焼いたパンのことは、英語でbreadといいます。

パンを使ったおもしろい表現

スライスしたパンのことを英語でsliced bread、ひとかたまりになったパンのことをloaf of breadといいます。loafは「ひとかたまり」という意味です。ここで、loafを使ったおもしろい表現を紹介しましょう。イギリス英語の古い表現で、Use your loaf.という言葉があります。そのまま日本語にすると、「あなたのひとかたまりを使いなさい」という意味です。実際には、「頭を使ってよく考えてよ」という意味で使われます。

「トースト」のことを英語でtoastといいます。このtoastには「乾杯」という意味もあります。Make a toast！（乾杯しよう）やToast！（乾杯！）のように使います。

どれだけ単語がわかれば英語で話ができるの？

3月 9日 March

弘前大学 教育学部
佐藤 剛 先生が書きました

読んだ日　月　日｜月　日｜月　日

英語が使える単語の数は？

ある調査によると、英語を母国語にしている人は、最低でも50,000語の単語を知っているといわれています。私たちが50,000語を覚えるためには、1日ひとつの単語を覚えたとしても、なんと140年もかかってしまいます。1日がんばって10語覚えたとすると14年。最初に覚えた単語はもう忘れてしまいますね。

どうやって覚えるといいのでしょうか？答えは「よく使われる単語を優先的に覚える」です。言葉の中にはくりかえし使われるものと、そうでないものとがあります。

日本語でも「おはよう」は毎日使いますが、「あけましておめでとう」はお正月にしか使いませんね。最近の研究から、50,000語のうち100語を知っていれば英語の50％を、2,000語を知っていれば80％、10,000語で95％を理解できるといわれています。

中学の英語の教科書ではどれくらい？

日本のすべての中学校の英語の教科書に出てくる単語を合計すると、約5,000語ありました。このうち、よく使われる単語500語を知っていれば教科書の80％が読め、1,500語知っていれば90％が読める計算になります。まずは「よく使われる単語」を中心に覚えることが効率的といえそうです。

覚えておこう

英語でよく使われている単語

英語でよく使われている単語のトップテンを紹介します。みなさんも聞いたことがある単語がならんでいますね。

1位	the
2位	of
3位	and
4位	to
5位	a
6位	in
7位	that
8位	is
9位	it
10位	for

ひとくちメモ　英語でいちばん使われているスポーツの単語はランニングです。また、犬と猫では犬が7,191回、猫が3,487回と英語の世界では犬が優勢。いちばん多く出てくる果物はリンゴでした。

ものの名前のお話

英語で聞いてみよう!
「将来なにになりたい?」

3月 March 10日

音声対応

京都教育大学 英文学科
泉 惠美子 先生に聞きました

読んだ日　月　日　｜　月　日　｜　月　日

世の中にはいろんな職業があります。あなたは将来どんな仕事をしたいですか? 自分がなにになりたいか英語でいってみましょう。また、将来はなにになりたいか、友だちにも聞いてみるといいでしょう。

🔊 **What do you want to be in the future?**
将来はなにになりたいですか?

🔊 **I want to be a comic artist.**
ぼくはマンガ家になりたいな。

🔊 **I want to be a pastry chef.**
私はパティシエになりたいわ。

サッカー選手	🔊 soccer player
野球選手	🔊 baseball player
お菓子職人	🔊 pastry chef/confectioner
科学者	🔊 scientist
医者	🔊 doctor
警察官	🔊 police officer
消防士	🔊 firefighter
先生	🔊 teacher
電車の運転手	🔊 train operator/motorman
ゲームクリエイター	🔊 game creator
歌手	🔊 singer
アナウンサー	🔊 announcer
映画監督	🔊 movie director
俳優	🔊 actor
女優	🔊 actress
声優	🔊 voice actor
カメラマン	🔊 photographer
マンガ家	🔊 comic artist
建築家	🔊 architect
大工	🔊 carpenter
生花店	🔊 florist
美容師	🔊 beautician
パイロット	🔊 pilot
宇宙飛行士	🔊 astronaut
コメディアン	🔊 comedian

ひとくちメモ　国や地方の仕事をする人のことを公務員といいます。公務員は英語でpublic servant。政治家のことはpoliticianといいます。

McDonald'sのDが大文字なのはなぜ?

3月11日 日曜日 March

呉工業高等専門学校 人文社会系分野
大森 誠 先生が書きました

読んだ日　月　日　｜　月　日　｜　月　日

Mcdonald'sではなくMcDonald's

世界に展開するファストフード店といえば、マクドナルドですね。英語ではMcDonald'sと書きます。これを見てなにかふしぎに感じることはありませんか? よ〜く見ると1文字目のMと3文字目のDが大文字になっていますね。名前は、最初の1文字は大文字にするのが英語のルールなので、Mは大文字になっています。では、なぜ3文字目のDは大文字なのでしょうか?

McDonald'sの最初のMcは、昔のゲール語（ケルト系の言葉）で、「息子」や「子孫」を意味する言葉です。うしろのDonaldは「ドナルド」という人の名前です。つまり、McDonaldは、「ドナルドの息子（子孫）」という意味なのです。

「〜の息子」を表す言葉

Mcと同じように、Macも「〜の息子（子孫）」という意味があります。第二次世界大戦後に日本を占領した連合国軍最高司令官、ダグラス・マッカーサーの名前は、英語でDouglas MacArthurと書きます。Mac＋Arthurで「アーサーの息子（子孫）」という意味です。

また、名前の終わりにつける場合もあります。JohnsonやJacksonは、終わりにsonがついていますね。sonは英語で「息子」を意味します。だから、JohnsonはJohn＋sonで「ジョンの息子」という意味、JacksonはJack＋sonで「ジャックの息子」という意味になります。

学んでみよう

世界にある「〜の息子（子孫）」の表現

名前の中に「〜の息子（子孫）」を意味する言葉が入っているのは、英語だけではありません。たとえば、ロシアの人の名字に多いRomanovやIvanovのうしろのovも「〜の息子（子孫）」という意味があります。また、東ヨーロッパの人に多いMihajlovićやPetrovićのうしろのićや、デンマークなどの北欧の人に多いAndersenやHansenのうしろのsenも「〜の息子（子孫）」という意味があります。

日本語で人の名前をあらわすときは、「山田太郎」のように、「名前＋姓」の順番であらわしますね。英語では名前と姓の順番が反対で、Jonh Smithのように、「姓＋名前」の順番であらわします。

友だちをさそってみよう「〜しようよ！」

3月12日 March

音声対応

京都教育大学 英文学科
泉 惠美子 先生に聞きました

読んだ日　月　日　｜　月　日　｜　月　日

Let'sでさそってみよう

外国の友だちと仲よくなるには、いっしょに遊ぶのがいちばんです。今日は友だちをさそっていっしょになにかをしたいときの英語を紹介しましょう。

友だちをさそいたいときは、Let's（〜しよう）を使います。Let'sのうしろに、友だちといっしょにやりたいことをつければ、「〜しようよ」という意味になります。

🔊 **Let's go !**
行こう！

🔊 **Let's sing a song !**
歌を歌おう！

🔊 **Let's eat lunch !**
ランチを食べよう！

🔊 **Let's dance !**
ダンスをしよう！

命令するいい方

Let's go ! は「行きましょう！」と相手をさそうときのいい方ですが、じつは、Let'sをとって、Go ! だけにすると、「行きなさい」と命令するいい方になります。Sing a song ! は「歌を歌いなさい」、Eat lunch ! は「ランチを食べなさい」、Dance ! は「ダンスをしなさい」になります。

ただし、文章のはじめかおわりに、「どうぞ」や「お願いします」という意味のpleaseをつけると、「〜してください」というていねいないい方になります。

🔊 **Go, please.**
行ってください。

🔊 **Please sing a song.**
歌を歌ってください。

🔊 **Please eat lunch.**
ランチを食べてください。

🔊 **Dance, please.**
ダンスしてください。

ひとくちメモ Let's go. ににている言葉に、Let it go. があります。これは日本語で「そのままにしておく」という意味。有名なアニメ映画の主題歌にもなっています。383ページでは発音の仕方を紹介しています。

外国のくらしと文化の本話

アメリカのドアは内側に開く

東北福祉大学
太田聡一 先生が書きました

3月13日(日) March

読んだ日　月　日｜月　日｜月　日

玄関のドアは内開き？ 外開き？

「警察だ！動くな！」。警察官が玄関のドアをけりやぶって突入！ 中にいた犯人をつかまえました。ハリウッド映画でよく見かけるシーンです。でも、じつは日本の警察官には、こんなことはできません。それはなぜでしょう？

ドアをけってやぶるということは、家の内側にむかって開くということです。ちょっと思い出してみてください。みなさんの家の玄関のドアは、どちらにむかって開きますか？

そう、ふつう日本の家のドアは、外側にむかって開きます。だから、どんなに外からがんばってけっても開かないのです。

ドアの開き方でわかる文化のちがい

では、どうして日本の玄関のドアは、外側にむかって開くのでしょう？ ヒントは「くつ」です。アメリカとちがい、日本では玄関でくつをぬいで部屋にあがります。ドアが内側に開くと、くつがじゃまになってしまうのです。

ただし、日本でもホテルの部屋や公共の建物のドアは、内側に開くことが多いようです。これは火事などが起こったとき、ドアで通路

をふさがないようにするためといわれています。

アメリカやヨーロッパのドアが内側に開くいちばんの理由は、防犯のためだといわれています。どろぼうが家にはいろうとしたとき、内側から体重をかけたり、家具でドアをおさえて、開かないようにすることができるからです。

使ってみよう

英語で「お先にどうぞ」

エレベーターや電車のドアの前で、ほかの人とぶつかりそうになりました。そんなとき、みなさんならどうしますか？ さっと先をゆずることができたら、かっこいいですよね。英語で「お先にどうぞ」は、After you.といいます。「私はあなたのあとでいいですよ」という意味です。相手にゆずってもらったときは、忘れずにThank you.といいましょう。

ひとくちメモ　最近では欧米の国々でも、家の中でくつをぬいで過ごす人が多くなっています。でも、ほとんどの場合は、玄関でくつをぬいで部屋にはいるのではなく、部屋の中にはいってからくつをぬぐようです。

こうすれば伝わる！英語の「発音」レッスン

3月14日（日） March

高知大学 教育学部 准教授
多良静也先生が書きました

読んだ日　月　日　｜　月　日　｜　月　日

アクセントの位置は正しく！

ロンドンのファストフード店で、バナナのアクセントをわざとまちがえて、I want a banana.（私はバナナが1本ほしい）と注文した人がいました。すると、店員さんはふしぎそうな顔をして、What?（なに？）と聞きかえしてきました。もう一度、同じようにいうと、店員さんは困ってしまいました。

そこで、I want a banana. と正しい位置にアクセントを直すと、やっと通じました。どうやら店員さんは、果物のバナナではなく、「垂れ幕」や「旗」という意味の「バーナー」（banner）と聞こえたようです。

英語を正しく伝えるためには、いくつかの工夫があります。ひとつは、単語のアクセントの位置をまちがえないということです。アクセントとは、強く発音する部分のことです。たとえば、piano, basketball, banana は、それぞれ pi**a**no, **bas**ketball, ba**na**na と太字のところにアクセントをおきます。

子音と子音の間に母音を入れない！

発音の工夫はほかにもあります。日本語の「あいうえお」以外の文字は、子音＋母音の組み合わせによってできています。たとえば、「か」という音は、kという子音とaという母音からできています。

日本人は dream（夢）を「ドリーム」と発音しがちですが、じつはそれだとうまく伝わりません。dのあとに、母音のoを入れてしまうのが原因のようです。dのあとにoを入れずに、dr を同時に発音するように意識するのがコツです。そして、おしまいのmでは、ウという母音を発音しないようにしましょう。

ひとくちメモ　日本語の母音は「あいうえお」の5つですが、英語の母音は20くらいあるといわれています。hat（帽子）と hut（小屋）は同じように聞こえますが、じつはちがう音です。調べて聞きくらべてみましょう。

世界の都市の名前をいってみよう

3月 15日 March

音声対応

共栄大学 国際経営学部 助教
鈴木健太郎先生に聞きました

読んだ日　月　日　｜　月　日　｜　月　日

いい方がちがう都市の名前

　私たちがふだん使っている外国の都市の名前は、ほとんどカタカナで書かれています。英語で都市の名前を書くときは、最初の文字を大文字で書くのがきまりです。国の名前や人の名前を書くときと同じですね。
　英語で都市の名前をいうときは、日本語とは少しいい方がちがうものもあります。北京（Beijing）は「ベイジン」、パリ（Paris）は「パリス」、ウィーン（Vienna）は「ヴィエナ」、モスクワ（Moscow）は「マスコウ」です。上のイラストを見ながら、いろいろな都市の名前をいってみましょう。

使ってみよう

英語でカッコよく東京をアピール！

日本を訪れた外国人に、英語で東京のことを紹介してみましょう。

🔊 Tokyo is the capital of Japan.
　東京は日本の首都です。
🔊 The population of Tokyo is about 13 million people.
　東京の人口はおよそ1,300万人です。

世界一長い都市名はタイのバンコクの正式名称です。カタカナで書くと、クルンテープマハナコーン・アモーンラッタナコーシン……と、100文字以上もあるので、ふつうは「クルンテープ」と呼ばれます。

「スマートな人」ってやせている人のこと?

3月16日 March

筑波大学 大学院 人文社会科学研究科
細田雅也 先生が書きました

読んだ日　月　日　｜　月　日　｜　月　日

日本語と英語で意味がちがう言葉

「あなたはナイーブですね」といわれたら、どのように感じますか？　たぶん「素朴だね」とか、「繊細ですね」といわれたと感じるでしょう。日本語では「ナイーブ」をこのような意味で使っていますが、英語のnaiveはもともと「馬鹿な」という意味の言葉です。このように、もとの英語の意味と、日本語として使われる意味がちがう単語がたくさんあります。その例をいくつか紹介しましょう。

「スマート」とsmart

日本語で「スマート」というと、体型が細いことを意味します。でも、英語のsmartは「賢い」という意味です。smartphoneは「細い電話」ではなく、「賢い電話」なのです。

「スタイル」とstyle

「あの人スタイルがいいな」と日本語でいうと、手脚が長くて、顔が小さいというように、体つきのバランスがよいことを指します。ところが、英語のstyleにこのような意味はなく、料理や建築、または書き方や話し方の決まりや形式を意味します。たとえば、「中華風」はchinese-styleと表現します。

「ファンシー」とfancy

「あそこはファンシーなお店だね」というと、「幻想的な雰囲気のお店だね」という意味ですね。でも英語のfancyは、「派手な」や「工夫のこらされた」、さらには「高級な」という意味をもちます。たとえば、fancy foodは「高級料理」という意味です。

「テンション」とtension

日本語で「テンションが高い」といえば、興奮して気分があがっている状態ですが、もともとの英語のtensionの意味は「緊張」です。「ぼくは緊張している」はI am under tension.といいます。英語で「テンションあがってきた！」は、I am getting excited.といいます。

You are smart!

ひとくちメモ　ここで紹介した英語は、日本に入ってきてさまざまな場面で使われているうちに、本来の意味から変わっていったと考えられています。外国から入ってきて日本語に定着した言葉のことを「外来語」といいます。

たのしい行事のお話

セント・パトリックス・デー
街が緑色に染まる

3月17日 March

愛媛大学 教育学部
立松大祐先生が書きました

読んだ日　月　日｜月　日｜月　日

3月17日はSt. Patrick's Day

セント・パトリックス・デーは、アイルランドにキリスト教を広めた守護聖人セント・パトリック（聖パトリック）の命日。その功績をたたえてアイルランドでは祝祭日となっています。現在では、アイルランド、イギリス、アメリカ、カナダ、オーストラリアなどさまざまな国でこの日にお祝いをする習慣が広がっています。3月17日が近づくと、街は緑色のかざりであふれ、緑色を取り入れたコスチュームを着た楽団や、緑色の衣装を着た子どもたちの行進、さらには緑色にかざりつけをした自慢の車によるパレードなども行われます。アメリカのシカゴではシカゴ川をあざやかな緑色に染めてしまうことが有名です。

パレードやイベントにやってくる人々の多くも服装などに緑色を取り入れます。

どうして緑色なの？

アイルランドはエメラルド色の島と呼ばれ、緑の多い美しい風景が有名です。緑色はアイルランドを象徴する色。ですから、人々は緑色のものを身にまとうのです。とくに、シャムロック（三つ葉のクローバー）と呼ばれるアイルランドの国花で、セント・パトリックス・デーには学校やオフィスなど、あらゆるところにかざられます。あなたも緑色の服装で、"Happy St. Patrick's Day" と声を出してパレードに参加してみませんか？

覚えておこう

greenを使った英語の表現

green lightとはなんでしょう？　正解は「青信号」。そこから、なにかの計画に青信号を出してもらうこと、つまり、許可を得ることをget the green lightといいます。また、go greenという表現は「環境にやさしい生活を送る」という意味になります。

I get the green light to the plan.
計画の許可を受ける。
Let's go green.
環境にやさしく、エコな生活をしよう。

 ひとくちメモ　セント・パトリックス・デーには全身緑色の衣装を着た人や、シャムロックをつけた帽子をかぶっている人を見かけます。さらに、緑色のものを身につけていないと、つねられるといううわさもあります。

日本人はJapanese ではアメリカ人は?

3月 March 18日 音声対応

共栄大学 国際経営学部 助教
鈴木健太郎先生に聞きました

読んだ日　月　日　｜　月　日　｜　月　日

○○人のいい方にルールはない

日本語では、ある国の人を呼ぶときに、国の名前に「人」をつけてあらわします。たとえばアメリカの人なら「アメリカ人」、ドイツの人なら「ドイツ人」と呼びますね。これを英語でいうときは、なんといえばいいでしょうか?

日本人のことを、英語でJapaneseといいます。Japan（日本）にeseがついた形です。同じように、中国人はChina+eseでChinese、セネガル人はSenegal+eseでSenegaleseとなります。

では、アメリカ人はどうでしょう? America+eseでAmericeseでしょうか? じつはアメリカ人はAmericanといいます。このように、最後にanをつける形は、Italian（イタリア人）、Australian（オーストラリア人）、Singaporean（シンガポール人）、Brazilian（ブラジル人）などがあります。

最後にerをつける国もあります。Iceland（アイスランド）はIcelander（アイスランド人）、New Zealand（ニュージーランド）はNew Zealander（ニュージーランド人）になります。ほかにも、France（フランス）はFrench（フランス人）、Greece（ギリシャ）

Japanese 日本人　American アメリカ人　British イギリス人

French フランス人　Brazilian ブラジル人　Korean 韓国人

はGreek（ギリシャ人）、Turkey（トルコ）はTurk（トルコ人）になります。

こうして見るとわかりますが、じつは英語の○○人のいい方には、決まったルールがないのです。

覚えておこう

いろいろな○○人

いろいろな国の○○人のいい方を紹介しましょう。

- British　イギリス人
- Indian　インド人
- Egyptian　エジプト人
- Dutch　オランダ人
- Korean　韓国人
- Swiss　スイス人
- Spanish　スペイン人
- German　ドイツ人
- Mexican　メキシコ人
- Russian　ロシア人

ひとくちメモ　Indianはインド人のことですが、アメリカ先住民のことを、そう呼ぶこともあります。これはコロンブスがアメリカ大陸に到着したとき、インドに到着したと勘ちがいをして、現地の人をIndianと呼んだためです。

ものの名前のお話

UFOもBGMも そのままじゃ通じない！

3月 19日 March

共栄大学　国際経営学部　助教
鈴木健太郎先生に聞きました

読んだ日　月　日｜月　日｜月　日

未確認飛行物体を英語でいうと？

みなさんは宇宙人はいると思いますか？いてほしいような気もしますが、本当に出会ってしまったらと考えるとドキドキしますね。さて、その宇宙人が乗っているものといえば、UFO。わたしたちは、「ユーフォー」と呼んでいますが、じつは英語を話す人に「ユーフォー」といっても通じません。

UFOは、unidentified flying objectを短くした言葉です。日本語にすると、「未確認飛行物体」ですね。英語でもUFOとは書きますが、読むときは「ユーフォー」ではなく、「ユー・エフ・オー」といいます。

BGMは「ビー・ジー・エム」

もうひとつ英語を話す人には通じない短くした言葉を紹介しましょう。それはBGM。お店などに入ったときに、小さな音で音楽が流れていることがありますが、それを日本ではBGMといいます。しかし、「ビー・ジー・エム」と英語を話す人にいっても、わかってもらえません。BGMは正式には、background musicといいます。英語では短くせずに伝えないといけないのです。

考えてみよう

あのゲームは英語でなんていう？

お金を入れて機械の中にある景品をとるゲームがありますね。日本語と英語ではまったく違う呼び方をします。英語ではcrane gameといいます。

ひとくちメモ　ふだん使っている略語の正式な名前を調べてみましょう。国名や地名などもよく省略されていますね。アメリカはUSAと略しますが、正式名称は、the United States of Americaといいます。

98

海賊を意味するバイキング 食べ放題との関係は？

3月20日 March

中国学園大学 国際教養学部
竹野純一郎先生が書きました

読んだ日　月　日　｜　月　日　｜　月　日

英語ではバイキングとはいわない

みなさんは食べ放題のレストランへ行ったことがありますか？ 日本では食べ放題のことをビュッフェやバイキングといいますね。buffetはフランス語からきた言葉で英語として通じます。

しかし、vikingは海賊を意味するヴァイキングとしては通じますが、食べ放題という意味はありません。なぜこんなことになったのでしょう？

食べ放題を英語でいうと？

食べ放題を英語で表現すると、all-you-can-eat（食べられる分すべて）になります。buffetも英語として用いられます。

そしてもうひとつ、北欧由来のsmorgasbordという表現もあります。

日本のバイキングという言葉は、この北欧のスモーガスボードにヒントを得たものです。ヴァイキングは北欧の代名詞。カタカナも表記しやすいバイキングに変わり、これがそのままビュッフェ形式の食べ放題を意味するようになったのです。

バイキングという言葉が食べ放題を意味しているのは日本だけなので、海外のレストランでは注意しましょう。

話してみよう

お腹がすいていませんか？

「満腹」は英語で I am full. といいます。わかりやすいですね。「お腹がすいた」は I am hungry. あるいは、I am starving. です。starvingは「飢えている」という意味ですが、I am starving. は「すごくお腹がすいた」感じが出るのでよく使われる表現です。

ヴァイキングとは、8〜11世紀ごろのヴァイキング時代に、現在デンマークやノルウェー、スウェーデン、フィンランドがあるスカンディナヴィア半島周辺に出没した海賊のことです。ノルマン人ともいいます。

ものの名前のお話

兄でも弟でも brother！

立正大学 文学部特任講師
亀井ダイチ・利永子先生が書きました

読んだ日　月　日｜月　日｜月　日

あなたの兄弟は年上？ 年下？

英語で、兄弟はbrother、姉妹はsisterといいます。兄か弟か、または姉か妹か、という年齢による区別はあまりされません。

では、もし誰かが、I have two brothers.といったとしたら、その人の「ふたりの兄弟」とは、はたして兄なのでしょうか、弟なのでしょうか？ これだけではわかりませんね。

兄と弟のちがいは年齢差ですから、brotherの前に「より年上」を意味するolderかelder、もしくは「より若い」を意味するyoungerをつけます。これは姉妹も同じです。

「兄弟」という意味の英語

英語圏だと自己紹介もかねて、家族の話をすることがよくあります。そうした会話の中で「ご兄弟はいらっしゃいますか？」と、ちょっとていねいに相手の家族構成を聞きたい場合に使う言葉がsibling（兄弟姉妹）です。sibは、「縁戚・血縁」という意味なので、Do you have any siblings?といえば、兄弟がいますか？ という意味になります。性別も出生順も関係ありません。

なお、日本では家族間でも、年上の「兄弟」に対しては「お兄さん」「お姉さん」などと呼

ぶことが多いですが、英語圏では個人名を呼び合うのがふつうです。

話してみよう

英語での兄弟げんか

男女に関係なく、兄弟のいる人なら一度や二度は兄弟げんかをしたことがあるでしょう。けんかの理由はいろいろあっても、そのときに使う表現にあまり言葉の壁はないようです。よく使われる表現をいくつか紹介します。

🔊 I'm telling mom！ ママにいいつけてやる！
🔊 Don't kick me！ 蹴らないでよ！
🔊 You started it！
　そっちが始めたんじゃない！
🔊 But I'm right！
　でも、ぼくはまちがってないもん！

ひとくちメモ　子どもが母親を呼ぶときによく使われる「ママ」という表現。これは英語ではなく、フランス語からきています。英語圏で幼い子どもが母親を呼ぶときに使う言葉はmommy、少し成長するとmomになります。

ラッキーを呼ぶ いい回しを覚えよう

3月 22日 March

京都教育大学 英文学科
泉 恵美子 先生に聞きました

読んだ日 | 月 日 | 月 日 | 月 日

がんばって＝幸運を祈ります

luckyは「運がいい」という意味で、すでに日本語でもおなじみですね。luckは「運」という意味で、いい運のときはgood luck、悪い運のときはbad luckといいます。

友だちなどと別れ際に「がんばって！」といいたいときがたびたびあるかと思いますが、じつは英語にはまったく同じ意味の表現がありません。しかし、もっとも近いと思われるのは、Good luck! です。「（あなたに）いい運を！」つまり「幸運を祈る」という意味になります。

四つ葉のクローバー

幸運を祈るといえば、日本では、神社などに合格祈願、安産祈願のお守りがあります。欧米で「お守り」のようなものとしては、lucky charmがあります。たとえば、馬のてい鉄、四つ葉のクローバー、うさぎの足など、昔から身につけておくと縁起がよいといわれているものたちです。

それらはアクセサリーのモチーフとしても人気があります。欧米の人にプレゼントすると喜ばれるでしょう。

話してみよう

ツイてる！ と思ったら使いたい表現

luckyにまつわる表現を覚えましょう。自分にいいことがあったときはこういいましょう。
Lucky me!
ツイてるゾ！
相手にいいことがあったときはこういうといいでしょう。
Lucky you!
ツイてるね！／いいなぁ。

ひとくちメモ　運が悪いときは、bad luckだけでなく、unluckyも使います。

鼻ほじり、おなら、げっぷをされちゃったときは？

3月23日 March

音声対応

島根大学 外国語教育センター 嘱託講師
ハーヴィー佳奈 先生が書きました

読んだ日　月　日｜月　日｜月　日

「ごめんなさい」には知らんぷり

人前で鼻をほじったり、おならをしたり、げっぷをしたりするのは、マナー違反です。

外国でも人前でこんなことをすると、たちまち注意されます。たとえば、鼻をほじったら、Don't pick your nose！（鼻をほじらない！）といわれて怒られます。げっぷをしたら、Say "Excuse me"！（「ごめんなさい」といいなさい！）と注意されるでしょう。

でも、がまんしていても、ついうっかりやってしまうこともありますよね。もしも、友だちがうっかりマナー違反をしたときは、わざと気づかないふりをするのがよいこともあります。たとえば、人前でゲップした友だちがいて、その子が素直にあやまったときは、何事もなかったかのようにふるまうのがエチケットです。その人がExcuse me.（ごめんなさい）とあやまったとしても、なにもいわずに知らんぷりしているのがいいのです。

ときにはユーモアで

アメリカやイギリスでは、友だちのマナー違反に対して、ユーモアでこたえてあげることもあります。鼻をほじっている人がいたら、すかさず、

🔊 **Pick me a winner !**
すごいのほじってごらん！

といってあげるのです。おならをした人がいたら、

🔊 **Who cut the cheese ?**
だれがチーズを切ったの？

といってあげます。チーズを切ると、ちょっとくさいにおいがすることから、「誰がチーズを切ったの？」というと、「誰がおならをしたの？」という意味になるのですね。

 おならをしてもことさらいう必要はなく、むしろ自分から「おならをした」ということはあまりよい印象になりません。あやまらなければいけない場合は、Excuse me. というのがいちばん自然です。

「バナナに行け」ってどういう意味?

3月24日 March

北海道室蘭市立海陽小学校教諭
相馬和俊先生が書きました

読んだ日　月　日　月　日　月　日

フルーツを使った表現いろいろ

英語にはフルーツを使ったさまざまな表現があります。たとえば、the cherry on the cake。「ケーキの上のサクランボ」という意味の言葉ですが、そこから転じて「魅力的なものにさらによい点がくわわる」という意味で使われます。わかりやすい表現ですね。また、She is a peach.は「彼女はモモです」ではなく「彼女はとてもすてきな人です」という意味。peachという言葉には「やさしい・すてきな・頭がよい」といった、とてもよいイメージがあります。a peach of a hat（すてきな帽子）のように、物にも使います。

バナナやレモンはかわいそう!?

一方、なぜこのフルーツが使われたのか、首をかしげる表現もあります。たとえば、Go bananas.。これは「頭が変になる」と伝えたいときに使う表現です。人気のフルーツなのに、意外ですね。また、This car is a lemon.は「この車はレモンだ」という文章ですが、これはなんと「この車はひどい車だ」という意味です。じつはlemonという言葉には「ひどい・悪い・欠陥」といった意味があって、よいイメージがありません。そんな意味でいつも使われていたら、lemonだってDo me a lemon!（冗談でしょ！）といいたくなりますね。

Do me a lemon!

考えてみよう

「メロンを切る」ってどういう意味?

ここでクイズです。英語でcut a melonといったらどういう意味になると思いますか？　ふつうに考えると「メロンを切る」ですね。家でメロンを切ってもらうときの気持ちを想像したら、わかるかも!?　答えは「ひとくちメモ」で！

ひとくちメモ　クイズの答え：「山分けする」。つまり、人数分、平等に分けることを意味します。たしかに、ひとりで、メロン丸ごとは食べられないですよね。

花粉症は英語でなんていう？

3月25日 March

立正大学 文学部 特任講師
瀧口美佳 先生が書きました

読んだ日　月　日　｜　月　日　｜　月　日

干し草のせいで熱が出る!?

英語で花粉症のことをhay feverといいます。hayは「干し草」、feverは「熱」という意味です。今から約200年前、あるイギリスの医師が、刈り取った草を乾燥させた干し草（hay）に触れると、目のかゆみやくしゃみ、鼻水や鼻づまり、熱などが起こるという報告を出しました。そこから、花粉症のことをhay feverと呼ぶようになりました。

なぜ、fever（熱）かというと、花粉症で鼻がつまると、脳へ酸素が十分に送られずに、熱が出たり頭が痛くなったりすることから、feverが使われるようになったそうです。

また、花粉症をあらわす英語には、ほかに「花粉」（pollen）と「アレルギー」（allergy）を組み合わせたpollen allergy、花粉症の症状が出やすい「春」（spring）と「アレルギー」（allergy）を組み合わせたspring allergyといういい方もあります。

スギ花粉は日本だけ!?

花粉症の原因となる植物の花粉は、国によって違います。日本ではスギ花粉が花粉症の主な原因のひとつとされていますが、アメリカではブタクサの花粉が主な原因のひとつとされています。また、国民の15〜20パーセントの人が花粉症に苦しんでいるといわれるイギリスでは、ライ麦や牧草のヒロハナウシノケグサなどが主な原因とされています。

話してみよう

「私は花粉症です」

自分が花粉症であることを英語で伝えたいときは、なんといえばいいでしょうか？

🔊 I have hay fever.
　私は花粉症です。

といいます。よりくわしく花粉症の原因についても伝えたいときは、allergy to 〜（〜のアレルギー）という表現を使います。

🔊 I have a pollen allergy to Japanese pollen.
　私はスギの花粉症です。

花粉症はアレルギーの一種です。よく知られているアレルギーに、food allergy（食物アレルギー）、drug allergy（薬アレルギー）、house dust allergy（ほこり［ハウスダスト］アレルギー）などがあります。

外国のくらしと文化のお話

鉄道発祥の地イギリスの本当の国名にビックリ!!

3月26日 March

国立明石工業高等専門学校
飯島睦美先生に聞きました

読んだ日　月　日｜月　日｜月　日

4つの国がひとつになってできた

イギリスは日本と同じ海に浮かぶ島国。国の面積も小さく日本の3分の2の広さです。さて、そのイギリスですが、みなさん本当の国名を知っていますか？　じつは国名がびっくりするほど長いのです。

イギリスは正式には、"グレート・ブリテン及び北部アイルランド連合王国"といい、4つの国で構成されています。4つの国とは、イングランド、ウェールズ、スコットランド、北アイルランド。それぞれの国に首都がありますが、イングランドの首都であるロンドンが連合王国の全体の首都にもなっています。

蒸気機関車はイギリス生まれ

イギリスを旅すると、鉄道がよく整備されていると感じる人が多いそうです。それもそのはず、イギリスは近代鉄道の発祥の地とされる国なのです。イギリスは昔、産業革命という産業の変革で、たくさんの新しい技術を生み出しました。そのときに蒸気機関を開発して、それを交通機関へ応用したのです。鉄道はイギリスから始まったのですね！

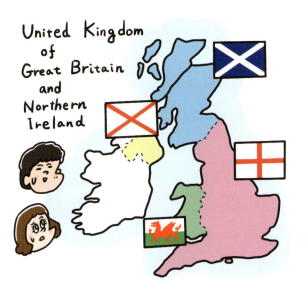

考えてみよう

イギリスのB級グルメとは？

イギリスの食事はおいしくないといわれることが多いようですが、ある伝統的なファストフードは人気があります。さてそれはなんでしょう？　答えは「ひとくちメモ」で！

ひとくちメモ　答えは、フィッシュアンドチップスです。タラなどの白身魚のフライにポテトフライを添えたものです。イギリスでは酢と塩をかけて食べるのが一般的なようです。

「あげどうふ」で通じる!?
英語の発音マジック!

北海道教育大学札幌校　非常勤講師
駒木昭子先生が書きました

3月 March 27日
音声対応

読んだ日　月　日　｜　月　日　｜　月　日

「ユウレイ」と「あげどうふ」

遅刻してきた生徒に対して先生が「ユウレイ！」といったらおどろきますね。じつは先生は、

🔊 **You're late!**
　あなた遅刻よ！

といっているのですが、日本人が聞くと、「ユウレイ！」に聞こえるのです。

また、バスの停留所でおりるとき、「おります」といいますね。英語では

🔊 **I'll get off.**
　おります。

といいます。これは、日本語の「あげどうふ」と発音がよくにています。急いでいてとっさに英語が出てこないときは、思い切って「あげどうふ！」といってみましょう。ただし、きんちょうしすぎて「湯どうふ！」などといわないように。

困ったときは「斉藤寝具店」

外国に行ったら入国審査があります。空港で次のように聞かれます。

🔊 **What's the purpose of your visit ?**
　旅行の目的はなんですか？

🔊 **How long are you going to stay in this country ?**
　どのくらいの期間、滞在しますか？

このとき、「斉藤寝具店でーす」といってみてください。このようにいうと、

🔊 **Sightseeing. Ten days.**
　観光で10日です。

と聞こえるようです。

このように英語で困ったときは、聞こえたとおりの発音の日本語でいうと通じるかもしれません。

 あいづちをうつときに、「あっ、そう」とよくいいますね。これは英語圏の人にはAsshole！に聞こえるらしく、「いやなやつ！」「このやろう！」という意味になり、いやな気分にさせてしまうかもしれません。

「キノコの輪」に入らないで！イギリスの妖精伝説

3月28日 March

神田外語大学 グローバル・コミュニケーション研究所特任講師
亀井ダイチ・アンドリュー先生が書きました

読んだ日　月　日　　月　日　　月　日

妖精の世界に誘われる!?

イギリスの田舎には、キノコが輪になって生えている不思議な場所があります。伝説では、こうしたキノコの輪は、妖精（fairy）の世界の入り口だといわれています。

妖精は音楽とダンスが好きで、夜になると、キノコの輪のまわりで円を描くようにおどるといわれています。遠くから妖精たちがおどる姿を見ると、光って見えるそうです。人間がキノコの輪に近づくと、どこからともなく美しい音楽が聞こえてきて、妖精たちに「仲間に入らない？　こっちの世界はとても楽しいよ」と誘われるそうです。

浦島太郎になってしまうかも

もしその誘いにのって、キノコの輪に入ったらどうなると思いますか？　一度妖精の世界に入った人間は、自分自身のことを忘れてしまい、元の世界に戻れなくなるといわれています。

妖精の世界では、人間の世界よりも時間が速く進みます。そのため、もし無事に人間の世界に戻れたとしても、そこは何百年後の世界になっています。浦島太郎のお話ににていますね。イギリスに旅行に行くことがあっても、キノコの輪には入ってはいけません。一度入ったら、戻ってこられなくなるかもしれませんよ。

調べてみよう

いろいろな妖精たち

イギリスにはさまざまな種類の妖精がいます。妖精の性質によって呼び名が変わります。たとえば、pixie（ピクシー）は子どものようにかわいらしい姿で、森で遊ぶのが好きです。Brownie（ブラウニー）は、人間の家で暮らしていて、家事を手伝ってくれます。Hobgoblin（ホブゴブリン）は、いたずら好きで有名です。ほかにどんな妖精がいるか、調べてみましょう。

ひとくちメモ　イギリスの昔話やおとぎ話には、妖精がたくさん出てきます。このため、おとぎ話のことを英語でfairy taleということがあります（ほかのいい方もあります）。

107

かぐや姫 ①
The Tale of Princess Kaguya

秀明大学 英語情報マネジメント学部 准教授
Gaby Benthien 先生が書きました

読んだ日 　月　日　｜　月　日　｜　月　日

　昔々、竹を取って暮らしているおじいさんとおばあさんがいました。ある日、おじいさんは不思議な竹を見つけました。「どうしてこの竹は光っているんだろう？」とおじいさんはひとり言をいいました。おじいさんがよく見てみると、小さい子どもが竹の中にいました。

　おじいさんとおばあさんはその子どもを育てることにしました。その間にも、おじいさんとおばあさんは竹の中から金や宝石を見つけ続け、大きな家で暮らせるようになりました。

　その小さな子どもは美しい女性に育ち、たくさんの男の人がこの女性と結婚したいと言いました。その中でも5人はまったくあきらめませんでした。かぐや姫はこの中の誰とも結婚したくなかったので、5人に出した課題に成功した人と結婚すると伝えました。その課題はすべてとても難しいものでした。5人はみんながんばりましたが、誰も課題を成功させることができませんでした。

日本最古の物語として知られる『竹取物語』。それを子ども向けにしたお話が「かぐや姫」です。光る竹の中にいた子どもを育てると、皇帝から結婚を申し込まれるほど美しく成長します。しかし、少女はあることを告白し、ある満月の日に驚くできごとが起こるのです。

3月 March 29日

読んだ日 | 月 日 | 月 日 | 月 日

Once upon a time, there lived a bamboo cutter and his wife. One day, he found a strange piece of bamboo. He said "I wonder why the bamboo is glowing?" He had a look, and found a beautiful tiny child inside.
　　The couple raised the child. They kept on finding gold and treasures in other bamboo, and decided to live in a bigger house.
　　The little girl became a beautiful woman, and many young men called on her. Five of them did not give up at all. Kaguya said she would marry the one who can complete the task she set him. As she didn't want to get married to any of them, they were all very difficult tasks! All of the young men tried to cheat their way out of the task and were rejected by Kaguya.

かぐや姫 ②
The Tale of Princess Kaguya

秀明大学 英語情報マネジメント学部 准教授
Gaby Benthien 先生が書きました

読んだ日　　月　　日　｜　月　　日　｜　月　　日

皇帝もかぐや姫に恋をしました。かぐや姫を自分の宮殿に連れて帰りたいと思いましたが、かぐや姫は「いけません！ 私はこの世界の人間ではないのです」といいました。夏になり、かぐや姫は月を見て泣き始めました。おじいさんとおばあさんがかぐや姫になにがあったのかを聞いても、かぐや姫は答えませんでした。

　8月の満月の夜、かぐや姫はついに、自分が地球ではなく月で生まれたことを打ち明けました。かぐや姫は「月に帰らなければいけません」といいました。おじいさんとおばあさんは皇帝に助けを求めました。皇帝は、おじいさんとおばあさんの家に兵士をたくさん連れていき、屋根に配備させました。しかし、月の使者が来ると、兵士たちはその光によって目が見えなくなり、なにもできなくなってしまいました。

　かぐや姫はおじいさんとおばあさんに「帰りたくないのですが、帰らなければなりません」といいました。かぐや姫は皇帝にも「さようなら」と手紙を書き、おじいさんとおばあさんに自分のことを忘れないでくださいと頼みました。かぐや姫は月の使者とともに月に帰り、すぐに地球での生活のことを忘れてしまいました。

110

このお話に出てくる主な英単語

- bamboo（竹）
- task（課題）
- emperor（皇帝）
- palace（宮殿）
- moon（月）
- earth（地球）
- warriors（兵士）
- roof（屋根）

3月30日 March

音声は3月29日から続いています。

The emperor fell in love with Kaguya too. He wanted to take her to his palace but Kaguya said "I cannot ! I am not from this world". In the summer, Kaguya looked at the moon and started to cry. The old couple asked her "What is wrong?" but Kaguya didn't answer.

During a full moon in August, Kaguya finally said to them that she was not born on earth but is from the moon. She said "I must go back." The old couple asked for the emperor's help. He gave the old couple many warriors who were then stationed on the roof. However, when the moon people came, the warriors were so blinded by their light that they were not able to do anything.

Kaguya said to the old couple "I don't want to go, but I must." Kaguya also wrote a letter to the emperor, and asked the old couple to remember her. Kaguya joined the moon people, and forgot about her life on earth immediately.

答えてみよう

かぐや姫が伝えたのはいつ？

かぐや姫は、自分がどこから来たのかを、いつおじいさんとおばあさんに伝えましたか？ 答えは「ひとくちメモ」です。

ひとくちメモ 8月の満月の夜に伝えましたね。そして、月の使者と一緒に月へと帰っていきました。

111

英語でチャンスをつかんだ野口英世

3月 31日 March

国立明石工業高等専門学校
飯島睦美先生に聞きました

読んだ日　月　日｜月　日｜月　日

いちばん得意な科目は「英語」

困難をのりこえて医学者になった野口英世。千円札にえがかれた顔は、誰もが知っているでしょう。

野口英世は、1876年（明治9年）に、福島のまずしい農家に生まれました。幼いころ、家のいろりに落ちて大やけどを負い、左手が不自由でした。学校でもいじめられ、そのくやしさをバネに、いっしょうけんめい勉強しました。いちばん得意だったのは理科と作文、そして英語です。

その後、英世は左手の手術を受けたことから、「自分も医者になりたい」と、強く思うようになりました。しかし、家には医学校にいくお金などありません。そこで英世は、働きながら必死に勉強して、みごとに医師の国家試験に合格します。

アメリカで研究がしたい！

東京に出た英世は、伝染病の研究所で細菌学を学ぶことにしました。しかし、医学校を出ていないため、まわりから差別されて、思うように研究をすることができません。

そんなとき、ある出会いが訪れます。アメリカの有名な医学博士が来日し、英語の通訳

3、4、5倍勉強する者、それが天才だ

をたのまれたのです。「アメリカに行って研究しよう」。英世はそう決意しました。

英世は毎日がむしゃらに研究にうちこみました。ほとんど寝ずに仕事をするので、human dynamo（人間発電機）と呼ばれたほどです。

のちに英世は、研究のために訪れたアフリカで黄熱病にかかり、51歳でなくなりました。最後まで研究に情熱をもやした天才は、こんな言葉を残しています。「誰よりも3倍4倍5倍勉強するもの、それが天才だ」。

 ひとくちメモ　野口英世は黄熱病の研究で、エクアドル、ペルー、ブラジルなど南アメリカの国々を訪れました。その偉業をたたえて、エクアドルやブラジルには、Dr. Noguchi Street（野口英世通り）があります。

今日はなん日？
英語で日付をいおう！

立正大学 文学部特任講師
亀井ダイチ・利永子 先生が書きました

4月 April 1日

読んだ日　月　日　月　日　月　日

年月日を英語でいうと？

英語で日付をいうときは、2種類のいい方があります。4月1日ならApril 1st（月→日）、または、1st of April（日→月）です。日→月の順番のときは、間にofが入ります。

🔊 April 1st / 1st of April

日にちをあらわすときはone, two, three……ではなく、なん番目という意味のfirst（1st）、second（2nd）、third（3rd）を使います。

また、西暦は4ケタの数字であらわします。2017年なら、twenty-seventeen（またはtwo thousand seventeen）のように、2ケタずつにわけて読みます。

国によってちがう日付の表現

日付の表現は世界共通ではありません。国によって少しちがいがあります。

イギリスで2017年4月1日と示すときは、1/4/2017のように、日・月・年の順番になります。アイルランドやオーストラリア、ニュージーランドも同じです。

ところが、アメリカでは、4/1/2017のように、月・日・年の順番になるのです。さらに、これらふたつの方法を、どちらも取り入れている国もあります。それはカナダです。ひとつの国でいくつもの書き方があると、何月何日なのかわからなくなってしまいそうですね。

やってみよう
キミの誕生日を英語で表現しよう

下の例文をヒントに誕生日を英語で表現してみましょう。月のいい方は152ページ参照。

1月1日　January 1st / 1st of January
5月8日　May 8th / 8th of May
12月31日　December 31st / 31st of December

ひとくちメモ　賞味期限が10/02/2017と書かれたイギリスのおかしがあります。さて、このおかしはいつまで食べられるでしょう？　イギリスは日・月・年の順番に表記するので、答えは、2017年の2月10日ですね。

子どもがなりたい職業は？
～アメリカ編・日本編～

4月2日(日) April

筑波大学 人文社会系
卯城祐司先生が書きました

読んだ日　月　日　　月　日　　月　日

2015年の日本ランキング

　将来なりたい職業はなんですか？というアンケートの答えに、大人たちは興味津々です。なぜなら、現在、その国で最も人気がある仕事、尊敬されている職業がよくわかるからです。日本だけでなく世界中で、昔からこのアンケートは行われれてきました。

　2015年の日本ランキングをご紹介しましょう。まずは男子から。1位医師、2位サッカー選手、3位野球選手、4位宇宙飛行士（宇宙関連含む）、同4位ゲーム制作者でした。女子は1位医師、2位パティシエール（お菓子屋さん）、3位薬剤師、4位教師、5位保育士です。あなたの夢は入っていますか？

2005年のアメリカのランキング

　ではアメリカのランキングも見てみましょう。まずは男子から。1位スポーツ選手、2位医師、3位建築家、4位エンジニア、5位教師でした。女子は1位教師、2位弁護士、3位医師、4位看護師、5位ファッションデザイナーです。日本とにているところもありますね。それぞれの国ではやっているドラマやアニメとも関係していそうです。

　ちなみに、1977年のアメリカでは、男子の1位は熟練技術者、女子の1位は秘書だったようです。やはりこのアンケートは時代をうつす鏡といえそうですね。

日本　　アメリカ
1st　医師　スポーツ選手
2nd　サッカー選手　医師
3rd　野球選手　建築家

知っておこう

月刊誌『子供の科学』読者編

理科が大好きな読者が多い雑誌『子供の科学』のランキングも発表しましょう（2016年版男女混合）。1位科学者、2位医師、3位宇宙飛行士　4位教師　5位漫画家。科学者の中には「恐竜研究者」「天文学者」とより具体的に答える読者も！　理科が好きな子どもらしい夢を感じますね。

ひとくちメモ　英語で、一般的な「仕事」はwork、勤め口はjobです。生涯にわたってつく仕事はcareer、一般に従事する仕事はoccupation、商売はbusiness、専門知識を持った職業はprofession、天職はvocationなどと使いわけます。

自己紹介を英語で元気にしてみよう!

4月 April 3日

音声対応

共栄大学 国際経営学部 助教
鈴木健太郎先生に聞きました

読んだ日　月　日｜月　日｜月　日

自己紹介で自分をアピール！

新学期に新しいクラスになったときや、習いごとなどで新しい友だちができたりすることがあります。そんなときに自分のことを相手に伝えるのが自己紹介。名前だけではなく、好きな食べ物や趣味、特技などを話してみんなに自分のことをアピールしたいですよね。

外国の友だちに自己紹介しよう

みなさんのクラスに、外国の友だちが転校してくることになりました。英語で自己紹介してみましょう。

最初からいろいろと伝えようと思わずに、まずは自分の名前とどこから来たのかを教え、はじめましてとあいさつできるといいですね。そして、慣れてきたら日本語の自己紹介と同じように、好きなもの、趣味、特技などを話してみましょう。

🔊 **Hi, I'm Kenta.**
ハイ アイム ケンタ
こんにちは、ぼくはケンタです。

🔊 **I'm from Tokyo.**
アイム フロム トウキョウ
東京から来ました。

🔊 **Nice to meet you.**
ナイス トゥ ミート ユー
はじめまして。

話してみよう

動物になったつもりで自己紹介！

自分が好きな動物になったところを想像して、動物になりきって自己紹介してみましょう！牛とサルではこんな風になります。おもしろいですね。

🔊 **Hi, I am a cow. I'm from Hokkaido.**
ハイ アイ アム ア カウ　アイム フロム ホッカイドウ
やあ、ぼくは牛。北海道から来たよ。

🔊 **Hi, I am a monkey. I am a good tree climber.**
ハイ アイ アム ア モンキー　アイ アム ア グッド トリー クライマー
やあ、ぼくはサル。木登りが得意だよ。

ひとくちメモ　自己紹介で大切なことは、相手に伝わるように大きな声で話すこと。恥ずかしいからと、小さな声で話してしまっては、せっかくの自己紹介も台なしです。明るく元気にを心がけましょう。

ものの名前のお話

国によってちがう！建物の1階の呼び方

岡山理科大学　客員講師
Jane O'Halloran先生が書きました

4月4日 April

読んだ日　月　日　｜　月　日　｜　月　日

secondは「2番目」という意味だけれど……

　1階、2階など、建物の階のことを英語でfloorといいます。エレベーターなどで1F、2F、3Fなどと示してあるのを見たことはありませんか？　この「F」はfloorの頭文字からきています。

　日本では地上の1階から数字が増えていきますから、「2階です」といわれたら、下から順番に数えていけばいいだけです。しかし英語で「second floor」といわれたら注意が必要です。日本人が考える2階ではないかもしれません。

イギリス式は1階ずつずれる

　アメリカ式なら、second floorは日本と同じ2階を指します。しかしイギリスではちがいます。まず私たちの考える1階をground floorと呼び、その上をfirst floorと呼びます。わかりやすくいうと1階は地上階で、いわゆる2階が1階という考え方なのです。1階分ずれているのですね。

　というわけで、イギリス式でsecond floorといわれたら、それは私たちが考える3階のことなのです！

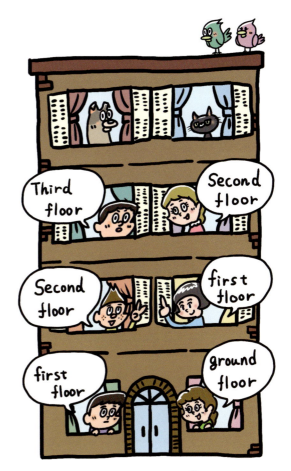

覚えておこう

建物にまつわる英単語

玄関　front door
入り口　entrance
階段　stairs
天井　ceiling
床　floor

ひとくちメモ

「○階建て」と表現するときはアメリカもイギリスも同じです。2階建てなら、a two-story house（storyは○階建てというときに使う「階」を意味する）です。

117

シャープペン、ボールペンは英語じゃない！

4月5日 April 日

皇學館大学文学部 コミュニケーション学科 准教授
川村一代先生が書きました

読んだ日　月　日　｜　月　日　｜　月　日

カタカナ文房具は要注意！

フタをカチカチ押すと芯が出てくるシャープペンは、そのまま英語を話す国の人にいっても通じません。「シャープペンシル」っていえばいいんでしょ？　と思った人、残念！それでは「とがった鉛筆」と思われてしまいます。英語ではmechanical pencilというのです。カタカナなのに全然にていないですね！　ちなみに、明治時代にシャープペンが日本に入ってきたときは、「繰出鉛筆」と呼ばれていたそうです。

ボールペンも要注意です。英語ではballpoint penです。先（point）にボール（ball）がはいっているペン、という意味です。ややこしいですね。

覚えておこう

文房具にまつわる英単語

- scissors　はさみ
- felt-tip pen　サインペン
- compass　コンパス
- protractor　分度器
- ruler　定規
- stationary　文房具
- Scotch tape　セロテープ
- pencil　えんぴつ
- triangle　三角定規
- stapler　ホッチキス
- plastic sheet　下じき
- highlighter　蛍光ペン
- mechanical pencil　シャーペン
- glue　のり
- eraser　消しゴム
- ballpoint pen　ボールペン
- marker　マジックペン

ひとくちメモ　下じきにあたる英語はありませんが、"plastic sheet"というのが近いようです。

118

いろいろなあいさつのフレーズを使いこなそう！

4月6日 April

秀明大学 英語情報マネジメント学部 准教授
Gaby Benthien 先生が書きました

読んだ日　月　日　月　日　月　日

友だち同士のあいさつ

英語のあいさつといえば、How are you?（お元気ですか？）と、それに対する返事の、I'm fine, thank you.（はい。元気です。ありがとう）が定番です。でもこれらのあいさつはありきたりなので、英語を話す国ではあまり使われていません。では実際にはどんなあいさつが使われているかというと……。

🔊 How are you doing?
　How is it going?
　How are things going?
　How's everything?
　How's life?
　調子はどう？

これらはすべて「調子はどう？」という意味のあいさつ。友だちや、同じくらいの年齢の人に会ったときに使います。

これに対する返事は、

🔊 Fine, thanks.
　元気だよ。ありがとう。
🔊 I'm good. / I'm fine. / Pretty good.
　元気だよ。
🔊 Not bad.
　まあまあだよ。

といいます。

「最近どう？」といういい方もよく使われますよ。

🔊 What's going on? / What's up?
🔊 What have you been up to?
　最近どう？

答え方としては、
🔊 Not much. / Nothing much.
　まあまあだよ。

というといいでしょう。

話してみよう

きみはどう？

「調子はどう？」と聞かれて「元気だよ」と答えたあとに、「きみはどう？」って聞くときは、
🔊 And you? / Yourself?
というとよいでしょう。

みなさんは、友だち同士だけで使う言葉がありますか？ 友だち同士でどんな言葉を使っているか考えてみましょう。

外国のくらしと文化のお話

アメリカのお金はドルとセント！

4月 April 7日

共栄大学 国際経営学部 助教
鈴木健太郎先生に聞きました

読んだ日　月　日　｜　月　日　｜　月　日

アメリカのお金の基礎知識

　ニュース番組を見ていると「今日の為替は1ドル105円でした」などと、アナウンサーがいうことがあります。この「ドル」というのは、アメリカのお金の単位のひとつ。日本は円だけですが、アメリカではドルとセントが使われています。紙のお金（紙幣）の単位はドルで、硬貨はセントです。

　紙幣の種類は全部で6つ。1ドル、5ドル、10ドル、20ドル、50ドル、100ドルです。硬貨も同じ6種類ですが、1セント、5セント、10セント、25セント、50セント、100セント（1ドル）です。1ドルは100セントです。

すべてのお金に有名人の顔が

　日本の紙幣には有名人がえがかれていますが、それはアメリカも同じ。1ドルには初代大統領のジョージ・ワシントン、5ドルには、16代大統領のエイブラハム・リンカーン、10ドルには、初代財務長官のアレキサンダー・ハミルトンがえがかれています。ほかの紙幣や硬貨にも人物がえがかれています。

　日本では一万円札はふつうに使われますが、アメリカでは高額な買い物はクレジットカードを使うので、50ドル札や100ドル札はあまり使われません。

考えてみよう

このマークはなんて読む？

アメリカで買い物をすると、「$」「¢」のような表示を目にします。さて、これはなんて読むのでしょう？（ヒント）日本の円は記号にすると「￥」ですね！　答えはひとくちメモで。

 ひとくちメモ　答え：「$」はドル、「¢」はセントです。また、25セントは別名、quarter、10セントはdime、5セントはnickel、1セントはpennyと呼ばれています。これらの記号は、$10のように数字の前に入ります。

外国のくらしと文化のお話

おつりの計算は足し算で

共栄大学 国際経営学部 助教
鈴木健太郎先生に聞きました

4月 April 8日 音声対応

読んだ日　月　日　｜　月　日　｜　月　日

10－3は7だけど……

　足し算や引き算のような算数の世界は、どの国の人が計算しても答えはひとつです。しかし、その答えを出すための方法にはお国柄があります。

　日本で学ぶ引き算は、引いたあと残りの数はいくつだろう？　と習うはずです。だから10－3という式を見たら、10から3を取り去ったあとにいくつ残るか、と考えますよね。

　一方、アメリカやイギリスなどでは、10－3を見たら、3からいくつ数えたら10になるか、と習います。つまり、3からはじめて4、5、6、7、8、9、10と7つ数えたから答えは7、というわけです。

あといくら足したら1000円になる？

　おつりを渡すときも当然この方法で計算するので、お店の人のおつりの渡し方も日本と少しちがいます。もし670円の買い物をして、1,000円札を出したとします。英語で引き算を習った人は「670円にあといくら足したら1,000円になる？」と考え、答えを出す前にお客さんにおつりを渡し始めます。そのため、おつりの100円硬貨を手渡しながら「770円、870円、970円」といい、その後10円硬貨を

手渡しながら「980円、990円、1,000円！」と数えながら渡してくるかもしれません。合計を教えてもらっていないので、日本人はびっくりするかもしれませんが、その手にはちゃんと330円のおつりが渡されている、というわけです。

やってみよう

英語で計算してみよう

英語で「7＋3」と「10－3」を計算するとどうなるかチャレンジしてみましょう。

7＋3＝10
🔊 seven plus three equals ten

10－3＝7
🔊 ten minus three equals seven

ひとくちメモ

足し算のことはaddition、引き算のことはsubtractionといいます。ちなみにかけ算はmultiplication、わり算はdivisionです。

町にあるいろいろなお店や建物

4月9日 April

音声対応

京都教育大学 英文学科
泉 恵美子 先生に聞きました

読んだ日　月　日　／　月　日　／　月　日

町を歩いていると、いろいろなお店や建物がありますね。みなさんがよく行くところはどこでしょうか？ ここでは、町の中にあるいろんなお店や建物の英語のいい方を紹介します。「ホテル」や「ペットショップ」のように、英語がそのまま日本語になっているものもありますよ。

🔊 I go to a bookstore every day.
　ぼくは毎日書店に行きます。

学校	school		コンビニ	convenience store
公園	park		生花店	flower shop
駅	station		書店	bookstore
病院	hospital		おもちゃ店	toy store
警察署	police station		理髪店	barbershop
消防署	fire department		パン販売店	bakery
郵便局	post office		ファミレス	family restaurant
銀行	bank		ファストフード店	fast-food restaurant
ホテル	hotel		鮮魚店	fish store
デパート	department store		生肉店	meat shop / butcher shop
スーパー	supermarket		寿司店	sushi restaurant
映画館	movie theater		牛丼店	beef bowl shop
交番	police box		カレー店	curry shop
ガソリンスタンド	filling station (service station)		ペットショップ	pet shop

ひとくちメモ　shopとstoreはどちらも「店」という意味ですが、アメリカでは理髪店のように、なにかの作業をしてもらうお店をshop、コンビニのように物を売って商売をしているところをstoreといいます。

122

英語で遊んでみよう

どちらにするか迷ったら、トラのつま先つかまえろ！

4月10日 April

音声対応

愛知県安城市立安城西中学校　教諭
久保田香直先生に聞きました

読んだ日　月　日　｜　月　日　｜　月　日

迷ったら、神様に聞く？

どちらにしようかと迷ったとき、みなさんはどうやって決めますか？「どちらにしようかな、天の神様のいうとおり」と決めたことがあるかもしれませんね。

トラの数え歌で決める

英語では、そんなとき、「トラのつま先つかまえよう」という歌があるのです。

🔊 Eeny, meeny, miny, moe,
Catch a tiger by the toe.
If he hollers, let him go,
Eeny, meeny, miny, moe.

イーニー　ミーニー　マイニー　モー
トラのつま先つかんで　つかまえろ
トラがほえたら　放してやろう
イーニー　ミーニー　マイニー　モー

「ど・ち・ら・に・し・よ・う・か・な」と数えるリズムと同じように「イーニーーミーニーーマイニーーモー」と歌っていきます。「イーニー」で人や物を指さし、「ミーニー」で別の人や物を指さし、「マイニー」でまた別の人や物を指さし……とくりかえします。最後の「モー」のところに当たった人や物が、「決まり」です。

4月

🎵 やってみよう

英語の数え歌に挑戦！

英語の数え歌はほかに、『Acka Backa Soda Cracker』（アッカーバッカーソーダークラッカー）という歌もあります。

🔊 Acca bacca soda cracker,
Acca bacca boo.
Acca bacca soda cracker,
Out goes you!

アッカ　バッカ　ソーダ　クラッカー
アッカ　バッカ　ブー
アッカ　バッカ　ソーダ　クラッカー
アウト　ゴーズ　ユー

「イーニー・ミーニー・マイニー・モー」と数えるリズムと同じように「アッカ　バッカ　ソーダ　クラッカー」と歌っていきます。「アッカ」で人や物を指さし、「バッカ」で別の人や物を指さし、「ソーダ」でまた別の人や物を指さし……とくりかえしていきます。最後の「ユー」のところに当たった人や物が、「決まり」です。

ひとくちメモ　「トラのつま先つかまえよう」の歌では、tiger（トラ）の代わりに、monkey（サル）や、piggy（コブタ）が使われることもあります。

ふしぎ！アクセントを変えると英語になる？

4月11日 April 音声対応

駒沢女子短期大学　教授
金澤延美先生が書きました

読んだ日　月　日　｜　月　日　｜　月　日

キッチンで外来語をさがそう

台所（kitchen）で、たなや冷蔵庫の中をのぞくと、いくつものカタカナが目にはいります。ジャム（jam）、ヨーグルト（yogurt）、ソーセージ（sausage）、ハム（ham）、チーズ（cheese）、バター（butter）……。

このように、私たちの生活の中には、たくさんの外来語が使われています。外来語は、外国の言葉が日本語として使われるようになったもので、ふつうはカタカナで書きます。外来語の多くは、英語からきているものです。

ヒミツは英語のアクセント

日本語と英語では、同じ単語でも強く発音するところがちがうものがあります。日本語のアクセントで発音すると、英語としてはうまく通じません。次の単語は、英語と日本語で強く発音するところがちがうものです。英語でいちばん強く読むところは太字になっています。ここを大きな声で強く発音すると、英語のように聞こえます。まずは先生に発音してもらい、自分でも発音してみましょう。

chocolate（チョコレート）
pocket（ポケット）
sandwich（サンドイッチ）
bucket（バケツ）　　ho**tel**（ホテル）
basket（バスケット）　dr**ess**（ドレス）
Ha**wa**ii（ハワイ）

考えてみよう

カタカナ言葉でドキッ！

カタカナ言葉の中には、もともと英語ではないものもあります。I like a pea man. や I like a shoe cream. というと、みんなびっくり！「私はエンドウマメ男が好きです」や「私はくつずみが好きです」という意味になるからです。日本語になるときに、発音や意味が変わってしまったものもあります。たとえば、次の英語の音声を聞いてそれぞれ日本語でなんのことなのか考えてみましょう。答えは「ひとくちメモ」で！

🔊 ①tunnel　②iron　③meter　④dollar
　⑤yen　⑥penguin

ひとくちメモ　クイズの答え：①トンネル　②アイロン　③メートル　④ドル　⑤円（えん）　⑥ペンギン。ピーマンやシュークリームのほかに、もともと英語ではないカタカナ言葉はないか、調べてみましょう。

考え方がわかる!?「自分」を指すジェスチャー

4月12日（日）

皇學館大学文学部 コミュニケーション学科 准教授
川村一代先生が書きました

読んだ日　月　日　｜　月　日　｜　月　日

自分を指すときどこを指す？

みなさんは、家族やお友だちと話していて「ぼく」「わたし」と自分を指さすとき、体のどこを指しますか？　自分の顔、特に鼻のあたりを指す人が多いのではないでしょうか？

日本人は自分のことを話すとき、指で鼻を指すことが多いのですが、欧米人はこれを見ると「鼻がかゆいのかな？」と思うそうです。欧米の人たちはどうしているかというと、親指で胸を指さしたり、手のひらを胸に当てていることが多いのです。このジェスチャーのちがいから考えられることはなんでしょう？

「自分」はどこにある？

自分のことを話すときに指さすのは、その人が"自分を表すもの"があると思う場所と考えられます。日本人が顔の中心にある鼻を指すのは、「自分を表すのは顔だ」と思っているからかもしれません。鼻という字には「自分」の「自」が入っています。「自」はもともと「鼻」を表す象形文字でした。

一方、欧米人のように胸を指すのは、自分を表すものは「心（胸）」、つまり「思い」や「考え」だととらえていると思われます。ひとつのジェスチャーから想像をふくらませると、いろいろなことが考えられますね。

調べてみよう

いろいろな国の自己紹介

日本以外の国の人は、自分を指すときにどのようなジェスチャーをするのか調べてみましょう。外国の人が、自己紹介するとき、どこを指さすのか注目するとわかりますよ。

ひとくちメモ　鼻を表す漢字のもとは「自」でした。これは、目の前につきだしたものを表す象形文字です。ところが「自」が自分を表すようになったため、下に「畀」がつけられて「鼻」となりました。

どんな味？英語で表現してみよう！

4月13日 April

音声対応

愛知県立大学 外国語学部 准教授
池田 周 先生が書きました

読んだ日　月　日　｜　月　日　｜　月　日

① fruity 果物の味がする、フルーティな
② buttery バターのついた、バターの多い
③ greasy 脂っこい、脂の多い
④ juicy 汁気の多い
⑤ rich 濃厚な
⑥ spicy スパイスのきいた、薬味を入れた
⑦ cheesy チーズ味の、チーズ風味の
⑧ oily 油っこい
⑨ fishy 魚のような、生臭い
⑩ hot からい、ひりひりする
⑪ peppery コショウのきいた、ぴりっとする
⑫ sugary あまったるい

　私たちの舌は5つの味を感じることができます。sweetnessは甘味、bitternessは苦味、sournessは酸味、saltinessは塩味です。これにうま味（umami）を合わせた5つの味をprimary tastes（基本味）と呼んでいます。基本味のほかにもさまざまな味の表現があります。食事のときに使ってみましょう！

学んでみよう

うま味は昆布だしから見つかった

うま味は、いちばん最後に発見された味です。1908年に池田菊苗博士が昆布だしから発見し、うま味と名づけました。素材の味を大切にする和食から生まれた言葉で、今ではumamiとして世界中で知られています。

ひとくちメモ　上の表現のほかにも、nutty（ナッツ風味の）、tangy（ぴりっとする、風味の強い）、vinegary（酸っぱい）などがあります。

「テレ」がつくものを探せ！

4月14日（日）April

高知大学 人文社会科学部
今井典子先生が書きました

読んだ日　月　日　｜　月　日　｜　月　日

「遠い」が関係するもの、いろいろ

お家の中に、「テレ」がつくものはないですか？ 真っ先に思い浮かべるものといえば、テレビ（television）ではないでしょうか？ じつはテレ（tele）には「遠い」という意味があり、この言葉がつくものは、どれも「遠くから〜すること」に関係があります。televisionなら「遠くから発信されたものを見ること（vision）」という意味です。

まだまだテレのつくものはあります。telephoneは、「遠くへ音声（phone）を送る」で「電話」のこと。telescopeは、「遠くを見る（scope）もの」ということで「望遠鏡」、telegramは「遠くへ送る、書いたもの（gram）」ということで「電報」という意味です。

気持ちが遠くから伝わる？

では「言葉に頼らずに、その人の心の内容が直接ほかの人に伝えられること」はなんというでしょう？ 正解はテレパシー（telepathy）です。なぜteleが使われているのでしょう？ pathyには「気持ち」という意味があります。つまり、テレパシーとは、「遠くへ（tele）気持ち（pathy）を送る」という意味からきているのです。日本語には「以心伝心」という言葉がありますが、英語ではby telepathyということができます。

探してみよう

「フォン」がつくものを探せ！

telephoneのphoneは「音声」という意味でしたね。身の回りにフォンのつくものはほかにないでしょうか？ 答えは下のひとくちメモへ。

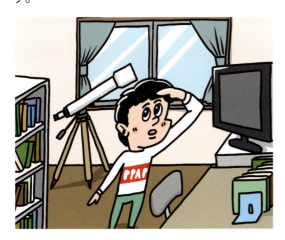

ひとくちメモ　イヤフォン（earphone）、ヘッドフォン（headphone）、メガフォン（megaphone）など。earは「耳」、headは「頭」、megaは「ずば抜けて大きな、卓越した」という意味です。メガフォンは「拡声器」のことですね。

外国の学校のお話

I beg your pardon を覚えよう

共栄大学 国際経営学部 助教
鈴木健太郎先生に聞きました

4月15日 April
音声対応

読んだ日　月　日｜月　日｜月　日

わからなければすぐに聞き返そう

　授業中、先生にあてられけれど「しまった！ 聞いてなかった！」なんていうときや、聞いていたのだけれどうまく聞き取れなかった、よくわからなかった、というときはまた、「もう1回いってください」と聞き返すことがありますよね？　相手が英語を話しているなら、なおさらです。そんなときに使える便利な表現を覚えましょう。

🔊 **I beg your pardon？**　もう1回いってください。
🔊 **Pardon？**

だけでも通じます。よりくだけたいい方です。

「ごめんなさい」の意味もある

　歩いている人にぶつかったり、ちょっとしたことで「ごめんなさい！」とあやまりたいときもこの表現を使います。ただし、「もう1回いってください」のときとちがって最後のクエスチョンマークがつきません。

🔊 **I beg your pardon.**　ごめんなさい。

　「もう1回いってください」のときは文の終わりを上げ調子にいいましたが、ここでは下げ調子でいうのがポイントです。ふたつを聞きくらべてまねしていってみましょう。

話してみよう

もう1回いってほしいときの表現

日常生活では、「もう1回お願いします」「もう1回いって」「なんていったの？」という必要がある場面がたくさんありますよね。すぐに聞き返すのは自然なことです。英語ではPardon？のほかにも

🔊 **Sorry？**
🔊 **Excuse me？**

もよく使います。すぐにいえるように練習しておきましょう。

ひとくちメモ　英会話でとてもよく使う表現です。聞き取れないときにこの表現を使うと、相手の人は、ゆっくり、聞き取りやすいスピードでいい直してくれます。

たのしい行事のお話

春をお祝いする「イースター」を楽しもう!

4月16日 April

京都ノートルダム女子大学他 非常勤講師
北村友美子先生が書きました

読んだ日　月　日　｜　月　日　｜　月　日

イースターエッグ

キリスト教の祝日

イースターは、キリスト教のとても大切な祝日です。みなさんの知っているクリスマスはイエス・キリストが生まれたことをお祝いする日ですが、イースターはイエス・キリストが十字架にかけられて死んで3日目に生き返り、天に帰られたことをよろこぶ日です。復活祭ともいわれます。

イースターは、春のおとずれをよろこぶお祭りでもあります。暗くて寒い冬が終わり、木が芽吹き、花がさき、動物たちの赤ちゃんが生まれる時期です。そのために、花、卵、ひよこはイースターの象徴とされています。また、クリスマスにサンタクロースが登場するように、イースターにはイースターうさぎ（Easter Bunny）が登場します。うさぎはむかし、春を司る神エストレのおともだと信じられていたからです。

イースターのお楽しみ

イースターの日の朝、子どもたちはドキドキしながら目覚めます。子どもたちが寝ている間に、イースターうさぎが、いろいろなところにカラフルなイースターエッグをかくしておいてくれるからです。朝起きて、その卵をさがすのが楽しみなのです。子どもたちは卵を見つけると、イースターバスケットに入れていきます。あとで家にかざったり、ころがしてあそんだりします。

やってみよう

イースターエッグをつくってみよう!

①卵の真上と真下に、大きな安全ピンの先や大きなくぎの先を使って、小さな穴（2〜3ミリ）をあけます。卵が割れないように、ピンやくぎで手をけがしないように気をつけましょう。
②下の穴から、竹ぐしなどで卵の中身をかき混ぜます。
③上の穴から息をふう〜っと吹きかけて、下の穴から卵の中身をすべて出します。その後、水で殻の中を洗って乾かします。
④卵の表面に油性ペンやアクリル絵の具、ポスターカラーなどで色や模様をつけます。明るい色をつけるとイースターエッグらしくなります。

ひとくちメモ　イースターの日は毎年変わります。イースターは「春分の日のあとにくる最初の満月の日の次の日曜日」と決まっているからです。

指が緑色の人は、庭いじりがうまい？

中国学園大学　国際教養学部
竹野純一郎先生が書きました

4月17日 April
音声対応

読んだ日　月　日　｜　月　日　｜　月　日

たくさん植物にさわったから

　庭いじりの才能があることを英語でgreen thumbといいます。green thumbはそのまま日本語にすると、「緑色の親指」という意味です。「緑色の親指」をしている人は親指が緑色になるくらい植物とたくさん触れ合ってきたと考えられます。だから庭をいじるのがうまい人のことを「緑色の親指」をしている人と表現するのです。

🔊 **My father likes to take care of the garden.**
He has a green thumb.
お父さんは庭の手入れが好きだ。園芸の才能があるんだ。

　thumb（親指）の代わりにfingers（指）を使って、green fingersといういい方もあります。どちらも意味は同じです。

足が冷えるとびびっちゃう

　英語のget cold feetは、そのまま日本語にすると、「足が冷える」という意味です。coldは「冷たい」、feetは「足」という意味。足が冷えている状態と、なにかにおびえている状態はどことなくにていますよね。だから、get cold feetは、「おじけづく・逃げ腰になる」という意味で使われています。

🔊 **He got cold feet before his presentation.**
彼は発表を前にしておじけづいた。

覚えておこう
全身を耳にして聞いています

　英語にI'm all ears.という表現があります。そのまま日本語にすると、「私は全身が耳です」。実際には「耳をすまして聞いています」という意味で使われています。全身が耳になるくらい、耳をすましています、という状態ですね。

ひとくちメモ　耳は英語でearsですね。では、ふくらはぎは英語でなんていうか知っていますか？　正解はcalfです。体のいろいろなパーツのいい方は74ページでくわしく紹介していますよ。

130

あなたはベイビーでしょ、といわれたら

4月18日 April

福島大学 人間発達文化学類 教授
佐久間康之先生が書きました

読んだ日　月　日　｜　月　日　｜　月　日

ひとつの単語にふたつの意味

20歳の大学生がイギリスで自分の家族の話をしているときに You are baby, aren't you？（あなたはbabyですね）といわれたそうです。20歳なのにあなたは赤ん坊ですね、といわれたのですから、「あなたは考え方が子どもっぽくて、赤ん坊のようですね」という意味かと思って大ショック！ しかし、このbabyはそう意味ではないのです。babyには「末っ子」という意味があります。つまり、兄弟の中で一番年下だったことから、You are baby, aren't you？（あなたは末っ子ですね）といわれたのでした。

慣れればすぐにわかるようになる

小さいころから英語に慣れ親しんでいる人は、たくさんの意味を持つ単語を見聞きしたときに、長年の経験と勘で、どの意味で使われているのかがすぐにわかります。それは、私たち日本人が「カキ」と聞いたときに、「夏季、柿、牡蠣」のどれのことをいっているのか、「アメ」と聞いて降る雨とお菓子のあめのどちらのことなのかが自然にわかってしまうのと同じなのです。反対に、日本語を学び始めた外国の人は、苦労しているかもしれませんね。

4月

学んでみよう

it は「それ」だけじゃない

itもよく見聞きしますが、これにもいろいろな意味があります。ひとむかし前、ある清涼飲料水の宣伝コピーに、Coke is it！ というのがありました。この場合は「コークはそれです！」ではなく「コークは最高！」という意味。itには「最高の」という意味もあるのです。

ひとくちメモ　「首都」を意味するcapitalには、「大文字」という意味もあります。in capital といっても、「首都に」ではなく、「大文字で」という意味かもしれません。

海外旅行で英語を話そう！

空港にて

4月19日 April

日本大学 生産工学部 教養・基礎科学系（英語科）
濱田 彰 先生が書きました

いよいよ海外の空港につきました。入国審査などで聞かれることを紹介します。

scene 1 入国審査 ≫ 飛行機が到着したら、まずは入国審査があります。

ひとくちメモ　いろいろな人が出入りする空港は、トラブルに巻き込まれやすい場所。空港ではしっかり荷物を管理して、貴重品は身につけておきましょう。気をゆるめないでおくことが大切です！

税関申告 》

荷物を受け取ったら、今度は税関申告です。機内で書いた申告書類を用意しましょう。

知っておくと便利なフレーズ

日本が夜9時のとき、ニューヨークは何時？

4月 April 20日

共栄大学 国際経営学部 助教
鈴木健太郎先生に聞きました

読んだ日　月　日　｜　月　日　｜　月　日

同じ国になのに時刻がちがう!?

時刻は、下の図のように、地球を24等分した「時間帯」で決められています。いくつもの時間帯にまたがるような広い国では、国の中に時差ができてしまいます。

そこで、国によっては、時間帯によって「標準時」という時刻を設定しています。標準時とは、国や地域の中で共通して使われる時刻のことです。たとえば、アメリカの場合、本土の東と西で3時間以上の時差があります。このため、複数の標準時を設定しています。テレビの番組表などには、地域ごとの放送時間が表示されていることがあります。

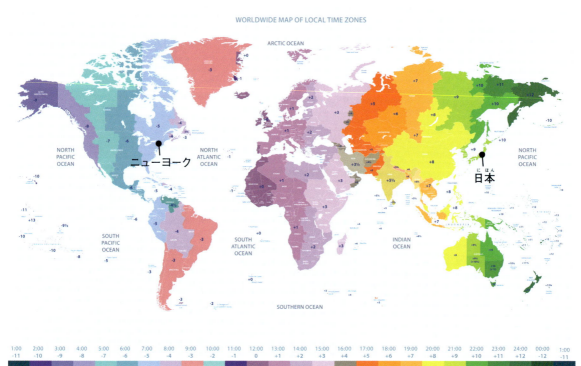

ひとくちメモ　上の図でニューヨーク（−5）から右に14移動すると日本（+9）になります。日本の時刻の方がニューヨークよりも14時間早いということですね。日本が21時のとき、ニューヨークは朝のまだ7時です。

ものの名前のお話

英語? 日本語?
公園にある遊び道具のお話

4月21日(日) April

皇學館大学文学部 コミュニケーション学科 准教授
川村一代先生が書きました

読んだ日　月　日　｜　月　日　｜　月　日

みんなが遊ぶのはどんな公園?

みなさんがよく行く公園はどんな公園ですか? ブランコやすべり台、ジャングルジムなどの遊具がある公園? それとも、広くて自然いっぱいの公園? 英語ではどんな公園かによって言葉を使いわけています。

日本でもよく聞くparkは、広くてリラックスする場所のことです。遊具があるような公園は、playgroundといいます。playという動詞は「遊ぶ」という意味です。

日本語はどれだ!?

公園にあるおなじみの遊具の中には、カタカナの名前がついているものもあります。ここで問題。カタカナの名前なのに、元が外国語ではない遊具はどれでしょう? ジャングルジム? ブランコ? シーソー?

正解はブランコ。ブランコは日本語です。英語ではswingといいます。swingは「(ぶらさがったものが)ゆれ動く」という意味です。ブランコにピッタリですね。

4月

覚えておこう　公園にまつわる英単語

うんてい monkey bar / 鉄棒 iron bar / ブランコ swing / ジャングルジム jungle gym / シーソー seesaw / すべり台 slide / 砂場 sandbox

ひとくちメモ　日本語の「ブランコ」は、擬態語の「ぶらり」「ぶらん」からきているという説があります。

135

英語で聞いてみよう
「これは○○ですか？」

京都教育大学 英文学科
泉 惠美子 先生に聞きました

読んだ日　月　日　／　月　日　／　月　日

人に聞くとき、答えるとき

英語で「これは○○です」と説明したいときは、This is ～を使います（84ページ参照）。では、「これはあなたのかばんですか？」などと、なにかについてたずねたいときは、なんていえばいいでしょう？　英語で「これは○○ですか？」とたずねたいときは、Is this ～?を使います。

🔊 **Is this your bag ?**
これは、あなたのかばんですか？

🔊 **Is this my textbook ?**
これは、私の教科書ですか？

「これはなんですか？」を英語で

「これはあなたのかばんですか？」と聞いた人は、「これはかばんである」ということがわかっているときに使います。自分にわからないものを聞くときは、「これはなんですか？」と聞きます。「これはなんですか？」は英語で、What is this ? といいます。whatは「なに」という意味です。What isをつなげて、What's this ? ということもあります。

答えるときは It is ～を使います。It is ～は「それは～です」という意味です。It is も it'sと短くしていうことができます。

Is this your bag?
これって　きみの　かばん？

🔊 **What is this ?**
これはなんですか？

🔊 **It is an apple.**
リンゴです。

🔊 **What's this ?**
これはなんですか？

🔊 **It's a cap.**
ぼうしです。

やってみよう

「これなに」ゲーム

カードにみんなで好きな絵をかきましょう。そのカードを箱の中に入れて、問題係をひとり決めます。問題係は箱の中からカードを出して、What is this ?（これはなんですか？）とみんなに聞きます。みんなで「それは○○です」といって遊ぶゲームです。

🔊 **What is this ?**　これはなんですか？
🔊 **It is a train.**　それは電車です。

上の文章に出てきたthis（これ）は、that（あれ）に置きかえることができます。Is that your bag ?（あれは、あなたのかばんですか？）、What is that ?（あれはなんですか？）となります。

おお、ロミオ！ どうして英語の日は4月なの？

4月23日 April

三重県小学校英語活動研究会代表　JES三重県理事
鷹巣雅英先生が書きました

読んだ日　月　日／月　日／月　日

「おお、ロミオ！」を生んだ人

「おお、ロミオ！　あなたはどうしてロミオなの？」というセリフを知っていますか？　イギリスの有名な劇作家、ウィリアム・シェイクスピアの作品『ロミオとジュリエット』に出てくる言葉です。今の英語にすると、Oh! Romeo, Why are you Romeo？となります。

人の心の中にある愛や恐怖、疑い、悪意、やきもちなどを表現するのが得意だったシェイクスピア。亡くなって400年以上たった今でも彼の作品は世界中で上演されていて、英語の世界ではもっとも偉大な作家のひとりといわれています。『ロミオとジュリエット』は男女の悲しいお話ですが、『真夏の夜の夢』や

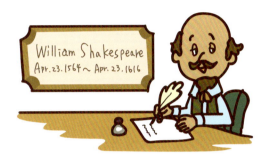

『じゃじゃ馬ならし』など、楽しいお話もあります。興味がある人は、どんなお話か調べてみましょう。

4月23日は「英語の日」

そんなシェイクスピア、じつは生まれた日と亡くなった日が同じといわれています。生まれたのは1564年4月23日で、亡くなったのは1616年4月23日。美しいセリフをたくさん生み出したシェイクスピアにちなんで、この日は国際連合によって「英語の日」と決められました。

覚えておこう

「生きるべきか、死ぬべきか」

シェイクスピアが生んだセリフで「おお、ロミオ！」と同じくらい有名なセリフが『ハムレット』に登場する次のセリフです。
To be or not to be. That is a question.
日本語では「生きるべきか、死ぬべきか。それが問題だ」と訳されています。

『ハムレット』は、デンマークの王子様が主人公の悲劇。ほかにどんなお話があるのか、「おお、ロミオ！」のような有名なセリフがあるのか調べてみましょう。

「朝のかがやき」ってなに？
～いろいろな花の名前～

4月24日(日) April

共栄大学 国際経営学部 助教
鈴木健太郎先生に聞きました

読んだ日　月　日　｜　月　日　｜　月　日

花の名前クイズに挑戦！

　好きな花の名前を英語でいえますか？　日本語の花の名前には、英語の名前をカタカナであらわしたものがたくさんあります。チューリップはtulip、カーネーションはcarnation、パンジーはpansyといいます。ふだん呼んでいる名前とほとんど同じなので、すぐに覚えられそうですね。

　では、次の①～⑧は、日本語でなんという花のことでしょう？　右のA～Hの中から選んでください。花の色や形をヒントに考えると、すぐにわかるものもありますよ。答えは「ひとくちメモ」にあります。

① sunflower（ヒント…太陽の花）
② dandelion（ヒント…ライオンの歯）
③ morning glory（ヒント…朝のかがやき・栄光）
④ balloon flower
　（ヒント…風船の花：つぼみの形から）
⑤ baby's breath（ヒント…赤ちゃんの息）
⑥ cockscomb（ヒント…ニワトリのとさか）
⑦ red spider lily（ヒント…赤いクモのユリ）
⑧ four-o'clock（ヒント…4時：夕方に咲くから）

A カスミソウ

写真／Melica / Shutterstock.com

B ヒマワリ

写真／salajean / Shutterstock.com

C ケイトウ

写真／rickyd / Shutterstock.com

D タンポポ

写真／Sergei Drozd / Shutterstock.com

E オシロイバナ

写真／KPG_Payless / Shutterstock.com

F アサガオ

写真／Fumihiro Itabashi / Shutterstock.com

G ヒガンバナ

写真／High Mountain / Shutterstock.com

H キキョウ

写真／Mariola Anna S / Shutterstock.com

ひとくちメモ　①B（ヒマワリ）　②D（タンポポ）　③F（アサガオ）　④H（キキョウ）　⑤A（カスミソウ）　⑥C（ケイトウ）　⑦G（ヒガンバナ）　⑧E（オシロイバナ）。⑥cockscombのケイトウは漢字で書くと「鶏頭」。

トイレに行きたいときは「姉ちゃん氷水！」

4月25日 April

呉工業高等専門学校 人文社会系分野
大森 誠 先生が書きました

読んだ日　月　日　／　月　日　／　月　日

日本語なのに英語に聞こえる？

日本語で「掘った芋いじるな」と早口でいうと、英語のWhat time is it now？（今なん時ですか）に聞こえるという話があります。また、「ハマチです」と早口でいうと、How much is it？（これはいくらですか？）として通じるという話もあります。

🔊 **What time is it now？**
　今なん時ですか？

🔊 **How much is it？**
　これはいくらですか？

どうですか？　そのように聞こえましたか？　このように、日本語なのに英語に聞こえる言葉があります。実際には、言葉だけでは通じることは少ないようです。身振り手振りをまじえて、手首を指さしながら「掘った芋いじるな」といったり、買い物をするときに商品を指さしながら「ハマチです」といったりすると、伝わる可能性が少しは高くなるみたいですよ。

では、早口で「姉ちゃん氷水！」というとどんな英語に聞こえると思いますか？

「自然が私を呼んでいる」

少し無理矢理かもしれませんが、「姉ちゃん氷水！」はNature calls me！と聞こえることがあります。Nature calls me.をそのまま日本語にすると、「自然が私を呼んでいる」という意味。これは「トイレに行きたい」を冗談っぽくいった表現です。生きていれば誰でも自然とトイレに行きたくなりますよね。そこで「トイレに行きたい」を「自然が私を呼んでいる」と表現するようになったようです。

ただし、この表現も気持ちや状況が相手に伝わらなければ、わかってもらえない可能性があります。また、遠回しないい方なので、家族や友だちなど親しい人とリラックスしているときに使うとよいでしょう。

🔊 **Nature calls me.**
　トイレに行きたいです。

ねぇ 姉ちゃん 氷水！

ひとくちメモ　反対に、日本語に聞こえる英語もあります。外国の人がDon't touch my mustache.（私のひげを触るな）というと、日本人には「どういたしまして」と聞こえます。

あま〜いシロップの産地 カナダは世界第2位の広い国

4月26日 April

国立明石工業高等専門学校
飯島睦美先生に聞きました

読んだ日　月　日　｜　月　日　｜　月　日

英語とフランス語が使われている

カナダ最大の都市はトロントですが、首都はオタワです。ほかにもオリンピックが開催されたバンクーバーやモントリオールなどが有名です。カナダでは、英語とフランス語が使われていますが、理由はイギリスからの移民とフランスからの移民がいるためです。しかし、全国民が両方を使いこなすのではなく、地域によって使われ方はちがうようです。

国旗に葉っぱ！ 自然豊かなカナダ

みなさんは中央に赤いサトウカエデの葉がある国旗を知っていますか？ サトウカエデはカナダを代表する木で、あまくておいしいメイプルシロップがとれることでも有名です。

アメリカの上にあるカナダは、世界第2位の面積をほこる大きな国。広さはなんと、日本の約27倍もあるのです。国土はとても広いのですが、人口は日本の約4分の1。とてもゆったりとした印象ですね。そして、ロッキー山脈やナイアガラの滝といった、すばらしい自然があふれる国でもあります。

考えてみよう

カナダで盛んなスポーツは？

カナダは冬になると、とても寒くなります。その自然環境からあるスポーツが盛んです。どんなスポーツでしょうか？ 答えは「ひとくちメモ」で！

ひとくちメモ　カナダで人気のスポーツはアイスホッケーです。全国民に愛され、国技にもなっています。プロのアイスホッケー選手になりたいと思う子もたくさんいるそうです。

近い? 遠い? 国によってちがう距離の感覚

4月27日（日） April

三重県多気町立勢和小学校　教諭
岡村 里香 先生が書きました

読んだ日　月　日｜月　日｜月　日

東京と博多は近いか遠いか

　東京に住んでいる、あるアメリカ人がいいました。「ぼくの彼女は博多（福岡県）に住んでいるんだ。東京と博多は近いからいいね」

　みなさんはどう思いますか？　東京と博多は約900km離れていて、新幹線で約5時間かかります。近いと思いますか？　遠いと思いますか？　どちらかといえば「遠い」と感じる人が多いのではないでしょうか？

　ではアメリカの場合とくらべてみましょう。東京と博多のような大都市を移動することは、アメリカでもよくあることです。首都ワシントンD.C.からサンフランシスコまで、距離はなんと約3900km。新幹線よりずっと速い飛行機で行っても5時間かかります。

同じ国でも時差がある

　アメリカはとても大きな国です。東海岸のニューヨークから、西海岸のサンフランシスコまで約4100kmもあります。だから「近い」「遠い」の感覚が日本人とはちがうんですね。

　大きな国なので同じ国の中でも時差があります。たとえば東側と西側での時差は3時間。ニューヨークがお昼の12時のころ、サンフランシスコではまだ朝の9時なんですよ。

覚えておこう

距離にまつわる英単語

距離は英語でdistanceです。
短距離　short distance
長距離　long distance
また「遠い」はfarもよく使われます。反対に「近い」はnearです。

ひとくちメモ　アメリカやカナダには「大陸横断鉄道」といって、文字どおり大陸を横断して走る鉄道があります。始発駅から終点まで移動するのに、3泊4日もかかることもあります。まさに移動するホテルですね。

どんなスポーツが好きですか？

共栄大学 国際経営学部 助教
鈴木健太郎先生に聞きました

4月28日(日) April

読んだ日　月　日　月　日　月　日

人気のスポーツは国によってちがう

baseball（野球）にsoccer（サッカー）、swimming（水泳）にvolleyball（バレーボール）。みなさんはどんなスポーツが好きですか？　日本では野球やサッカーが人気ですね。最近は、日本人選手の活躍もあって、tennis（テニス）の人気が急上昇中。figure skating（フィギュアスケート）やtable tennis（卓球）などにも注目が集まっています。

アメリカでは、日本と同じように野球が人気ですが、それ以上にAmerican football（アメリカンフットボール）が人気です。ほかにも、basketball（バスケットボール）やice hockey（アイスホッケー）に人気が集まっています。

イギリスはfootball（フットボール）の発祥の地です。ですから、rugby（ラグビー）やサッカーは、特に人気があります。そのほかに、cricket（クリケット）やテニスも盛んです。

世界で人気のスポーツ

日本では競技している人が少なくても、世界では人気のあるスポーツもあります。イギリスで盛んなクリケットもそのひとつ。世界中でプレーされていますが、インドやオーストラリアで特に人気があります。じつは、競技人口が世界で2番目に多い競技なんですよ。

また、road race（自転車のロードレース）も世界で人気のスポーツです。毎年7月に行われるツール・ド・フランスというレースは、世界中の190近い国や地域でテレビ放送されていて、そのうちの約60か国では生中継されています。

🎧 聞いてみよう

友だちにインタビューしてみよう

友だちにスポーツについて聞いてみましょう。
Which sport do you like the best, soccer, baseball or basketball?
サッカーと野球とバスケだと、どのスポーツがいちばん好き？
I like basketball best.
僕はバスケだね。

英語で「位置について、よーい、ドン」は、On your mark. Get set. Go. といいます。Ready. Set. Go. といういい方もあります。陸上の世界大会やオリンピックなどのテレビ中継で聞くことができますよ。

英語のことわざのお話

「三人寄れば文殊の知恵」を英語でいうと？

4月29日 April

🔊 音声対応

中国学園大学 国際教養学部
竹野純一郎先生が書きました

読んだ日　月　日　｜　月　日　｜　月　日

頭がふたつあると、頭がよくなる

「三人寄れば文殊の知恵」ということわざを知っていますか？ 文殊とは、知恵をつかさどる仏教のえらい人のことで、ふつうの人でも3人集まれば、文殊に負けないくらいよい知恵が出るという意味です。

これとそっくりな英語があります。Two heads are better than one. ということわざです。これをそのまま日本語にすると、「ふたつの頭のほうがひとつの頭よりよい」となります。ふたりで考えたほうが、ひとりで考えるよりもよい考えが浮かぶという意味です。

🔊 **Why don't we study for the test together? Two heads are better than one.**

テスト勉強一緒にしない？ 三人寄れば文殊の知恵だよ。

日本語では3人なのに対して、英語ではふたりなのがおもしろいですね。

チームスポーツで大事なこと

「ひとりはみんなのために、みんなはひとりのために」という言葉は、チームスポーツでよく使われる表現です。チームのひとりひとりは、チームみんなのためになにができるかを考え、チームのみんなは、ひとりひとりになにができるかを考えるのが、いいチームである、という意味です。英語では、One for all, all for one. といいます。

🔊 **One for all, all for one. That is the spirit of teamwork.**

ひとりはみんなのために、みんなはひとりのために。それがチームワークの精神だ。

覚えておこう

同じ船に乗るということは……

チームにまつわる英語の表現に、in the same boat という言葉があります。same は「同じ」、boat は「ボート・船」という意味です。この英語をそのまま日本語にすると、「同じ船に乗っている」です。同じ船に乗っているということは、船が沈むときも運命をともにするということです。だから、in the same boat という言葉は、「同じ運命である・同じ境遇である」という意味で使われています。

 ひとくちメモ　上の「三人寄れば文殊の知恵」を意味する英語のことわざは、「頭」の代わりに「目」を使って、Two eyes can see more than one. （ふたつの目のほうが、ひとつの目よりよく見える）ということもあります。

人々に勇気と希望をあたえたヘレン・ケラー

4月30日 April

国立明石工業高等専門学校
飯島睦美先生に聞きました

読んだ日　月　日｜月　日｜月　日

サリバン先生との出会い

ヘレン・ケラー（Helen Keller）は、今から140年ほど前に、アメリカ・アラバマ州の裕福な家庭に生まれました。ヘレンは、とてもかしこくて、元気のよい女の子でした。でも、小さいころ重い病気にかかってしまい、ものを見ることも、音を聞くことも、言葉をしゃべることもできません。ずっと暗やみの世界にとじこめられていたのです。

ヘレンが6歳になったとき、ケラー家にひとりの若い女の人がやってきました。家庭教師のアン・サリバンです。サリバン先生は、ヘレンに人形をプレゼントして、指で「D-O-L-L」と文字をつづりました。ヘレンはすぐにそのあそびが気に入って、たくさん指文字を覚えましたが、その本当の意味はまだわかっていませんでした。

ものにはすべて名前がある

ある日、ヘレンが庭の井戸で水をくんでいると、サリバン先生は指でくりかえし「W-A-T-E-R」とつづりました。その瞬間、W-A-T-E-Rは、今手にふれている冷たいものの名前だということを知ったのです。それをきっかけに、ヘレンは次々に新しい言葉を

苦しんでいる人の痛みをやわらげてあげましょう

覚え、点字の本を読んだり、文章をつくることもできるようになりました。

ヘレンは、大きくなったら作家になりたいと思いました。そこで、いっしょうけんめい勉強して一流の大学に入学し、すばらしい成績をおさめます。その後も、たくさんの本を書いたり、世界の国々をおとずれて、目や耳の不自由な人々をはげましました。

ヘレン・ケラーのお話は、今も私たちに大きな勇気と希望をあたえてくれます。

ひとくちメモ　ヘレン・ケラーは3回（1937、48、55年）来日し、各地で講演をして障がいをもつ人たちをはげましました。日本では着物（kimono）を着たり、日本酒（sake）を楽しんだりしたそうですよ。

5月

May

「いい天気ですね」と英語でいえるようになろう

5月 1日 May

立正大学 文学部特任講師
亀井ダイチ・利永子先生が書きました

読んだ日　月　日　｜　月　日　｜　月　日

晴れは「太陽」＋「y」

日本語の晴れのことを、英語ではsunnyといいます。Sunは「太陽」という意味です。太陽の光がさんさんとふりそそいでいる感じがよく出ていますね。くもりはcloudy。Cloudは「雲」という意味です。雨の日はrainyで、rainは「雨」という意味です。こうしてみると、天気の単語は最後に「y」をつける、というのがわかりますね。

このルールでつくられた単語はまだあります。風が強い日はwindy。Windは「風」です。霧が深い日は「霧」＝fogなので、foggyといいます。

「今日はいい天気」

ゴールデンウィークには、家族でどこかに出かける人もいるかもしれません。どこかに出かける前には、テレビなどで天気予報をチェックしますね。天気予報は英語で、weather forecast といいます。「今日の天気予報を見てみよう」は英語で、Let's check the weather forecast today. といいます。

「今日はいい天気ですね」は英語で、It's a nice day today. といいます。空に雲ひとつないような、特に天気がいい日には、

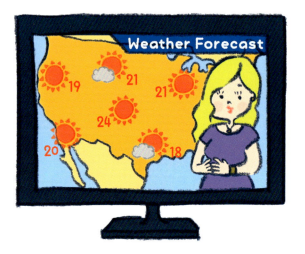

The weather is very nice today.
今日はとってもいい天気ですね

というとよいでしょう。「空には雲ひとつありません」を英語でいうと、There's not a cloud in the sky. となります。Cloudは「雲」、skyは「空」という意味ですね。

学んでみよう

雨のいい方もいろいろ

日本語には雨に関する言葉がとてもたくさんありますが、英語も同じです。同じような雨に見えても、その表現はさまざまです。
shower 「にわか雨」
heavy rain 「大雨」
light rain 「小雨」

ひとくちメモ　イギリスでは、一日のうちに天気がコロコロ変わります。なので、少しぐらいの雨ではかさをささない人がほとんど。多少ぬれたとしても気にせず、町の中を歩きます。

おもしろい英語のお話

地球はわれらの大事な球体

5月 May 2日

国立明石工業高等専門学校
飯島睦美先生に聞きました

読んだ日　月　日　｜　月　日　｜　月　日

地球の言い方いろいろ

世界的な規模を意味する表現で「グローバル」という言葉を聞いたことがありませんか？「グローバルに活躍」、とか「グローバル経済」など、ニュースでよく聞く言葉ですね。

この言葉は英語のglobeという単語からきています。もともとの意味は丸いもの、球体という意味ですが、the globeと「the」がつくと、地球のことを指すのです。

地球儀のことでもある

英語で惑星「地球」を意味する単語はearthです。globeは地球全体、つまり世界中、であることを強調したいときに使います。この球体全体が、といういい方をすることで、全世界規模であることを表現しているのです。もちろん世界を意味するworldを使って同じ意味である、all over the worldやworldwideといういい方もありますが、globeを使うことで、より地球を全体を「ぐるっと」おおうようなイメージが伝わってきますね。

球体の地球といえば、地球儀がまさにそうですね。英語で地球儀のことはそのままglobeといいます。

覚えておこう

インターネットは身近なworldwide

worldは「世界」、wideは「幅が広い」という意味です。worldwideもグローバルと同じように、世界中に広がった、という意味でよく使われます。気がついていないかもしれませんがインターネットを楽しんでいるなら、毎日のようにworldwideにふれているんですよ。ホームページのアドレスの頭にwww.がついていませんか？ これはworld wide webの略です。webとは「クモの巣」のこと。世界中にはりめぐらされたコンピューターのネットワークを世界規模ではられたクモの巣に例えているのですね。

ひとくちメモ　world、earth、globeのように、同じものをあらわす表現が複数あることはどの言語もいっしょで、その背景には文化と社会があるのです。だから、外国語の勉強はおもしろいのですね。

英語で聞いてみよう！「どんな○○が好き？」

5月3日 May

音声対応

京都教育大学 英文学科
泉 惠美子 先生に聞きました

読んだ日　月　日｜月　日｜月　日

どんなスポーツが好き？

whatは「なんの」とか「どんな」という意味です。たとえば、人に「どんなスポーツが好き？」とか「どんな食べ物が好き？」と聞きたいときに使います。

whatのうしろにsportsをつけると、「どんなスポーツ」という意味になります。what sportsを使って、好きなスポーツの種類や、やっているスポーツについて聞いてみましょう。

🔊 **What sports do you like ?**
あなたはどんなスポーツが好きですか？

🔊 **I like basketball.**
私はバスケットボールが好きです。

🔊 **What sports do you play ?**
あなたはどんなスポーツをしますか？

🔊 **I play tennis.**
私はテニスをします。

どんな食べ物が好き？

今度はwhatのうしろにfood（食べ物）をつけてみましょう。what foodで、「どんな食べ物？」という意味になります。what foodを使って、どんな食べ物が好きか聞いてみましょう。

🔊 **What food do you like ?**
あなたはどんな食べ物が好きですか？

🔊 **I like hamburgers.**
私はハンバーガーが好きです。

🔊 **I like rice balls.**
私はおにぎりが好きです。

🔊 **I like sandwiches.**
私はサンドイッチが好きです。

Whatは時間をたずねるときにも使います。「今なん時ですか？」は英語で、What time is it now？。ちなみに、ある日本語の文章を読むだけで、この英語になります。どんな文章か調べてみましょう。

英語でいちばん使われている単語は？

5月 4日 日曜 May

国立明石工業高等専門学校
飯島睦美先生が書きました

読んだ日　月　日｜月　日｜月　日

よく使われている単語を調べる

英語でいちばんよく使われている単語は、なんだと思いますか？　新聞や雑誌の記事から英文を集めて、英語が実際にどのように使われているのかを調べているグループがあります。Word Frequencyというこのグループは、アメリカで読まれている新聞や雑誌から、何億個という英文を集めています。

いちばんよく使われているのは「the」

「英語でよく使われている単語」のリストによると、いちばんよく使われているのは、theでした。theというのは、冠詞という種類の単語で、名詞の頭につけられるものです。beという動詞もとてもよく使われています。この動詞は、主語によって形が変わります。たとえば、主語がI（私）のときはamに、主語があなた（you）のときはareになります。

I am happy.
私はしあわせです。

You are so sweet.
あなたはとてもやさしいのね。

動詞の中でもっともよく使われている単語は、haveでした。haveは、「持つ・所有する・身につけている」という意味があります（英語でよく使われている単語は、88ページでも紹介しています）。

I have money in my pocket.
私はポケットにお金を持っています。

I have many friends.
私はたくさんの友達がいます。

I have a dog.
私は犬をかっています。

Have a good dream!
よい夢を！

学んでみよう

theとa

theはものを特定したいときに、そのものの名前の最初につけます。a penは「1本のペン」という意味ですが、the penにすると「そのペン」という意味になります。

ひとくちメモ　amは32ページで、haveは204ページでくわしく紹介しています。

149

外国のくらしと文化のお話

アメリカのバスはおつりが出ない!?

立正大学 文学部 特任講師
瀧口 美佳 先生が書きました

5月 May 5日

読んだ日　月　日｜月　日｜月　日

はやくついても待ってはくれない

車社会といわれるアメリカ。路線バスも大活躍しています。上手に利用すればとっても便利。でも日本とちがう点もあるので注意が必要です。

たとえば時刻表の通りに来ることはあまりありません。バスがはやく到着しても発車時刻まで待つこともありません。バスを待っている人がいなければ素通りしてしまいます。運転手さんにユニークな人が多いのもアメリカらしい特ちょうかもしれません。乗客を乗せたままバス停ではないところで停車し、飲み物を買いに行くなんてこともあります。

乗り方は、前から乗ったときに運賃を払いますが、両替やおつりの機能はついていません。まちがって多く入れてもかえってこないので、バスに乗るときは小銭を用意しておきましょう。

ロープが降車ボタン？

バスでは運転手さんがバス停をアナウンスする場合もあれば、次のバス停が電光掲示板に表示されるだけのこともあります。英語に慣れていない人には難しいかもしれないので、目印をさがしておくとよいでしょう。

また、アメリカのバスには降車ボタンはなく、バスにはられているロープをひっぱるか、窓枠にはられている黒いゴム状のテープを押します。ブザーが鳴りSTOPサインが出るとバスが停車するので、前のドア、後ろのドアどちらからでもおりることができます。

覚えておこう

高校生までスクールバス

自宅から学校が遠くはなれていると、スクールバスを利用することができます。すべてのスクールバスが黄色に統一されています。アメリカの小中高生の半分がスクールバスで通っており、残りの人は、学年によりますが、親の送迎、路線バスまたは徒歩で通学します。高校生になると自分で車を運転して通学する場合もあります。州によってちがいますが、多くの州で16歳から運転免許を取得できます。

ひとくちメモ

もし、スクールバスに乗り遅れてしまったら？　アメリカでは小学生以下がひとりで外を歩くことは禁止されているところもあります。急いで家に帰って、家の人に送ってもらわないといけませんね。

150

「お腹の中にチョウがいます！」

5月 May 6日

三重県多気町立勢和小学校 教諭
岡村里香 先生が書きました

読んだ日　月　日　｜　月　日　｜　月　日

「大きな手をください」の意味とは？

日本語には「目が点になる」といういい方があります。これはとてもびっくりしたときに使う表現で、実際におどろいたときに人間の目が小さな点になるわけではありませんね。このように体のどこかを使った、ちょっとユニークないいまわしは、英語にもたくさんあります。

たとえばgive me a hand。そのまま日本語にすると「手をください」ですが、これは「手を貸して！」つまり「手伝って！」というときに使う表現です。不思議なことに「大きな」という意味のbigをつけて、give a big hand（大きな手をください）にすると「大きな拍手をする」という意味になります。

ドキドキしたらなんと胃の中に!?

私たち日本人でも意味が想像できるような表現もあります。

たとえばbig mouth。日本語にすると「大きな口」という意味ですが、これは「おしゃべりだ」とか「よけいなことをべらべらしゃべる」というときに使います。

I have butterflies in my stomach.これは「わたしは胃の中にちょうちょを持っている（＝胃の中にちょうちょがいる）」という意味です。いったいどういうときに使うと思いますか？　これは「ドキドキして不安で落ちつかない」といいたいときに使います。たしかに胃の中にちょうちょがいたら、落ちつきませんよね。

学んでみよう

handを使った表現いろいろ

「手」は体の中でもとても身近な部位。英語でもさまざまな表現で活躍します。

at first hand　直接に
from hand to mouth　将来のことを考えずに、その日暮らし
in good hands　よく面倒見てもらって
come to hand　手にはいる

日本語でも「彼はビッグマウスだ」などという表現があります。「大口をたたく」といった意味がありますが、英語では「しゃべらなくてもいいことをペラペラしゃべる」という意味で使われることが多いようです。

数字じゃない！英語の月の呼び方

5月7日 May

弘前大学 教育学部
佐藤 剛 先生が書きました

読んだ日　月　日　／　月　日　／　月　日

覚えておこう　月の名前と由来

1月 January
ローマの神様ヤヌス（Janus）にちなんで

2月 February
2月に行われていた清めの儀式（Februa）にちなんで

3月 March
ローマの神マルス（Mars）にちなんで

4月 April
ラテン語で開く(aperio)にちなんで（春がきて花開くイメージ）

5月 May
ローマの女神マイア（Maia）にちなんで

6月 June
ローマの女神ユーノー（Juno）にちなんで

7月 July
この月に生まれたローマの英雄ユリウス カエサル（Julius Caesar）にちなんで

8月 August
ローマの初代皇帝アウグストゥス（Augustus）にちなんで

9月 September
ラテン語で7番目(septem)の月という意味

10月 October
ラテン語で8番目(octo)の月という意味

11月 November
ラテン語で9番目(novem)の月という意味

12月 December
ラテン語で10番目(decem)の月という意味

それぞれの月に名前がついている

日本語だと、1月、2月、3月のように、月は数字であらわしますね。英語はそれぞれに名前がついています。1月はJanuary、2月はFebruary……といった具合です。

それぞれのいい方は上のイラストを見てください。9月以降、名前の由来と月名が2カ月ずれている理由は、下のひとくちメモにあります。

月の名前は、ローマの神様や英雄、ラテン語の数字にちなんでいますが、日本人からするとちょっと覚えにくいですね。まずは自分の誕生日の月から覚えていきましょう。

ひとくちメモ　元々使われていた3月から始まる「ロムルス暦」は、1年は10カ月で冬は数えませんでした。これでは次第に役に立たなくなり「ヌマ暦」が登場。1月と2月が追加されたのです。現在の暦は「グレゴリオ暦」です。

パスポートを持っていますか？

5月8日 May

京都教育大学 英文学科
泉 恵美子 先生に聞きました

読んだ日　月　日｜月　日｜月　日

ないと日本から出ることもできない

みなさんはパスポートを持っていますか？パスポートは海外旅行に行くときに必ず必要なものです。なぜならこれが世界で通用する身分証明書だから。国の政府が「あなたは○○の国民であることを証明します」という意味で発行します。日本語では「旅券」といいますが、パスポートという言葉のほうがおなじみですね。

海外旅行に行くときにはじめて必要になるものなので、旅先でだけ使うもののように思えますが、そもそもパスポートがなければ、日本を出ることもできません。港や空港のように、国の外に出るための港（port）を通過（pass）するための証明書だから、passportという名前になったといわれています。

本来はVISAも必要

海外旅行をするには、本来パスポートだけでなくビザ（VISA）も必要です。ビザは日本語で「査証」ともいいます。その国へ入国することを許可しますよ、という証明書のようなものです。

しかし、国同士が仲良くしている、その国に信用がある、などの条件をクリアすると、ビザがなくてもいいことになっています。日本は2016年現在、153の国と地域にビザなしで旅することができるんですよ。

調べてみよう

国際空港はいくつある？

日本から海外へ旅行するとき、ほとんどが飛行機を使います。国際線が発着できる空港を国際空港といいますが、日本にはいくつあるか調べてみましょう。そしてあなたの行きたい都市への直行便が出ているか調べてみましょう。

空港には入国審査というコーナーがあり、その国の人でないなら、必ず通らなければなりません。そこでは係の人と英語でやりとりすることとなります。大人でも緊張する瞬間です。

赤ちゃん言葉で「おやすみなさい」は?

5月9日 May

獨協大学 特任講師
木村雪乃先生が書きました

読んだ日　月　日｜月　日｜月　日

音から生まれた赤ちゃん言葉

みなさんは赤ちゃんのころ、どんな言葉を話していましたか？　いきなり「くるま」といったわけではありませんね。はじめは「ブーブ」というように、音で言葉を覚えていたはずです。

英語を話す国々の赤ちゃんも、すぐにおとなと同じ言葉を話すわけではありません。car（車）という言葉のかわりに、broom broomと車が走る音を覚えます。ほかにもcow（牛）をmoo-moo、sheep（ヒツジ）をba-ba、train（電車）をchoo-chooなどと、音や鳴き声をそのまま言葉として覚えます。このように、赤ちゃんに対して使う特別な言葉は、baby talk（赤ちゃん言葉）と呼ばれています。

night-nightは「おやすみなさい」

お父さんが、小さな子ども(John)に話しかけています。さて、なんといっているのでしょうか？

Come on John, beddy-byes！ Beddy-byes！
Put on your jim-jams... Sleepy time！
Night-night！

beddy-byesは、beddy(bed)にbyeするこ とです。「ねんねしましょうね」という意味のbaby talkです。jim-jamsは、寝るときに着るpajama(パジャマ)のことです。そして、最後にnight-night！といいます。これは小さな子どもにいう「おやすみなさい」のあいさつです。

考えてみよう

このbaby talk、わかるかな？

次の5つの単語は、どれもよく使うbaby talkです。それぞれどんな意味か考えてみましょう。
①horsey　②ducky　③birdy
④dolly　⑤doggy

ヒント1：知っている単語と近い音はありませんか？
ヒント2：文字を見てみましょう。①～⑤に共通している部分をかくすと、どうなるでしょうか？
答えは「ひとくちメモ」にあります。

ひとくちメモ　baby talkでは単語の最後にyをつけることがよくあります。答えは① horse（馬）+ y = horsey、② duck（アヒル）+ y = ducky、③ bird（鳥）+ y = birdy、④ doll（人形）+ y = dolly、⑤ dog（犬）+ (g) y = doggy。

春夏秋冬を英語でいってみよう

5月10日 May

京都教育大学 英文学科
泉 惠美子 先生に聞きました

読んだ日　月　日　｜　月　日　｜　月　日

日本の四季

　春はお花見に出かけ、夏には海や山に遊びに行き、秋にはおいしいものを食べて、冬には雪だるまをつくって遊ぶ……。日本には春夏秋冬と4つの季節があるので、それぞれの季節に応じた楽しみ方があります。国によっては1年を通じてほとんどが夏というところや、冬が長くて夏があっという間に過ぎてしまうところもあります。

　季節のことを英語でseasonといいます。日本語でも「旅行シーズン」や「スキーシーズン」などといいますね。春夏秋冬は英語で次のようにいいます。

🔊 spring　春
🔊 summer　夏
🔊 autumn / fall　秋
🔊 winter　冬

　なお、梅雨は、rainy seasonといいます。rainyはrain（雨）が変化した言葉です。

イブはクリスマスだけじゃない

　1年の中でみなさんが好きなイベントといえば、夏休みや冬休み、大みそかやお正月ですよね。英語で夏休みはsummer holidays、冬休みはwinter holidaysといいます。holidaysは「お休み」という意味です。お正月は英語でNew Year's holidayといいます。New Yearは「新年」という意味ですね。

　さて、12月24日はChristmas Eveですね。このEveには「前の日」という意味があります。12月24日はChristmasの前の日なので、Christmas Eveというわけです。では、大みそかはなんていうと思いますか？　正解はNew Year's Eve。新年をむかえる前の日なので、New Year's Eve ですね。

spring 春
summer 夏
autumn / fall 秋
winter 冬

話してみよう

好きな季節はいつ？

友だちに好きな季節を聞いてみましょう。
🔊 What is your favorite season ?
　好きな季節はいつですか？
🔊 I like summer.
　ぼくは夏が好きです。

ひとくちメモ　秋の終わりから冬のはじまりにかけて、春みたいにあたたかい日になることがありますね。こんな日を小春日和といいます。英語ではan Indian summerといいます。

イギリスのお金 ポンドとペンスのこと

立正大学 文学部 特任講師
瀧口 美佳 先生に聞きました

5月11日 May 日

読んだ日　月　日 ｜ 月　日 ｜ 月　日

5ポンド　10ポンド
20ポンド　50ポンド

1ペニー　2ペンス　5ペンス　10ペンス

20ペンス　50ペンス　1ポンド　2ポンド

日本のお金は「円」。外国は？

　日本の通貨は円ですが、ほかの国ではどんなお金が使われているか知っていますか？アメリカはドル（$）、イギリスはポンド（£）、EU（ヨーロッパ連合）はユーロ（€）、中国は元（元）。このあたりの通貨はよく知られていますね。今回は、イギリスの通貨、ポンドについてお話します。

　1ポンドは、日本のお金にすると約126円（2016年現在）。ポンドの下には、ペニーやペンスといったよりこまかい単位もあります。1ポンドは100ペンスです。だから、1ポンド＝100ペンス＝約126円となります。日本で使うお金の単位は円だけなので、ふたつの数え方があるとちょっと混乱しちゃいますね。

ポンドとペンスの種類

　イギリスの通貨は、紙幣が50ポンド、20ポンド、10ポンド、5ポンドの4つ。硬貨は2ポンド、1ポンド、50ペンス、20ペンス、10ペンス、5ペンス、2ペンス、1ペニーの8つです。すべてのポンド紙幣と硬貨にえがかれているのが、女王であるエリザベス2世の肖像画。じつはこの肖像画にはヒミツがあります。くわしくは224ページへ！

覚えておこう

エリザベス女王は大人気！

　エリザベス女王の肖像は、カナダやオーストラリア、ニュージーランドなどの紙幣にも使われています。これらの国は「イギリス連邦王国」といって、かつてはイギリスが治めていたから。じつは今でもイギリス国王を元首や君主としています。イギリス連邦王国に属する国は、イギリス以外に15か国もあります。

ひとくちメモ　イギリスは、4つの国が集まった連合王国。このうちスコットランドと北アイルランドは自分たちだけの紙幣を発行しています。だからこれらの地域では、ポンドと両方のお金が使えることになります。

キミの指はなん本?

5月 12日 May

東北福祉大学
太田聡一先生が書きました

読んだ日　月　日 ｜ 月　日 ｜ 月　日

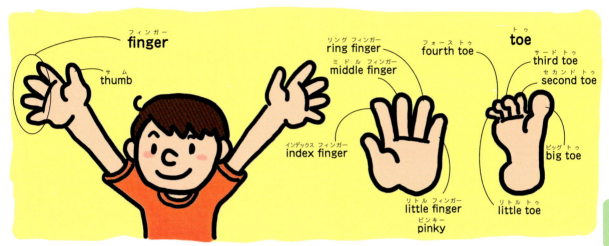

指といえるのは8本だけ!?

指のことを英語でfingerといいます。では問題。人にはなん本のfingerがあると思いますか？ 20本だと思った人、不正解です。英語でfingerと呼ばれる指は8本なのです。手の人さし指と中指と薬指と小指の4本で、左右の手を合わせて8本。手の親指はfingerではなく、thumb、足の指はtoeと呼ばれているからです。

人さし指から小指まで、指それぞれに名前がついています。人さし指はindex finger、中指はmiddle finger、薬指はring finger、小指はlittle fingerまたはpinkyといいます。

足の指toeも、それぞれに名前があります。親指はbig toe、足の人さし指はsecond toe、足の中指はthird toe、足の薬指はfourth toe、足の小指はlittle toeです。

英語でも約束は「小指」で

指を使った表現に、pinky promiseというのがあります。pinkyが「小指」、promiseは「約束」ですから「小指の約束」という意味です。日本でも「指きりげんまん」は小指で行いますね。英語を話す国の文化でも、約束するときには小指が活やくするようです。

覚えておこう

人と動物でちがう「つめ」のいい方

指のいい方がわかったら、指の上にのっているつめについても覚えましょう。つめはnailといいます。しかしこの呼び方は人間だけ。ネコや鳥などのつめはclawといいます。

本書では親指についてもおもしろい表現とともに解説しています。くわしくは130ページをごらんください。

ドライブが楽しくなる！
英語で物当てゲーム①

福岡教育大学 英語教育講座 教授
中島 亨 先生が書きました

読んだ日　月　日　｜　月　日　｜　月　日

チラッと見たものはな〜んだ？

　アメリカはとても広い国です。車で旅行すると長い時間がかかるので、子どもたちは退屈しないようにゲームをします。定番のゲームを紹介しましょう。その名も「チラッと見たものな〜んだ？」ゲーム。英語では I spy game といいます。車の中からはいろんなものが見えますね。自分が見たものを人に当ててもらうゲームです。

　まず、I spy with my little eye……とリズミカルにいいます。「チラッと見たものな〜んだ？」という意味です。そのあとにヒントをつけます。something that starts with a D.（それはDの文字で始まるよ）のように、答えの最初の文字をいってあげます。something white.（それは白いものだよ）と色をヒントにすることもあります。

やってみよう！

　では、ためしにやってみましょう。

🔊 **I spy with my little eyes, something that starts with a D.**

　チラッと見たものな〜んだ？　それはDの文字で始まるよ。

　Dの文字で始まるものを相手に答えてもらいます。相手がまちがったら、続けてヒントを出します。

🔊 **It is man's best friend.**

　それは人の友だちだよ。

　ここでもまたまちがったら、さらにヒントを出してあげます。

🔊 **You can walk it.**

　それは散歩できるよ。

　これでわかったでしょうか？　そうですね。答えは dog（イヌ）でした。こうやってお互いに当てっこをすると、長いドライブも楽しくなりますよ。

話してみよう

ヒントちょうだい！

答える人がヒントをほしいときは、「ヒントちょうだい！」といいましょう。

🔊 **Give me a clue！**
　ヒントちょうだい！

ひとくちメモ：英語には「しりとり」というあそびはありませんが、単語のスペリング（つづり字）を使って似たようなあそびができます。たとえば book- koala- apple- elephant……このあとにはどんな単語が続きますか？

トライアングルは「三角形」
聞いたことある、図形の名前

皇學館大学文学部 コミュニケーション学科 准教授
川村一代 先生が書きました

5月14日（日） May

読んだ日　月　日　｜　月　日　｜　月　日

楽器の名前になった図形

身近な図形を英語でなんというのか知っていますか？「知らない」という人でも、答えを聞けば「なるほど！」と思える言葉に出会えるはずです。

たとえば、三角形はtriangleといいます。この言葉、どこかで聞いたことはありませんか？　楽器の名前ですね。形を思い浮かべてください。まさに三角形です。三角定規もtriangleといいますね。正方形はsquareです。転じて、四角い広場のことをスクエアと呼ぶこともあります。

アメリカの国防総省の名前にも

ひし形はdiamondです。トランプのダイヤのマークを見るとわかりますね。野球では内野のことをダイヤモンドといいます。内野は正方形に見えますが、正確にはひし形だからです。

上から見た形が名前になっているものといえば、pentagonがあります。これは五角形という意味ですが、同時にアメリカの国防総省のことを指します。国防総省の建物を上から見たら五角形であることから、そう呼ばれているのです。

覚えておこう

フィギュアスケートは氷の上の図形？

英語で図形のことをfigureといいます。この言葉、どこかで聞いたことはありませんか？　冬に人気のスポーツ、フィギュアスケートはここからきているのです。フィギュアスケートはもともと、課題となっている図形をえがくように氷の上ですべることを評価する競技でした。きれいな図形をえがくといい点数がもらえたのですが、時代とともに評価の基準はジャンプなどの技術へとうつり、1990年に図形をえがくという課題はなくなりました。

ひとくちメモ　pentagonのgonは角形をあらわします。なので六角形はhexagon、八角形はoctagonとやはりgonがつきます。三角形、四角形にもgonがつく呼び方がありますが、あまり使われていません。

カナダでは、英語が通じない地域があるって本当?

5月15日 May

立正大学 文学部特任講師
亀井ダイチ・利永子先生が書きました

読んだ日　月　日｜月　日｜月　日

英語は世界の共通語のひとつ

日本をはじめ、英語が母国語ではない国でも、日常的に英語にふれる機会は多くあります。どこの国に行っても、簡単な英語ならだいたい通じるはずです。

世界では数十の国が英語を公用語に決めています。公用語とは、政府などの公の機関が使うことを義務づけられている言語のことです。ニュージーランドやフィリピンなどがそうです。イギリスやアメリカ、オーストラリアは、多くの人が英語を話すので、英語が事実上の公用語となっています。

カナダの公用語ではあるけれど……

公用語をふたつ以上もつ国もたくさんあります。たとえばカナダです。カナダの公用語は、英語とフランス語です。ただし、英語がほとんど通じない地域もあります。

それは、首都オタワのとなりに位置するケベック州です。ケベック州ではフランス語が公用語になっています。だから、街の標識や案内も、フランス語だけで書かれているところが多いです。大都市のモントリオールではまだ英語が通じますが、州の内部にあるケベックシティでは、観光的な場所以外では、ほとんど英語が通じません。道に迷っても、フランス語がわからないと地図も読めない、方向も聞けない、なんてことになりかねません。英語圏の国といっても、すべての地域で英語が使われているわけではないのですね。

調べてみよう

カナダのチューリップ

カナダの首都オタワでは、毎年5月にチューリップ・フェスティバルというお祭りが開かれています。数十万というチューリップで街中が埋めつくされ、世界中から観光客が訪れます。しかし、チューリップといえばオランダですよね。なぜカナダでチューリップのお祭りがあるのでしょう？　じつはこのお祭りは、第2次世界大戦中に、カナダがオランダにあることをして、そのお返しとしてチューリップが贈られたことがきっかけではじまりました。さて、カナダがオランダにしたこととはなんでしょう？　調べてみてください。

　カナダのケベック州ではフランス語がおもに使われていますが、西海岸側のブリティッシュ・コロンビア州はアジアからの移民を中心に発展してきたため、英語以外では中国語がよく使われています。

時計に書いてある a.m. と p.m. ってなに?

国立明石工業高等専門学校
飯島睦美先生が書きました

読んだ日　　月　日　｜　月　日　｜　月　日

ラテン語が元になっている

時計にa.m. やp.m.と書かれていることがありますね。a.m.は英語で「午前」、p.m.は「午後」をあらわしています。

🔊 I will see you at 10:00 a.m.
午前10時にお会いします。

これらはもともとはラテン語でした。ラテン語とは、英語やフランス語と同じグループに属する言葉です。

a.m. は、ラテン語のante meridiemからきています。英語でいうと、before noonです。noon（正午）のbefore（前）なので、「午前」となります。

p.m. は、同じくラテン語のpost meridiemからきています。英語でいうと、after middayです。after（後）、midday（真昼、正午）なので、「午後」となります。

話してみよう

英語で時刻をいってみよう!

10時00分　🔊 ten o'clock
10時05分　🔊 ten o five / five past ten
ふつうはten o fiveといいますが、five past tenともいいます。pastは「過ぎる」という意味です。日本語でも10時5分過ぎといいますね。

10時15分　🔊 ten fifteen / quarter past ten
ふつうはten fifteenといいますが、quarter past tenともいいます。quarterは「4分の1」という意味です。15分は60分の4分の1ですね。だから、quarter past tenは「10時と4分の1過ぎ」ということです。

10時30分　🔊 ten thirty / half past ten
ふつうはten thirtyといいますが、half past tenともいいます。halfは「半分」という意味です。30分は60分の半分ですね。だから、half past tenは「10時と半分過ぎ」ということです。

10時55分　🔊 ten fifty-five / five to eleven
ふつうはten fifty-fiveといいますが、five to elevenともいいます。elevenは「11時」、toは「～に向かって」という意味です。つまり、11時まであと5分、ということです。

thirteen（13）とthirty（30）は、単語の最後が「ティーン」なのか「ティ」なのかで大きくちがいます。I'm thirteen years old.（私は13歳です）とI'm thirty years old.（私は30歳です）では、大ちがいですよね。

グレープフルーツとキーウィフルーツ

5月 May 17日

皇學館大学文学部 コミュニケーション学科 准教授
川村一代 先生が書きました

読んだ日　月　日　｜　月　日　｜　月　日

みかんの仲間なのにグレープ？

グレープフルーツは、みかんの仲間の果物ですが、グレープ（ぶどう）フルーツ（果物）と、ぶどうの仲間のような名前がついています。なぜでしょう？　それは、グレープフルーツが木になっているようすが、まるでぶどうのようだからです。実が集まってなり、大きな黄色のぶどうがぶら下がっているように見えます。

鳥の「キーウィ」は関係ない？

外側が茶色のうぶ毛でおおわれ、中は緑色や黄色をしているキーウィフルーツ。キーウィとはニュージーランド人のことを指しますが、キーウィフルーツの原産地は中国です。ニュージーランドに初めて入ってきたときはChinese Gooseberryと呼ばれていました。ニュージーランドがアメリカに輸出するときに「キーウィフルーツ」という名前をつけたのです。

このキーウィフルーツにそっくりな鳥がニュージーランドの国鳥「キーウィバード」です。あまりにそっくりなので、キーウィフルーツの名前は「キーウィバード」からきているという説もあったほどです。最近では、別々に名付けられ、キーウィフルーツとキーウィバードの見た目がたまたま似ていた、というのが正しい説とされています。

調べてみよう

フルーツの生産量はどれくらい？

グレープフルーツとキーウィフルーツの生産量は、どこの国がいちばんでしょうか？　調べてみると、意外な答えが見つかるはずです。

キーウィバードは、ニュージーランドにしか生息しない鳥です。最大の特徴は、鳥なのに飛ばないということ！　地面を歩くキーウィの姿はとてもかわいらしいですよ。

英語で友だちをほめてみよう

5月18日(日) May

日本大学 生産工学部 教養・基礎科学系(英語科)
濱田 彰 先生が書きました

読んだ日　月　日　｜　月　日　｜　月　日

がんばりを言葉にしよう

最近、誰かのことをほめたり、誰かにほめられたりしましたか？ 誰かをほめてうれしそうな顔をしてくれたら気持ちがいいし、誰かにほめられるとうれしい気持ちになりますよね。英語にはたくさんのほめ言葉があります。いくつかご紹介しましょう。

誰かががんばっているとき
Good job ! / You did it !
よくやったね！（やったね！）

誰かをほめてやる気を出させたいとき
You're really working hard !
がんばっているね！

Keep up the good work !
その調子でがんばって！

どんな場面でも
Great ! / Perfect !
よし！（すごい！）

Great ! は相手へのほめ言葉のほかに、自分がご飯を食べておいしかったときや、よいニュースを聞いたときなどにも使えます。
Perfect ! も相手へのほめ言葉のほかに、物事が自分の思い通りに進んだときや、なにかができてかんぺきだと思ったときにも使えます。

声と表情にも気をつけて

同じ言葉でも、いい方によってはちがう意味になってしまうものがあります。スポーツの応援で「がんばれ！ あきめないで！」といいたいときは、Come O～N, Akira ! のように on のところを伸ばしながら強くいいましょう。Come on, Akira ! と come のところを強くいうと、「しっかりしなさい！」と相手をしかるいい方になるので、ご注意を。

表情にも気をつけたいところです。Unbelievable ! は「信じられない！」という意味です。「おどろいた」という表情でいえば、「信じられないぐらいすごい！」といい意味になりますが、これを怒った表情でいうと、「信じられないぐらいひどい！」とまったく反対の意味になってしまいます。伝えたい感情、いい方や見た目を合わせることが大事です。

日本語と英語で言葉はちがっても、ほめることの大切さは同じです。ほめ上手な人は相手のよいところを探すのが上手な人です。また、ほめ上手な人ほど、まわりからほめられやすいです。

外国のくらしと文化のお話

欧米人はマンガの読み方がわからない!?

5月 19日 May

鳴門教育大学
畑江美佳 先生が書きました

読んだ日　月　日　｜　月　日　｜　月　日

マンガ本はどっちから開く？

みなさんはマンガ本を読むとき、右側と左側、どちらにページを開きますか？　国語の教科書と同じように、右側に開きますね。日本ではあたり前のことでしょう。

ところが、海外のコミック雑誌はそうではありません。算数の教科書のように、左側にページを開くのです。英語やフランス語は文章を横に書くので、そのほうが読みやすいからです。

日本のマンガやアニメは、アメリカやヨーロッパの国々でもたいへん人気があります。たくさんのマンガが英語に訳されていますが、それらの本には必ず「読み方の説明」がのっています。

まず、左側にページを開いて読もうとしている人のために、You are reading the wrong way!（あなたはまちがったほうから読もうとしています！）と注意書があります。そして、Open the "back" cover.（「裏表紙」を開きましょう）と書いてあります。

さらに「ページの右上のコマから読み始めましょう。次にその左のコマ、そして次は2段目、3段目の右から左へ」などと、何度もRight to Left!（右から左へ！）と読み方のルールが示されています。

はじめて日本のマンガを手にした人は、頭がこんがらがって、読む前につかれてしまいそうですね。

英語に訳されたコミック雑誌には、日本語や日本文化についての説明がいくつものっています。たとえば、「Kanji of the Month（今月の漢字）」というものがあります。漢字はcool！　かっこいいそうです。

164

のばしていうか短くいうかで、ちがう単語になる！

5月 May 20日
音声対応

駒沢女子短期大学 教授
金澤 延美 先生が書きました

読んだ日　月　日　｜　月　日　｜　月　日

音の長さで大ちがい

日本語の言葉の中には、音の長さを変えると、言葉の意味が変わるものがあります。たとえば、「地図」の「ち」を長く伸ばすと「チーズ」になります。「夢」の「ゆ」を伸ばすと「有名」に、「主人」の「しゅ」を伸ばすと「囚人」になります。英語でも同じように、音の長さを変えることで、言葉の意味が変わるものがあります。短い「イ」と長い「イ」を使った言葉をいくつか紹介しましょう。

🔊 ship（船）→ sheep（ヒツジ）
　　hill（丘）→ heel（かかと）
　　chick（ヒヨコ）→ cheek（ほお）
　　sit（座る）→ seat（イス）
　　thirty（30）→ thirteen（13）

How old are you ?（年はおいくつですか?）と聞かれて、I am thirteen.（13歳です）と答えるつもりが、「サーティーン」を「サーティ」と短くしていうと、I am thirty.（30歳です）となり、大変なことになりますね。

英語の短い「イ」は、日本語の「イ」と「エ」の中間ぐらいの音です。長い「イ」は、口を思いっきり横に引いて「イー」と強く発音します。また、短い「ウ」と長い「ウ」を使った言葉もあります。

🔊 pull（引っ張る）→ pool（プール）
　　full（いっぱい）→ fool（ばかな）

英語の短い「ウ」と長い「ウ」は、どちらも日本語の「ウ」よりもくちびるを丸めて発音します。長い「ウ」はくちびるを前に突き出してより強く発音します。音声をよく聞いて自分でも口に出して練習してみましょう。

母音と子音

「あいうえお」のことを母音といいます。日本語の母音は5つだけですが、英語の母音は10以上あります。上で紹介した短い音と長い音は、短い母音か長い母音かのちがいによるものです。英語が好きな人は、いつか英語の母音について調べてみるとよいでしょう。

ひとくちメモ　女の人に年齢を聞くのは失礼にあたります。これは海外でも同じ。女の人に How old are you ? と気軽に聞いてはいけません。なお、日本人は特に人に年齢を聞きたがるといわれています。

なぜ「英語」っていうの？

5月 21日 May

国立明石工業高等専門学校
飯島睦美先生に聞きました

読んだ日　月　日 ｜ 月　日 ｜ 月　日

国名も漢字を当てていた

英語の「英」はイギリスのことです。今でもイギリスのことを英国と書くことがありますが、幕末から明治の初期にかけて、イギリスのことは「英吉利」と書いていました。「英吉利」で使われる言葉だから「英語」というわけです。

江戸時代、日本は中国、オランダなど限られた国としかつきあっていませんでした。鎖国をしていたからです。しかし幕末、鎖国をやめて、いままで国交がなかった多くの西洋諸国とつきあうことになりました。イギリスもそのひとつです。オランダ語でイギリスを意味する単語を耳にした日本人が、その音を漢字に当てて「英吉利」になったといわれています（諸説あります）。

アメリカは「米利幹」と書いていた

アメリカのことを「米国」と書くのも、音からきています。アメリカ人のことを意味するAmericanという単語を聞いた日本人は、この単語が「メリケン」に聞こえたのでしょう。漢字で書くに当たり「米利幹」としたようです。ここからアメリカのことを「米国」と書くようになったといわれています。

覚えておこう

国名をあらわす漢字

国名を漢字一字に略すのは公的文書から新聞、雑誌、書籍などにもよく使われます。ここで紹介したイギリス＝英、アメリカ＝米、以外でおなじみの漢字を紹介しましょう。

国名	漢字表記
フランス	仏 （仏蘭西）
ドイツ	独 （独逸）
イタリア	伊 （伊太利亜）
インド	印 （印度）
ロシア	露 （露西亜）

ひとくちメモ　国名の漢字表記は音の当て字でうまれた日本独自のもののほか、中国の漢字表記に影響を受けたものもあります。しかし、中国語と日本語とでは国名に使う漢字はちがうものがほとんどです。

166

英語であいづちをうってみよう!

5月22日 May

音声対応

三重県多気町立勢和小学校 教諭
岡村里香先生が書きました

読んだ日　月　日　｜　月　日　｜　月　日

会話をどんどん広げよう!

　勇気を出して、外国の人に英語で話しかけてみましょう。でも、最初の会話だけで終わってしまい、あとが続かないとつまらないですよね。では、英語で会話がはずむようにするには、どうすればいいのでしょう?

　大切なのは「リアクション」です。あなたが話かけて、相手もなにかを話してくれたときは、だまって聞くのではなく、「うん、うん」といったり、「へぇ～」「すごい!」などと、あいづちをうったりすると、相手も気持ちよく話してくれます。

に使われます。

　英語のあいづちをマスターして、あなたも聞き上手になりましょう。会話がもりあがること、まちがいなしですよ!

いい方には注意が必要

　すぐに使える簡単なあいづちを紹介しましょう。よく使われるのは、Wow（わー、びっくり）、Oh!（え?そうなの?）、No way!（うっそー）、Oh dear!（あらまあ）などです。Really?は「ホント?」という意味です。でも、いい方によっては、相手を疑っていると思われることもあるので、注意してください。日本語でも「ホント?」というときは、疑ったときやおどろいたとき、感心したときなど

話してみよう

You, too.は「あなたもね!」

お別れをするときは、相手に「お元気で」といいます。すると、「あなたもお元気でね」と、相手が同じ言葉をくりかえすことがあります。「そちらこそ」「おたがいにね」というときは、You, too.を使いましょう。たとえば、こんな使い方をします。

🔊 Have a nice weekend.
　よい週末を過ごしてね。
🔊 You, too.
　あなたもね。

ひとくちメモ　英語のメールの最後に、xoxoと書くことがあります。xoxoのxはキス（kiss）の意味です。oは相手をだきしめるhugをあらわします。それらを文字であらわしたのがxoxo（キスハグキスハグ）というわけです。

「見る」は英語でなんていう？

おもしろい英語のお話

5月 May 23日 音声対応

愛知東邦大学 教育学部 子ども発達学科 教授
西崎有多子先生が書きました

読んだ日　月　日｜月　日｜月　日

どんなものを見ますか？

日本語では、「テレビを見る」「DVDを見る」「サッカーの試合を見る」「景色を見る」「絵を見る」というように、いろいろなものに対して同じ「見る」という言葉を使います。しかし英語では、なにを見るかによってちがう言葉を使います。

「サッカーの試合を見る」はwatch a soccer game、「絵を見る」はlook at a pictureといいます。watchは「動くものをしばらくの間じっと見る」という意味で、lookは「見たいものの方を向いて動いていないものを見る」ときに使います。「テレビを見る」は、画面が動いているのでwatch the TVといいます。

ほかにも、glanceは「ちらっと見る」、stareは「じっと見つめる」というように、どのように見るかによって、ちがう言葉が使われます。日本語は、「ちらっと」や「じっと」などの言葉をつけ加えることによって、どのように見るかをあらわしています。

「見る」と「見える」のちがい

「見る」という意味の英語には、ほかにもseeという言葉があります。seeは自分から見ようとしなくても「見える」ときに使います。自分の意志とは関係なく、「目に入る」「視界に入る」ということです。What do you see? は「なにが見えますか？」という意味で、人にたずねるときに使います。

話してみよう

「見る」を使ってみよう

日本語では同じ「見る」でも、英語ではいろんないい方をすることがわかりましたね。watch、look、seeを使って、英語を話してみましょう。

🔊 Let's watch soccer game on TV!
テレビでサッカーの試合を見よう！

🔊 Look at that picture.
あの絵を見て。

🔊 What do you see?
なにが見えるの？

🔊 I see a beautiful girl.
きれいな女の子が見えるよ。

日本語の「みる」には、「診る」「観る」「看る」などもあります。「診る」は「患者さんを診察する」、「観る」は「演劇などを鑑賞する」、「看る」は「気を配って世話をする」という意味です。

168

外国のくらしと文化の話

宇宙飛行士になるには?

5月 24日 May

京都教育大学 英文学科
泉 恵美子 先生に聞きました

読んだ日　月　日　｜　月　日　｜　月　日

さまざまな国の人とチームを組む

　宇宙に興味がある世界中の子どもたちがあこがれている仕事、それは宇宙飛行士です。国際宇宙ステーションに行ってさまざまな科学実験や天体の観察を行うようすをニュースで見たことがある人もいるでしょう。ここで働きたいと思ったら、今からできることがあります。それは英語を勉強することです。

　2009年のJAXAの決まりでは、英検1級程度の英語力がなければ、宇宙飛行士の試験を受けることもできません（英検については389ページで紹介しています）。これはNASAがアメリカの研究施設であること、世界中の人とチームを組むこととも関係しています。

す。宇宙や科学が好きなだけではなく、語学を習得する意欲がある人が求められているといえますね。

ロシア語も勉強する

　2016年現在、国際宇宙ステーションへは、ロシアの宇宙船「ソユーズ」を使います。打ち上げられたソユーズは国際宇宙ステーションにドッキングして、乗せてきた宇宙飛行士が地球に帰る日まで待ち、またソユーズで帰るのです。だから宇宙飛行士に選ばれたら、ロシア語の勉強もはじまります。ロシアの管制官と交信するときはロシア語を使うからで

覚えておこう

宇宙にまつわる英単語

宇宙に興味がある人は今から少しずつ、宇宙にまつわる英単語を覚えておきましょう。将来きっと役に立ちますよ。

space　宇宙
astronaut　宇宙飛行士
spacecraft　宇宙船
Rocket Launch　ロケット打ち上げ
（打ち上げ時の管制官の声）
booster ignition　エンジン点火
lift-off　発射

ひとくちメモ　からだが丈夫で、リーダーの経験がある、ということも宇宙飛行士の大事な条件です。宇宙飛行士の多くは子どもの頃にチームスポーツをがんばっていたそうですよ。

169

シングにerをつけると、シンガー

5月25日 May

秀明大学 英語情報マネジメント学部 准教授
Gaby Benthien 先生が書きました

読んだ日　月　日　｜　月　日　｜　月　日

erをつけると「〜する人」になる

英語では、動作をあらわす言葉にerをつけると、それを仕事にしている人をあらわすことができます。たとえば、teach（教える）にerをつけるとteacher（先生）、sing（歌う）にerをつけるとsinger（歌手）、paint（絵をかく）にerをつけるとpainter（画家）。erには「〜する人」という意味があるのですね。

ドイツ語も英語とにています。ドイツ語ではerは「人」と「場所」という意味があります。たとえば、ウィンナーはドイツ語でwienerと書きます。Wienにerがついていますね。Wienは、オーストリアの首都ウィーンのことをあらわしています。つまり、ウィンナーはウィーンから生まれた言葉だったのです。

フランクフルトとハンバーガー

大きいソーセージのことをフランクフルトといいますね。フランクフルトも、都市の名前から生まれた言葉です。フランクフルトはドイツ語でfrankfurterと書きます。erを取ると、frankfurtとなりますね。Frankfurtはドイツの都市フランクフルトのことをあらわしています。さらにハンバーガーも同じです。ハンバーガーはドイツ語でhamburgerと書きます。erを取ると、hamburg。Hamburgはドイツの都市ハンブルクのことをあらわしています。

英語でerが「人」をあらわすということを知っていれば、ドイツ語を勉強するときにも役に立ちますね。

istも「人」をあらわす

英語ではerのほかにistも「〜する人」をあらわします。言葉のうしろにistをつけると、それに関係する仕事をしている人をあらわすことができます。

journalist　ジャーナリスト
novelist　小説家
florist　花屋さん
artist　アーティスト
pianist　ピアニスト
guitarist　ギタリスト
violinist　バイオリニスト

ひとくちメモ　英語を習っているハンブルク出身のドイツ人は "I am a Hamburger." とまちがえてしまうかもしれません。英語では "I am from Hamburg." が正しいいい方です。

正しいスペルがいえたら優勝！

5月26日 May

大阪市立大学 関西国際大学 非常勤講師
フィゴーニ啓子先生が書きました

読んだ日　月　日　｜　月　日　｜　月　日

全米が熱狂するビッグイベント

アメリカでは、毎年5月末から6月初めに、英単語スペルの競技大会が開かれます。スペルとは日本語で「つづり」。たとえばnoteのスペルはn、o、t、eというように、その単語をつくる各アルファベットのことを指します。なん問も出題され、1問でもまちがうと失格。最後まで正確にいえた人が優勝です。

この大会は、毎年テレビや新聞などで大きく取り上げられ、アメリカ中が注目します。参加者は小学生から14歳まで。全国各地の「スペルの達人」が集まって、さまざまなジャンルの単語のつづりを正しくいえるかどうかで競い合うのです。

問題を出す人は、まず単語を発音し、その意味をいいます。たとえば「elephant」だったら、まずこの単語をいってから、「長い鼻と耳を持つ、アイボリー色の大きな動物のこと」といいます。それを聞いた回答者は「e、l、e、p、h、a、n、t」とそのつづりをひとつずつ答えるのです。

やってみよう

誰でも参加できる！

この大会は、アメリカの州、地域、学校、クラス単位で広く行われています。英語の授業にも取り入れられているので、多くの子どもたちが一度は経験します。全国大会に出場できるのは約300人。それぞれの地域や州の大会を勝ちぬいたチャンピオンばかりです。2016年の優勝者は、これまでで一番若い6歳のインド系アメリカ人の男の子でした。

ひとくちメモ　この大会は正式名称をSpelling Beeといいます。今ではイギリス、カナダ、オーストラリアをはじめ、アフリカ、アジアの多くの国々でも開催されています。

外国のくらしと文化のお話

季節は日本と真逆!? コアラの国オーストラリア

5月 27日 May

国立明石工業高等専門学校
飯島睦美先生に聞きました

読んだ日　月　日　｜　月　日　｜　月　日

自然と珍しい動物の宝庫

　コアラやカンガルー、鳥のような口をしたカモノハシなど、世界でここだけにしか生息しない珍しい動物がたくさんいる国があります。どこでしょう？　そう、それは自然が豊かな国、オーストラリアです。

　そんな自然豊かなオーストラリアは、自然環境を守ろうと、国外から持ち込まれるものを厳しく見張っています。靴の裏の泥ですら、空港で止められ、落とすように注意されます。

　地図でいうと日本の下の方、南半球にある国ですね。そのため、季節は日本と正反対になります。つまり、日本が冬でみんながコタツに入っているときに、オーストラリアは暑い夏。子どもたちは冷たいアイスを食べて、夏のクリスマスを楽しんでいるのです。

いろいろな人が暮らす国

　オーストラリアは昔、イギリスの植民地でした。そのため使われる言葉は英語です。しかし、イギリス人がやってくる前からオーストラリアには、アボリジニという先住民が暮らしていました。そのため、今のオーストラリアには、ヨーロッパ系の白人、アボリジニ、ほかにアジア系の人など、さまざまな人々が暮らしています。

考えてみよう

オーストラリアで一番大きな都市は？

オーストラリアの首都はキャンベラです。では、オーストラリア最大の都市はどこでしょう？ヒントは有名な建築、オペラハウスがあるところ。答えは「ひとくちメモ」で！

 ひとくちメモ
答えはシドニーです。シドニーは人口400万人を数える南半球を代表する大きな都市で、多くの観光客が訪れます。2000年には夏季オリンピックも開かれました。

172

外国のくらしと文化のお話

本当の名前は別にある！くまのプーさんのお話

5月 28日 May

神田外語大学 グローバル・コミュニケーション研究所特任講師
亀井ダイチ・アンドリュー 先生が書きました

読んだ日　月　日　｜　月　日　｜　月　日

人気者くまのプーさん

　はちみつ好きの黄色のクマのぬいぐるみ、「くまのプーさん」。ディズニーのキャラクターにもなっているので、もしかすると、世界で一番有名なクマかもしれません。

　このプーさんのお話は、19世紀にイギリスの劇作家A. A. Milne（ミルン）によってつくられました。ミルンの幼い息子、クリストファー・ロビンの1歳の誕生日にプレゼントしたクマのぬいぐるみと、その仲間たちを主人公にしたお話です。

なぜプーさんと呼ばれる？

　英語の題名は『Winnie the Pooh』です。「くまのプーさん」というと、プーが名前のように思いますが、Winnieが名前です。では、Winnie the PoohのPoohはなんなのでしょうか？

　Winnie the Poohのお話を読んでみると最初にこんなくだりがあります。「クマのぬいぐるみは体がかたかったので、しばらくの間は腕をのばしたままになっていました。そのため、ハエが鼻の上にとまったときは、プーッと息を吹きかけて追い払っていたのです」。もしかしたら、そのために、プーさんと呼ばれるようになったのかもしれません。おもしろいですね。

学んでみよう

Winnieと名づけたわけ

1914年、軍隊に勤めるカナダ人の獣医が赤ちゃんグマを買い取り、自分の故郷のカナダのWinnipeg市にちなんでWinnieと名づけました。Winnieはカナダ軍連隊のマスコットとなり、連隊がイギリスに行ったときにも、一緒でした。その後、ロンドンの動物園に預けられ、のちに寄贈されました。ミルンが動物園を訪れたとき、息子のクリストファー・ロビンはWinnieを大好きになり、それを見て名前をWinnieにしたといわれています。

ひとくちメモ　はちみつは英語でhoneyといいます。「くまのプーさん」の中ではhoneyではなくhonuuyとなっています。くまのプーさんは子どもなので、耳で聞こえた発音をそのまま書いているのです。

173

赤ずきん ①
Little Red Riding Hood

秀明大学 英語情報マネジメント学部 准教授
Gaby Benthien 先生が書きました

読んだ日 　月　日　｜　月　日　｜　月　日

昔々、みんなから愛されている女の子がいました。その子のおばあさんは女の子に赤いずきんをつくってあげました。女の子は赤いずきんがとても気に入っていつもかぶっていたので、その女の子は「赤ずきん」と呼ばれるようになりました。

　ある日、赤ずきんのお母さんは、おばあさんのところにケーキとワインを持っていくように頼みました。お母さんは寄り道をしないことと、おばあさんにあいさつするようにといいました。おばあさんは森の中に住んでいました。行く途中で赤ずきんはオオカミに会いました。オオカミはおばあさんも赤ずきんも両方食べたいと思いました。オオカミは赤ずきんのそばを歩きながら、花を摘んでおばあさんのところに持っていったらどうかといいました。赤ずきんはおかあさんのいいつけを無視して、花を摘むために、どんどん森の中へと入っていきました。オオカミはその間におばあさんの家に走っていき、おばあさんを食べてしまいました。

　それから、オオカミはおばあさんの服を着て、ベッドに入りました。赤ずきんがおばあさんの家に着くと、ドアが開いていました。「おはようございます！」。しかし返事はありません。赤ずきんは寝室に入っていき、おばあさんを見つけました。

174

おばあさんのおうちにお使いを頼まれた赤ずきん。寄り道をしているうちに、先回りしておばあさんを食べたオオカミが赤ずきんを待っていて、赤ずきんもオオカミに食べられてしまいます。そこに狩人が通りかかり、オオカミのお腹を切ってふたりは助け出されますが……。

Once upon a time there was a little girl who was loved by everyone, especially her grandmother. One day, she gave the girl a riding hood made from red velvet. The girl loved the hood, and never took it off. That's why people started calling her Little Red Riding Hood.

One morning, her mother asked her to take some cake and wine to her grandmother. Her mother told her to stay on the path and say "Good morning" to her grandmother when she arrived. The grandmother lived in a wood. On her way, Little Red Riding Hood met a wolf. The wolf wanted to eat both the grandmother and Little Red Riding Hood, and thought of a plan to get both. Walking alongside Little Red Riding Hood, he suggested she look for some pretty flowers. Ignoring her mother's instructions, the little girl ran from the path to pick the flowers. The wolf watched her disappear deeper and deeper into the woods, ran to the grandmother's house, and ate her.

After that, the wolf put on the grandmother's clothes and got into her bed. Little Red Riding Hood arrived at the cottage with the flowers, but she was surprised to see the door open. She called out "Good morning !", but there was no reply. She went into the bedroom and saw her grandmother.

赤ずきん ②
Little Red Riding Hood

秀明大学 英語情報マネジメント学部 准教授
Gaby Benthien 先生が書きました

読んだ日　月　日　｜　月　日　｜　月　日

「おばあさん！ あなたの耳はなんて大きいの！」と赤ずきんはびっくりしていいました。「お前の声をよく聞くためだよ」とオオカミは答えました。「おばあさん、あなたの手はなんて大きいの！」と赤ずきんはいいました。オオカミはせきをして、「おまえを抱きしめるためだよ」と答えました。

そして、赤ずきんはおばあさんの口を見てふるえる声で「おばあさん、なんてこわい歯を持っているの！」といいました。するとオオカミは「お前を食べるためだよ！」といって赤ずきんに飛び乗り、ひと口で赤ずきんを食べてしまいました。オオカミはお腹いっぱいになり、ベッドでぐっすりと眠ってしまいました。

オオカミのいびきは外を通りかかった狩人にも聞こえました。親切な狩人はおばあさんがなにかほしいのかもしれないと思い、家の中に入りました。すると、オオカミがベッドで寝ているではありませんか。狩人は銃をかまえましたが、お腹におばあさんがいると思い、代わりにオオカミのお腹を切りました。

なんと、おばあさんだけではなく、女の子までいるではありませんか。みんなでお腹の中に石を詰めると、オオカミは死んでしまいました。みんなはうれしい気持ちになりました。狩人は毛皮を手に入れ、おばあさんはケーキとワインをもらいました。赤ずきんは森でオオカミに会っても寄り道をしないと約束しました。もう二度とオオカミに襲われることはありませんでした。

このお話に出てくる主な英単語

- grandmother（おばあさん）
- path（道）
- wood（森）
- wolf（オオカミ）
- clothes（服）
- reply（返事）
- bedroom（ベッドルーム）
- ears（耳）
- eyes（目）
- hands（手）
- teeth（歯）
- hunter（狩人）
- gun（銃）
- stomach（お腹）
- stones（石）

音声は5月29日から続いています。

"Grandmother !" she said surprised, "What big ears you have !" "The better to hear you with, my dear." was the reply. "Grandmother ! …. What big eyes you have !" "The better to see you with, my child." "Grandmother…. What large hands you have !" The wolf coughed and said "All the better to hug you with, my dear."

Lastly, she looked at her grandmother's mouth and said in a shaking voice "Grandmother, what big teeth you have !" "All the better to eat you with !"

With that last sentence the wolf jumped up and swallowed Little Red Riding Hood in one big gulp. As he was now very full, the wolf went back to the bed, and fell asleep.

His snores could be heard all the way outside. A passing huntsman heard them. As he was a kind man, he decided to ask if the old lady wanted anything. When he walked in, he saw the wolf, which he had been hunting all day on the bed. The hunter loaded his gun, but then thought that the wolf may have eaten the old lady, and so cut him open instead.

To his surprise, not only the grandmother but also a young girl sprang out. They filled the wolf's stomach with stones, and he died soon after. All three were happy. The huntsman took the pelt, the grandmother had the cake and wine, and Little Red Riding Hood swore never to leave the path again, even if she met other wolves in the wood on the way to her grandmother's house. Little Red Riding Hood was never harmed by wolves again.

ふたりはどうやって助かった？

狩人がおばあさんと赤ずきんを助けましたが、どうやって助けましたか？ふたりが助かったあとに、オオカミはどうなりましたか？

オオカミのお腹を切って、ふたりを助けました。そのあとにオオカミのお腹に石を入れたので、オオカミは死んでしまいましたね。

福沢諭吉は英語のパイオニアだった!?

5月31日 May 日

国立明石工業高等専門学校
飯島睦美先生に聞きました

読んだ日　月　日　｜　月　日　｜　月　日

「これからは英語の時代だ！」

一万円札にえがかれている福沢諭吉。『学問のすすめ』を書いたり、慶應義塾（今の慶應義塾大学）をつくったりしたことは有名ですが、英語とも深いかかわりがあったことは、あまり知られていません。

諭吉は江戸時代の終わりごろ、中津藩（今の大分県）の身分の低い武士の家に生まれました。子どものころから学問が好きで、外国の本を読むためにオランダ語を学びました。

ところが、日本が開国したあと、外国人のいる横浜へ行ったときのことです。町には聞きなれない言葉があふれ、オランダ語はまるで通じません。彼らは、みんな英語を話していたのです。「これから世の中のことを知るには、英語が必要だ」。そう考えた諭吉は、すぐに英語の勉強を始めました。

大ベストセラー『学問のすすめ』

それから、英語を身につけた諭吉は、幕府の使者として、アメリカやヨーロッパをおとずれます。おどろいたのは、西洋の進んだ文明や考え方でした。西洋では、身分に関係なく、能力のある人が認められるのです。そのためには、まずしっかり勉強して、自分の考

独立自尊!!

えをもつことが大切でしょう。

やがて江戸時代はおわり、新しい明治の世の中になりました。諭吉は、学ぶことの大切さを人々に知ってもらうために、『学問のすすめ』という本を書きました。こうして諭吉は、新しい国づくりの土台を築いたのです。

覚えておこう

あの名言を英語でいうと？

『学問のすすめ』は、「天は人の上に人を造らず、人の下に人を造らずといえり」という文章で始まります。これを英語にすると、次のようになります。

It is said that heaven does not create one man above or below another man.

福沢諭吉はアメリカから帰国後、幕府の外交文書を翻訳する仕事につきました。スピーチ＝演説、ソサエティ＝社会、エコノミー＝経済などと、日本語に訳したのは諭吉だといわれています。

178

イヌとネコが降ってくるってどういうこと!?

6月1日 June

国立明石工業高等専門学校
飯島睦美先生が書きました

読んだ日　月　日｜月　日｜月　日

日本人が聞くとおどろきますが、この表現は、どしゃ降りの雨をあらわすときに使われます。おもしろいですね。では、なぜ、cats and dogsというようにネコとイヌが使われるのでしょう？　さまざまな説がありますが、そのひとつを紹介します。

嵐や大雨の象徴

ノルウェーでは嵐の神様を、イヌとオオカミとしてあらわしました。イヌとオオカミは、風を象徴する生き物だったからです。また、船乗りは、魔女と大雨を結びつけて考えていました。そして魔女というのは、黒ネコと一緒にいるものです。これらがどちらもやってくる、ということで、大風と大雨の象徴のイヌとネコが使われるようになり、「どしゃ降りの雨」となった、といわれています。

「どしゃ降りの雨」という意味

英語には、「ネコとイヌが降っている」といういいまわしがあります。たとえば下のように使うのです。

🔊 Oh! It's raining cats and dogs !

catはネコのことですね。dogはイヌです。rainは雨が降る、という意味ですので、まとめると、「ネコやイヌのように、雨が降る」といったところでしょうか。

調べてみよう

黒ネコは不吉？　福を呼ぶ？

魔女が飼っていたとされる黒ネコ、不吉なイメージがある一方で、黒ネコは福を呼ぶ、と考えている国も少なくありません。日本もそのひとつです。世界各地の物語にもたびたび登場し、会社やブランドのマークになることもあります。どの国でどんないいつたえがあるのか、調べてみるとおもしろいですよ。

 ひとくちメモ　郵便で送ることを、snail mailということがあります。snailはカタツムリです。瞬時に届くe-mailに対して、ゆっくり、のんびりと届けられていく郵便物を「カタツムリのようなメール」と呼んでいるのですね。

「サンキュー」だけじゃない「ありがとう」を表す言葉

呉工業高等専門学校　人文社会系分野
大森　誠先生が書きました

読んだ日　　月　　日　｜　　月　　日　｜　　月　　日

世界一短い「ありがとう」

　英語で「ありがとう」は Thank you. や Thanks. といいます。イギリスやオーストラリア、ニュージーランドでは「ありがとう」を Ta. ということがあります。たったこれだけで感謝の気持ちを伝えることができるのです。

　Ta. は Thank you. を上手に発音できない幼い子どもが使っていたという説や、デンマーク語で「ありがとう」を意味する tak が短くなったという説があります。

　カフェで飲み物が運ばれてきたときや、道をたずねて教えてもらったときなど、ちょっとしたお礼をいう場面で Ta. は使われます。ただし、最近の若い人はあまり使わないようです。

いろいろな「どういたしまして」

　「ありがとう」には、「どういたしまして」と返事をしますね。英語の「どういたしまして」には、いろいろないい方があります。

　You're welcome. はみなさんも知っているでしょう。My pleasure. といういい方もあります。ちょっとしたお礼に返事をしたいときは、No problem.（どうってことないよ）や Never mind.（気にしないで）が使われます。

🔊 **Thank you for your help.**
　手伝ってくれてありがとう。

🔊 **You're welcome. / My pleasure.**
　どういたしまして。

🔊 **No problem.**
　どうってことないよ。

🔊 **Never mind.**
　気にしないで。

🔊 **Sure.**
　当然のことをしたまでだよ。

英語で「乾杯」のことを cheers といいますが、イギリスやオーストラリア、ニュージーランドでは、cheers が「ありがとう」や「じゃあね」の意味で使われることがあります。

181

にたもの同士の単語はいっしょに覚えちゃだめ！

6月3日 日曜日 June

筑波大学大学院 人文社会科学研究科
多田 豪 先生が書きました

読んだ日　月　日　｜　月　日　｜　月　日

じつは忘れやすい覚え方!?

英語の単語や表現が増えると、読める幅や話せる幅がどんどん広がり楽しくなります。たとえば、重要な英語の単語を数百語覚えれば、海外旅行に行ったときに簡単な話ができたり、簡単な英語の本が読めるようになったりします。

「覚えるコツ」として、「英語の単語を覚えるときは、関係する単語もいっしょに覚えると、効率的に覚えることができる」といわれることがあります。たとえば、holiday（休日）をvacation（休暇）といっしょに、thick（厚い）は、thin（薄い）といっしょに覚えるのです。

でも、この方法は、どちらがどちらだったかが思い出しにくくなり、忘れやすいことがわかっています。ある実験では、関連する単語同士を覚えるには、関連のない単語を覚えるのにくらべて、1.5倍も時間がかかったそうです。

単語はひとつずつ覚えよう！

また、soup（スープ）とsoap（せっけん）のように、つづりや発音がにている単語もいっしょに覚えると、じつはかえって忘れやすくなります。単語はにたもの同士や反対語をまとめずに、ひとつひとつ覚えるのがよいようです。

考えてみよう

どんな単語を先に覚える？

突然ですが、次の3つの色のうち、最初に覚えたほうがよい単語はどれでしょうか？
① opaque（不透明）
② scarlet（緋色。黄色がかったあざやかな赤）
③ light blue（水色）

単語は重要な単語から覚えるのが基本です。重要かどうかを見きわめるポイントは、「その単語を知っていると便利かどうか」です。よって正解は③のlight blue（水色）です。

日本の学校では、中学卒業までに約1,800語、高校卒業までに約3,000語の単語を勉強します。もし小学5年生から勉強をはじめれば、1日1語を覚えるだけ。そう考えると、簡単に覚えられそうですね。

「マンションに住んでいます」ってホント!?

6月4日 June

音声対応

愛知県立大学 外国語学部 准教授
池田 周 先生が書きました

読んだ日　月　日　｜　月　日　｜　月　日

「私は大邸宅に住んでいます」

ある人がアメリカ人の友だちに、「どこに住んでいるの？（Where do you live?）」と聞かれました。「マンションに住んでいます（I live in a mansion.）」と答えたら、びっくりされました。友だちは「とても信じられない」という顔をしています。なぜでしょうか？

じつは、英語でmansionというと、大金持ちしか買えないような「大邸宅」や「豪華な屋敷」をあらわします。だから、I live in a mansion. と聞いて、「ものすごいお金持ち」なのかと思われたのです。

日本語の「マンション」はapartment

日本語では、家の種類を「マンション」や「アパート」などと呼んで区別します。しかし、英語では、それらはすべてapartmentといいます。また、イギリスでは、flatといういい方もします。

日本式に「マンションに住んでいます」といいたいときは、I live in an apartment. といいましょう。「マンションを買ったんだよ」は、I bought an apartment. といいます。「マンションを持っている」は I own my apartment. です。なお、マンションは

condominium（または略してcondo）ともいいます。

話してみよう

こんな家に住んでいます！

みなさんが住んでいるのはマンションですか？それとも一軒家ですか？ どんな家に住んでいるか話してみましょう。将来、大金持ちになってmansion（大邸宅）に住むかもしれませんね！

🔊 I live in an apartment.
　私はマンションに住んでいます。

🔊 I live in a house.
　私は一軒家に住んでいます。

🔊 I live in a mansion.
　私は大邸宅に住んでいます。

ひとくちメモ　外から家に帰ったときは、I'm home！といいます。このときは建物をあらわすhouseではなく、「あたたかい家庭」という意味のhomeを使います。いちばん居心地のいいのはhome（わが家）なのですね。

183

アメリカを旅するクォーター

6月 June 5日

愛媛大学 教育学部
立松大祐先生が書きました

読んだ日 　月　日　｜　月　日　｜　月　日

25セントは1ドルの4分の1

アメリカで買い物をしておつりをもらうとき、25セント硬貨が混じることがあります。その硬貨を見てみると、表には初代大統領のジョージ・ワシントンがえがかれていて、その下にはQUARTER DOLLARと刻印されています。DOLLARはアメリカのお金「ドル」のことで、1ドルは100セント。QUARTERは4分の1という意味です。ですから、1ドルの4分の1で25セントというわけです。そのことから、アメリカ人はこの硬貨のことをクォーターと呼びます。

州の数だけお金のデザインがある

クォーターの裏面にはワシがえがかれていますが、なん枚かのクォーターを見ていると、裏面の図が異なるものがあることに気づくでしょう。じつは、アメリカでは50州の各州がデザインしたクォーターが発行されているのです。国立公園などのシリーズもあります。同じ国なのに、地域によってお金のデザインがちがうなんておもしろいですね。アメリカに旅行に行ったら、集めてみましょう。

いろいろな州のクォーター

アラバマ州
アラバマ州のクォーターには、この州出身のヘレン・ケラーがイスに座っている姿がえがかれています。その下にはSPIRIT of COURAGE（勇気の精神）の文字、州の木である松と、アメリカ南部を代表する花のマグノリアが両側にかざられています。

ニューヨーク州
ニューヨーク州は自由の女神像。11個の星と州の形がデザインされており、GATEWAY TO FREEDOM（自由への入口）と書かれています。

テネシー州
音楽の盛んなテネシー州ではトランペットやギター、楽譜などがえがかれています。

ひとくちメモ　クォーター硬貨の表には、小さくDやSと書かれているものがあります。これは硬貨の製造所をあらわし、Dはデンバー、Sはサンフランシスコの造幣局です。無印はフィラデルフィアの製造です。

人なら片足、動物なら両足hopでとべ！

6月 June 6日

京都教育大学 英文学科
泉 惠美子 先生に聞きました

読んだ日　月　日　｜　月　日　｜　月　日

「けんけんぱ」はhopscotch

片足でぴょんぴょんはねながら進んでいく遊び「けんけんぱ」。この遊びと同じような遊びが外国にもあります。英語を話す国では、hopscotchといいます。

hopscotchのhopは人がひょいひょいととぶことをあらわしています。scotchとは「マス目」のことです。マス目をひょひょいととんでいく遊びなら、まさに「けんけんぱ」と同じですね。

では「ホップ・ステップ・ジャンプ」という言葉は聞いたことがありますか？　三段とびで遠くまで飛ぶための最初の一歩も、hopなのです。「けんけんぱ」より大きくとびそうですが、どうやら人が片足で飛ぶときはhopといっていいようです。

草の上をhopする虫とは？

動物が両足でぴょんぴょんとぶときにもhopを使います。grasshopperという生き物までいます。grassは「草」、hopperは「ぴょんぴょんとぶもの」という意味です。なんの生き物かわかりますか？

正解はバッタです。英語を話す国では、キリギリスもイナゴも、草の上でぴょんぴょんとび回る虫はみんな、grasshopperと呼ばれています。

考えてみよう

jumpいろいろ

人が両足でとぶときに使う英語は、jumpです。人も片足でhopするより、両足でjumpすることのほうが多いですよね？　スポーツの世界でもjump種目はいろいろあります。それぞれ日本語では何というのか、想像して当ててみてください。答えはひと口メモで。

① the long jump
（ヒント）longは長さをあらわしています。
② the high jump
（ヒント）highは高さをあらわしています。

ひとくちメモ　答え：①走りはばとび、②走り高とび。ちなみにみなさんは、jump ropeは得意かもしれません。これは「なわとび」のことです。

ミツバチは働き者、フクロウはかしこい

中国学園大学 国際教養学部
竹野純一郎先生が書きました

6月 7日 June

読んだ日　月　日　月　日　月　日

ミツバチは働き者

英語には動物を使った表現がたくさんあります。いくつか紹介しましょう。busy as a beeは「ミツバチのように忙しい」という意味です。busyは「忙しい」、beeは「ミツバチ」という意味です。この表現では、busyのbとbeeのbがいいリズムになっています。

beeの代わりに、beaverを使って「ビーバーのように忙しい」といういい方もあります。ミツバチもビーバーも働き者と考えられているのですね。

フクロウはかしこい

みなさんはフクロウにはどういうイメージを持っていますか？　フクロウは別名、「森の賢者」ともいわれています。深い森の中、木の枝にとまり、なにかをじっと見ている姿が、難しい考えごとをしているように見えることから、そのようなイメージになったともいわれています。

英語にも「かしこいこと」のたとえとして、フクロウを使った表現があります。wise as an owlは、「フクロウのようにかしこい」という意味です。

調べてみよう

リズム感のある英語

英語は文や文章の中に同じような発音をする言葉が出てくると、リズム感が出て口に出すのが楽しくなります。たとえば、dish、wish、Englishは、全部「シュ」で終わっていますね。これらを文章の中で使うと、その文章は口に出しやすくて印象に残ります。こういった表現のしかたは、英語の歌やキャッチフレーズによく使われています。どんなものがあるか調べてみましょう。

ひとくちメモ　ビーバーは川に大きなダムをつくることで有名です。カナダのウッド・バッファロー国立公園にあるダムはなんと、全長850mにもなるといわれています。

鳥のように食べる人ってどんな人?

6月8日 June

愛媛大学 教育学部
立松大祐先生が書きました

読んだ日　月　日　｜　月　日　｜　月　日

You eat like a bird.

英語には、人を動物にたとえて表現するいい回しがたくさんあります。中でも鳥は身近な動物なので、さまざまな表現に使われます。「あなたは鳥のように食べる」というのもそのひとつです。どんな意味なのでしょうか？鳥がえさをついばんでいるようすを想像してみましょう。

鳥の種類にもよりますが、

You eat like a bird.

といったら、「あなたは少ししか食べない」という意味なんです。

鳥は少食ではない!?

この表現は、食事中に、少ししか食べない人にむかってよく使われます。また、日ごろからいつも食べる量が少ない人に使うこともできます。たしかに、鳥がえさをついばんでいる姿を見ると、いかにも少食な動物に思えます。

しかし実際には、鳥は少食とはいえません。なかには1日に自分の体重の半分から2倍にあたる量を食べる鳥もいるようです。

この例とは反対に、「たくさん食べる人」といいたいときには、またちがう動物が登場します。さてなんでしょう？　考えてみてください！

覚えておこう

身近な鳥を英語でいってみよう

近所や公園などで見かける身近な鳥について、英語ではなんというのか覚えておきましょう。

① crow カラス
② sparrow スズメ
③ swallow ツバメ
④ parrot オウム
⑤ swan ハクチョウ
⑥ pigeon ハト
⑦ duck アヒル

ひとくちメモ：早起きや夜ふかしも鳥を使って表現します。なんというのか調べてみましょう。本書でも紹介していますよ。

187

英語の歌で大なわ遊びに挑戦！

皇學館大学文学部 コミュニケーション学科 准教授
川村 一代 先生が書きました

読んだ日　　月　　日　　／　　月　　日　　／　　月　　日

6月 9日 June

「郵便やさん」と"Teddy Bear"

♪郵便やさん、おはようさん、はがきが10枚落ちました、拾ってあげましょ、1枚、2枚、3枚……と歌いながら、大なわとびで遊んだことはありますか？　1枚、2枚、3枚とジャンプしながら地面に手をつけて、落ちたはがきを拾うまねをしたりします。数を増やしていって新記録に挑戦するのは楽しいですよね。地域ごとにいろいろな歌詞や遊び方があるので、みなさんがふだん遊んでいる方法と少しちがうところがあるかもしれません。この「郵便やさん」、英語にもよくにた大なわ遊びがあるのを知っていますか？　英語版の「郵便やさん」は、"Teddy Bear"といいます。

"turn around"のところでジャンプしながら一回転します。"touch the ground"で地面をさわります。"show your shoe"で片足ジャンプ、"that will do"で大なわから出ます。地面をさわるところは「郵便やさん」とそっくりですね。英語版も地域や年代でいろいろな遊び方があるようです。

レッツ・シング＆ジャンプ！

"Teddy Bear"の歌詞を紹介しましょう。

Teddy bear, teddy bear, turn around.
くまさん、くまさん、くるっと回って
Teddy bear, teddy bear, touch the ground.
くまさん、くまさん、地面をさわって
Teddy bear, teddy bear, show your shoe.
くまさん、くまさん、くつを見せて
Teddy bear, teddy bear, that will do.
くまさん、くまさん、よくできました

やってみよう

歌詞を変えて遊んでみよう

"Teddy bear, teddy bear"のあとの歌詞を考えて、オリジナルの"Teddy bear"をつくってみましょう。たとえば、"Teddy bear, teddy bear, clap your hands"（くまさん、くまさん、手をたたいて）や、"Teddy bear, teddy bear, raise your hands"（くまさん、くまさん、手をあげて）など。ジャンプしながらできる動きがいいですね。"Teddy bear, teddy bear, eat natto"（くまさん、くまさん、納豆を食べて）なんていうのもおもしろいですよ。

 ひとくちメモ　「テディベア」の「テディ」は、「セオドア」のニックネームです。アメリカの大統領セオドア・ルーズベルトがひん死の熊を助けたことから熊のぬいぐるみがつくられ、この名前がつけられたそうです。

1億、10億……英語で大きな数字を言ってみよう

6月10日 June

皇學館大学文学部 コミュニケーション学科 准教授
川村一代先生が書きました

読んだ日　月　日　月　日　月　日

1億って英語で何ていう？

みなさんは英語でいくつまで数を数えられますか？ 10（ten）まで？ 100（hundred）まで？ では、それよりもっと大きな数はどうでしょう？ 千はthousand、万はten thousandです。万は千が10ある、という表現なんですね。では億はどうでしょうか？ 100millionです。これは100万が100あるという意味です。どうやら日本語とはしくみがちがうようです。

日本の人口を英語でいうとどうなるでしょう？ 日本語で読むときは、「1億2,704万3,413人」ですね。

区切る場所がポイント！

「127,043,413人」を英語で言うと、
🔊 one hundred twenty-seven million
　　ワン　ハンドレッド　トゥウェンティ　セブン　ミリオン
forty-three thousand four hundred thirteen
フォーティ　スリー　サウザンド　フォー　ハンドレッド　サーティーン
です。英語では3ケタの区切りでthousand、million……と位を入れ、その間に3ケタの数字が入ります。ただ数字が並んでいるだけだとわかりにくいので、「127,043,413」と3ケタで区切ってコンマを入れます。英語で数字をいうときは、このコンマがいるところで区切って覚えるとよいでしょう。

では、もう少しがんばって世界の人口「7,339,926,825人」（73億3992万6825人）はどうでしょう？ 正解は、
🔊 seven billion three hundred thirty-nine
　　セブン　ビリオン　スリー　ハンドレッド　サーティ　ナイン
million nine hundred twenty-six thousand
ミリオン　ナイン　ハンドレッド　トゥウェンティシックス　サウザンド
eight hundred twenty-five
エイト　ハンドレッド　トゥウェンティ　ファイブ
です。billionは「10億」という意味です。

覚えておこう

億万長者はなんという？

ケタ外れの大金持ちのことを日本語で「億万長者」といいますが、英語ではbillionaireという言葉であらわします。直訳すれば10億長者？ かなりの大富豪ですね！

ひとくちメモ　英語では「127million 43thousand 413」と3ケタで区切りますが、日本語では「1億2,704万3,413」と4ケタで区切ります。

青信号は会話の中でもゴーサイン

京都教育大学 英文学科
泉 惠美子 先生に聞きました

6月 June 11日

読んだ日　月　日｜月　日｜月　日

「先生から青信号が出た！」

　信号の色といえば青、黄、赤。これは日本だけでなく、英語を使う国でも同じです。日本語では青と表現しますが、光の色は実際はgreenなので、英語では青信号のことをgreen lightといいます。交通信号としては「進め」「渡ってよし」という意味ですよね。これはふだんの会話でも、計画などを「進めてよし」、つまり「許可が出る」という意味でも使える便利な言葉なのです。

　たとえば、greenlight from my teacherだったら、先生のからだから緑の光が出ていた、ということではなくて、「先生からゴーサインが出た」という意味になります。

赤や黄色も使う

　会話でよく使うのは青信号だけではありません。赤や黄色も、信号と同じ意味で使われます。たとえば、red lightなら「中止」。yellow lightなら「保留（いったん中止すること）」などです。

　日本語でも、「お母さんにおこづかいアップをお願いしてるけど、ずっと赤信号のままだよ」とか「先生のひとことで黄色信号になっちゃった」など、おもしろい言い方が使えそうですね。

調べてみよう

信号のない交差点

欧米には信号がない交差点などもたくさんあります。これは「ラウンドアバウト」と呼ばれるドーナツ型の交差点のこと。すべての車がゆっくり時計回りに一周しながら行きたい方向へ進むしくみなので、信号が必要ないのです。

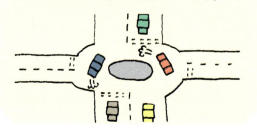

ひとくちメモ　サッカーでの「レッドカード」のように、赤色は「止まれ」「禁止」「危険」「緊急」などを強い注意をうながすときに使われます。このような赤のイメージは全世界的に共通のようです。

「石の上にも三年」を英語でいうと？

6月12日 June

福島大学 人間発達文化学類准教授
髙木修一先生が書きました

読んだ日　月　日 ｜ 月　日 ｜ 月　日

転がる石には苔は生えない

「石の上にも三年」ということわざを知っていますか？「がまん強く続けていれば、いつかは成功する」という意味です。これと同じように、粘り強いことの大切さを示す英語のことわざがあります。それが、「転がる石に苔は生えない」という言葉です。

🔊 A rolling stone gathers no moss.
転がる石に苔は生えない。

日本人にとっては苔は価値あるものです。立派な日本庭園にはたくさんの苔が生えていますね。イギリスの人たちも日本人と同じように、苔をよいものと考えます。だから、このことわざは、「転がる石のように、仕事や住む場所を転々とする人は、成功しません」という悪い意味で使われます。

アメリカはイギリスとは正反対

ところが、アメリカの人たちはこのことわざを反対の意味に考えます。アメリカの人たちにとって、苔はサビやカビのようなちょっときたない存在。だから、転がる石にそんなものがつくのはよくないと考えられるのです。

アメリカ社会では、どんどん新しいことにチャレンジすることに価値があるとされてい

ます。だから、このことわざは、「転がる石のように、仕事や住む場所を転々とする人は、きたない苔がつくヒマもない成功者です」というよい意味で使われているのです。

同じ英語のことわざでも、イギリスとアメリカではまるっきり反対の意味になるなんて、おもしろいですね。

覚えておこう

雨だれ石をうがつ

「石の上にも三年」と同じような意味のことわざに、「雨だれ石をうがつ」という言葉があります。「雨が同じところに落ち続けると、やがてかたい石にも穴があく」という意味で、努力していれば、やがては実を結ぶという意味で使われています。

「転がる石に苔は生えない」という英語のことわざは、イギリス式の意味で使われていましたが、最近はアメリカ式の意味で使われることもあるようです。みなさんはどちらの意味がしっくりきますか？

英語で聞いてみよう！
「～はどこにある？」

京都教育大学 英文学科
泉 惠美子 先生に聞きました

6月 June 13日

音声対応

読んだ日　月　日　｜　月　日　｜　月　日

どこにある？ どこにいる？

Where isは「～はどこにありますか？」「～はどこにいますか？」という意味で、場所をたずねるときに使います。Where isは、Where'sと短くしていうこともできます。

Where is ～ ?（～はどこ？）と聞かれたら、答えは「場所」をいうことになりますね。答えるときは、「それは～」という意味のIt's ～ を使います。It'sのあとに、場所をあらわす言葉を入れます。It's here. というと、「それはここにあります」という意味になります。

また、場所を聞かれたときは、「机の上にあるよ」や「箱の中にあるよ」などと、「～の上」や「～の中」といういい方をよくしますね。よく使うのは、on（～の上）、near（～の近く）、in（～の中）、under（～の下）などです。覚えておきましょう。

🔊 **Where is my notebook ?**
　私のノートはどこにありますか？
🔊 **It's on the desk.**
　つくえの上にありますよ。
🔊 **Where is the hospital ?**
　病院はどこにありますか？
🔊 **It's near the park.**
　公園の近くです。

🔊 **Where is Taro ?**
　タロウはどこにいますか？
🔊 **He is in the house.**
　家にいますよ。
🔊 **Where's your cat ?**
　あなたのネコはどこにいますか？
🔊 **It's under the chair.**
　イスの下にいます。
🔊 **Where's my pencil ?**
　ぼくの鉛筆はどこにありますか？
🔊 **It's in the box.**
　箱の中にあります。

 ひとくちメモ　場所のことを英語でplaceといいます。特定の場所（地点）のことはspotといいます。また、テレビや映画の場面のことは、sceneといいます。

「私」を意味するIは、なぜいつも大文字なの？

6月 14日 June

国立明石工業高等専門学校
飯島睦美 先生が書きました

読んだ日　月　日　｜　月　日　｜　月　日

英語の文章は大文字からはじめる

日本語のひらがなやカタカナ、漢字には、大文字や小文字はありませんが、英語のアルファベットには大文字と小文字があります。ABC〜が大文字で、abc〜が小文字ですね。

英語を書くときは、文章の最初にくる文字は大文字ではじめるという決まりがあります。

① I play baseball everyday.
　私は毎日野球をします。
② Baseball is a popular sport in Japan.
　野球は日本で人気のあるスポーツです。
③ Japan is located in East Asia.
　日本は東アジアに位置しています。

どの文章も最初は大文字ではじまっていますね。baseballは、①では小文字のbではじまっていますが、②では文章のはじめにあるので、大文字のBではじまっています。

でも、人の名前や国の名前などは、文章のどこにあっても大文字ではじめます。②のJapanは文章の途中にありますが、大文字ではじまっていますね。

Iがいつも大文字なわけ

「私」をあらわすIも、文章のどこにあっても大文字でIと書きます。

I（私）はいつも大文字！

I like to read books.
私は本を読むのが好きです。
You and I are good friends.
君と僕とはいい友だちだよね。

約1,000年前の英語では「私」のことをichやicと書いていました。時代がたつと、chやcが取れて、iだけになりました。でも、iは小さくてひと文字だけなのでうっかり見落としちゃいそうだし、数字の1ともまちがえられそうだからという理由で、iはIと書くことになったということです。

みなさんが使っている1、2、3という数字はアラビア数字といいます。一、二、三という数字も使いますね。こちらは漢数字といいます。世界にはほかにもいろんな数字があります。調べてみましょう。

英語ゲーム、ご主人様の心の中は？に挑戦！

6月15日 June 日

愛知県春日井市立鷹来小学校
加藤拓由先生が書きました

読んだ日　月　日　｜　月　日　｜　月　日

ご主人様の気持ちを当てよう！

イギリスで人気の、ペアで行うゲームを紹介しましょう。じゃんけんをして、ひとりがmaster（ご主人様）、もうひとりがservant（召使い）役になります。このゲームは、ご主人様の考えていることを、召使いが読み取ることから、Master Mindと呼ばれます。mindは「心」の意味です。

ご主人様は、召使いに見られないように、小さな紙に自分の決めた3つの数字を書きます。ここでは、図1のように「2・5・8」と書いたとします。

召使いは、ご主人の考えた数字を想像し、その数字を自分の紙にメモして、ご主人に英語で伝えます。ここでは召使いが、図2のように「3・8・1」といったとします。

ご主人の考えた数字と、召使いの数字は「8」だけが合っているので、ご主人は召使いに「one」と正解の数を伝えます。

1回目　【図1】ご主人　【図2】召使い

| 2 | 5 | ⑧ |

| 3 | ⑧ | 1 |

召使いは、当たった数字を予想します。ここでは、「8」が当たっていると予測し、2回目の数を予想していきます。召使いは図3のように、「8・5・4」と答えたとします。

2回目　【図1】ご主人　【図3】召使い

| 2 | ⑤ | ⑧ |

| ⑧ | ⑤ | 4 |

ご主人の考えた数字と、召使いの数字は「8と5」が合っているので、ご主人は、召使いに「two」と正解の数を伝えます。

これをなん度もくりかえし、時間内にご主人の数字を順番通りにぴったりといい当てることができたら召使いの勝ち、当てられなかったら、ご主人の勝ちです。

このように相手の心を読んだり、頭を使って遊ぶゲームを「マインドスポーツ」といいます。欧米では運動ではなくとも、勝敗を決めるゲームをスポーツと呼ぶことがあるのです。

外国のくらしと文化のお話

便利なジェスチャーが逆の意味になることも!?

6月16日 June

秀明大学 英語情報マネジメント学部 准教授
Gaby Benthien 先生が書きました

読んだ日　月　日　｜　月　日　｜　月　日

話しやすいのはどっち？

友だちと電話で話すのと、直接会って話すのとでは、どちらのほうが話しやすいでしょうか？ きっと、会って話すときのほうが話しやすいでしょう。おたがいに相手の表情やジェスチャーを見ることができるので、気持ちをくみ取りやすいのです。

誤解されるジェスチャーもある

日本で使われるジェスチャーは、外国では異なる意味をもつことがあるので注意が必要です。たとえば、「おいで」というジェスチャーがあります。日本人以外の人がこのジェスチャーを見たら、「私はなにか悪いことをしたのかな？」と思うかもしれません。なぜかというと、このジェスチャーはほかの国では「あっちに行け！」という意味になるからです。

また、ピースサインは喜びや楽しさをあらわすときに行いますが、アメリカなどでは平和を祈ったり、勝利をアピールしたりするときに行います。国によっては、手のひらを内側に向けると相手をばかにする意味になります。

ほかの国の人と話すときには、どのジェスチャーを行うにしても人さし指1本ではなく、手全体を使ったほうがよいでしょう。人さし指1本で行うジェスチャーには、文化によって異なる意味をもつ場合があるからです。

お金についてのジェスチャーもちがいます。日本では親指と人さし指で丸をつくってお金のことをあらわしますが、アメリカではこれは「OK」の意味。アメリカではお金のジェスチャーは、人さし指と中指の2本を親指とこすり合わせるのです。混乱しそうですね！

試してみよう
ジェスチャーや表情なしに話をしたら

あなたやまわりの人たちは、ふだんどのようなジェスチャーや表情を使っているでしょうか？ 試しにジェスチャーや表情などをまったくなしにして友だちと会話してみましょう。うまくコミュニケーションをとれるでしょうか？

 ひとくちメモ　写真をとるときに、日本や多くのアジアの国ではVサインをすることが多いです。日本では「ハイ、チーズ！」といって写真をとりますが、英語が話されている国では Say cheese といいます。

ドライブが楽しくなる！
英語で物当てゲーム②

福岡教育大学 英語教育講座 教授
中島 亨 先生が書きました

読んだ日　月　日　｜　月　日　｜　月　日

「20クエスチョンズ」

車で旅行するときに、家族や友だち同士でやるともりあがるゲームを紹介しましょう。その名も「20のクエスチョン」。英語では20 questionsといいます。相手に20個の質問をして、相手がなにを思い浮かべているのかを当てるゲームです。20個の質問が終わるまでに、それを当てられれば、あなたの勝ち。当てられなければ、相手の勝ちとなります。

では早速やってみましょう。相手はpencil（鉛筆）を思い浮かべたとします。

🔊 **Dou you have it now？**
それは今持っている？

あなたの質問に対して相手は、Yes（はい）かNo（いいえ）で答えます。鉛筆を持っているなら、相手の答えはYesですね。

🔊 **Is it heavier than a book？**
それは本よりも重い？

相手の答えはNoですね。

🔊 **Can you eat it？**
それは食べられる？

これも相手の答えはNoですね。こうやってどんどん質問していって、最後にはそのものずばりを聞く質問をします。

🔊 **Is it a pencil？**
それは鉛筆？

相手の答えはYesですね。これを20問以内にできれば、あなたの勝ちです。

やってみよう

この質問で攻めろ！

ほかにもこんな質問をするとおもしろいですよ。

🔊 **Is it an object？** それは物体？
🔊 **Can you put it in a bag？**
カバンにはいる？
🔊 **Is it an animal？** それは動物？
🔊 **Do you take it to school？**
学校に持っていく？
🔊 **Does it melt in hot water？**
熱いお湯にとける？
🔊 **Can you buy it？**
お金で買える？

英語のなぞなぞです。What is the loudest pet？（いちばんうるさいペットってなに？）。なぞなぞなので、もちろん動物のペットじゃありませんよ。ヒントはpetのつく楽器です。わかりましたか？　答えはtrumpet。

サッカーワールドカップに「イギリス代表」はいない!?

6月18日 June

弘前大学 教育学部
佐藤 剛 先生が書きました

読んだ日　月　日　｜　月　日　｜　月　日

サッカーはイギリス生まれ！

　サッカーは世界中で愛されているイギリス生まれのスポーツです。しかし、ワールドカップを見ても「イギリス代表」は出場していません。これは一体どうしてでしょう？

　イギリスの正式な名前は、「グレートブリテン及び北アイルランド連合王国」。イングランド、スコットランド、ウェールズ、北アイルランドの4つの王国が連合して成り立つ国です。サッカーはまずイングランドで生まれ、すぐにほかの3つの国にも広まりました。どの国でもサッカーは大人気で、それぞれの国にサッカー協会が発足します。やがてサッカー人気はイギリス国内にとどまらず、世界中に広がっていきました。

世界中で人気になったサッカー

　サッカーが世界中で人気になると、サッカーの国際的な組織「国際サッカー連盟（FIFA）」がつくられます。ワールドカップに出場するにはFIFAに登録しなければなりません。登録は1カ国1チームと決まっていたため、連合王国で1カ国とみなされるイギリスは登録しませんでした。

　しかし、イギリスはサッカーの母国であり、

当時もっとも強かったので、FIFAはぜひイギリスに参加してもらいと考えていました。そこで、特別に4つの国それぞれで登録することを許可しました。そのため、今でもイギリスからは4つのチームが別々に参加しているというわけです。

使ってみよう

サッカーとフットボール、どっち？

日本ではサッカーといいますが、母国イギリスではfootballと呼ぶのが一般的。イギリス人の中には、I like soccer.といわれるとYou like football.といいなおす人もいるくらい、こだわりが強いのです。イギリス人とサッカーの話をするときは、footballを使ってみては？

サッカーという名称は、イギリスのサッカー協会（Association Football）のsocから変化した言葉だと考えられています。

幸運がやってくるおまじない

6月19日 June

外国のくらしと文化のお話

広島大学大学院教育学研究科　教授
築道和明先生が書きました

読んだ日　月　日　｜　月　日　｜　月　日

Knock on wood!!

木をノックするおまじない

なにかいいことがあったときは、これからもその幸運が続いてほしいと思いますよね。反対に、悪いことがあったときは、これからは不幸なことが起こってほしくないと思います。

英語圏の人たちは、幸運が続くことを祈ったり不幸なことをさけたりするために、Knock on wood.というおまじないを唱えることがあります。日本語にすると「木をたたく」という意味です。

このおまじないを声に出していったり、声に出しながら実際にこぶしで木製のテーブルやドアをたたいたりします。だまって木製のものをたたくこともあります。木の中には精霊がいて、木をたたくことによって精霊を呼び出すことができるといういい伝えから、このおまじないが生まれたといわれています。

🔊 Knock on wood.

指をクロスさせるおまじない

もうひとつ素敵なおまじないを紹介しましょう。人さし指の上に中指を重ねると、幸運を祈るおまじないになります。みんなで幸運を祈るときは、

🔊 Let's keep our fingers crossed.

といいます。日本語にすると、「みんなで指をクロスさせましょう」という意味です。

いい天気になってほしいときは、

🔊 My fingers are crossed for good weather.

といいます。日本語にすると「いい天気になるように、指をクロスさせます」という意味です。

① 学んでみよう

おまじないの意味

指をクロスさせるおまじないでも、上の祈りの言葉を声に出していったり、声に出しながら実際に指をクロスさせたりします。なぜ指をクロスさせると幸運を祈ることになるのかというと、クロスさせた指の形がキリスト教の十字架をあらわしていて、十字架の力で災いを遠ざけるという意味があるからです。

ひとくちメモ　abracadabraは、魔術師が手品をするときにかける呪文の言葉です。「ちんぷんかんぷん」といった意味もあるようです。

198

単語の頭にかくれている"数"をあらわす言葉

6月20日 June

広島大学大学院教育学研究科 教授
築道和明先生が書きました

読んだ日　月　日｜月　日｜月　日

単語の中にある「1」「2」「3」

英語の言葉の頭やおしりには、ある意味をあらわす言葉がかくれていることがあります。このことを知っておくと、いろんな単語を覚えるのに役に立ちます。ここでちょっとしたクイズを出しましょう。次の3つの言葉はそれぞれどういう意味かわかりますか？

①unicycle　②bicycle　③tricycle

うしろのcycleは3つとも共通していますね。cycleは「ひと回り」という意味です。では頭の部分を考えてみましょう。①のuniには「1」という意味があります。②のbiは「2」、③のtriは「3」という意味です。左の3つの言葉はすべて乗り物を意味しています。もうわかりましたね。①は一輪車、②は自転車、③は三輪車という意味です。言葉の頭には、車輪の数をあらわす言葉がかくれていたのでした。

ほかにも探してみよう

このほかにもuniを使った単語に、unicorn（一角獣・ユニコーン）やuniform（ユニフォーム）、biを使った単語にbinocular（双眼鏡）やbilingual（バイリンガル）、triを使った単語にtriathlon（三種競技・トライアスロン）やtriangle（トライアングル）があります。

学んでみよう

「ペンタゴン」の由来

アメリカの国防総省の建物のことを、The Pentagonといいます。pentagonは「五角形」という意味で、建物が五角形の形をしていることから、こう呼ばれています。pentagonのpenteはラテン語で「5」をあらわしています。

ひとくちメモ　上に出てきたbilingual（バイリンガル）は、ふたつの言葉を自由に話すことができる人のことです。36ページで紹介していますよ。

海外旅行で英語を話そう！

ホテルにて

6月21日 June

日本大学 生産工学部 教養・基礎科学系（英語科）
濱田 彰 先生が書きました

読んだ日　月　日｜月　日｜月　日

ホテルのチェックインやチェックアウトなど、基本的なことをまとめました。

scene 1 チェックイン

ホテルに到着したら、まずはフロントでチェックインをします。

ひとくちメモ　ホテルの部屋の中に、セーフティーボックスという貴重品を入れておく金庫があることも。パスポートやお財布などの大切なものは出したままにせず、このボックスに入れましょう。

scene 2 外出する　》　ホテルの外に出るときは鍵をフロントに預けます。

帰ってきたら

scene 3 チェックアウト　》　ホテルから帰るときに、お金の支払いなどを行います。

英語には2種類の「聞く」がある!?

6月22日 June

音声対応

愛知東邦大学 教育学部 子ども発達学科 教授
西崎有多子先生に聞きました

読んだ日　月　日 ｜ 月　日 ｜ 月　日

「聞く」「聞こえる」のちがい

みなさんが「聞く」という言葉を使うのはどんなときでしょうか？「先生の話を聞く」「好きな音楽を聞く」「ピアノの音が聞こえる」「雨の音が聞こえる」というように、人の声、物音、自然の音など、さまざまなシーンで使いますね。じつは、英語では聞く側の受け取り方によって、ちがう言葉を使うのです。

hearとlistenを使い分けよう

たとえば、「雨の音が聞こえる」はhear the sound of rain、「音楽を聞く」はlisten to musicといいます。hearには、「自分から聞こうとしなくても聞こえる」という意味があります。たとえば、遠くからサイレンの音が聞こえるような場合はhear。これに対して、「自分から聞きたいと思って聞く」のがlisten。ラジオや音楽を聞きたいと思って聞く場合は、「聞こえる」ではなく、「聞く」という意味で、listen to ～を使います。

🔊 **I can hear the sound of rain.**
雨の音が聞こえます。

🔊 **Let's listen to music !**
音楽を聞こう！

自然に聞こえる・聞くのがhear、意識して注意深く耳を傾けるのがlistenと覚えて、ふたつの言葉を使い分けましょう。

調べてみよう

たくさんある漢字の「きく」

日本語は、「聞く」「聴く」など、漢字の使い分けで意味のちがいをあらわすことがあります。それぞれどのようなシーンで使うのか、国語辞典などを使って調べてみましょう。

ひとくちメモ　日本語の「きく」には、「効く」や「利く」もあります。「効く」は「薬などの効き目がある」ということ。「利く」は「犬は鼻がよく利く」などと使います。

「死ぬことはすばらしい」ってどんなあいさつ!?

6月23日(日) June

筑波大学 大学院 人文社会科学研究科
森 好紳 先生が書きました

読んだ日　月　日｜月　日｜月　日

町のいたるところで聞こえてくる

オーストラリアでは、町で友だちに会ったとき、「トゥダイ イズ ファイン」とあいさつをします。この発音をそのまま文字にすると、To die is fine.となります。日本語に訳すと、「死ぬことはすばらしい」という意味です。町のあちこちからこんな言葉が聞こえてきたら、私たちはびっくりしてしまいますね。

ところが、あいさつをした人たちは、みんなニコニコと楽しそうにおしゃべりをしています。どうして彼らは、そのようなあいさつをするのでしょうか？

聞き取れるのに、意味がわからない？

オーストラリアで話される英語は、「オージーイングリッシュ」と呼ばれています。オーストラリア英語では、英語の「エイ」の音を「アイ」と発音することがあります。つまり、ふつうの英語でトゥデ（エ）イというとき、オーストラリア英語ではトゥダ（ア）イということがあるのです。

「トゥダイ イズ ファイン（To die is fine）」を、ふつうの英語の発音に直してみると、「トゥデイ イズ ファイン」（Today is fine）となります。つまり町の人たちは、「今日はいいお天気ですね」とあいさつをしていたのです。

みなさんが学校で習う英語は、おもにアメリカで話される「アメリカ英語」です。世界にはこのほかにも、国や地域によっていろいろな英語が話されています。外国に行ったときは、学校の英語とちがうところがないか、調べてみるとおもしろいでしょう。

考えてみよう

オージーイングリッシュの解読に挑戦！

次の①から⑤は、みなさんが知っている英単語を、オーストラリア英語で発音したときの読み方です。それぞれなんという意味か考えてみましょう。

①ナイム　②マイン　③スタイ
④チームマイト　⑤バイビィ

ひとくちメモ　答え：①name（名前）②main（重要な）③stay（泊まる）④teammate（チームメイト）⑤baby（赤ちゃん）。全部わかりましたか？

203

いろんな意味をもつ haveを使いこなそう!

6月24日 June

音声対応

駒沢女子短期大学 教授
金澤延美先生が書きました

読んだ日　月　日 ｜ 月　日 ｜ 月　日

さまざまな意味に使えるhave

「英語を話せるようになりたい。だからたくさん単語を覚えなくちゃ」と思っていませんか? やさしそうに見える単語は、1語でたくさんの意味をもっているので、その使い方を知るととても便利です。

たとえば、「バナナを1本もっています」は英語で、I have a banana. といいます。このhaveは、「もっている」だけではなく、人や経験、状態、時間など、いろいろなことに使える単語です。

たとえば「もっている」「物がある」「いる」「飼う」「会などを開く」「時間や理由などがある」「すごす」「病気などにかかっている」「飲み物を飲む、食べる」「とる」などです。いくつか例を紹介しましょう。

🔊 I have many comic books.
私はマンガの本をたくさんもっています。

🔊 We had a good time at the birthday party.
私たちは誕生日会で楽しいひとときを過ごしました。

🔊 This room has two windows.
この部屋には窓がふたつあります。

🔊 My jacket has four pockets.
私のジャケットには4つのポケットがあります。

🔊 This tree has a lot of leaves.
この木には葉っぱが生い茂っています。

🔊 I have no feeling in my fingers.
[寒い冬の日などに] 私には指先の感覚がありません。

🔊 I had a long sleep last night.
昨日の夜はよく寝ました。

🔊 We have much rain in June in Tokyo.
東京は6月にたくさん雨がふります。

🔊 I had some milk this morning.
今朝はミルクを飲みました。

🔊 Let's have breakfast!
朝ごはんを食べよう!

なお、haveにonをつけると、洋服などを「身につけている」という意味になります(293ページで紹介しています)。

ひとくちメモ　体の具合が悪いときは、I have a headache.(頭が痛い)、I have a stomachache.(おなかが痛い)、I have a fever.(熱がある)のように、I haveのあとに痛みなどのある体の部分の単語を入れてあらわします。

新幹線や飛行機でおなじみ 英語のアナウンス

6月25日 June

音声対応

国立明石工業高等専門学校
飯島睦美先生に聞きました

読んだ日　月　日　月　日　月　日

「ご乗車ありがとうございます」

新幹線や飛行機、客船などでは、日本語のあとに必ず英語のアナウンスが入ります。耳をすまして最初のほうを聞いてみましょう。多くの場合、Ladies and gentlmenのあとに

🔊 **Welcome aboard！**
ご搭乗ありがとうございます。

といっているはず。列車なら「ご乗車ありがとうございます」という意味の表現になります。abordは「乗り物に乗って」という意味で、飛行機だけでなく、電車でも、船でも、バスでも使うことができます。

ちなみに、チームに新人が入ったときにも使える表現です。「わがチームにようこそ」という意味にもなるのですね。

行き先を知らせるいい方は

次に耳にするのは「〜行きです」という表現でしょう。たとえば「この列車は東京行きです」なら、

🔊 **This train is bound for Tokyo.**
この列車は東京行きです。

行き先はとても大事な情報です。表示が英語のときもありますから、bound forは覚えておくと便利です。

覚えておこう

「乗りかえ」は英語でなんという？

「乗りかえる」はtransferですが、changeもよく使います。乗っている電車をチェンジするのが乗りかえですから納得ですね。「新大阪駅で乗りかえ」なら

change at Shin-Osaka station

となります。

ひとくちメモ　電車会社によって第一声はさまざまです。新幹線の場合、Welcome to the SHINKANSEN. もよく使われます。「新幹線へようこそ」という意味ですね。

205

robotという言葉は、あるお芝居から誕生した！

6月26日 June

国立明石工業高等専門学校
飯島睦美先生が書きました

読んだ日　月　日　｜　月　日　｜　月　日

robotは、お芝居から生まれた言葉

　ロボットは英語でrobotと書きます。最近では、おしゃべりをするロボットや見守りをしてくれるロボット、お手伝いロボットなど、さまざまなロボットが開発されています。では、「ロボット」とは、もともとどんな意味なのでしょうか？

　英語のrobotの語源は、チェコ語のrobota（強制労働）です。1920年に、チェコの劇作家のカレル・チャペックは、「R.U.R.（Russum's Universal Robots）」というお芝居を発表しました。このお芝居の中で登場するのが、robotというキャラクターです。私たちが使っているロボットという言葉は、このお芝居から生まれたものなのです。

反乱を起こした人造人間

　この話は次のようなものでした。ある会社がつくっているのは、人間よりも安くて効率的に働く人造人間（ロボット）でした。このロボットは人間の2.5倍働くためのプログラムが入れられていましたが、感情や感覚がなく、死への恐怖心もありませんでした。そんなロボットたちが反乱を起こし、ロボットの世の中をつくるというお話です。

調べてみよう

クリネックスを持ってきて！

kleenexといえば、ティッシュの商品名ですね。では、Bring me a kleenex！（クリネックスを持ってきて！）と頼まれたら、クリネックスのティッシュをじゃないとだめなのでしょうか？　そんなことはありません。

ひとくちメモ：kleenexは、一般的なティッシュを指す単語としても使われます。だから、kleenexではないちがう種類のティッシュを持って行っても問題ありません。

つらいことがあったあとには すばらしいことがある！

6月27日 June

中国学園大学　国際教養学部
竹野純一郎先生が書きました

音声対応

読んだ日　月　日　｜　月　日　｜　月　日

キツネの嫁入りって英語でなんていう？

空は晴れているのに、雨がふっている天気のことを、「天気雨」や「キツネの嫁入り」といいます。この天気雨のことを、英語ではsun showerといいます。sunは「太陽」、showerは「すぐにふりやむ雨」のことです。太陽は照っているのに、雨がふっているから、sun showerというわけですね。なお、からだを洗うときにあびるシャワーも、英語でshowerといいます。

雨がふらなきゃ虹は見られない

雨の日は暗くてじめじめとして、気分が落ちこんでしまいますよね。雨の日に気分が落ちこむのは、アメリカの人たちも同じようです。カーペンターズというふたり組の歌手は、『雨の日と月曜日は』という曲の中で、「雨の日や月曜日は落ちこんでしまう」と歌っています。雨の日だけじゃなく、月曜日に落ちこむのも、世界共通のようです。

雨がきらいな人でも、雨のあとに出る虹をきらいな人はいないでしょう。ハワイには虹を使った素敵なことわざがあります。

🔊 **No rain, no rainbow.**
雨がふらなきゃ虹は見られない。

rainは「雨」、rainbowは「虹」という意味です。雨がきらいでも、雨がふらないと、そのあときれいな虹を見ることはできません。このことわざは、「つらいことがあったとしても、そのあとには空に虹がかかるようなすばらしいことが待っている」という意味で使われています。

調べてみよう

ハワイってどんなところ？

ハワイはアメリカの州のひとつで、太平洋のほぼ中央にあります。ハワイ島やマウイ島、オアフ島などの大きな8つの島があります。州都はオアフ島にあるホノルル市です。公用語はハワイ語と英語ですが、現在ではハワイ語を話す人は少なくなっています。ハワイにはかつて有名な王様がいました。なんていう王様か調べてみましょう。

ひとくちメモ　英語のrainbowは、rainとbowにわけることができます。rainは「雨」、bowは、「弓、弓状に曲がったもの」という意味です。つまり、rainbowは「雨のあとに現れる弓状のもの」ということですね。

「足」にまつわる単語のお話

6月 28日 June

高知大学　人文社会科学部
今井典子先生が書きました

読んだ日　月　日｜月　日｜月　日

「足」という意味のある部分

　自転車には、足でこぐ「ペダル」がついていますね。ペダルは英語でpedal。このpedalのpedという部分には「足」という意味があります。このほかにも、「足」という意味でpedが使われている単語があります。

生き物の足の数

　たくさんの足があるcentipedeという生き物がいますが、なんだかわかりますか？　ヒントをあげましょう。centiには「100」や「100分の1」という意味があります。センチメートル（centimeter）はよく知っていますよね。この言葉には、1メートルの「100分の1」という意味で、センチ（centi）が使われています。
　質問のcentipedeの意味は「ムカデ」です。漢字では「百足」。日本語も英語も、ムカデの足の数を100本としているのにはおどろきですね。
　今度はbipedです。これはどんな生き物でしょうか？　pedの意味は「足」。では、biはなんでしょう？　biが使われているbilingual（バイリンガル）やbicycleの意味から考えてみましょう。バイリンガルは「2か国語を自由に話すこと。またその人」のこと。bicycleはふたつの車輪がついた乗り物、「自転車」のことです。つまり、biには「ふたつ」という意味があり、bipedはふたつの足から、人間などの「二足歩行動物」を意味します。

学んでみよう

ペディキュアは足のおしゃれ

pedicure（ペディキュア）のpediも「足」という意味があります。そしてcureは「治療、手入れ」という意味で、pedicureは、「足のつめの手入れ、足のつめの化粧」のことです。ちなみに、手のつめのお手入れのことはmanicure（マニキュア）といいますが、こちらは「手」を意味するmaniからきています。

ひとくちメモ
pedestrianという単語も足に関係しています。「足（ped）を使って歩く人（ian）」で、「歩行者」という意味です。最後のianは「人」という意味。comedian（コメディアン）でも使われていますね。

気になるあのコに英語でアタック！

6月29日 June

福岡教育大学 英語教育講座 教授
中島亨先生が書きました

読んだ日　月　日　｜　月　日　｜　月　日

まずはなにげない会話から

ちょっと顔を知っている外国の人と、もっとお友だちになりたいと思っている人はいませんか？　そんなときは、なにげない会話から始めてみましょう。

🔊 **It's very cold today!**
今日は寒いね！

🔊 **The bus is late.**
［バスの停留所で］バス、おそいね。

🔊 **Oh, I love this music. How about you?**
［パーティで］この音楽好き。きみはどう？

🔊 **I like your T-shirt. It's cool.**
いいTシャツ着てるね。かっこいいよ。

どんどん話を広げよう

このような、なにげない会話のことを、英語でスモールトーク（small talk）といいます。こうして話しかければ、相手のようすがわかります。もしも気軽に答えてくれたら仲良くなるチャンスです。どんどん話を広げましょう。たとえば、Tシャツをほめたとき、

🔊 **Oh, thanks! I like it too.**
ほんと？　ありがとう。私も気にいってるの。

と相手が返してきたら、

🔊 **Where did you get it?**
どこで買ったの？

と、すかさず次の質問をしましょう。ひととおり会話が終わったら、

🔊 **I'm Ryo, by the way.**
あ、ちなみにぼく、リョウっていうんだ。

と、ここではじめて自分の名前をいいます。

初めての人に会ったときは握手！

外国の人は初めて人に会ったとき、Hello.やHi.などとあいさつをしながら、握手をします。握手は英語でshake handsといいます。shakeは「ふる」という意味。握手するときは、手を上下に軽くふるからですね。

アメリカの人はあいさつするとき、ほっぺを触れ合わせて、口で「チュッ」と音を立てることがあります。これはチークキスといって、とても親しい人同士がやること。初めて会った人にやってはいけません。

タイム・イズ・マネー！ フランクリンは名言が大好き

国立明石工業高等専門学校
飯島睦美先生に聞きました

読んだ日　月　日｜月　日｜月　日

建国の父はスーパーマン!?

　アメリカで、もっとも敬愛されるヒーローは誰だと思いますか？　ベンジャミン・フランクリン（Benjamin Franklin）も、きっとそのひとりでしょう。

　フランクリンは、18世紀のアメリカでかつやくした政治家、実業家、科学者です。アメリカの建国につくした人物として、100ドル札にも顔がえがかれています。

　まずしい家に生まれたフランクリンは、10歳で学校に行くのをやめて、仕事につきました。そこで、いっしょうけんめい働いて自分の会社をつくり、ビジネスで大成功をおさめます。次は、そのお金をもとに、科学の研究を始めました。嵐の日にたこをあげて、雷が電気だということをたしかめたり、避雷針を発明したことはよく知られています。

人生はTime is money！

　もうひとつ、フランクリンは、たくさんの教訓や名言を残したことでも有名です。中でも、いちばんよく知られているのは、Time is money.（時は金なり）でしょう。

　フランクリンは、子どものころから、わずかな時間やお金をむだにせず、ひたすら勉強や仕事にはげみました。人の何倍も努力を重ねて、大きな成功を手に入れたのです。

　その生き方や教訓をしるした本は、今でもベストセラーとして親しまれています。

覚えておこう

心にひびくフランクリンの名言

フランクリンの名言をいくつか紹介しましょう。
Never leave that till tomorrow which you can do today.
今日できることを明日にのばすな。
One today is worth two tomorrow.
今日という1日は、明日という2日分のねうちがある。
Diligence is the mother of good luck.
勤勉は幸運の母である。

ひとくちメモ　アメリカでいちばん額面の大きい紙幣は100ドル札です。このお札にはベンジャミン・フランクリンの顔がえがかれていることから、親しみをこめて「ベンジャミン」と呼ばれることもあります。

7 月

July

水族館にいる生き物

7月1日 July

北海道室蘭市立海陽小学校教諭
相馬 和俊 先生が書きました

読んだ日　月　日 ｜ 月　日 ｜ 月　日

水族館はaquarium

水族館は英語でaquarium。aquaはラテン語で「水」の意味です。〜 ariumは「施設」「〜するための場所」の意味です。プラネタリウムは日本語にもなっていますね。

水族館では大きな水そうの中に、さまざまな動物が泳いでいます。ここでは、水族館の人気者たちを英語でなんというか紹介しましょう。

話してみよう　水族館にいる生き物を英語で覚えよう

- **dolphin** イルカ　得意のジャンプで楽しませてくれます。水族館のいちばん人気はやっぱりdolphinでしょう。
- **sea otter** ラッコ　水にぷかぷか浮きながら、お腹の上でえさを食べます。
- **penguin** ペンギン　体を左右にふりながらペタペタ歩く姿がかわいいです。水の中ではスピード感たっぷりに泳ぎます。
- **killer whale** シャチ　水中の生き物では最も速いスピードで泳ぐことができます。速さは最高で時速80km以上。ジャンプする姿も迫力たっぷりです。
- **seal** アザラシ　丸い体で水の中をゆうゆうと泳ぎます。陸でのんびり寝そべっている姿も人気です。
- **ocean sunfish** マンボウ　大きくて特徴的な体。顔つきもユーモラスです。
- **ray** エイ　平べったい体と細長い尾で、スローモーションのようにゆったりと優雅に泳ぎます。
- **jellyfish** クラゲ　半透明な体は、ずっと見ていてもあきません。家で飼う人もいます。
- **whale shark** ジンベエザメ　世界最大の魚類で、クジラのように大きいことから、名前にwhaleという言葉が入っています。
- **clownfish** クマノミ　あざやかな色をしています。イソギンチャクと一緒に暮らしています。

ひとくちメモ　日本には100以上の水族館があり、世界有数の水族館大国だといわれています。人魚のモデルといわれているdugongやmanateeに会える水族館もあります。

運動選手の足は…水虫⁉

7月2日 July

高知大学 人文社会科学部
今井典子先生が書きました

読んだ日　月　日　｜　月　日　｜　月　日

足がつくことば

footはフット・マッサージ、フット・ケアなどで使われているように「足」という意味です。イギリスなどではサッカーをfootball（フットボール）と呼ぶのも足でボールをあやつるスポーツだからです。

footがつく身近な単語としてはfootprintも覚えてほしい言葉です。「足のプリント」、つまり「足あと」のことを意味します。

「アスリーツフット」とは

運動選手のことを英語ではアスリート（athlete）といいます。では、athlete's footとはなんでしょうか？ footは「足」ですから、そのまま訳すと「運動選手の足」という意味になります。じつはおもしろいことに、これは「水虫」のことなのです。

運動選手のように、くつをずっとはいて体を動かしていると、足がむれて水虫になりやすくなることからきているようです。「私は水虫にかかっている」ということを伝えたいときは、I have athlete's foot. といえばいいのです。でも、あまり使いたくない表現かもしれませんね。

覚えておこう

足にまつわる言葉

ハイヒールとは、高い（high）かかと（heel）のくつという意味です。ハイヒールのくつを英語ではhigh-heeled shoesといいます。それでは、くつの種類をもうひとつ。バレリーナ（ballerina）がはいているトウシューズ（toeshoes）のtoeは「足の指、つま先」という意味です。

footprintだけでなくhandprintという言葉もあります。なにを意味しているかわかりますね。「手形」のことです。力士や有名人の手形を見かけたことはありませんか。

213

英語で聞いてみよう！
「誕生日はいつ？」

京都教育大学 英文学科
泉 恵美子 先生に聞きました

7月 July 3日

音声対応

読んだ日　月　日　｜　月　日　｜　月　日

友だちに聞いてみよう

みなさんはお父さんやお母さんの誕生日がいつか知っていますか？　もし知らなかったら英語で聞いてみましょう。「誕生日はいつですか？」と英語で聞きたいときは、When is your birthday？といいます。birthdayは「誕生日」ですね。When is ～？ は、「～はいつですか？」という意味で、時をたずねるときに使います。

yourはyou（あなた）が変化したもので、「あなたの」という意味です。同じように、「お母さんの」はmother's、「タロウの」はTaro'sと、うしろに 's をつけると「～の」という意味になります。

🔊 **When is your birthday ?**
あなたの誕生日はいつですか？

🔊 **My birthday is July third.**
私の誕生日は7月3日です。

🔊 **When is your mother's birthday ?**
あなたのお母さんの誕生日はいつですか？

🔊 **When is Taro's birthday ?**
タロウの誕生日はいつですか？

話してみよう

いろんな日を聞いてみよう

誕生日以外のほかの日のことも英語で聞いてみましょう。

A : When is the girl's festival ?
　　ひな祭りはいつですか？
B : The girl's festival is March third.
　　ひな祭りは3月3日です。
A : When is the entrance ceremony ?
　　入学式はいつですか？
B : The entrance ceremony is April sixth.
　　入学式は4月6日です。
A : When is the concert ?
　　そのコンサートはいつですか？
B : The concert is November thirtieth.
　　そのコンサートは11月30日です。

ひとくちメモ　アメリカには、日本にない祝日があります。たとえば、7月4日の独立記念日や、10月10日のコロンブスの日など。この本でも紹介しています。

独立記念日（Independence Day）ってどんな日？

7月4日 July

駒沢女子短期大学 教授
金澤延美先生が書きました

読んだ日　月　日／月　日／月　日

アメリカがイギリスに独立宣言

今から250年ほど前、地図にアメリカという国はありませんでした。そのころはイギリスの植民地だったからです。植民地の人たちは、重い税金に苦しめられていましたので、イギリスから独立したいと強く願うようになり、やがてアメリカ独立戦争（American War of Independence）が始まります。

1776年7月4日、13の州の代表がフィラデルフィアという町に集まって会議を開きました。そこで独立宣言(Declaration of Independence)が発表されたのです。この日は、必ず独立を勝ちとるという決意をあらわした歴史的な日です。だから7月4日の独立記念日（Independence Day）は、今もアメリカの人たちにとって、とても大切な祝日なのです。

独立記念日を祝う各地のイベント

7月4日はアメリカの各地で、さまざまなお祝いのイベントが行われます。ボストンでは、当時の衣装を着た人たちが町をパレードします。そして、独立宣言書を読み上げるセレモニーも行われます。ニューヨークでは、川の両岸から4万発もの花火が打ち上げられます。100年以上も前に始まったホットドッグの早食い選手権も名物行事です。

調べてみよう

わかるかな？　独立記念日クイズ

Q1. フィラデルフィアにあるユネスコの世界遺産（文化遺産）はなに？
①独立記念館　②自由の鐘　③ロス夫人の家（アメリカの国旗をデザインしてつくったところ）

Q2. 2016年のネイサンズ国際ホットドッグ早食い選手権の優勝者は、10分間に何本のホットドッグを食べた？
①13本　②36本　③70本

Q3. ニューヨークの花火大会と打ち上げ数が同じくらいの日本の花火大会は？
①隅田川　②大曲（秋田県）　③諏訪湖祭

ひとくちメモ　クイズの答え：Q1.①独立宣言がされた議事堂で、Independence Hallと呼ばれます。1979年に世界遺産に登録。Q2.③70本。1916年の第1回大会では12分間で13本。Q3.③約4万発で打ち上げ数は日本一です。

同時通訳ってどんな仕事？

共栄大学　国際経営学部　助教
鈴木健太郎先生に聞きました

7月5日（日）July

読んだ日　月　日｜月　日｜月　日

言葉がわからないけど話したい…そんなときは？

英語はわからないけれど、英語を話す人と話してみたい……そんなときに強い味方になってくれるのが通訳者です。通訳者は、ちがう言葉を話す人たちの間に入り、それぞれの言葉を訳して相手に伝えてくれます。

通訳者は、ある言葉を別の言葉に変えるだけでなく、話している人が伝えたいことを伝えなければなりません。たとえば、「サルも木から落ちる」という日本のことわざを、そのまま英語にしても通じません。この場合は、「その分野の名人でも失敗することがある」という元々の意味が伝わるように、適切な言葉に変える必要があります。

とてもハードな同時通訳

話す人と交互に訳す通訳とちがい、話すと同時に通訳していくことを同時通訳といいます。聞きながら訳さないといけないので、より高い技術や知識が必要な仕事です。

いろいろな国の人たちが集まる国際的な会議では、同時通訳が欠かせません。同時通訳者が入る専用の部屋があり、そこで通訳をします。会議に出ている人たちは、イヤホンを通して通訳を聞きます。とても集中力が必要で、つかれる仕事なので、15分くらいしか続けて同時通訳をすることができません。そこで、同じ部屋にふたりの通訳者が入り、交代しながら通訳をします。同時通訳は、とてもハードな仕事なのです。

通訳者B　通訳者A

覚えておこう

通訳と翻訳はちがうの？

ある言葉を別の言葉に変えるという仕事には、通訳と翻訳があります。通訳が、話している人の間に入って言葉を伝えるのに対して、翻訳は、書かれている文章を別の言葉に変える仕事です。

通訳者のことを、英語ではinterpreterといいます。一方、翻訳者のことは、英語ではtranslatorといいます。

キミはなに座？
星座を英語でいえるかな？

7月6日 July

中国学園大学　国際教養学部
竹野純一郎先生が書きました

読んだ日　月　日　｜　月　日　｜　月　日

自分の星座を探そう

みなさんの星座はなんですか？　英語で「あなたの星座はなんですか？」と質問するときには、What is your horoscope sign?といいます。horoscopeとは星占いのことです。

答えるときは、I am a Leo.「私はしし座です」で問題ありません。自分の星座をなんというか、下のイラストから探してみましょう。ただし、これらはもともとラテン語です。英語を話す国々でも、正式には12星座は英語ではなくラテン語を使います。

覚えておこう　星座にまつわる英単語

アリーズ
Aries
おひつじ座　3/21-4/19

トーラス
Taurus
おうし座　4/20-5/20

ジェミニ
Gemini
ふたご座　5/21-6/21

キャンサー
Cancer
かに座　6/22-7/22

レオ
Leo
しし座　7/23-8/22

ヴァーゴ
Virgo
おとめ座　8/23-9/22

リーブラ
Libra
てんびん座　9/23-10/23

スコーピオ
Scorpio
さそり座　10/24-11/21

サジタリアス
Sagittarius
いて座　11/22-12/21

カプリコーン
Capricorn
やぎ座　12/22-1/19

アクエリアス
Aquarius
みずがめ座　1/20-2/18

パイシーズ
Pisces
うお座　2/19-3/20

ひとくちメモ

「北斗七星」は英語でなんというのでしょうか？　アメリカではthe Big Dipper、イギリスではthe Ploughといいますよ。

おりひめは「夏の夜の女王」

京都ノートルダム女子大学他 非常勤講師
北村友美子先生が書きました

7月 7日（日） July

読んだ日　月　日　｜　月　日　｜　月　日

七夕伝説

夏の夜空に「夏の夜の女王」(the queen of the summer night) と呼ばれる星があります。七夕伝説で知られる、おりひめ星のベガです。

愛し合っていたのに別れることになってしまったおりひめとひこ星が、7月7日だけ会うことを許される、というのが七夕の物語です。中国の古いお話が日本に伝わったもので、英語を話す国の人にはほとんど知られていません。しかし、おりひめ星であるベガは、欧米でも「夏の夜の女王」としてとても人気があるのです。

三角形を探して

ベガはこと座をつくる星のひとつ。地球から25光年もはなれていますが、夏の夜空を見上げれば、すぐにわかるほど明るくかがやく1等星です。この星と、わし座のアルタイル、はくちょう座のデネブの3つを結ぶと、大きな三角形になります。日本でも「夏の大三角形」としておなじみですが、英語でも同様に、Summer Triangleと呼ばれています。北半球の国に住む人は、夏の夜空にこの三角形を探したくなります。七夕の伝説を知らなくても、この三角形の中で明るくかがやくベガに「女王」の称号が与えられるのも納得できますね。

 やってみよう

星に願いを

流れ星が見えている間に願い事を3回唱えると、その願いがかなうといわれています。流れ星は英語でshooting starといいます。また欧米では一番星に願いをかけるとかなう、ともいわれています。

 一番星とは、その日の夕方、最初に見える星なので英語でfirst starといいます。世界中の人が星にふしぎな力を感じているのですね。

宇宙はゼロ、ジェットコースターは4、ってなんだ!?

7月 8日 July

国立明石工業高等専門学校
飯島睦美先生に聞きました

読んだ日　月　日　｜　月　日　｜　月　日

「無」重力だから0 gravity

　私たちがまっすぐ立てたり歩けたりするのは、地球の強い引力のおかげです。地球は地上や地球周辺にあるものをものすごい力で引っ張っています。ものを落とすと地面に落ちるのは、地球がものを引っ張っているからです。この力を日本語では「引力」、英語ではgravityといいます。

　地球上にあるものはすべて、地球の自転による遠心力も影響しています。遠心力とは回転中心から遠ざかる向きに引っ張る力のことです。「引力」と「遠心力」を足した力を「重力」といいますが、英語ではこれもgravityといいます。

　国際宇宙ステーションの中で宇宙飛行士がふわふわ浮いてるのを見たことがあるでしょう。地球の引力と国際宇宙ステーションが地球の周りを回る（地球に対して落ち続けている）ことによる遠心力がつりあって、重さがなくなっているのです。重量が0であるように見えることから英語ではzero gravityといいます。

ジェットコースターの最大Gとは？

　地球でふつうに暮らしているとき、からだにかかる重力は1Gです。しかし遊園地にいくと、これ以上の重力を体験することができます。それはジェットコースターに乗ることです。ジェットコースターの怖さをあらわすときに、「G」という単位が出てきます。これはからだにかかる重力のこと。最大4Gとあったら、いつもの4倍の重力がかかる瞬間がある、ということをあらわしています。飛行機が飛び立つ瞬間などでも、からだにいつもとはちがう重さを感じる瞬間がありますね。これは約1.2〜1.3Gくらいといわれています。4Gのジェットコースターは、相当からだが重く、また怖く感じることでしょう。

人間も地球を同じ力で引っ張っていますが、人間は地球よりも軽いので、人間から引っ張られたところで運動に変化はありません。

そのカタカナ語、英語では通じませんよ!

7月9日 July

音声対応

愛知東邦大学 教育学部 子ども発達学科 教授
西崎有多子先生が書きました

読んだ日　月　日｜月　日｜月　日

マヨネーズってどこからきた言葉?

マヨネーズは、英語でmayonaiseといいます。発音は日本語とちがい、「メーネーズ」または「メヨネーズ」といいます。mayonaiseの最初の部分を、「マヨ」ではなく、「メー」または「メヨ」と読むのです。英語を話す人に「マヨネーズ」といっても通じませんよ。

じつはマヨネーズはもともとはフランス語。もとのフランス語では、「マヨネズ」に近い発音です。英語の中で使われるうちに、発音が変わったと考えられています。

そのままでは通じない言葉

キャベツは、英語でcabbageといいます。英語では「キャ」の部分に力を入れて「キャベッジ」と発音します。「キャベジンコーワ」という名前の胃腸薬がありますね。これは、キャベツの汁を使ってつくられていることからついた名前です。キャベツの成分は、胃の調子をととのえてくれるそうです。肉料理のつけ合わせとしてキャベツを食べるのは、意味があるのですね。

「ビタミン」も日本語と英語では発音がちがう言葉です。ビタミンは英語でvitaminといいます。英語では最初の部分を「ビ(ヴィ)」と読まずに、「バイ(ヴァイ)」と読みます。「ビタミンA」は、「バイ(ヴァイ)タミンエイ」と発音します。

🎧 聞いてみよう

英語の発音を聞いてみよう

上で出てきた3つの英語を聞いてみましょう。発音が日本語とはぜんぜんちがいますよ。

🔊 mayonaise　マヨネーズ
🔊 cabbage　キャベツ
🔊 vitamin　ビタミン

感染することで病気になる「ウイルス」はもとはラテン語です。英語では「バ(ヴァ)イラス(virus)」と発音します。コンピュータに感染するウイルスは、computer virusといいます。

220

国を代表する動物とイギリスの王室のペット

7月10日 July

神田外語大学 グローバル・コミュニケーション研究所特任講師
亀井ダイチ・アンドリュー先生が書きました

読んだ日　月　日　｜　月　日　｜　月　日

世界の国々の国獣

世界の国々には、それぞれ国を代表する「国獣（national animal）」がいます。では、日本の国獣はなにか、わかりますか？　日本の国獣はキジとコイ、アメリカの国獣はハクトウワシ、フランスの国獣は雄鶏です。もっとかっこいい国獣もいます。イタリアの国獣はイタリアオオカミ、ギリシアの国獣はイルカとフェニックス（不死鳥）です。フェニックスなんて架空の生き物が国獣になっているのです。イギリスでは、ライオンが国獣のひとつ。ほかの国の国獣も調べてみましょう。あなたの好きな動物が、どこかの国の国獣になっているかもしれませんね。

王様のペットはシロクマ

イギリスの国獣のひとつであるライオンは、イギリス王室のペットとして飼われていたこともあります。今から800年ほど前にいたヘンリー三世という王様は、ノルウェーの王様からプレゼントされたシロクマをペットとして飼っていました。鎖につないで、ロンドンを流れる川で魚取りをさせたりして、人気がありました。

そのあと、人気になった王室のペットはゾウでした。ロンドン塔には、ゾウのための建物までつくられたそうです。

学んでみよう

イギリスに動物園ができたワケ

16世紀になると、イギリス王室はペットのコレクションを人々に公開しました。ところが、やがて困った問題が起こりました。王室のペット・コレクションが増えすぎてしまったのです。そこでイギリス王室は、すべてのペットを1830年にロンドン動物学会に任せました。その後、これが理由のひとつとなってイギリスに動物園ができました。

ひとくちメモ　シロクマはpolar bearです。ほかにイギリス王室が飼っていた動物は、ヒョウ（leopard）、ライオン（lion）、ゾウ（elephant）、トラ（tiger）、オオカミ（wolf）、ラクダ（camel）などです。

アルファベットで習字!? おしゃれなカリグラフィー

7月11日 日曜日 July

福岡教育大学 英語教育講座 教授
中島 亨 先生が書きました

読んだ日　月　日　月　日　月　日

(図1)
```
A B C D E F G
H I J K L M
N O P Q R S T
U V W X Y Z
a b c d e f g h i j k l m n
o p q r s t u v w x y z
```

ふつうのペンや鉛筆でも書ける！

　アルファベットを使う国には、図1のようにカリグラフィー（calligraphy）というきれいな文字の書き方があります。カリグラフィーでは、ペン先が平たくなった専用のペンや万年筆を使います。

　でも、特別なペンがなくても、ふつうのペンや鉛筆でも、カリグラフィーそっくりのおしゃれな文字を書くことができます。書き方のポイントは、図2のように横よりも縦の線を太くすることです。

筆レタリングがアメリカで大人気！

　じつは今、アメリカなどで、筆レタリング（brush lettering）というカリグラフィーがはやっています。これは昔から使われているペンではなく、日本のように筆や絵筆を使って英語の文字を書くというもの。図3のように筆を下向きに走らせるときは思いきり太く、上向きに流すときは思いきり細くするのがポイントです。カリグラフィーで、友だちや家族にカードを書いてみましょう。

Happy (図2)

Happy (図3)

やってみよう

めざせ！カリグラフィーの達人

　図4のように文字の一画（stroke）の書き始めや書き終わり、長い画線の途中などに飾りをつけてみましょう。図5のように、ひとつのフレーズの書き始めと書き終わりに、なめらかな曲線をつけてもすてきですね。

Happy Birthday (図4)

Happy Birthday (図5)

ひとくちメモ：印刷されている文字をよく見て、特徴を観察してみましょう。気に入ったスタイルの文字があれば、まねして書いてみましょう。筆ペンや、先が太いファイバーチップのペンなどを使うといいですよ。

キュウリは冷静？丸太はよく眠る？

KOTOWAZA 英語のことわざのお話

中国学園大学 国際教養学部
竹野純一郎先生が書きました

7月 July 12日

音声対応

読んだ日　月　日　｜　月　日　｜　月　日

🔊 **She is as cool as a cucumber when she is busy.**
彼女は忙しいときも落ち着き払っている。

丸太のように眠る

英語のsleep like a logには「ぐっすり眠る」という意味があります。logは「丸太」のこと。この英語をそのまま日本語にすると、「丸太のように眠る」となります。丸太が丸太置き場に置いてあるようすを見ると、たしかにぐっすり眠っているようにも見えますね。日本語では「死んだように眠る」と訳されることもあります。

🔊 **Your father had a hard day at work today. Now he is sleeping like a log.**
お父さんは今日は仕事で大変な日だったの。だから今はぐっすり眠っているわ。

logの代わりにbaby（赤ちゃん）を使って、sleep like a babyということもあります。「赤ちゃんのように眠る」という意味です。いかにもぐっすり眠っている感じがしますね。

英語のasとlikeにはどちらも「〜のように」という意味があります。このように、英語はなにかを説明するときに、食べ物や動物をたとえに出して、「〜のように」とわかりやすく表現することがあります。

キュウリのようにクール

英語のcool as a cucumberには「落ち着き払っている」という意味があります。cucumberは「キュウリ」のことです。この英語をそのまま日本語にすると、「キュウリのようにクール（冷静）」となります。キュウリには水分が多いのでクールなイメージがあるのでしょう。coolには「ものが冷たい」という意味と、「人が冷静だ」という意味があります。

ひとくちメモ　「キュウリのようにクール」という表現は、村上春樹の作品の中にも出てきます。どの作品でどんな風に使われているか調べてみましょう。

223

外国のくらしと文化のお話

イギリスのお金は年をとる?

東北福祉大学 総合基礎教育課程
清水 遥 先生が書きました

7月 July 13日

読んだ日 　月　日 ｜ 　月　日 ｜ 　月　日

すべてのお金に同じ人物

日本では一万円札は福澤諭吉、五千円札は樋口一葉、二千円札は紫式部、千円札は野口英世、とそれぞれにちがう人物がえがかれています。イギリスには4種類の紙幣と、8種類の硬貨があります。そして、そのすべてに同じ人物がえがかれています。イギリス女王のエリザベス2世です。同じ顔がいっぱいだと買い物の時に間違えてしまいそうですね（もちろん、裏面の絵柄はそれぞれちがいます）。

しわが増えている!?

エリザベス2世は1952年、25歳で女王になり、2016年には90歳をむかえました。硬貨にえがかれる肖像画は、その硬貨がつくられた時代の女王の姿をえがいています。だから古い硬貨ほど女王は若く、新しい硬貨ほど、女王のしわやたるみが増えていっているのです！

硬貨が女王と一緒に歴史を刻んでいるなんて素敵ですね。

覚えておこう

硬貨でパズルができる!?

イギリスの硬貨の裏面にはおもしろい工夫があります。6種類のペニー（ペンス）硬貨をならべると、イギリス国章の盾の絵になるのです！集めてみたくなりますね。

ひとくちメモ

紙幣には50ポンド、20ポンド、10ポンド、5ポンドが、硬貨には2ポンド、1ポンド、50ペンス、20ペンス、10ペンス、5ペンス、2ペンス、1ペニーがあります。ペンスとは、ペニーの複数形です。

224

いろんな意味をもつputを使いこなそう!

7月14日 July

音声対応

駒沢女子短期大学 教授
金澤延美 先生が書きました

読んだ日　月　日｜月　日｜月　日

putは「ものを置く」だけじゃない

英語のputは「置く」という意味です。「テーブルの上にバッグを置く」を英語にすると、I put the bag on the table. となります。putはもの以外に、人や時間も置くことができます。「いろんなものをある状態やある状況に置く」とイメージしましょう。今日はputを使ったいろんな表現を紹介していきます。

putを使ってみよう

🔊 **I put the calendar on the wall.**
私はかべにカレンダーをはった。

英語をそのまま日本語にすると、「カレンダーをかべに置いた」になりますが、「カレンダーをかべに置く」はちょっと変な日本語です。自然な日本語に直すと「かべにカレンダーをはった」となります。

🔊 **I put the bag on the table.**
私はバッグをテーブルに置いた。

onは「〜の上に」という意味です。

🔊 **Please put your jacket on the hook.**
ジャケットはフックにかけてください。

そのまま日本語にすると、「ジャケットをフックに置く」ですが、「フックにかける」というほうが自然な日本語になります。

🔊 **I put sugar and milk in my coffee.**
私はコーヒーには砂糖とミルクを入れる。

これも、「砂糖とミルクを置く」ではなく、「砂糖とミルクを入れる」です。

🔊 **The teacher did not put a time limit on the test.**
先生はそのテストに時間制限をしなかった。

time limitは「時間制限」という意味です。時間のような目に見えないものもputすることができます。put a time limit on the testをそのまま日本語にすると、「時間制限をテストの上に置く」ですが、自然な日本語に直すと、「テストに時間制限をする」となります。

🔊 **Please put the sentence into English.**
その文章を英語に直してください。

putは「いろんなものをある状態やある状況に置く」という意味なので、「その文章を英語の状態にする」ということです。

 ひとくちメモ　putのうしろにonをつけると、洋服や時計などを身につけるという意味になります。くわしくは330ページを見てみましょう。

ひとり分を買おうとしたら、丸ごと出てくる!?

7月15日 July
音声対応

愛媛大学附属高等学校
三好徹明先生が書きました

読んだ日　月　日　｜　月　日　｜　月　日

ひとり分のケーキを買いたいとき

ケーキ屋さんで、ケーキを注文する場面を想像してみてください。ひとり分のショートケーキを買うときに、日本では「ケーキをひとつください」と注文しますね。では、同じように英語で、I want to have a cake.と注文するとどうなるでしょう？ 文法的にはまちがっていませんが、ひとり分のショートケーキを買えるのでしょうか。

ひと切れといういい方を覚えよう

答えは、Noです。実際には、ホールタイプ（丸い形）のケーキが、そのまま1個出てくるかもしれません。

ヨーロッパやアメリカでは、a cake（ひとつのケーキ）というと、ホールタイプのケーキを指すことがよくあります。ひと切れだけをほしいときは、

🔊 **I want to have a piece of cake.**
　ケーキをひと切れください。

と表現するとよいでしょう。pieceは「かけら、小片」という意味です。

a cake

a piece of cake

ひとくちメモ　パンも同じように、ひとり分のときには、a piece of breadといいます。薄く切った1枚のトーストは、a slice of toastです。sliceは「薄いひと切れ」という意味です。

kawaiiは、英語としても通じる！

7月16日 July

秀明大学 英語情報マネジメント学部 准教授
Gaby Benthien 先生が書きました

読んだ日　月　日　｜　月　日　｜　月　日

日本語に由来する英語もある

日本語にはカタカナで書かれる単語がありますね。たとえば、ノートやカーテン、ミルクやランドセルなどがあります。なぜこれらの単語はカタカナで書かれるのでしょうか？

それは、外国語に由来している言葉（借用語）だからです。上で紹介した単語は、英語やオランダ語に由来しています。

反対に、英語の中にも日本語に由来している単語があります。たとえば、bonsai（盆栽）、ikebana（生け花）、judo（柔道）、karate（空手）、karaoke（カラオケ）、origami（折り紙）、sushi（寿司）、sashimi（刺身）があります。これらは昔から使われていて、英語が話されている国でも、そのまま通じます。

最近では、kawaii（かわいい）やanime（アニメ）、manga（マンガ）やchoku bai jo（直売所）という言葉も使われるようになりました。なお、choku bai jo（直売所）は、地元でつくられた新鮮な野菜などを自分たちで直接お客さんに売るお店のことです。

世界中で見られている日本のアニメ

mangaやanimeという単語も海外ではよく知られています。一方で、英語にはそれ

ぞれcomicsやanimationという単語もあります。つまり、mangaとanimeは日本の漫画とアニメのことだけを指す言葉なのです。最近では世界中の多くの人が『pokemon』や『ONE PIECE』、『NARUTO』なども知っているようです。

学んでみよう

「かわいい」と「かわいそう」

kawaiiという単語は、「かわいい、魅力的な」という意味ですが、外国の人にとっては混乱する言葉。まったくちがう意味である、「かわいそう」とまちがうようです。「おいしい」が「おいしそう」になったり、「忙しい」が「忙しそう」になったりするのと同じように、「かわいい」は「かわいそう」になると勘ちがいする人が多いようです。

ひとくちメモ　tsunami（津波）も日本語から英語になった言葉のひとつ。東日本大震災をきっかけに世界中の人に知られるようになりました。

「アイスブレイカー」って誰のこと？

7月17日 July

音声対応

中国学園大学 国際教養学部
竹野純一郎先生が書きました

読んだ日　月　日　月　日　月　日

氷をわってきんちょうをほぐす

英語のbreak the iceは「氷をわる」という意味です。でもこの言葉は本当に氷をわるときだけ使われるわけではありません。氷の冷たくてかたい感じが、空気がピンと張りつめている状態ににていることから、会議やパーティなど、みんながきんちょうしている状態をこわして、なごませるという意味で使われます。

🔊 **Everyone here looks nervous. Can anyone break the ice?**
ここにいるみんなはきんちょうしているように見えますね。誰か場をなごませてくれませんか？

また、張りつめた空気をこわすものや人のことを、icebreakerといいます。

だまっているのはいいこと？

「雄弁は銀、沈黙は金」ということわざがあります。「雄弁」とは話が上手なことです。このことわざは、「話が上手なことはいいことだけど、それよりもっといいのは、だまっていることだ」という意味です。

🔊 **You talk too much. As the saying goes, "Speech is silver, silence is golden."**
きみはしゃべりすぎるよ。ことわざにもあるように、「雄弁は銀、沈黙は金」だよ。

でも、これからの時代には、だまっているだけじゃなく、自分の意見をはっきりいったり、人前で発表したりすることも大切になっています。いずれは、silence is golden（沈黙は金）ではなく、speech is golden（雄弁こそ金）といわれるようになるかもしれませんね。

やってみよう

自己紹介で心をとらえる

場をなごませるために、人の心をとらえる自己紹介ができるとよいですね。人の心をつかむ自己紹介をやってみましょう。日本語でできたら、次は英語でもやってみましょう。

 ひとくちメモ　名前にキャッチフレーズをつけると、インパクトがある自己紹介ができますよ。たとえば、「焼きそばが好きな竹野です」というと、たんに「竹野です」というよりも、みんなに覚えてもらいやすくなります。

seven steps で遊ぼう！

7月18日（日） July

愛知県春日井市立鷹来小学校
加藤拓由先生が書きました

読んだ日　月　日　｜　月　日　｜　月　日

とっても有名な英語の数え歌seven stepsを紹介しましょう。みんなで輪になって体を動かしながら歌います。下のイラストを見ながら1から6まででワンセットで、2回目から、回るスピードをだんだん上げていきます。スピードが上がるたびに盛り上がりますよ。

1

one, two, three, four, five, six, seven
「1・2・3・4・5・6・7」とリズムよくいいながら、どちらかの方向に一歩ずつ回ります。

2

one, two, three, four, five, six, seven
今度はさっきとは反対方向に、「1・2・3・4・5・6・7」といいながら回ります。

3

one, two, three
次に、その場に立ち止まって、「1・2・3」といいながら、自分のひざを両手で3回たたきます。

4

one, two, three
今度は、「1・2・3」といいながら、自分の目の前で手を3回たたきます。

5

one, two, three, four, five, six, seven
両手をのばして、となりの人と手をたたきあいます。

6
3から5をくり返します。

ひとくちメモ　順番を反対にしてseven, six, five, four, three, two, oneと歌うものや、少し早口でone, two, Three, four, five, six, seven, eight, nine, tenと歌うものなどのかえ歌もあります。インターネットなどで調べてみましょう。

日本語の「話す」は英語ではひとつではない!?

7月19日 July

愛知東邦大学 教育学部 子ども発達学科 教授
西崎有多子先生に聞きました

4つのちがいはなんだろう？

日本語の「話す」を英語にしようとすると、どの言葉を使っていいのかまよってしまうかもしれません。「話す」は英語で、speak、talk、say、tellなどいろいろないい方があるからです。たとえば「彼女は英語を話します」というときは、どれを使えばいいのでしょうか？

じつは、日本語では同じ「話す」でも英語では状況や内容によってこれらを使い分けています。では、「彼女は英語を話します」を英語にすると、どうなるでしょう？　次の4つの文章から正解を当ててみてください。

① She speaks English.
② She talks English.
③ She says English.
④ She tells English.

正解は①でした。この4つ、一体なにがちがうのでしょうか？

相手と内容で使い分け！

大きく分けると、話を聞く人がいなくてもいいのがspeakとsay。話を聞く人がかならずいるのがtalkとtellです。さらに、speakとsay、talkとtellは話す内容が大事かどうかで使い分けます。speakとtalkは内容というより「話すこと」を表現する言葉。sayやtellは「どんなことを話すか」がポイントとなる言葉なのです。

考えてみよう
この「話す」はどの「話す？」

次の日本語の「話す」はspeak、talk、say、tellのどれを使うのか、当ててみてください。
私は毎日、ハナコと話します。
正解はひとくちメモで！

「はなこ」という話し相手がいて、内容ではなく「毎日話すこと」がポイントになっていますね。だから、この場合はtalkを使います。上の文章を英語にすると、I talk with Hanako every day. となります。

「お湯をわかす？」それとも「水をわかす？」

愛知県立大学 外国語学部 准教授
池田 周 先生が書きました

読んだ日　月　日　｜　月　日　｜　月　日

7月20日 July

英語でお湯は「熱い水」

カップラーメンを食べたいとき、みなさんはお湯をわかしますね。このとき、「お湯をわかす」とはいっても、「水をわかす」とはいいません。ところが英語では、次のようないい方をします。

🔊 **Can you boil water in the kettle?**
やかんでお湯をわかしてください。

boilは「わかす」、waterは「水」のことですから、そのまま日本語にすると「やかんで水をわかしてくれませんか？」になります。

日本語でも「ふっとう水」のようないい方はありますが、一般的には冷たいのが「水」、熱いのが「お湯」と使いわけます。一方、英語のwaterは、cold water（冷たい水）、hot water（お湯）のように、温度に関係なく使われます。「お湯」のように「熱くなった水」をひとことであらわす表現はありません。

温度が異なる「水」のあらわし方

water（水）を使ったいろいろな英語を紹介しましょう。

Hot water　お湯
Cold water　冷たい水
Boiling water　ふっとうしているお湯
Ice-cold water　氷のように冷たい水
Bottled water　ボトルに入った水
Tap water　水道水
Sparkling water　炭酸水
Spring water　湧き水
Sea water　海水

話してみよう

のどがかわいたときは？

のどがかわいて水が飲みたいときは、こんな風にいいましょう。

🔊 **I am thirsty.**
のどがかわいた。

🔊 **I want to drink some water.**
水が飲みたい。

ひとくちメモ　waterは、きちんと発音すると「ウォーター」ですが、ネイティブの人たちのふつうの会話では、「ウォーラー」や「ワーラー」などと聞こえます。上の音声をもう一度聞いてみましょう。

231

大統領は「大工の頭」からきた？

7月21日(日) July

京都教育大学 英文学科
泉 惠美子先生に聞きました

読んだ日　月　日　｜　月　日　｜　月　日

Presidentは大統領だけじゃない

アメリカ合衆国で政治的にいちばんえらい人は大統領です。英語では、the President of the United States of Americaが正式名称です。じつはこのpresidentという単語は、会社の社長にも使われます。どちらも、そのグループの中でいちばんえらい人に与えられる名前ですね。

なお、副大統領のことはvice presidentといいます。会社でいうと、副社長がvice presidentです。

日本にはない役職に日本語をつける

日本には今も昔も大統領はいません。日本の歴史上、はじめてアメリカの大統領が登場したのは、幕末にペリーがきたときです。ペリーは当時のアメリカ大統領から手紙を預かってやってきました。オランダ、中国、韓国としか付き合いがなかった当時の日本人は、presidentをなんという日本語にすればいいかわかりません。

いちばんえらい人、というので「国王」にしようとしたのですが、当時のフィルモア大統領が町人出身であることを知ってビックリ。町人出身なら「国王」はおかしい、では町人

うちのプレジデントからの手紙をもってきました！

でいちばんえらい人は誰？　と考えた結果、大工の頭である「棟梁」という言葉がふさわしい、ということになったそうです。将軍と同等の立場に見合うように「大」をつけて漢字を変え、今の「大統領」という言葉が生まれたといわれています。

調べてみよう
国のトップの言い方は？
日本で大統領にあたる人は誰でしょう？　そして英語ではなんというのでしょう？　答えはひとくちメモで。

ひとくちメモ　日本の政治上のトップは総理大臣（首相）です。英語ではthe Prime Ministerといいます。ministerは「大臣」、primeは「最も重要な」という意味です。

英語が苦手な人のためのゴロ合わせ

7月22日（日）July

三重県多気町立勢和小学校 教諭
岡村里香 先生が書きました

外国の人のゴロ合わせ

じつは外国の人もゴロ合わせを使っておぼえることがあります。日本語の数字の「いち、にい、さん」は、こうです。

- 1（いち）→ itchy（かゆい）
- 2（にい）→ knee（ひざ）
- 3（さん）→ sun（太陽）
- 4（しい）→ she（彼女）
- 5（ご）→ go（行く）

日本語を発音が近い英語におきかえていますね。

英語もゴロ合わせができる

社会で歴史の年代をおぼえるときは、「鳴くよ ウグイス 平安京」（794年、都が平安京にうつされた）のように、ゴロ合わせでおぼえると、おぼえやすいですね。

英語でもゴロ合わせで言葉をおぼえることができます。いくつかやってみましょう。

- ell（うなぎ）→「うなぎが、川にイール」
- sun（太陽）→「お日さま、サンサン」
- kennel（犬小屋）→「犬小屋で、犬寝る」

英語を発音が近い日本語におきかえていますね。こうやって日本語におきかえると、おぼえやすいはずです。

考えてみよう

6はどうやっておぼえる？

上のつづきを考えてみましょう。5の次は6です。6の発音に近い英語はなんでしょうか？
6は、lockに近いですね。英語のlockは「鍵」という意味です。
また、6は、rockにも近いです。
lockは「鍵」、rockは「岩」という意味です。

ひとくちメモ: lock（鍵）とrock（岩）とでは、発音がぜんぜんちがいます。英語のlは前歯の裏に舌先をつけて発音します。一方、rは舌を巻いて発音します。くわしくは288ページを見てください。

日本語とは意味がちがう「ハンサム」と「チャレンジ」

おもしろ英語のお話

広島大学大学院教育学研究科 教授
築道和明先生が書きました

7月 23日 July

読んだ日　月　日　｜　月　日　｜　月　日

ハンサムな女性？　ハンサムな馬？

日本語で「ハンサム」といえば、顔がかっこいい男の人のことですね。でも、英語のhandsomeは女の人に対しても使われます。さらに、なんと動物やものにも使われます。たとえばこんな風にいいます。

A handsome woman　ハンサムな女性
A handsome horse　ハンサムな馬
A handsome house　ハンサムな家

それぞれhandsomeはどんな意味があるのでしょうか？

A handsome womanは「大柄で堂々とした女性」のことを指します。A handsome horseは「体の均整がとれた馬」という意味です。A handsome houseは「構えがりっぱな家」のことです。

チャレンジする相手は人！

「チャレンジ」も日本語と英語では意味がちがう言葉です。日本語の「チャレンジ」は、「山登りにチャレンジ」や「難問にチャレンジ」というように、ものや課題に挑戦するという意味があります。これに対して、英語のchallengeは、ものや課題ではなく、人に挑戦するという意味があります。たとえば、次のように使います。

He challenged me.
彼は私に勝負を挑んだ。

また、人の意見に異議を申し立てるという意味もあります。

I challenged her opinion.
私は彼女の意見に異議を唱えた。

このように、日本で使われているカタカナと英語では、同じように見えて、少し意味がちがう場合があります。

ひとくちメモ　ハンサムな男の人のことを「イケメン」といいますね。「イケメン」を英語にすると、a good looking guyや a hot guy、a cool guyとなります。

うわさ話をしていると現れるのは誰？

7月24日 July

岡山県立大学 デザイン学部造形デザイン学科
風早由佳先生が書きました

読んだ日　月　日　｜　月　日　｜　月　日

似たようなことわざ

「ケンくん、すごく走るの速かったね！」
「本当に！ ケンくんのおかげでリレーで1位になれたよね」などと話をしているところに通りかかったのは、そのケンくん。「あ、ケンくん！ 今ちょうどきみの話をしていたんだよ」

こんなふうに、ある人のうわさをしていると、本人がその場に現れることがありますよね。日本では「うわさをすれば影（がさす）」ということわざがあります。うわさ話はほどほどにしましょう、という意味で使われます。

さて、英語にも同じような場面で使う表現があります。なんと、うわさ話のことを「悪魔の話をする」というのです。

OH! speak of the devil!

悪魔の話をすると……!?

うわさ話をしていて、その人がちょうど現れたとき、英語ではSpeak of the devilといいます。ただ影ではなく、悪魔（devil）というのは、相手にちょっと失礼な気がしますね。日本と同じように、うわさ話をいましめるために生まれた言葉です。

覚えておこう

いいときも「悪魔」

この言葉が使われはじめたのは何百年もむかし。そのころは、今よりも妖精や悪魔の存在が深く信じられていて、悪魔の話をすると本当に悪魔に出会うという、あまりよくないこととして考えられていたようです。しかし、現在ではいいうわさをしているときにも、本人とばったり出会えば、Speak of the devilといいます。

ひとくちメモ　イギリスでは、speakの代わりにtalkを使って、Talk of the devilといわれることもあります。

おもしろい英語のお話

o'clockのo'ってどんな意味？

7月25日(日) July

呉工業高等専門学校 人文社会系分野
大森 誠先生が書きました

読んだ日　月　日　｜　月　日　｜　月　日

of the clockを短くした形

英語で時刻はどういうか知っていますか？たとえば、「10時」といいたいときは、10 o'clockといいます。clockは「時計」という意味ですね。では、clockの前についているこのo'とはなんでしょうか？

じつは、o'clockは、of the clockを短くしたものです。つまり、o'は、of the を省略しているのです。ofは「〜の」という意味なので、10 o'clockをそのまま日本語にすると、「時計の10」または「時計における10」になります。

17世紀より前までは、短くしていませんでしたが、時がたつにつれて、省略されるようになりました。

「○時ちょうど」といいたいときは？

日本語で、8時00分のことを「8時ちょうど」や「8時ぴったり」ということがありますね。英語にもこの「○時ちょうど」「○時ぴったり」といういい方があります。英語で「8時ちょうど」は、次のようにいいます。

① at exactly eight (o'clock)
② at eight (o'clock) sharp
③ at eight (o'clock) on the dot
④ at precisely eight (o'clock)

①のexactlyと④のpreciselyはどちらも「正確に」という意味です。sharpは「先のとがった・くっきりした」という意味です。③のon the dotは、「即座に・その場で・きっかりに」という意味があります。なお、日本語では「8時ジャスト」といういい方もしますが、eight justという英語はありません。

覚えておこう

午前と午後を区別したいときは

時刻のうしろにin the morningをつけると午前、時刻のうしろにin the afternoonまたはin the eveningをつけると午後をあらわすことができます。午前7時はseven in the morning、午後7時は seven in the afternoon (in the evening)です。

午前と午後は、時刻のうしろにa.m.（午前）やp.m.（午後）をつけてもあらわすことができます。a.m.とp.m.は161ページでくわしく紹介しています。

「ジェントルマン・アンド・レイディーズ」はNG?

7月26日 July

音声対応

福岡教育大学 英語教育講座 教授
中島 亨 先生が書きました

読んだ日 月 日 | 月 日 | 月 日

ショーのはじまりの決まり言葉

「レイディーズ・アンド・ジェントルマン！」。テレビやショーの司会者が、お客さんの注目を集めるために、最初にこういうのを聞いたことがあるでしょう。レイディーズ（ladies）は女の人に、ジェントルマン（gentlemen）は男の人に、ていねいに呼びかける言葉です。でも、このふたつを反対にして、「ジェントルマン・アンド・レイディーズ」とはいいません。それはなぜでしょう？

英語には一定のリズムがある

ladiesは強いカウント（●）と弱いカウント（・）で発音されます。

🔊 **ladies**
● ・

一方、gentlemenは強いカウント、弱いカウント、弱いカウントで発音されます。

🔊 **gentlemen**
● ・ ・

間のandは弱いカウントで発音されます。

🔊 **and**
・

続けるとこうなります。

🔊 **ladies and gentlemen**
● ・ ・ ● ・ ・

強いカウントと弱いカウントが規則正しく並んでいますね。次に、ladiesとgentlemenを反対にしてみます。

🔊 **gentlemen and ladies**
● ・ ・ ・ ● ・

強いカウントと弱いカウントの並びがばらばらになってしまいました。音声もなんとなくなめらかではありませんね。ladiesとgentlemenがこの順番なのは、英語のリズムがよくて聞き取りやすいからなのです。

ひとくちメモ salt and pepper（塩とこしょう）、milk and honey（ミルクとはちみつ）、bread and butter（バターつきパン）、men and women（男と女）なども、言葉を反対にすると、リズムがおかしくなります。

237

省略する日本語、すべていう英語

外国のくらしと文化の科学

7月 27日 July

国立明石工業高等専門学校
飯島睦美先生が書きました

読んだ日　月　日　月　日　月　日

英語は情報をもらさず伝える

朝、さとし君が学校へ出かけようとすると、おばあさんが「天気予報で、今日は雨が降るといっていたよ。かさを持って行ったほうがいいよ」と声をかけました。「かさを持って行ったほうがいいよ」を、英語ではどういうのでしょうか？

You had better take your umbrella with you, Satoshi.
かさを持って行ったほうがいいよ、さとし。

日本語と英語で同じことをいっていますが、なにかちがいに気づきましたか？　まず日本語では、主語の「あなた」が省略されています。また、かさの前の「あなたの」も省略されています。さらに、かさを誰が一緒に持って行くのかをあらわす「あなたと一緒に」も省略されています。

このように、日本語では、言葉が省略されても、きちんとコミュニケーションができます。それは日本語が、場面や文脈によって理解されやすい言語だからです。

日本の文化・社会は、多くを語ることなく気持ちを伝える文化なので、聞く人、読む人がきちんと理解することが求められてきました。一方、英語を育んできた文化・社会では、聞く人、読む人が誤解をしないように、すべての情報をきちんと伝える必要があるのです。

考えてみよう

結論は先？　あと？

アメリカ人が日本人と仕事の話をするときに、イライラすることがあります。
What are you talking about?　What do you want to do?
一体、きみは何がしたいんだ？
ここにも日本語と英語のちがいが表れています。日本語は最後まで聞かなければ、賛成か、反対かわかりません。でも英語は最初にわかります。
I agree with you.
私は、あなたの意見に賛成です。
I don't agree with you.
私は、あなたの意見に賛成ではありません。
日本語は理由をいってから結論をいいますが、英語はまず結論からいいます。言葉がちがうと考え方もちがうのですね。

ひとくちメモ　「一緒に行けないと思う」を英語でいうと？ I think I can't go with you.としてしまいそうですが、I don't think I can go with you.のほうがよく使われます。

イングリッシュじゃない、シングリッシュとは？？

7月28日 July

国立明石工業高等専門学校
飯島睦美先生が書きました

読んだ日　月　日｜月　日｜月　日

シングリッシュってなに？

　シンガポールは、ひとつの国の中に中国系、マレー系、インド系など、多くの民族や文化が集まっている国です。そのため、みんなの共通の言葉として英語が使われるようになりました。Singaporeで話されているEnglish（英語）なので、Singlishといいます。

文章におわりにlah

　シングリッシュは、英語に、中国語、マレー語（マレーシアなどで使われている言葉）、ヒンドゥー語（インドなどで使われている言葉）などが混じってできています。
　シングリッシュでは、文章の最後にlahをつける表現があります。たとえばOK.はOK-lah.といいます。Yes, I can.は、Can lah.といいます。lahは日本語の「〜だよ」と同じ意味です。
　また、同じ言葉をくりかえす表現もあります。たとえば、Yes, I can.は、Can-can.ということがあります。

もはや英語ではない!?

　中国語、マレー語、ヒンドゥー語の言葉がそのまま使われることもあります。たとえば、Oh, my God！は英語で「あらまぁ！」という意味です。シングシッシュでは、Alamal！といいます。Alamal！はマレー語でおどろきを意味する言葉です。日本語の「あらまぁ！」と発音がにていますね。Have you already eaten？は英語で「もう食べた？」という意味です。シングリッシュでは、Makan already？といいます。Makanはマレー語で「食べる」という意味です。
　シングリッシュは英語を短くした表現が多いので、英語よりも覚えやすいかもしれませんね。

ひとくちメモ　いろんな言葉が混ざって使われているのは、シンガポールだけではありません。たとえば、ハワイでは日系の人が多いので、日本語の単語が英語に混じって使われています。

ガリバー旅行記①
Gulliver's Travels

筑波大学 大学院 人文社会科学研究科
森 好紳 先生が書きました

読んだ日　月　日　｜　月　日　｜　月　日

　昔々、イギリスに若い男が暮らしていました。彼の名前はガリバーといいます。ガリバーは旅が大好きです。ある日、ガリバーは船に乗りますが、嵐がやってきて船はひっくり返り、ガリバーは海に投げ出されてしまいます。
　長い時間がたって、ガリバーはある島で目が覚めますが、動くことができません。ガリバーの体にはたくさんのロープが巻きつけられ、地面にしばりつけられています。ガリバーが辺りを見回すと、とてもたくさんの小人たちがいます。小人たちはガリバーの手と同じくらいの大きさです。小人たちはガリバーをろうやへ連れていきます。
　ろうやでガリバーが少しでも動くと、小人たちは弓矢で攻撃します。しかし、ガリバーを傷つけることはできません。

『ガリバー旅行記』は、アイルランドの作家スウィフトが書いた冒険物語です。ガリバーが漂着した先は、小人たちの国でした。ろうやに閉じ込められたガリバーは、敵の国をやっつけたことで、小人たちのヒーローになりますが、あることが原因で国を追い出されてしまいます。

Long, long ago, a young man lived in England. His name is Gulliver. He loves travel very much. One day, he gets on a ship. But a strong storm comes to Gulliver's ship. The storm turns over the ship. Gulliver falls into the sea.

After a long time, Gulliver wakes up on an island. But he cannot move. Many ropes are around Gulliver's body. He is tied to the ground. Gulliver looks around and finds many, many little people. Their size is about Gulliver's hand. The little people take Gulliver to the prison.

In the prison, even when Gulliver moves a little, the little people attack Gulliver with arrows. But the little people can give no damage to Gulliver.

ガリバー旅行記②
Gulliver's Travels

筑波大学 大学院 人文社会科学研究科
森 好紳 先生が書きました

読んだ日　月　日｜月　日｜月　日

あ る日、小人たちの王様がガリバーを見にやってきます。ガリバーはいいます。「決して乱暴にしないので、なわをほどいてください」。王様がいいます。「わかった。お前を解放しよう。ただし、その代わりに敵国からわれわれの国を助けてくれ」。その敵国というのも、また小人の国です。ガリバーは戦場に行き、ロープを使って敵の艦隊を王様のもとへ引っ張っていきます。王様や小人たちは「ありがとう」とガリバーにいいます。いまやガリバーは小人たちの英雄です。

別のある日、王様たちのいる宮殿で火事が起こります。小人たちがいいます。「火事だ！　危ない！　逃げろ！」。小人たちは火を消すことができません。たくさんの水を火にかけられないのです。ガリバーはたくさんの水を集めるいい方法を思いつきます。

彼は火に近づいて、おしっこをかけます。ガリバーは火を消しました。しかし、小人たちのお妃さまをおこらせてしまいました。

ガリバーはそのせいで小人の国にいられなくなり、故郷のイギリスに帰っていきます。

このお話に出てくる主な英単語

- storm（嵐）
- ship（船）
- prison（ろうや）
- arrows（矢）
- king（王）
- violence（乱暴）
- enemy（敵国）
- battle area（戦場）
- fire（火事）
- dangerous（危険）
- queen（お妃さま）
- home country（故郷（の国））

7月30日 July

音声は7月29日から続いています。

One day, the king of the little people comes and sees Gulliver. Gulliver says, "I never do violence. So, please take the ropes from me." The king says, "OK. I set you free. But instead, please help our country from an enemy country." The enemy country is also a country of little people.

Gulliver goes to the battle area. Gulliver uses ropes and pulls the ships to the king. The king and his people say "Thank you very much." to Gulliver. Now, Gulliver is a hero for the little people.

Another day, a fire happens at the palace of the little king. The little people say, "Fire ! It's very dangerous ! Run away !" The little people cannot put out the fire. They cannot pour much water over the fire. Gulliver has a good idea of getting much water.

He comes near the fire and pees on it. Gulliver can put out the fire. But the queen of the little people is very angry with Gulliver.

Gulliver cannot stay in the country and goes back to his home country England.

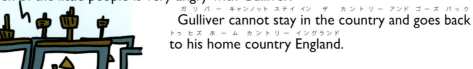

答えてみよう

お妃さまがおこったのはなぜ？

ガリバーは宮殿の火事を消して多くの小人たちを救ったにもかかわらず、小人のお妃さまをカンカンにおこらせてしまいました。なぜお妃さまはおこったのでしょう？

ひとくちメモ　王様やお妃様が住んでいる宮殿に、おしっこをかけたから。いくら火を消すためとはいえ、自分が住んでいるところにおしっこをかけられたら、だれだっておこりますよね。

日本の女子教育のとびらを開いた津田梅子

7月31日 July

国立明石工業高等専門学校
飯島睦美先生に聞きました

読んだ日　月　日　｜　月　日　｜　月　日

6歳でアメリカに留学

1871年（明治4年）、日本ではじめての女子留学生が、アメリカに向けて出発しました。5人の学生の中で、いちばん年下だったのは、6歳の津田梅子です。

アメリカの家庭でくらしはじめた梅子は、たちまち英語を覚えました。外国の生活にもすぐになじみ、友だちもたくさんできました。数学やフランス語も得意です。そのかわり、日本語はほとんど忘れてしまいました。

17歳になった梅子は、日本に帰国します。しかし、そのころの日本には、女性が働ける場所はほとんどありませんでした。せっかくアメリカで学んだことが、なにも生かせないのです。ようやく女学校の先生になった梅子は、決心します。

「これからは、日本の女性もしっかり勉強して、社会で活躍しなくてはいけない。私は、その教育をする学校をつくろう」

「女子英学塾」の開校

梅子は、大学で勉強するために、ふたたびアメリカの地をふみました。そして、35歳のとき、東京に「女子英学塾」という学校をつくります。

この学校の授業は、とてもきびしいことで有名でした。英語にまちがいがあると、正しく答えられるまで、何度でもくりかえし練習するのです。そして、ここではひとりひとりが自分の頭で考え、広い意見をもつことが大切だと教えられました。のちに、この学校は大きく発展し、津田塾大学となります。

津田梅子は、女子の教育と地位向上のために、一生をささげました。その教えは、今も社会で活躍する多くの女性に受けつがれています。

ひとくちメモ　津田梅子は27歳でアメリカのブリンマー大学に入学し、生物学を学びました。万国婦人クラブの日本代表としてヘレン・ケラーを訪ねたり、イギリスでナイチンゲールと会見したりもしています。

8月

August

英語がなまって日本語に!?
ミシンのお話

皇學館大学文学部　コミュニケーション学科　准教授
川村一代先生が書きました

8月1日（日）August

読んだ日　月　日　｜　月　日　｜　月　日

カタカナだからって英語とは限らない

おうちにはいろんな電化製品がありますね。カタカナの名前がついている電化製品もたくさんあります。しかし、カタカナの名前がついているからといって、英語であるとは限りません。

その代表がミシンです。英語ではsewing machineといいます。sewingは「裁縫」、machineは「機械」という意味です。ミシンは江戸時代末期に日本に入ってきて、明治時代に広まりました。sewing machineという英語を聞いた日本人は、machine「マシン」が「ミシン」と聞こえました。そのため、sewingは省略されて「ミシン」とよばれるようになりました。

ミシンの役割を考えると、省略するなら「機械」ではなくて「裁縫」のほうを残せばよかったのに、と思ってしまいますね。

覚えておこう　家電にまつわる英単語

- ceiling light 天井灯
- sewing machine ミシン
- computer コンピューター
- air conditioner エアコン
- vacuum cleaner / vacuum 掃除機
- fan 扇風機
- water heater ポット
- television / TV テレビ
- hair dryer ドライヤー
- refrigerator 冷蔵庫
- microwave 電子レンジ
- rice cooker 炊飯器
- dishwasher 食器洗い機
- outlet コンセント
- washing machine 洗濯機

ひとくちメモ　エアコンをつける／消すはturn on/off the air conditioner、エアコンの温度を上げる／下げるはturn up/down the air conditionerといいます。これらの表現はほかの電化製品にも使えます。

ソフトクリームもシュークリームも通じない!?

北海道室蘭市立海陽小学校教諭
相馬和俊先生が書きました

読んだ日　月　日　｜　月　日　｜　月　日

ソフトクリームは冷たくない？

ソフトクリームといえば、うずまき状の冷たいクリームが、コーンやカップにのっている食べ物をイメージしますよね。でも、外国に行って「ソフトクリームください」といったら、変な顔をされます。どうしてでしょうか？

英語のsoft creamは「やわらかいクリーム」という意味です。ですから、多くの外国の人たちは、soft creamと聞いたら、ケーキの上にのっているホイップクリームのことだと勘ちがいします。日本でいうソフトクリームは英語で、soft-serve ice cream、またはsoft ice creamといいます。

シュークリームは靴をみがくもの？

もうひとつ外国では通じない食べ物のいい方を紹介しましょう。それは、シュークリームです。ケーキ屋さんで「シュークリームください」というと、「くつ屋さんに行ってください」といわれるかもしれません。

shoe creamは、英語で「くつのクリーム」という意味になります。革につやを出したり保護したりするために、くつの表面にぬるクリームのことなのです。

話してみよう

アイスクリームを英語で注文してみよう

アイスクリームを英語で注文してみましょう。

🔊 I'll have a single scoop of strawberry with a waffle cone, please.
シングルサイズでいちご味、入れ物はワッフルコーンのアイスクリームをください。

singleは「スコップでひとつ分」という大きさを表しています。strawberryは「いちご味」というアイスクリームの味、waffle coneは「ワッフルコーン」で入れ物の種類を表しています。

シュークリームは、英語でcream puffといいます。フランス語ではchou à la crèmeといっていたのが、なまってシュークリームになりました。

わかめ・こんぶ・のり 英語ではなんというの?

立正大学 文学部特任講師
亀井ダイチ・利永子先生が書きました

8月 August 3日

読んだ日　月　日　｜　月　日　｜　月　日

英語ではみんな同じ

日本語ではきちんと区別がついている、わかめ・こんぶ・のりですが、これを英語にしようとするとたいへん！　日本語ではすべてちがう名前ですが、英語ではまとめてseaweed（海藻）と呼ぶのです。専門の学名はあってもふだん使わないので、「わかめとのりは好きだけど、こんぶはダメ」という場合、どう説明すればいいのか困ってしまいます。みんな、a kind of seaweed（海藻の一種）になってしまうのです。

なぜ英語では区別しないのでしょう？　それは、わかめ・こんぶ・のりなどの海藻は欧米ではあまり食べられないためといわれています。そのため区別の必要がないのです。

ハクサイとチンゲンサイも同じ?

英語ではあまりきちんと区別されていない食べ物がほかにもあります。たとえばChinese cabbage（中国キャベツ）。これはハクサイやチンゲンサイ、ターサイなどを指します。中国はもちろん、日本でもよく食べられている野菜ですね。しかし欧米ではあまり知られていないため、「アジアからきた野菜で、キャベツみたいなもの」ということで

Chinese cabbageと呼ばれることが多いのです。言葉はその国の食文化と関係しているのですね。

考えてみよう

寿司ネタのニックネーム

英語圏ではある寿司ネタのことを、devil fish（悪魔の魚）という別名で呼ぶことがあります。食べるとおいしいのですが、その見かけから、あまり人気のない寿司ネタのようです。さて、この寿司ネタはいったいなんでしょうか？答えはひとくちメモにあります。

ひとくちメモ　devil fish（悪魔の魚）の正体は、イカ（squid）やタコ（octopus）です。生きているときの姿からこんな名前がついたのでしょう。

248

虹は7色ではない!？
いろいろな色のお話

8月4日 August

広島文教女子大学　非常勤講師
篠村恭子先生が書きました

読んだ日　月　日｜月　日｜月　日

世界には6色の虹がある？

みなさんには、虹はなん色に見えていますか？日本では「7色」と答える人がほとんどだと思いますが、英語を話す国の人に聞くと、多くの人が「6色」と答えます。虹の色は世界中どこで見ても同じですが、それをなん色にわけるのかは、じつは国や地域によってちがうのです。英語を話す人たちは、藍色を数えないで6色としていました。ほかの国や地域も調べてみたところ、色のわけ方には2〜7色とちがいがありました。

太陽は何色？

絵をかくときに太陽をなに色でえがくかについても、国や文化によってちがいがあります。日本では太陽をオレンジや赤色にすることが多いですね。国旗「日の丸」も白地に赤い太陽がデザインされています。一方、欧米では黄色でえがく人が多いようです。白にする人もいます。

虹や太陽など、自然のものはどの国の人が見ても同じはずですが、受けとり方は国や地域によってさまざまであることがわかります。

覚えておこう

ウソはなに色？

日本語ではまったくのウソのことを「真っ赤なウソ」といいます。同じような表現が英語にもあります。悪意のないウソはwhite lie、悪意のあるウソはblack lieといいます。

ひとくちメモ　信号の「進め」の色を、日本語では緑に近くても「青信号」といいます。しかし、英語ではgreen（緑）であらわします。ここでも日本語と英語で色のあらわし方にちがいがあるようです。

Coolをかっこよく使ってみよう！

8月 August 5日

愛媛大学附属高等学校
三好 徹明 先生が書きました

読んだ日　月　日　｜　月　日　｜　月　日

日常生活でよく使うスラング

イギリス人は会話の中でたびたび「cool!」といいます。今日はとても暖かいのに、どうして「すずしい（cool）」なんていうのでしょう？

じつは、このとき話していたcoolは、英語のスラング（ふだんの生活の中でよく使われる話し言葉）のひとつです。イギリスやアメリカなどでは、子どもから大人まで、広く親しまれている言葉です。「最高だ」「かっこいい」「すごい」「すばらしい」などという気持ちをあらわすときに、よく使われます。ほかにも、相手との会話の間に入れて、「あなたの話をちゃんと聞いていますよ」という合図の代わりにも使われるそうです。

coolの使い方

では、coolというスラングは、どんなふうに使うのでしょうか？　次の例文のように、友だちに使ってみるとかっこいい（cool）ですよ！

🔊 **Your bike is really cool.**
きみの自転車、超かっこいいね。

🔊 **A: I just read a book on science.**
最近、科学の本を読んだよ。

🔊 **B: Cool.**
いいね。

覚えておこう

キュートとプリティ

英語のcuteとprettyは日本語にすると、どちらも「かわいい」になります。でもこのふたつの言葉、同じ「かわいい」でも少し意味がちがいます。cuteは、赤ちゃんや子ども、動物などに使う「かわいい」で、prettyは大人の女の人などに使う「かわいい」です。

Your cat is so cute.
きみの飼っているネコってとってもかわいいね。
Your sister is pretty.
きみのお姉さんってかわいいね。

prettyは「かわいい」より「かわいらしい」や「きれい」のほうが近いかもしれません。

「トイザらス」といえば、おもちゃやベビー用品をあつかっているお店ですね。「トイザらス」を英語で書くとToys"R"Us。これは、Toys are us.（おもちゃは私たちのもの）という英語を短くしたものといわれています。

playはスポーツ、音楽、お芝居で大活躍

おもしろい英語のお話

8月6日 August

共栄大学 国際経営学部 助教
鈴木健太郎先生に聞きました

読んだ日　月　日　｜　月　日　｜　月　日

ピアノも太鼓もハーモニカも

楽器の演奏をすることを表現するとき、日本語なら「ピアノを弾く」「太鼓をたたく」「ハーモニカをふく」と楽器によって表現がちがいますね。英語ではすべてplayです。play the piano、play the drum、play the harmonicaとなります。演奏家のことは、どの楽器でもplayerです。

このplayはスポーツをする時も使います。play baseball「野球をする」、play tennis「テニスをする」などボールを使うスポーツはplayで表現します。スポーツ選手はどの種目でもplayerです。

お芝居をするのもplay

playは「遊ぶ」という意味でも使われます。遊び場のことはplay groundと呼びます。

さらに、お芝居でなにかを「演じる」こともplayを使います。「ままごとをする」は、お父さんやお母さんの家の中での生活を演じる遊びなので、英語ではplay houseといいます。

こうしてみてみると、playは楽しい活動をすることに広く使える単語であることがわかりますね。

話してみよう

playを使ってみよう

習っているスポーツや楽器はありますか？　また得意なことはなんでしょう？　playを使って表現できるかもしれません。

I play the piano.　私はピアノを弾きます。
I play the recorder.　私はリコーダーを吹きます。
I play baseball.　私は野球をします。
I play soccer.　私はサッカーをします。
I play basketball.　私はバスケットボールをします。

ひとくちメモ　水泳、スキー、スケートなどひとりでするスポーツはplayを使わずに、swim、ski、skateがそのまま「〜する」になります。柔道や空手、相撲など武道をするときは、do judoのようにdoを使います。

外国のくらしと文化のお話

アメリカでは、水遊びと花火に要注意

8月 August 7日

島根大学 外国語教育センター 嘱託講師
ハーヴィー佳奈 先生が書きました

読んだ日　月　日　｜　月　日　｜　月　日

小さな子どもでも水着は絶対

アメリカでは、夏休みがはじまる前の7月に1学年が終わるので（9月から新しい学年がはじまります）、なんと夏休みの宿題がありません。だから、日本以上にのびのびと夏を楽しむことができます。

さて、アメリカの水遊びで、少し注意しておきたいことがあります。小学校にはいる前の小さな子どもたちが、公園やプールではだかで水遊びをしている——。そんな光景を日本でよく見かけることもあります。でも、アメリカだったらこれはNG。小さな子どもがはだかで水遊びしていると、誰かがびっくりして警察に通報することもあります。それくらいよくないことなのです。

花火が禁止されているところも

夏は花火も楽しみのひとつ。アメリカでも、独立記念日の7月4日をはじめとして、あちこちで花火が見られます。しかし、花火を見るのは自由ですが、自分たちで花火をすることを、禁止している地域もあるのです。カリフォルニア州では、個人で花火をすることは禁止されています。夏は雨がほとんど降らず、空気が乾燥しているので、火事になると危ないから、というのがその理由です。

覚えておこう

夏にまつわる英単語

花火をはじめ、夏の風物詩の単語を覚えましょう。

花火　fireworks　ファイヤーワークス
海水浴　sea bathing / going to a beach　シー ベイジング／ゴーイング トゥ ア ビーチ
夏休み　summer vacation　サマー バケーション

 ひとくちメモ　カリフォルニア州では、個人で花火をすることは禁止されていますが、アメリカのほかの州では許可されている所もあります。このように、アメリカでは州によってルールがちがうことがよくあります。

「うりふたつ」じゃなくて「さやの豆」?

8月8日 August

大阪商業大学
前田和彦先生が書きました

読んだ日　月　日 / 月　日 / 月　日

「バラのように美しい」は万国共通

植物は人間にとって身近な生き物ですね。特に花は、人によって愛されることで、広まっていきました。なにかをたとえるときに、よく花の名前が登場します。たとえば美しいことを表現したいときは「バラのように美しい」とか「ユリのように清楚な」といういい回しは日本語でも英語でもおなじみ。英語では「花のように繊細な」という表現もよく使われます。ハラハラと散る花びらのイメージからきているのでしょう。ちょっとユニークですが、「ベリーのように日焼けした」といういい方もあるようです。よく熟したベリーは少し茶色くなっているからでしょうか?

さやの中の豆みたいにそっくり

もうひとつ、植物を使ったおもしろい表現を紹介しましょう。英語ではそっくりな人といいたいときエンドウ豆が登場します。as like as two peas in a podといういい回しがあるのです。likeは「にている」という意味、two peas in a podは「さやの中のふたつの豆」という意味です。この英語をそのまま日本語に直すと、「さやの中のふたつの豆みたいにそっくり」となります。たしかにさや

の中に入っている豆は、どれもよくにていますね。日本でも同じような「うりふたつ」という表現があります。

話してみよう

花を使った表現

左で紹介した花を使った表現の英文を紹介します。

as fair as a rose
[バラのように] 美しい

as pure as a lily
[ユリのように] 清楚な

as delicate as a flower
[花のように] 繊細な

as brown as a berry
[ベリーのように] 日焼けした

ひとくちメモ　花は英語でflowerです。しかし例外もあります。それは果実が成る木の花です。たとえばサクラの花はflowerとはいいません。cherry blossomといってblossomを使います。サクランボの花、という意味です。

253

知っていればこわくない！イギリスの「カッパ」

8月9日 August

音声対応

愛知県立大学 外国語学部 准教授
池田 周 先生が書きました

読んだ日　月　日　｜　月　日　｜　月　日

親しい人との会話で使われる

イギリスの会話では、Fancy a cuppa? とたずねられることがあります。「ファンシー」と聞くと、かわいらしく飾りのついた「ファンシーグッズ」などを連想するでしょうか。たしかにfancyには、「飾りのついた」という意味もありますが、それに加えて、「好きな、気に入った」という意味もあります。ですから、Do you fancy a cuppa? を短くした形のFancy a cuppa? は、「cuppaでもどう？」という意味になります。

では、cuppaとはなんのことでしょうか？ じつはこれは、a cup of（カップ一杯の）という意味で、会話で使われる表現なのです。

イギリスといえば紅茶の国です。a cup of tea（一杯の紅茶）といわなくても、cuppaで「お茶」だと通じるのですね。このように、親しい人との会話で「お茶でもどう？」と尋ねるときに、このcuppaを使って Fancy a cuppa? といいます。

話してみよう

紅茶をすすめられたときは？

紅茶をすすめられたときは、どう答えればよいでしょうか？ Fancy a cuppa? とたずねられたら、飲みたいときはYes, please.（お願いします）、断るときは No, thank you.（ありがとう、でも結構です）などといいます。断るけれど、感謝の気持ちを伝えたければ、Thank you, but no thank you. という表現もあります。

- A：Fancy a cuppa？
  お茶でもどう？
- B：Yes, please.
  はい。お願いします。
- A：Do you fancy a cuppa？
  お茶でもどう？
- B：No, Thank you. I am OK.
  いいえ。けっこうです。

 ミルクや砂糖を入れるかどうかを聞かれることもあります。How do you like your tea？（紅茶はどう飲みますか？）と聞かれたら、Milk and sugar, please.（ミルクと砂糖をお願いします）などと答えましょう。

友だちとの会話に大活躍 kidding

おもしろ！英語のお話

共栄大学 国際経営学部 助教
鈴木健太郎先生に聞きました

8月 August 10日

読んだ日　月　日　月　日　月　日

冗談でしょ？ マジで？

友だちどうしの会話は、うわさ話やおもしろい話にあふれていますね。「うそー!?」「マジで？」「冗談だよ！」なんて会話が飛び交っているはずです。

そんな場面で英語ではkidという単語がよく使われます。kidは「子ども」という意味ですが「冗談をいう」「からかう」という意味でもよく使われます。

日常でよく使ういい回しを紹介しましょう。

- 🔊 You are kidding.
- 🔊 No kidding.

冗談でしょ？／ウソー！／まさか！

現在よく使われている（あまりおすすめではありませんが）「マジで!?」といいたいときもこれが使えます。

- 🔊 Just kidding.

ただの冗談だよ。／本気じゃないよ。

- 🔊 I'm not kidding.

本当だよ。※「マジだよ」もこれですね。

- 🔊 Are you kidding me?

からかってるの？／冗談でしょ？

怒られるときにも

大人がさわいでいる子どもに注意するとき

You are kidding. 冗談でしょう？

にもよく使われます。特によく聞くいい回しを紹介しましょう。

- 🔊 Stop kidding around !

ふざけるのをやめなさい！／ばかなことはやめなさい！

kiddingが入った表現は映画などでもよく出てきます。もし耳にしたら、どんな風に使われているのか確かめてみましょう。海外のお友だちができたときに活躍しますよ。

覚えておこう

jokeもよく使う

冗談のことをjokeともいいます。「ジョーク」は日本語でも通じますね。「冗談だよ」といいたいときに、kiddingの代わりにjokingを使っても大丈夫です。「ただのジョークだよ」を意味するOnly joking. もよく使われるいい回しです。

ひとくちメモ　Just kidding. はメールなどでも非常によく使われます。jkと略されることもあるようです。

コンシェルジュには正しい英語を使おう

愛知県瀬戸市立掛川小学校
左近政彦先生が書きました

8月 August 11日

読んだ日　月　日｜月　日｜月　日

「モーニングコール」は通じない？

ホテルの接客係、コンシェルジュはお客さんの悩みを解決してくれる接客のプロ。外国のコンシェルジュになにかをお願いしたいときは、正しい英語じゃないと、おかしなことになってしまいます。

たとえば、モーニングコールをお願いしたいとき。

🔊 Could you give me a morning call at 6 tomorrow?
明日の朝6時にモーニングコールをお願いします。

こういっても、コンシェルジュには通じません。じつはモーニングコールは日本でしか通じない言葉だからです。英語を使う国では、wake-up callを使います。wake-upは「起こす」という意味です。上の文章を正しくするとこうなります。

🔊 Could you give me a wake-up call at 6 tomorrow?
明日の朝6時にモーニングコール（ウェイクアップコール）をお願いします。

食べ放題は「バイキング」？

ホテルの楽しみといえば朝食ですね。好きなものを好きなだけ取って食べられる、バイキング形式もあります。しかし「朝はバイキングですか？」と聞くと、コンシェルジュの頭の中には「海ぞく」が浮かんでいるかもしれません。英語を使う国で、バイキングは、viking（海ぞく）のこと。食べ放題のバイキングは、buffetといいます。

学んでみよう

「フロント」で待ち合わせ？

同じホテルに泊まっていた外国の人と友だちになり、ホテルのフロントで待ち合わせすることになりました。しかし、ホテルのフロントで待っていても友だちはやってきません。携帯電話に電話するとフロントにいるといわれました。さて、友だちはどこにいるのでしょう？　日本でホテルのフロントといえば、受付ですが、外国でホテルのfrontというと、ホテルの建物の前を意味します。友だちはホテルの正面で待っていたのでした。

英語のwake-up callには、「電話をかけてもらうサービス」という意味のほかに、「注意を呼びかける」という意味もあります。wake-up（目をさまさせる）をいう言葉が入っているからです。

256

いろんな意味をもつtakeを使いこなそう！

8月 August 12日

駒沢女子短期大学 教授
金澤延美先生が書きました

読んだ日　月　日｜月　日｜月　日

takeは「取る」だけじゃない

英語のtakeは「手に取る」や「受け入れる」という意味があります。takeを日本語にすると「取る」になることが多いですが、ぜんぶ「取る」になると思ってはいけません。使い方によっては、「乗る」「連れて行く」「座席に座る」といった意味にもなります。

今日はtakeを使ったいろんな表現を見ていきましょう。

🔊 **I take a walk every morning.**
私は毎朝散歩します。

🔊 **I take a shower every morning.**
私は毎朝シャワーをあびます。

take a walkは「散歩する」、take a showerは「シャワーをあびる」という意味です。どちらも「取る」は出てきません。これらの表現はそのまま覚えるのがよいでしょう。

🔊 **Let's take a taxi.**
タクシーに乗ろう。

このtakeは「乗る」という意味です。

🔊 **I took a picture of my dog yesterday.**
昨日イヌの写真をとった。

tookはtakeが変化したもので、過去のことをあらわしています。take a pictureは「写真をとる」という意味です。

🔊 **My friend took my advice.**
友だちは私のアドバイスを受け入れた。

このtook（take）は「受け入れる」という意味です。

🔊 **My parents took me to the zoo last Sunday.**
先週の日曜日、両親が動物園に連れて行ってくれた。

このtook（take）は「連れて行く」という意味です。

🔊 **I will take this T-shirt.**
［店員に］このTシャツをください。

このtakeは「買います」という意味です。

 ひとくちメモ　takeのうしろにoffをつけると、「身につけているものを取る、脱ぐ、はずす」という意味になります。くわしくは352ページを見てみましょう。

アメリカには子ども用のビールがある!?

8月13日 August 日

立正大学 文学部 特任講師
瀧口美佳先生が書きました

読んだ日　月　日 ｜ 月　日 ｜ 月　日

サイダーはお酒か100%ジュース？

日本でサイダー（cider）といえば、炭酸の入ったジュースのこと。ところが、イギリスやオーストラリア、ニュージーランドでは、炭酸が入ったリンゴ味のお酒のことを指します。アメリカやカナダのある地域では、リンゴをしぼった果汁100%ジュースのことを指します。

日本でいうサイダーは、英語ではsoda popといいます。

ビールなのにジュース？

みなさんは、root beerという飲み物を知っていますか？　ルート・ビアは、「ビア」（ビールのこと）という名前が入っていますが、じつはお酒ではなく、子どもでも飲むことができる炭酸入りのジュースです。

今から150年くらい前に、アメリカの農家の人たちが、集会のときの飲み物としてつくったのが始まりといわれています。昔はせき止めの薬としても使われていたそうです。

rootは「根っこ」という意味で、ルート・ビアの材料には、バニラやリコリス（甘草）やサッサフラス（ユリ科の植物）の根が使われています。これらにナツメグと砂糖などを混ぜてルート・ビアはつくられます。

考えてみよう

ルート・ビアはどんな味？

ルート・ビアはどんな味か気になりますよね。ルート・ビアは一体どんな味がするでしょう？　次の4つの中から選んでください。

①「1日1個食べると医者いらず」といわれる「リンゴ」の味

②ねんざしたときに痛みをとってくれる「しっぷ薬」の味

③家庭でつくるせき止めに使われる「水あめ」の味

④食欲がないときに効果がある「しょうが」の味

 ひとくちメモ　答え：②の「しっぷ薬」でした。え？　しっぷ薬の味だったら、ぜんぜんおいしそうじゃない？　そんなことはありません。一度飲んだらくせになる、海外では人気の飲み物です。

寝ている子どもとイヌはそっとしておこう

8月 August 14日

中国学園大学　国際教養学部
竹野純一郎先生が書きました

読んだ日　月　日　｜　月　日　｜　月　日

「寝た子は起こすな」

「寝た子は起こすな」ということわざを知っていますか？　余計なことをすると、せっかく落ちついている問題が、もとのよくない状態にもどってしまうので、なにもせずにそっとしておくのがよい、という意味で使われています。

このことわざと同じ意味の英語に、Let sleeping dogs lie. という言葉があります。これをそのまま日本語にすると「寝ているイヌはそのままにしておけ」となります。日本語ではそっとしておくのは「子ども」でしたが、英語では「イヌ」というのがおもしろいですね。

🔊 **You should not think about it anymore.**

🔊 **As they say, "Let sleeping dogs lie."**
そのことをこれ以上考えるのはよそう。「寝た子は起こすな」っていうだろ。

イヌのイメージはよい？　悪い？

日本でイヌというと、亡くなった飼い主の帰りを9年間も待ち続けた「忠犬ハチ公」や、南極に取り残されて1年後に救出された「タロとジロ」など、人間に忠実な動物と考えられています。イヌは人間の友だちと考えている人も多いでしょう。

🔊 **It is said that the dog is man's best friend.**
イヌは人間の最良の友だといわれている。

ところが英語では、イヌがよくないもののたとえとして使われることがあります。「せっせと働く」を英語でwork like a dogといいますが、これをそのまま日本語にすると「イヌのようにあつかわれて働く」になります。「みじめな死に方をする」は英語でdie like a dogといいます。これも「イヌのように死ぬ」という意味です。sick as a dogは「ひどく体調が悪い」という意味の英語ですが、そのまま日本語にすると、「イヌのように体調が悪い」という意味になります。

日本と外国ではイヌに対するイメージがずいぶんちがいますね。

ひとくちメモ　海外にも日本の「忠犬ハチ公」とにた話があります。スコットランドの首都エディンバラには、飼い主が亡くなったあと、14年間もそのお墓のとなりに座っていたイヌがいたそうですよ。

オリンピックではフランス語が優先

京都教育大学 英文学科
泉 惠美子 先生に聞きました

8月15日 August

読んだ日　月　日　｜　月　日　｜　月　日

アナウンスにも順番がある

4年に一度、世界中の国から選ばれた選手が競い合うスポーツの祭典オリンピック。2016年に開かれたリオデジャネイロオリンピックでは206カ国が参加しました。これだけの国が参加すれば、さまざまな国の言葉が飛び交ってしまいますね。

そこで、オリンピックではどの言語を優先するか、ルールを決めています。開会式の入場行進を注意深く聞いていると、どの言語が優先されているかわかります。入場の際、国名を3つの言語でアナウンスしていますが、その最初にアナウンスされる言語はなんでしょう？

第一公用語はフランス語

国際的な会議ではたくさんの国が集まっているとき、みんなで使う言語＝公用語は、英語になることがほとんどです。しかし、オリンピックでは英語よりフランス語が優先されます。入場国の名前も、最初にフランス語で、その次に英語、最後に開催国の言葉でアナウンスされるのが決まりです。

これは近代オリンピックを思いついた人がクーベルタン伯爵というフランス人だったから。「近代オリンピックの父」とも呼ばれる伯爵に敬意を評して、オリンピックはフランス語を第一公用語とすることになったといわれています。

調べてみよう

日本はフランス語でなんという？

オリンピックの開会式は、国名のフランス語と英語を知るチャンスです！　ここでは日本を紹介しましょう。

フランス語　Japon（ジャポン）
英語　　　　Japan（ジャパン）

ひとくちメモ　国際オリンピック委員会の書類も、フランス語、英語、開催国の言語と3つの言語でつくられます。また委員になるためには、フランス語か英語か、どちらかを話せなければならないそうです。

なぜpineとappleでパイナップル？

8月16日（日） August

秀明大学 英語情報マネジメント学部 准教授
Gaby Benthien 先生が書きました

読んだ日　月　日　｜　月　日　｜　月　日

パイナップルは、なににている？

英語を勉強していると、「どうしてこんな名前がつけられたのだろう？」と思うおもしろい言葉に出会うことがあります。たとえば、pineapple（パイナップル）。pineは「松」、appleは「リンゴ」という意味です。松とリンゴと、パイナップルにどのような関係があるのでしょう？

パイナップルは南アメリカで生まれ、コロンブスによって最初にヨーロッパに持ちこまれました。ヨーロッパの人たちはその果物が松ぼっくりににていると思ったのです。また、丸い果物の多くはappleという名前がつけられていました。たとえば、トマトの古い名前はlove apple。star appleと呼ばれる、横に切ると果肉が星のような形になる果物もあります。パイナップルは、松ぼっくりににた丸い果物だからpineappleになりました。

パンの味がする果物もある？

ナスもおもしろい言葉のひとつです。ナスは英語でeggplantといいます。eggは卵、plantは植物のことです。「ナスは紫色をした長い形の野菜なのに、なぜ卵？」と思うかもしれません。ヨーロッパに最初にきたナスは小さく、白か黄色で、だ円形をしていて、卵ににていたのです。

ほかにも、breadfruitという果物もあります。breadは「パン」のことです。調理すると焼きたてパンの味がするからこのような名前になりました。日本でもパンノキと呼ばれています。

人がはじめて見たものに名前をつけるときは、知っている単語を使って表現するしかありません。そのため、このような名前がつけられてきたのです。

果物の名前の由来を調べてみよう

スーパーや果物屋さんに行ったら、そこに置いてある果物について、名前の由来や英語のいい方を調べてみましょう。

アメリカではナスをeggplantといいますが、同じ英語を使う国であるイギリスはちがう名前がついています。イギリスではaubergineといいます。

リモコン、エアコン…、最後につく"コン"てなに?

ものの名前のおはなし

8月17日 August 日

秀明大学 学校教師学部
星野由子先生が書きました

読んだ日　月　日　｜　月　日　｜　月　日

電気で動くカタカナの言葉

　暑いときに部屋を涼しくしたり、寒いときに部屋を暖かくしたりする機械はなんですか？　そう、エアコンですね。では、そのエアコンをつけたり消したりするために使う機械はなんでしょう。答えはリモコンです。では、Eメールを送ったりインターネットを楽しんだり、また文章を打つ機械は？　これはパソコンといいますね。ふしぎなことに、これらの言葉のうしろには「コン」がついています。「コン」は電気で動くものに共通するなにかと思ってしまいますが、そうではありません。この「コン」は、それぞれちがう単語を短く略したものなのです。
　エアコンはair conditionerを略したもの。

airは「空気」、conditionerは「調整するもの」という意味です。エアコンは温度や湿度の調整に使う機械ですね。
　リモコンはremote control、またはremote controllerの略です。remoteは「遠い」、controlは「コントロールする、操作する」という意味。遠くから機械を操作できるということから名付けられたのです。
　パソコンはpersonal computerの略です。personalは「個人の」、computerは「コンピューター」のことです。むかしは、コンピューターを個人で買うことはほとんどできませんでした。会社や研究所のみんなで使う、とても大きなものしかなかったのです。しかし、時代とともに少しずつ安くなってきて、1人1台使えるようになったことから、「個人のコンピューター」＝personal computerが生まれたのでした。

学んでみよう

コンビニの「コン」ってなんだ!?

略して「コン」がつく言葉、ほかにもいろいろあります。気がついたら、元の言葉を調べてみましょう。前半に「コン」がつく言葉としては「コンビニ」がありますね。これはconvenience storeの略です。convenienceは「便利な、都合がよい」という意味。24時間営業しているなんて「便利」がいちばんのウリ、ということですね。

ひとくちメモ　「マザコン」は、mother complexの略です。motherは「お母さん」、complexは精神学の専門用語で「強い感情」という意味です。大人になってもお母さん、またはお母さんに似た人を求める心のことを指しています。

海外に広がる日本の食べ物

愛知東邦大学 教育学部 子ども発達学科 教授
西崎有多子 先生が書きました

8月18日 August

日本語で通じる食べ物

食に関する日本語で、そのまま英語になっているものがあります。sushi（寿司）、sukiyaki（すき焼き）、tempura（天ぷら）はおなじみですが、日本食が世界へ広がっていくにつれてさらに増えています。

tofu（豆腐）、sake（酒）、miso（みそ）、sashimi（さしみ）のような基本的な食材だけではありません。たとえば、あまからしょうゆ味の調理法、teriyaki（照り焼き）も日本語そのまま。海外のウェブサイトには、teriyaki sauce（照り焼きソース）やteriyaki chicken（照り焼きチキン）などのつくり方がたくさん紹介されています。

また、日本のおつまみedamame（枝豆）が、海外ではサラダなどの食材として大人気。枝豆は「未熟な大豆（immature soybean）」と説明されています。枝豆が成長すると大豆になることを知らない人が多いからなのかもしれません。

今や「お弁当」も英語に!?

遠足や運動会に欠かせないお弁当。日本人なら誰でも知っているbento（弁当）ですが、海外では健康的でとても日本的なものとして

注目されています。弁当箱はbento box、家庭でつくられる弁当は、homemade bentoとして紹介され、弁当に関する本もたくさんあります。日本人にとってはあたり前でも、新しい価値を見出してもらえて、なんだかうれしいですね。

話してみよう

外国の人に聞いてみよう！

外国の人に、日本の食べものを食べたことがあるかどうかを聞いてみましょう。

🔊 A：Have you ever had edamame？
　　枝豆は食べたことありますか？
🔊 B：Yes. I like edamame.
　　はい。枝豆は好きです。

ひとくちメモ
daikon（大根）、shiitake（シイタケ）、wasabi（わさび）、kombu（こんぶ）、shoyu（しょうゆ）なども、日本語のまま英語の中で使われています。

海外旅行で英語を話そう！ レストランにて

8月 19日 August

日本大学 生産工学部 教養・基礎科学系（英語科）
濱田 彰 先生が書きました

読んだ日　月　日 ／ 月　日 ／ 月　日

旅行の楽しみのひとつは食事！ レストランでの注文方法などを紹介します。

scene 1　入口にて

レストランに入ると、お店の人が来てくれます。
まずは人数を伝えましょう。

scene 2　注文する

食べたいお料理が決まりました。
ウェイターやウェイトレスを呼んで注文しましょう。

高級なレストランなどでは、服装が決められていることがあります。お店の雰囲気を保つため、ジーンズなどでは入店を断られることがあるので注意しましょう。

scene 3 食事中 》

海外のレストランでは、ウェイターやウェイトレスが食事中にやってきて、次のように話しかけてくることがあります。

scene 4 お会計 》

レストランでお金を払うときには、このようにお願いするといいですね。

ものの名前のお話

英語でいえるかな？
身近な虫の名前

愛知県安城市立安城西中学校　教諭
久保田香直先生に聞きました

8月 August 20日 音声対応

読んだ日　月　日｜月　日｜月　日

　みなさんは夏になると、カブトムシやセミをつかまえることはありますか？　世界にはたくさんの虫がいます。日本でも、季節ごとにさまざまな虫が姿を見せてくれます。身近にいる虫たちは、英語ではなんというのでしょう？

- swallowtail butterfly（スワロウテイル バタフライ）　アゲハチョウ
- stag beetle（スタッグ ビートル）　クワガタムシ
- cabbage butterfly（キャベッジ バタフライ）　モンシロチョウ
- beetle（ビートル）　カブトムシ
- cicada（シカーダ）　セミ
- ladybird（レイディバード）　テントウムシ
- dragonfly（ドラゴンフライ）　トンボ
- firefly（ファイヤーフライ）　ホタル
- grasshopper（グラスホッパー）　バッタ
- pillbug / wood louse（ピルバグ／ウッド ラウス）　ダンゴムシ
- honeybee（ハニービー）　ミツバチ

調べてみよう
虫の名前

ここにあげた虫以外にも、みなさんの身近なところには、もっとたくさんの虫たちがいることでしょう。いろいろな虫の名前を調べてみるとおもしろいですよ。

ひとくちメモ　日本語ではひとことで「虫」といいますが、英語にはすべての虫をまとめてあらわす言葉はありません。足のない虫をworm、足のある虫をinsect、その中でも小さなものをbugと呼んで区別しています。

略語で時短！ネットではやく短く投稿する方法

8月21日（日）August

山口県立大学 国際文化学部
田中菜採 先生が書きました

読んだ日　月　日　｜　月　日　｜　月　日

ささっと打ちこめる略語

日本語で、コンビニエンスストアのことを「コンビニ」というように、言葉を短くして表現することがよくありますね。英語も負けていません。とくに、インターネットを使う場合、話題が次々に変わっていくチャットや字数制限のある投稿サイトなどでは、長々と文字を打ちこむのがめんどうなこともあり、略語がよく使われます。

たとえば、おどろいたときや困ったときなど、大変なときにいう、Oh My Godは日本でも「オーマイガー」として定着していますね。これの頭文字を取ってOMGと省略します。また、笑っているようすはlol。日本でいうwwwのようなものです。lolはLaughing Out Loud（声をあげて笑う）の略で、日本のwwwがおもしろさに応じて長くなるのと同様、lolololと追加されたりlooolと真ん中の部分がのびたりします。

ほかには笑い声のhaha（ハハ）を使ったり、文字であらわす代わりに絵文字を入れることも多いのです。

数字で少しでも短く

音だけにている数字を当てて省略することもあります。たとえばtoは発音が同じ2に、forも4で置きかえられます。さらに、8（エイト）を使ってlaterをl8rと書くこともあります。

使ってみよう

英語の顔文字は読み方が難しい:(

lolは日本の顔文字のようにも見えますが、そもそも日本の顔文字と英語の顔文字は大きく形がちがいます。日本式は(^_^)のように横書きの文章の中でそのまま読めますが、英語式は顔文字が横だおしになっています。たとえば:Dは左側が目で右側が口ということになります。顔に見えてきましたか？ ほかにも鼻がついたり:->、ウィンクしたり;) 怒った顔X(もできます。あなたならどんな英語式の顔文字を使いますか？

ひとくちメモ 省略の表現はインターネット上や友人同士で用いる気軽な表現なので、あらたまった場や目上の人には使いません。また、インターネットを利用するときは学校や家庭のルールをきちんと守ってくださいね。

267

「羊の皮をかぶったオオカミ」ってどんな人？

8月22日 August

音声対応

中国学園大学 国際教養学部
竹野純一郎先生が書きました

読んだ日　月　日　月　日　月　日

羊をかぶる？　猫をかぶる？

新約聖書やイソップ物語の中に、「羊の皮をかぶったオオカミ、危険な人」（wolf in sheep's clothing）という表現が出てきます。これは、本当は危険なのに、その本性をかくしておとなしそうにふるまう人、という意味です。

日本語にも「猫をかぶる」という表現がありますね。日本でも海外でも、猫や羊など一見おとなしそうな動物が、本性をかくす表現に使われているところがおもしろいですね。

🔊 **She looks like a nice person, but she is a wolf in sheep's clothing.**
彼女はいい人そうに見えるけど、じつは危険人物よ。

「オオカミ少年」ってどんな少年？

「オオカミが来た」と村の人にうそばかりついている少年が、本当にオオカミが来たときには信じてもらえなかったというお話を知っていますか？「オオカミ少年」のお話ですね。この物語から、うそばかりつく人のことを「オオカミ少年」というようになりました。

🔊 **You should not believe him. He always cries wolf.**
彼を信じてはいけないよ。彼はうそばかりつくからね。

cries wolf（cry wolf）は、そのまま日本語にすると、「オオカミが来たといってさけぶ」ということ。そこから「人さわがせなうそをつく」という意味になりました。

① 覚えておこう

あいつにはふたつの顔がある

みんなの前で見せる態度と、親しい人に見せる態度がちがう人のことを「裏表がある」といいます。
英語で裏表があることを、two-facedといいます。faceは顔のことなので、ふたつの顔があるということですね。

ひとくちメモ　知っているのに知らないふりをすることを「かまととぶる」といいます。ある女の人が、かまぼこ（かま）がとと（魚）からできていることを知らないふりをしたことから生まれた言葉です。

外国のくらしと文化のお話

イギリスの切手には国名がない!?

8月 August 23日

立正大学 文学部特任講師
亀井ダイチ・利永子先生が書きました

読んだ日　月　日 ｜ 月　日 ｜ 月　日

国名が入っていない切手がある!?

切手には必ずその切手を発行した国の名前を書くことになっています。日本で発行される切手には「NIPPON」と書かれています。世界の郵便ルールによって、切手にはローマ字で国の名前を書くことが決まっているからです。でも世界の中で、切手に国の名前を書かない国があります。どの国だと思いますか？

それはイギリスです。

1840年、イギリスは世界ではじめて切手を発行しました。最初の切手には、ヴィクトリア女王の横顔がかかれていました。その当時は、イギリスのほかに切手を発行している国はなかったので、わざわざ国名を入れる必要がなかったのです。

ブータンはおもしろい切手の王国

世界にはおもしろい切手がたくさんあります。たとえば、「ししゅう切手」。その名のとおり、布にししゅうがされた切手です。2000年にスイスで最初に発行されました。

ヒマラヤの王国ブータンは、おもしろい切手をたくさん発行していることで有名です。磁石にくっつく鉄板でできた切手に、見る角度によって絵柄が変わるステレオ印刷の切手。

薄いレコードの形をして、実際に国歌や民族音楽を聞ける「レコード切手」なんて切手もありました。切手好きにはたまりませんね。

切手集めは、趣味の王様

切手のことを英語でstampといいます。ヨーロッパやアメリカでも、「趣味の王様」といわれるほど切手集めは人気があります。

🔊 What is your hobby？
あなたの趣味はなんですか？

🔊 My hobby is collecting stamps.
私の趣味は切手を集めることです。

🔊 I have a lot of rare stamps.
私はたくさんめずらしい切手を持っています。

英語のstampには「ふみつぶす」や「印かんを押す」、「押しつぶす」という意味もあります。たとえば、stamp on a cockroachは、「ゴキブリをふみつぶす」という意味になります。

ネズミが登場する表現いろいろ

8月24日 August

国立明石工業高等専門学校
飯島睦美先生に聞きました

読んだ日　月　日｜月　日｜月　日

ネコとネズミは仲が悪い？

『トムとジェリー』というアニメを知っていますか？　トムはネコで、ジェリーはネズミ。トムがジェリーをつかまえようと追いかけるのですが、ジェリーもやんちゃな性格で、いつもトムをやっつけます。

こんなネコとネズミの関係をあらわす、play a game of cat and mouseという表現があります。そのままの日本語にすると「ネコとネズミのゲームをする」という意味ですが、実際には「追いかけっこするように、たがいに競い合う」という意味で使われています。play cat and mouseという短いいい方もあります。みなさんにはトムとジェリーみたいなライバルはいますか？

ネズミは本当はおとなしい？

ネズミが登場する表現をもうひとつ紹介しましょう。quiet as a mouseは「ネズミのように静かでおとなしい」という意味です。さきほどの表現では、ネズミはネコといっしょになってさわぎ回っているようなイメージでしたが、この表現では、ネズミが静かなもののたとえとして使われています。ふだんは静かなネズミもネコといっしょになると、とつぜんさわぎ出すということでしょうか。

quietは「静かな」という意味です。授業中にみんながさわいでいると、先生がいう決まり文句でも使われていますよ。

Be quiet !
静かにしなさい！

学んでみよう

mouse ってどんなネズミ？

ネズミというと、落ちつきがなくさわがしいイメージもありますが、quiet as a mouseの中のmouseは、おとなしいハツカネズミのこと。辞書のmouseの欄を見ると、「ネズミ、ハツカネズミ」と書かれていますよ。

mouseはネズミが1匹のときのいい方です。ネズミが数匹いるときなどは、複数形のmiceであらわします。

ジェットコースターは通じない!?

皇學館大学文学部 コミュニケーション学科 准教授
川村一代 先生が書きました

8月25日 August

読んだ日　月　日｜月　日｜月　日

「アトラクション」って英語？

みなさんが大好きな遊園地は、英語でなんというか知っていますか？ amusement parkといいます。では、乗り物は？「アトラクション」と思う人が多いでしょう？ じつは、乗り物のことは英語では ride (s) といいます。「乗る」という動詞と同じです。みんなが知っている「アトラクション」は、attractionと書き、「魅力」「人をひきつけるもの」という意味。つまり、乗り物だけでなく、おばけやしきやパレードなども含めて複数形のsをつけて attractions ということになるのです。

いろいろな乗り物の名前

遊園地の乗り物といえばジェットコースターですが、これは和製英語。英語ではroller coasterといいます。rollerは「転がる」という意味のrollという動詞からきているので覚えやすいですね。ほかの乗り物は英語でなんというか見てみましょう。

絶叫マシーン　thrill ride
観覧車　Ferris wheel
メリーゴーランド　merry-go-round
コーヒーカップ　teacups
おばけやしき　haunted house
めいろ　maze
ゴーカート　go-kart

学んでみよう

ジェットコースターに乗ったよ！

「乗り物に乗る」はrideやget onを使うので、「ジェットコースターに乗ったよ！」はrideが過去形のrodeになり、I rode a roller coaster! となります。なんだか早口言葉みたいですね。

ひとくちメモ　観覧車は、1893年にアメリカ人技師のFerrisさんが機械式の観覧車を発明したのがはじまり。Ferris wheelという名前は、発明者の名前からとったものなのです。

音にまつわるお話

「スプラッシュ！」ってなんの音？

8月26日 August

愛知東邦大学 教育学部 子ども発達学科 教授
西崎有多子先生が書きました

読んだ日　月　日｜月　日｜月　日

英語と日本語でちがう音の表現

　私たちは、毎日さまざまな音に囲まれています。救急車の「ピーポーピーポー」というサイレン、「ピンポーン」と鳴る玄関のチャイム、「ザーザー」と聞こえる大雨……。これらの音は、誰にでも同じように聞こえているはずですが、その音を言葉にすると、日本語と英語とではちがう表現になります。

　たとえば、水がはねる音。日本語では「バッシャーン」と表現するところ、英語ではsplashとなります（有名なテーマパークにスプラッシュ・マウンテンというアトラクションがありますが、ここからきているんですね）。ものどうしがはげしくぶつかる音「ドッカーン」はcrash、フライパンなどで肉を焼く音「ジュージュー」はsizzle、物がゆれたり、動いたりするときの音「ガタガタガタ」はrattleです。音がそのまま伝わってくるようなものもありますが、日本人からするとそうでもないものもありますね。

似ているものもある

　日本語と似ているものもあります。ドアが閉まる音「バターン」はbang、ドアをノックする音「コンコン」はknock-knock、鐘が鳴る音「ゴーン」はding dong、時計が動く音「チクタク」はtick-tock、車輪などがきしむ音「キーキー」はsqueakです。このような音の表現が上手になると、よりわかりやすく相手に伝えることができそうです。

覚えておこう

サクサクってなんの音？

擬音語（物音など）、擬声語（動物の鳴き声など）、擬態語（ようすをあらわす）をまとめて「オノマトペ」と呼びます。日本語は、オノマトペが多い言語とされています。オノマトペにも新しい言葉や使い方がどんどん生まれています。たとえば「サクサク」というオノマトペは、おかしなどを食べるときの食感を伝える表現として使われてきましたが、最近ではコンピューターやスマートフォンがスムーズに動く状態をあらわすという、新しい使い方が加わりました。

ひとくちメモ　動物の鳴き声をどう表現するかも国によってちがいます（くわしくは25ページ参照）。

「百聞は一見にしかず」は英語ではなんていう？

8月27日 August

共栄大学 国際経営学部 助教
鈴木健太郎先生に聞きました

聞くよりも見ることが大切！

とってもすごいものを見て、それを友だちにすすめようと、言葉で何回も説明してもなかなかすごさが伝わらない、なんてことはありませんか？

そんなときに使うことわざが「百聞は一見にしかず」。100回聞くよりも一度見たほうが確かでよくわかるという意味です。これは英語では、Seeing is believing。直訳すると、「見ることは信じること」となり、日本語のことわざと同じように、自分の目で見ることが大切なことをあらわしています。

教わらないで自分から

さきほどは、聞くよりも見る方がよくわかる、という話をしましたが、こんなことわざもあります。「習うより慣れろ」。これはだれかに教えてもらうよりも、自分で経験して慣れていったほうが、そのことが身について上手になるという意味です。自分で実際にやることの大切さをあらわしています。英語では、Practice makes perfectとなります。直訳すると、「練習が完ぺきをつくる」です。

考えてみよう

本当の友だちって？

「まさかのときの友こそ真の友」ということわざがあります。これは、こまったときに助けてくれる友だちこそが、本当の友だちということ。英語でも同じような表現があるのでしょうか？
答えはひとくちメモで！

ひとくちメモ 「A friend in need is a friend indeed」が同じような意味を持つ表現。直訳すると、「必要なときの友だちが本当の友だちです」となります。親友とはまさにこのような友だちのことですね。

英語でかっこよくいってみよう！
野球にまつわることば

8月28日 August

福岡教育大学 英語教育講座 教授
中島 亨 先生が書きました

読んだ日　月　日｜月　日｜月　日

① 覚えておこう

野球にまつわる英単語

seventh inning 7回
top（表）
bottom（裏）
center fielder センター
second baseman 二塁手
right fielder ライト
left fielder レフト
short stop ショート
pitcher 投手
third baseman 三塁手
first baseman 一塁手
catcher 捕手

野球用語はアメリカからやってきた

　野球用語はほとんどアメリカから伝わってきたのでカタカナ通りでも通じますが、ここではそれ以外の単語を紹介しましょう。
　7回はseventh inning、表はtop、裏はbottomです。得点ボードで表は上（top）に、裏は下（bottom）に表示されるからです。だから7回表ならthe top of the seventh inningといいます。

　一塁はfirst base、一塁手は first baseman、二塁手はsecond baseman、三塁手はthird baseman。ショートはshort stop。外野手はfielderという英語を使います。センターはcenter fielder、ライトはright fielder、レフトはleft fielderです。
　ちなみにナイター（nighter）という言葉は、夜に行われる競技全般のことを指します。間違いではありませんが、野球の「ナイター」はnight gameのほうが一般的です。

ひとくちメモ　アメリカの野球観戦は、日本と違って、応援歌を歌ったり大きな声でコールをしたり、野次を飛ばしたりはしません。歓声を上げることはあっても、基本的にはみんなおとなしく観戦します。

いつもリビングにいる「テリー」って誰だ？

愛知県立大学 外国語学部 准教授
池田周先生が書きました

読んだ日　月　日 ｜ 月　日 ｜ 月　日

「テリー」の正体

もし、きみがイギリス人の友だちの家に遊びに行ったら、Let's watch the telly！（いっしょに「テリー」を見ようよ！）といわれるかもしれません。「テリー」を見る？「テリー」ってだれのこと？　とふしぎに思うでしょう。

じつはtellyはイギリスでテレビのこと。テレビは英語でTVといいますが、イギリス人の日常会話では、tellyといういい方もよく使われています。tellyを使った英文を話してみましょう。

🔊 **Let's watch the telly！**
テレビを見よう！

🔊 **Can you turn the telly on？**
テレビをつけてくれない？

「テレビ」は放送？　それとも機械？

日本語で「テレビを見よう」というときの「テレビ」は、テレビ番組などの「テレビ画面にうつったもの」をあらわしています。一方、「テレビを買いに行こう」というときの「テレビ」は、映像を受信する機械のことをあらわしています。

英語でもTVといえば、「テレビ画面にうつったもの」と「映像を受信する機械」の両方を意味します。とくに「映像を受信する機械」を表現したいときは、TV setといいます。

なお、TVはtelevisionを短くしたいい方です。televisionはtele（遠くはなれた）とvidere（見る）を合わせた言葉です。

調べてみよう

リビングには、なにがあるかな？

リビングルームには、テレビのほかにもいろいろなものがあります。テーブルやソファ、カーテン、クッション、花びん……。それぞれ英語でなんというのか、調べてみましょう。

アメリカの日常会話の中では、テレビのことをtubeと呼びます。インターネットの動画共有サイトYouTubeのtubeは、ここからきています。YouTubeは「あなたのテレビ」ですね。

アジアの国、フィリピンでは英語が日常的に使われている！

8月30日 August

山形大学　人文学部教授
伊藤　豊　先生が書きました

読んだ日　月　日　｜　月　日　｜　月　日

フィリピンは多言語国家

英語を話すのは、アメリカやイギリスの人だけだと思っていませんか？　じつは東南アジアの国フィリピンでも、たくさんの人が英語を使っています。

フィリピンの国土は7000あまりの島々からなり、さまざまな地方語が存在します。現在の人口は1億人を超えていて、英語はフィリピン語と並ぶ公用語として、人々の共通の言語となっています。

フィリピンでは、英語は役所の書類や報道、教会のミサなどで広く使われています。学校でもきちんと勉強するので、複数の言葉を自由自在にあやつる人もめずらしくありません。

テレビやラジオでは、出演者が英語を話しながら、急にフィリピン語や現地の地方語を話しはじめて、また英語に戻る、といった場面もあるのです！

アメリカ英語とはちょっとちがう

フィリピンの英語はアメリカ英語が基準になっています。しかし、アメリカ英語と完全に同じではなく、とくに発音や言葉づかいの点で特徴があります。アメリカ英語と比べると、日本人の耳には少し厚ぼったく聞こえるかもしれません。

最近では、フィリピンは手頃に英語を学べる留学先として、注目されています。日本から比較的近いので、日本人にとってフィリピンが英語留学の中心地となる日がやってくるかもしれませんね。

学んでみよう

オンライン英会話といえばフィリピン

インターネットで日本にいながらフィリピンの英語に直接ふれることもできます。オンライン英会話の講師の多くは、じつはフィリピン人です。フィリピンには英語を上手に話せる人がたくさんいます。そして労働力が安いこともあり、外国企業がフィリピンにコールセンターをつくるようになり、オンライン英会話ビジネスも盛んに行われているのです。

ひとくちメモ　フィリピンは長い間、スペインの支配を受けていました。20世紀のはじめにアメリカの植民地になり、その後1946年に完全に独立をはたしました。

日本初！英会話の本を書いたジョン万次郎

8月 31日 August

国立明石工業高等専門学校
飯島睦美先生に聞きました

読んだ日　月　日　｜　月　日　｜　月　日

外国船に助けられてアメリカへ

日本で最初に英会話の本をつくったのは、江戸時代のすえにアメリカにわたったジョン万次郎（中浜万次郎）だといわれています。

万次郎は、土佐中浜（今の高知県）のまずしい漁師の家に生まれました。14歳のとき、仲間といっしょに漁に出て嵐にあいます。そして、太平洋の島に流れついたところを、アメリカの捕鯨船ジョン・ホーランド号に助けられました。この出会いが、万次郎の人生を大きく変えたのです。

そのころの日本では、外国との行き来がきびしく禁じられていました。外国の船が日本に近づくことも、外国船に助けられた日本人が国にもどることもできません。そこで船長は、若い万次郎を、アメリカにつれていくことにしました。万次郎は、船の名前にちなんで、ジョン・マンと呼ばれるようになります。

日本とアメリカのかけ橋に

アメリカにわたった万次郎は、はじめて学校にはいり、英語や算数を学びました。さらに熱心に勉強して、測量や航海術、造船の技術など、いろいろな知識を身につけました。

日本をはなれて10年がたったころ、万次郎は日本に帰る決心をします。船で琉球（今の沖縄県）に上陸した万次郎は、きびしい取り調べを受けました。しかし、外国のいろいろな情報は、誰もが知りたいことです。万次郎は武士の身分をあたえられ、土佐藩の学校で英語や技術を教えるよう命じられました。

その後、万次郎は幕府のもとで、英語の本を日本語に訳したり、船を造る仕事にたずさわりました。このとき、ふるさとの地名をとって、中浜万次郎という名前にあらためました。次の年には、使節団の通訳としてアメリカへわたり、日本とアメリカの友好のために力をつくしました。

自分の目で、世界を見てきたひとりの少年が、日本の新しいとびらを開いたのです。

ひとくちメモ　中浜万次郎のつくった英会話の本は全部で42ページ。その内容は、Can you speak English? のように、簡単な会話文が200ほどのっていて、耳で聞いた発音がそのままカタカナで書かれています。

277

話してみよう 子供の科学 写真館 vol.2

外国の人に「日本のことを英語で教えて！」といわれることが、これから増えていきます。そんなときは、日本のすばらしいものを英語で紹介しましょう。きっと外国の人も喜んでくれるでしょう。

写真／Patrick Foto / Shutterstock.com

伝統的でおしゃれな「着物」

特別な日に着ることが多い着物。しかし、大正時代くらいまでは、多くの人が毎日着物で生活をしていました。今、着物は外国の人に人気があります。日本に旅行にきて、着物姿の写真をとる人もいるのです。みなさんも夏に浴衣で、お祭りや花火に出かけてはどうでしょう。素敵ですよ！

The kimono is a Japanese traditional clothing.
着物は日本の伝統的な服装です。

It was a clothing for every day in old days,
かつては毎日着られていましたが、

but now it is used for important festivals or special days.
今は、重要なお祭りや特別な日に着られます。

It is popular all over the world.
着物は世界でも人気です。

9 月

September

外国の学校のお話

Back to School
新学年が始まるよ！

9月 September 1日

三重県小学校英語活動研究会代表　JES三重県理事
鷹巣 雅英先生が書きました

読んだ日　　月　　日　｜　月　　日　｜　月　　日

新学年は9月にスタート！

アメリカやカナダの学校は、9月1日に新しい学年が始まります。長いお休みが終わり、いよいよ学校が始まることをBack to Schoolといいます。7月の中ごろから、Back to Schoolの準備が始まります。デパートやスーパーマーケット、学用品を売るお店（school supply shop）は、どこも特別セールでもりあがります。

このときに、子どもたちは新しいTシャツやスニーカー、ソックスなどを買ってもらいます。学校の最初の日は、みんな真新しい服装で、ちょっとてれくさそうに登校します。ボールペンやノートなどの文房具（stationary）も、新しいものを買いそろえます。通学用のカバン（backpack）も、毎年買いかえることが多いようです。

先生も準備におおいそがし！

先生たちは、teacher suppliesという先生のためのお店で買い物をします。そして、登校してくる子どもたちがよろこぶように、教室のかざりつけをしたり、プレゼントを準備します。

学校にはWelcome！（ようこそ！）のポス

"勉強こそ成功のカギ"

ターがはられ、カラフルな掲示物でいっぱいになります。教室の壁には、上のイラストのようになんだか勇気が出る言葉や、気持ちがシャキッとするメッセージが書かれています。

覚えておこう

新学年の夜の招待状

新しい学年が始まると、学校からBack to School Night（またはParent Night）というイベントの招待状が届きます。新しい担任の先生が、おうちの人に学習のルールや教材などについて説明し、話し合うのです。子どもたちは、お父さんやお母さんを新しい教室へ案内します。このとき、新学年が始まってワクワクする気持ちや、ちょっぴり不安な気持ちを伝えることができますね。

ひとくちメモ　アメリカやヨーロッパの学校は始業式はありません。新学期の初日から、ふだん通りの授業が始まります。おべんとうやスクールランチも必要です。あんなにもりあがって準備したのに、なんだか残念？

280

"Red light, Green light"ってどんな遊び?

9月2日 September

皇學館大学文学部 コミュニケーション学科 准教授
川村一代先生が書きました

読んだ日　月　日　|　月　日　|　月　日

赤信号、青信号?

英語で"Red light, Green light"という遊びがあります。どんな遊びかわかりますか?

日本語にすると「赤信号、青信号」という意味です。鬼が"Red light, Green light, one, two, three"といいながら、その場で一回転します。鬼が一回転している間に、鬼以外の人が鬼のほうへこっそり近づきます。動いているところを鬼に見られたらアウト！日本のある遊びにそっくりなのですが、もうわかりましたか?

Red light, Green light, one, two……

鬼に近づく遊びといえば?

そう、"Red light, Green light"は、日本の「だるまさんがころんだ」によくにているのです。「だるまさんがころんだ」も鬼がうしろを向いている間に鬼以外の人が近づいて、動いているところを見られたら鬼につかまります。うまく近づくことができたら、鬼にタッチしてみんなで逃げる遊びです。鬼になった人は「だるまさんがころんだ」のいい方をはやくしたりおそくしたりして、みんなをつかまえようと工夫しますね。

"Red light, Green light"の鬼は一回転することが多いようですが、「だるまさんがころんだ」のように、"Red light, Green light, one, two, three"という間はうしろを向いていたり、"Red light, Green light, one, two, three"の代わりに"Green, yellow, red light!"といったりと、いろいろなバージョンがあるようです。

調べてみよう

世界の「だるまさんがころんだ」

「だるまさんがころんだ」ににた遊びは、世界各国にあります。調べてみて、日本と同じところ、ちがうところなどを家族やお友だちと話してみましょう。

 ひとくちメモ 日本で緑色の信号を「青」といいますが、英語圏では色の通り"green"といいます。信号は英語で"traffic light"です。

281

馬のように働き、馬のようにあそぶ？

英語のことわざのお話

9月3日 September

音声対応

愛媛大学　教育学部
立松大祐先生が書きました

読んだ日　月　日　｜　月　日　｜　月　日

人と馬との長いつきあい

　かつて、アメリカやイギリスでは、今よりもはるかに多くの馬が人々の生活を支えていました。人を乗せて移動するための馬、郵便物から大きな荷物まで、今のトラックのようにものを運ぶための馬など、毎日の暮らしに欠かせない働き手でした。人間にとって、とても身近な動物だった、というわけです。

　おかげで英語には、馬（horse）という言葉を使った表現がたくさんつくられ、今でもよく使われています。

「馬車馬のように働く」は英語にも

　Taro works like a horse.。これは、そのまま訳すと「太郎は馬のように働く」ですが、実際は「太郎は大いに働く」という意味で使われます。日本にも、必死で働くようすを「馬車馬のように働く」とあらわしますが、これと同じですね。

　もうひとつ、horse aroundという表現も広く使われます。とくに子どものときはよく聞く表現かもしれません。horse aroundは「ばかさわぎをする」「ふざける」「あばれ回る」という意味です。英語を話す国では、ふざけている子どもをしかるとき、大人はよくStop horsing around.（ふざけるのはやめなさい）といいます。あそぶのは子どもの仕事ですが、みなさんも怒られない程度にhorse aroundできるといいですね。

話してみよう

お母さんに「ふざけるのはやめなさい」といわれたら？

🔊 Stop horsing around and pay attention to your father！
ふざけるのはやめて、お父さんのいうことを聞きなさい！

🔊 Sorry, Mom.
ごめんなさい、お母さん。

ひとくちメモ　馬の鳴き声といえば、日本語では「ヒヒーン」がふつう。しかし、英語では「whiny」や「neigh」と表現します。

282

赤ちゃんの時代の名前

9月4日 September

音声対応

愛知県安城市立安城西中学校 教諭
久保田香直先生に聞きました

読んだ日　月　日｜月　日｜月　日

キティは「子ネコ」の意味

dog, cat, lion, cow……。みなさんの中には動物の名前を英語でいろいろ知っている人もたくさんいるでしょう。じつは、これらの動物は、生まれたとき、つまり赤ちゃんのときには、ちがう呼び方をします。たとえば英語で子ネコは「キティ」。日本にも有名なキャラクターがいますね。どのように呼び方が変わるか見てみましょう。

話してみよう　動物にまつわる英単語を覚えよう

中型〜大型のネコ科の動物やクマやパンダの赤ちゃんはすべてcub。アメリカには「シカゴ カブス」という野球のチームがあります。なにがキャラクターなのか調べてみましょう。

外国のくらしと文化のお話

男の人もスカートをはく土地がある？

9月 September 5日

秀明大学 学校教師学部
星野由子先生が書きました

読んだ日　月　日｜月　日｜月　日

キルトは男の戦いの服だった！

女の人はズボンもスカートも両方はくのに、男の人はズボンしかはかないことをふしぎに思ったことはありませんか？　まれに若い男の人がファッションでスカートをはくことがありますが、あまり一般的ではありません。

しかし、男の人もスカートをはく習慣がある土地があるのです。それはイギリス北部のスコットランドです。スコットランドの伝統的な民族衣装のことをキルトといいます。ちょうどひざくらいの長さのスカートのような形をしています。キルトは実際には一枚の布からできていて、「タータンチェック」と呼ばれる、さまざまな色を組み合わせたチェックの柄の布でできています。

地域で戦いが起こったとき、男の人たちはこのキルトを着て戦いました。女の人は戦いに参加しませんから、キルトは男の人だけが着ていました。キルトのチェック柄は日本でいう家紋のような役割を果たしていて、それぞれの家や地域によってちがった柄が使われていました。戦いのときは、この柄によって敵と味方を見わけていたそうです。

また、戦いの先頭に並んだ人たちは、数本のパイプがついたバグパイプという楽器を演奏して、みんなの戦う意欲を高めました。

キルトを着るときはノーパン！

キルトを着るときは、下になにもはかないのが正式なルールです。もし風でめくり上がったら大変！　そのためキルトの前に小さなバッグを下げて重しにしています。最近はパンツをはく場合もあるようですが、今でもキルトの下にはなにもはかない人が大勢います。

考えてみよう

日本の男の人もスカートをはく!?

日本の浴衣や着物も、ズボンのように2本の足をそれぞれに入れるところはなく、どちらかというとスカートのような形ですよね。つまり、男の人がスカートのような服を着るのは、いろいろな地域に存在する文化なのです。

バグパイプは英語でbagpipeといいます。バグパイプは、かばん（バッグ）と笛（パイプ）を合わせた形にていることから、bag（バッグ）とpipe（パイプ）を合わせた言葉になっています。

みんな大好き！サンドイッチとホットドッグ

9月6日 September

ものの名前のおはなし

福島大学 人間発達文化学類 教授
佐久間康之先生が書きました

音声対応

読んだ日　月　日｜月　日｜月　日

トランプしながら食事がしたい！

sandwich（サンドウィッチ）はひとの名前です。18世紀のイギリスの貴族、サンドウィッチ４世ジョン・モンタギュー伯爵の名前がもとになっています。この伯爵はトランプゲームが大好き！ ゲームの最中でもカードを持ったまま、片手だけで食事ができるように、パンに具をはさんだものをつくらせました。これがサンドイッチのはじまりです。

手づかみで食べる手ぶくろの代わり？

hot dog（ホットドッグ）は、ふつうのソーセージより長いフランクフルト・ソーセージを、足の短いダックスフントという犬に見立てて呼びはじめた、というのがもっとも信じられている説です。hot dogはあくまでもソーセージのことで、パンにはさむかどうかは関係がなかったといわれています。では今のような形になったのはなぜでしょう？

このソーセージを手づかみで食べるため、専用の手ぶくろを貸していた売り子が、手ぶくろの代わりとしてパンにはさんで渡すようになったのが今のホットドッグのはじまりだ、という説があります。

真実かどうかはわかりませんが、パンに具をはさんで食べるという、日本でも大人気なスタイルが生まれたのには、おもしろいお話がありそうですね。

使ってみよう

ホットドッグを注文しよう

英語でホットドッグを買うときに使える会話文を紹介しましょう。

🔊 Two hotdogs, please.
ホットドッグを２つお願いします。

🔊 For here or to go？
ここで食べますか？
それとも、持ち帰りますか？

🔊 To go, please.
持ち帰ります。

9月

ひとくちメモ
熱いソーセージをパンにはさむことは、ドイツからアメリカへやってきた移民たちによって伝えられたという説もあります。

285

あこがれのあの人に出会ったら……

愛知県瀬戸市立掛川小学校
左近政彦先生が書きました

読んだ日　月　日　　月　日　　月　日

9月7日 September
音声対応

「サイン」ではなく「オートグラフ」

英語で「サインをください」と伝えるとき、あこがれの人に色紙を差し出しながら、Please sign here.（ここにsignしてください）というと、あやしい人だと思われてしまうかもしれません。

じつは、英語のsignは、車や家を買うときなどに、必要な書類に自分の名前を書く「署名する」という意味があるからです。みなさんも、よく知らない人に「ここに署名してください」といわれて紙を渡されると、変な書類に自分の名前を書かされると思ってしまいますよね。あこがれの人のサインがほしいときはsignではなく、autographを使ってこういいます。

🔊 **Can I have your autograph?**
サインをください。

「ツーショット」は専門用語？

つぎに、あこがれの人に「ツーショット」といって写真をおねだりすると、また変な顔をされてしまうかもしれません。

なぜなら、「ツーショット」は映画で使う専門用語で、「アップでふたりだけの映像をとる」という意味だからです。一緒に写真をとってほしいときは、こんな風にいいましょう。

🔊 **Can I have my picture taken with you?**
ふたりで写真をとってもらってもいいですか？

やってみよう

「はじめまして」のあいさつの仕方

はじめての人に会ったときは、Nice to meet you.（はじめまして）と笑顔でいいましょう。このとき、相手の人の目をしっかり見ることが大切です。目を見ないと、おどおどしているように思われてしまいます。

ひとくちメモ　家族写真をとりたいときは、誰かに写真をとってもらわないといけません。そんなときは、Can you take a picture of us？（私たちの写真をとってもらえますか？）とお願いしましょう。

「アルバイト」は英語じゃなかった!

9月 September 8日

中国学園大学　国際教養学部
竹野純一郎 先生が書きました

読んだ日　月　日 ｜ 月　日 ｜ 月　日

外来語は英語だけじゃない!

日本語の中には、外国から入ってきた言葉がたくさんあります。外国から入ってきた言葉のことを外来語といい、多くの場合カタカナで書きます。外来語は英語だけじゃなく、ドイツ語やフランス語、ポルトガル語やオランダ語もあります。ここでは、いろいろな外来語を紹介しましょう。

ドイツ語由来の言葉

日本語	もともとの言葉	英語にすると……
アルバイト	Arbeit	part-time job
アレルギー	Allergie	allergy
エネルギー	Energie	energy
カルテ	Karte	medical record
テーマ	Thema	theme
メルヘン	Marchen	fairy tale

ポルトガル語由来の言葉

日本語	もともとの言葉	英語にすると……
カッパ	capa	raincoat
カルタ	carta	card
バッテラ	bateira	—
パン	pao	bread
ボタン	botao	button

フランス語由来の言葉

日本語	もともとの言葉	英語にすると……
アベック	avec	couple
アンケート	enquete	questionnaire
コンクール	concours	competition
ズボン	jupon	pants
シュークリーム	chou a la creme	cream puff
バリカン	Bariquand	hair clippers
ピーマン	piment	green pepper
マント	manteau	cloak

オランダ語由来の言葉

日本語	もともとの言葉	英語にすると……
オルゴール	orgel	music(al) box
ガラス	glas	glass
スコップ	schop	scoop
ランドセル	ransel	school bag

ひとくちメモ　ロシア語から日本語になってきた言葉もあります。たとえば、「アジト」や「イクラ」、「カンパ」や「コンビナート」、「ノルマ」などです。「イクラ」がもともとはロシア語だったとはおどろきですね。

音にまつわるお話

音はそっくりなのに意味がちがう!?

9月9日 September

音声対応

獨協大学 特任講師
木村雪乃先生が書きました

| 読んだ日 | 月 日 | 月 日 | 月 日 |

lとrの発音のちがい

こんなジョークを知っていますか？ レストランで白いご飯を注文しようとして、Rice, please.（ご飯をください）といいました。ところが、店員さんはびっくり。だって、Lice, please.（シラミをください）と聞こえたんですから！

このriceとliceのように、rとlの聞きまちがいは、どうして起こるのでしょうか。lemon、lion、lunchのはじめのlの音と、rabbit、racket、ringのはじめのrの音は、どちらも日本語の「らりるれろ」によく似ています。しかし、発音の仕方はまったくちがいます。lの音は、舌を歯のつけ根の部分につけ、声を出しながら舌を離すようにして音を出します。一方、rの音は、舌の先が口の中のどこにもくっつかないように、少し丸めるのがポイントです。lとrのちがいで意味が異なる言葉には、次のようなものがあります。練習してみましょう。

Lice, please.

- ① lice（シラミ）／ rice（お米、ライス）
- ② light（光、明るい）／ right（右、正しい）
- ③ fly（飛ぶ）／ fry（フライ料理）

「ライス」のようにカタカナになっている言葉でも、もとの英語と少し発音がちがうものはたくさんあります。ここで紹介したのは有名なジョークですが、実際にはレストランの店員さんは「riceのことだな」と理解してくれるでしょう。

やってみよう

英語の早口言葉にチャレンジ！

lとrの音がはいった英語の早口言葉に挑戦してみましょう。ふたつの音の区別をしっかりすると、意外と難しいかもしれません。3回続けていえるでしょうか？

Red lorry, yellow lorry.
赤いトラック、黄色いトラック

ひとくちメモ

lとrと同じくらい、日本人にとって区別して発音するのが難しいのがbとvです。bとvについては、337ページでくわしく紹介しています。

ものの名前のお話

ヒマワリは英語でも「太陽の花」

京都教育大学 英文学科
泉 惠美子 先生に聞きました

9月10日 September

読んだ日 　月　日　｜　月　日　｜　月　日

東から西へと追いかける

　夏になると大輪の花を咲かせるヒマワリ。日本では古くから「向日葵」という漢字を使っていました。「日に向かう」という意味の言葉が入っていますね。文字通り、つぼみができはじめの頃のヒマワリは、朝は東を向いています。そのあともずっと太陽のほうを向いて、夕方には西に向きます。そして夜中にまた東へと向き直るのです。この動きが古くから知られているから「日に向かう」とか「日を回る」という意味の名前がついたのでしょう。

ふるさとは北アメリカ

　ヒマワリの原産地は北アメリカです。ここでの名前はsunflower。「太陽の花」という意味ですね。ヨーロッパに伝えられたときも、太陽を向いて回るふしぎな花だと思われたせいか、ヨーロッパの言語でも「太陽」が入った名前になっています。国や地域がちがっても、ヒマワリが太陽を向いて回る、という性質が注目されたことがわかりますね。

　ちなみに、ヒマワリが太陽を向くことについては昔から研究されています。そのしくみが徐々に明らかになってきており、2016年にも遺伝子レベルで新たな発見がありました。人間の興味はいまだ続いています。

やってみよう

観察日記をつけてみよう

ヒマワリは夏休み前に種子をまいておくと、夏休みが終わるまでに立派な花を咲かせてくれるので観察日記にぴったりです。英語で記録してみるのもおもしろいですよ。

ひとくちメモ　ヒマワリが今のような大輪になったのは、北アメリカからヨーロッパを経由してロシアに広まってから。その種子を断食時の食用にするため、たくさん種子がとれるよう品種改良が行われたからといわれています。

ハンコをよく使う日本、サインが一般的な英語圏

9月11日 September

中国学園大学 国際教養学部
竹野純一郎 先生が書きました

読んだ日　月　日｜月　日｜月　日

ハンコといえば日本

学校のプリントなどで、おうちの人がハンコを押しているのを見たことがありますか？ハンコは英語でpersonal stamp [seal]といいます。日本ではハンコを使うことはあたり前ですが、ほかの国はどうなのでしょう？

ハンコは中国から来たと考えられていて、東アジア圏で使っている国もあります。しかし、中国では一般には使われていません。韓国でもハンコばなれが進んでいるようです。日常的にハンコを使っている国といえば、日本がいちばんかもしれませんね。

英語圏ではサインが一般的

一方、英語圏は基本的にはサイン社会です。自分の名前を手書きすることがハンコの代わりです。ここではサインについて、おなじみの表現を紹介します。

🔊 **Please sign this form.**
この書類にサインしてください。

🔊 **Please put your signature here.**
こちらにサインしてください。

どちらもよく使われるので覚えておくと便利ですね。

なお、有名人が色紙などにサインすることはautographといいますので、signature（署名という意味のサイン）とまちがえないようにしましょう。

調べてみよう

ハンコにフルネーム？

日本で生活するにはハンコが必要です。日本は名字の種類が多いこともあり、日常使うハンコは名字だけのものが一般的です。韓国では名字の種類が少ないこともあってか、基本的にフルネームのようです。日本でも役所で印鑑登録をする実印はフルネームでつくる人が多いです。お家のハンコを調べてみましょう。

 ひとくちメモ　海外に行くにはパスポートが必要です。漢字を使う日本人は、サインを漢字で書くかアルファベットで書くか選ぶことができます。漢字はアルファベットよりも、まねされにくいというメリットがありますね。

イギリスでは食器の泡は流さない？

9月 September 12日

三重県多気町立勢和小学校 教諭
岡村里香先生が書きました

読んだ日　月　日　｜　月　日　｜　月　日

ごしごし洗いまではいいけれど

イギリスのある家での台所のようすを紹介しましょう。食事がすんで、お母さんが食器を洗っています。スポンジに洗剤をつけて、お皿やコップをゴシゴシこすると、汚れがみるみる落ちていきます。あとは、洗剤の泡を水できれいに洗い流せば、きれいさっぱり……と思ったら、なんと食器にささっと水をかけただけで、泡がついているのにもかかわらず、皿を次々と水切りかごにあげていくではありませんか。きれいに洗い流さないのには、なにか理由があるのでしょうか？

仕上げはふきんで？

このお母さんは、食器についた泡はふきんでふきとりました。日本では、洗剤の泡は最後まで水できれいに洗い流すのがふつうです。洗剤のテレビコマーシャルを見ても、「すすいだ瞬間に泡が落ちている」や「サッと洗えてすすぎが簡単」など、洗ってすすいだあとに泡が残らないことをアピールしているものが多いと思います。でもイギリスでは、このお母さんのように、残った泡はふきんでふきとるという家もあるのです。

泡がついたままおいておくと、半分しか洗っていない気がしてなんだかすっきりしないし、そんなお皿で食べたら体にも悪いような気がします。みなさんのおうちでは、どちらですか？

学んでみよう

「洗う部屋」とはどこのこと？

wash（洗う）にroom（部屋）をくっつけて、washroomにすると、どういう意味になると思いますか？　答えはトイレです。この英語をそのまま日本語になおすと「手を洗う部屋」になります。「手を洗う部屋」という意味から、トイレを意味するようになりました。日本語でもトイレのことを「お手洗い」ということがあります。

イギリスは、一日のなかでも天気がころころ変わるところです。たとえ雨が降ってきても、すぐに洗濯物はしまわずに「そのうち晴れるでしょ」と思って、そのままにしておくことも多いそうです。

「赤道」という名前の国がある！

9月13日 September

国立明石工業高等専門学校
飯島睦美先生に聞きました

読んだ日　月　日　｜　月　日　｜　月　日

赤道で「等しく」分ける？

世界地図を広げてみましょう。真ん中に1本の赤い線が引かれていますね。これが赤道です。赤道は、太陽が真上を通るとされる地球上のラインのことで、赤い色をしているわけではありません。

赤道は、英語で「イクォーター」といいます。もともとは古いラテン語で、「昼と夜を等しく分ける」という意味があるそうです。赤道では一年を通して、昼と夜の長さがほとんど同じなのです。

この「イクォーター（equator）」という言葉は、イコール（equal）ともちょっと似ていますね。equalは「等しい」とか「平等」という意味です。算数の計算で、1＋2＝3のように、式の右側の数と左側の数が等しいことを示す記号「＝」のことも、「イコール」といいますよね。

赤道の近くを探してみよう

その名もずばり「赤道」という名前の国があります。どこにあると思いますか？　きっと赤道の近くにあるにちがいありません。ヒントは、赤道をスペイン語でいうと「エクワドール（ecuador）」です。もうわかりました

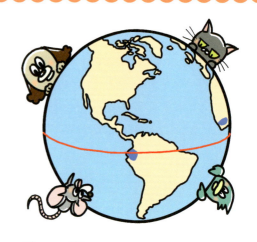

ね。答えは、南アメリカのエクアドルです。この国の真上には、赤道が通っているんですよ。

もうひとつ、アフリカにも名前に「赤道」とつく国があります。それは、西アフリカにある赤道ギニアという国です。こちらは赤道の少し北側にあります。世界地図で位置を確かめてみましょう。

覚えておこう

緯度、経度はなんていうの？

赤道のように、地球に関係のあるほかの単語も気になりますよね。ちょっと難しいけれど、練習してみましょう。

緯度　latitude（ラティチュード）
経度　longitude（ロンジチュード）
北半球　the Northern Hemisphere（ザ ノーザン ヘムスフィア）
南半球　the Southern Hemisphere（ザ サザン ヘムスフィア）
北極　the North Pole（ザ ノース ポール）
南極　the South Pole（ザ サウス ポール）

ひとくちメモ　日本語の赤道は、古代中国の天文学で太陽が真上を通る地点をしめす際、赤い線を引いたことが由来とされます。また、日本では太陽の軌道を「あかのみち」と呼んでいたという説もあります。

haveで「身につけている」をあらわそう！

9月14日 September

音声対応

駒沢女子短期大学 教授
金澤延美先生が書きました

読んだ日　月　日　｜　月　日　｜　月　日

組み合わせワザを使って！

haveは「持っている」「飼っている」「ある」「いる」など、たくさんの意味を持つ言葉です。haveだけでたくさんのことをあらわすことができます（204ページを参照）。このhaveにonを組み合わせると、「なにかを身につけている状態」をあらわすことができます。身につけるものは、洋服だけじゃなく、ぼうしやくつやメガネや時計でもOK。

🔊 I have a cap on.
私はぼうしをかぶっています。

🔊 I have shoes on.
私はくつをはいています。

🔊 I have glasses on.
私はメガネをかけています。

日本語では身につけるものによって、「着ている」「はいている」「かぶっている」「かけている」とちがう言葉を使いますが、英語ではすべてhave onであらわします。

彼や彼女の場合

私（I）以外の場合も見てみましょう。彼（he）や彼女（she）を使う場合は、haveの形がhasと変わります。

🔊 He has a tie on.
彼はネクタイをしています。

🔊 She has an apron on.
彼女はエプロンをしています。

🔊 She has a ring on her finger.
彼女は指輪をしています。

家族や友だちといっしょに、お互いが身につけているものについて英語で話してみましょう。

 ひとくちメモ　「身につけている」をあらわす英語はこのほかにもいくつかあります。wearはこの1語だけで「～を身につけている」という意味をあらわします。

293

ものの名前のお話

お月様の名前は毎日変わるってホント!?

共栄大学 国際経営学部 助教
鈴木健太郎先生に聞きました

9月15日 September

読んだ日　月　日｜月　日｜月　日

新月 new moon　　三日月 crescent moon　　半月 half moon　　満月 full moon

写真／BlueRingMedia / Shutterstock.com

いろいろな月の名前

月は毎日、満ち欠けをしてすがたを変えます。まん丸いお月様は「満月」、半分になったものは「半月」、細い弓のような形をしたものは「三日月」ですね。暗くてまったく見えない月は「新月」と呼ばれています。

同じように、英語で月というときも、形によってそれぞれ呼び方がちがいます。月は英語で the moon といいます。満月はfull moonです。full は「満ちた、いっぱいの」という意味です。半月はhalf moon（半分の月）、新月はnew moon（新しい月）といいます。

あのパンの名前も「三日月」

じつは、日本語の新月は、英語の名前をそのまま訳したものなのです。それなら、三日月は 3 days moonというのかな？ 残念ですがちがいます。三日月はcrescent (moon)といいます。crescentという言葉は、「つくる、成長する」という意味のラテン語からきています。日本語の三日月は、新月から数えて3日目の少しだけ満ちた月ということなのです。

ところで、このcrescentという言葉は、なにかににていませんか？ そう、三日月の形をしたおいしいパン、クロワッサンにちょっと発音がにていますね。じつは、クロワッサンはフランス語で、「三日月」という意味なんですよ。

調べてみよう

満月の呼び方はほかにもある！

日本語では、満月のことを十五夜、望月などとも呼びます。英語では、ひと月のうちに満月が2回めぐってくるとき、1回目をfirst moon、2回目をblue moonと呼ぶこともあります。ほかにはどんな月の呼び方があるか、調べてみましょう。

ひとくちメモ　広い意味では、moonは「衛星」のことです。だから木星や土星の衛星もmoonといいます。地球の"ただひとつの衛星"である月を示すときは、特別に"the"をつけてthe moonと呼ぶのです。

294

台風という言葉はtyphoonからきた

おもしろ英語のお話

9月16日 September

国立明石工業高等専門学校
飯島睦美先生に聞きました

読んだ日　月　日　｜　月　日　｜　月　日

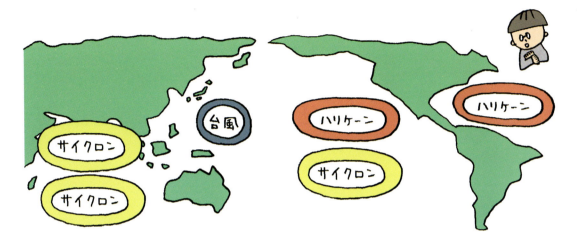

中国語から英語に

夏から秋にかけて、日本に大雨と強い風をもたらす台風。英語ではtyphoonといいます。不思議なくらい日本語と似ていますね。この言葉も「寿司」のように、日本語が英語になったのでしょうか？

さまざまな説がありますが、どうやら英語のtyphoonのほうが先のようです。台風は中国語で「大風」（tai fung）といい、これが英語になり、その後日本語の漢字が当てられた、という説が有力です。

発生した場所によって名前が違う

台風は熱帯低気圧の1種です。熱帯低気圧は世界中のさまざまな海で生まれます。生まれた場所によって名前がちがうのです。

わたしたちになじみのある台風＝typhoonは、南シナ海や北西太平洋で発生する熱帯低気圧のことを指します。北インド洋で発生する熱帯低気圧はcyclon、北大西洋、カリブ海、北東太平洋で発生した熱帯低気圧はhurrricaneと呼ばれます。どれもニュースで聞き覚えがある名前ですね。

覚えておこう

台風にまつわる英語

台風といえば、上陸するかしないか気になりますね。台風が上陸するときの「上陸」、また「襲う」といいたいときは、hitを使います。野球の「ヒット」と同じです。直撃！な感じが伝わりそうですね。

ひとくちメモ　日本の台風は15号など、数字で呼ばれますが、アメリカのハリケーンには「カトリーナ」など、人の名前がつけられます。あらかじめ決められた命名リストにそって、発生した順に名前をつけていくそうです。

295

海外旅行で英語を話そう！

ショップにて

9月17日 September

日本大学 生産工学部 教養・基礎科学系(英語科)
濱田 彰 先生が書きました

日本と同じように店員さんと話をして、希望にそった買い物をしましょう！

scene 1 お店の中に入ると
お土産屋さんに入ったら店員さんが近づいてきました。

scene 2 試してみる
気に入ったものがあれば手に取ってみましょう。

おみやげ選びで悩んでしまうことがあります。そんなときは、お店の人におすすめのものを聞いてみましょう。または、旅行の前に何がほしいかを決めておくのもいいですね。

scene3 買うと決めたら　》商品をレジに持って行ってお金を払いましょう。

試した洋服のサイズが合わないとき

気に入った洋服でもサイズが合わないことがあります。そんなときには、どのような状態なのかをお店の人に伝えましょう。

サイズが小さかったり、大きかったりしたら
It's too small.
とても小さいです。
It's too big.
とても大きいです。
It's too wide.
横幅がありすぎです。
丈が合わないときには
It's too short.
とても短いです。
It's too long.
とても長いです。

9月

筆記体が書けると、かっこいい!?

おもしろい英語のお話

9月18日 September

弘前大学 教育学部
佐藤 剛 先生が書きました

読んだ日　月　日　｜　月　日　｜　月　日

日本では教えなくなった「筆記体」

みなさんは筆記体という文字の書き方を知っていますか？　筆記体は、前の文字とうしろの文字をつなげて書く書き方のことです。上はapple（りんご）を筆記体で書いたものです。ふつうに書くよりもかっこいいですよね。

むかしは中学校で習うことになっていましたが、最近は筆記体の代わりに、コンピューターなど、ちがうことを教える学校が増えています。コンピューターで英語を打つほうが、将来役に立つと考えられているからです。

アメリカでの筆記体

アメリカでも、州によってちがいはありますが、コンピューターが広まったことで、筆記体を学ぶよりも、キーボードを使って文字をタイプできるほうが役に立つと考えている人が多いようです。アメリカの大学の入学試験で、筆記体を使った人は15％程度だったという調査結果もあります。

一方で、筆記体を教えないことは、歴史や文化を次の世代に伝えないことになる、また、パソコンで文字を打つよりも文字を手書きしたほうが勉強ができるようになる、という理由から筆記体の指導を復活させる動きもあります。筆記体が書けるとアメリカでも自慢できそうですね。

学んでみよう

アメリカの人に聞いてみた

実際に、アメリカの人は筆記体についてどう考えているのか、インタビューしてみました。

Q1　筆記体は書けますか？
A1　30代の人は学校で習ったから書けるよ。

Q2　どんなときに筆記体を使うの？
A2　サインするときだね。筆記体は自分らしさが出るから、まねされにくいんだよ。

Q3　筆記体で書いたのと、そうじゃないのとなにがちがうの？
A3　手紙で筆記体を使うと、「他でもない自分が書きました」という気持ちが伝わると思う。また、アメリカの独立宣言など筆記体で書かれた文章を見ると、それがとても歴史的だったり、重要なものであるという印象を受けるね。

ひとくちメモ　日本語にも英語の筆記体ににた行書体という書き方があります。行書体は、漢字を書くときに、一画一画をきちんと書かず続けて書く書き方です。

日本語と同じ発想をする英語の表現

9月 September 19日

中国学園大学 国際教養学部
竹野純一郎先生が書きました

読んだ日　月　日　｜　月　日　｜　月　日

「嵐の前の静けさ」

「嵐の前の静けさ」を英語でcalm before the stormといいます。calmは「静けさ」、beforeは「〜の前」、stormは「嵐」という意味です。日本語で「嵐の前の静けさ」というときは、本物の嵐ではなく、これからなにか大きなことが起こりそうな予感がする静けさをあらわしますね。英語もこれと同じです。calm before the stormは、本物の嵐ではなく、嵐のような大きなことが起こる前、という意味で使われています。

🔊 **The scene was quiet before the accident. It was the calm before the storm.**
現場は事故の前は静かだった。嵐の前の静けさだった。

「火のないところに煙は立たない」

「火のないところに煙は立たない」ということわざがありますね。なにかが起こったときは、必ずその原因があるという意味です。英語にもこれと同じ意味のことわざがあります。Where there is smoke, there is fire.といいます。そのまま日本語にすると「煙のあるところに火あり」となります。日本のことわざとは、いい方が反対になっていますね。

🔊 **He says he has nothing to do with the problem, but where there's smoke, there's fire.**
彼はその問題となにも関係ないといっていたけど、火のないところに煙は立たないよね。

ほかにもこんな表現

英語と日本語で発想がにている表現はたくさんあります。たとえば、tip of the icebergは「氷山の一角」という意味ですが、目に見える部分は小さくても、その下には大きな部分がかくれているという意味で使われています。ring a bellは「ピンとくる・思い出させる」という意味です。英語をそのまま日本語にすると「（頭の中で）ベルがなる」です。日本語の「ピンとくる」と英語の「頭の中でベルがなる」は、やはり発想がにていますね。

英語にThe sky is the limit.という表現があります。日本語にすると「空が限度である」になります。空が限度なら、実際には制限はなにもないということです。日本語の「天井知らず」と同じような意味です。

「cool」な英語を使おう！

筑波大学 大学院 人文社会科学研究科
細田雅也 先生が書きました

読んだ日　月　日　月　日　月　日

「cool」な英語とは？

日本語では、クールを「涼しい」という意味でよく使いますが、英語のcoolには「かっこいい、すごい」という意味もあります。coolでかっこいい英語の表現を紹介しましょう！

🔊 **I hope our paths will cross again.**
またどこかでお目にかかれますように。

pathは「道」という意味です。our paths will crossをそのまま日本語にすると「私たちの道がクロスする、交差する」となります。この「道」を人が歩む道、つまり人生と考えて「私たちの人生がまた交差しますように」＝「またどこかで会えますように」という意味に使われます。人と人が出会い別れていくようすが、おたがいの道が交わるというシンプルな表現にこめられています。

今を大切に、楽しんじゃおう！

🔊 **Seize the day！** 今を楽しもう！

seizeは「つかむ」という意味です。そのまま日本語にすると「その日をつかめ」ですが、「今この瞬間を楽しもう」という意味で使われます。二度とこないこの瞬間を、思い通りに生きる、力強いイメージが感じられますね。

presentという単語には「贈り物」と「現在」という意味があります。今、私たちが生きている「現在」という時間は、みんなにあたえられた「贈り物」。せっかくもらった「贈り物」の「今」を大切に生きたいものです。

心を動かされる表現に出会ったら、自分の言葉として使ってみましょう！

🔍 調べてみよう

英語の表現はどうやってできたの？

ここで紹介した英語の表現には、それぞれ由来があります。たとえばSeize the day.は、古代ローマにいたホラティウスという詩人の作品に出てきた、Carpe diemというラテン語の言葉に由来する表現です。お気に入りの表現の由来を辞書やインターネットで調べてみましょう。

ひとくちメモ　映画や小説は、このようなcoolな表現の宝庫です。思わず使ってみたくなる英語を見つけるために、映画を字幕で見たり、原文の小説にチャレンジしてみたりしてみましょう。

不吉？
13と666のお話

国立明石工業高等専門学校
飯島睦美先生に聞きました

9月 September 21日

読んだ日　月　日　月　日　月　日

縁起の悪い数字

日本では、4や9が不吉な数とされますね。4を音読みすると「シ」と発音するので、「死」が連想されるからです。同様に、9を音読みすると「ク」と発音し、「苦」が連想されるので不吉とされます。中国でも同様に4と9は縁起の悪い数字とされます。

英語で縁起の悪い数字は、日本のような音のイメージではなく、聖書や宗教と関係があります。たとえば、13が不吉な数とされていますが、それは「13日の金曜日に、イエス・キリストが処刑された」「レオナルド・ダ・ヴィンチの最後の晩餐に描かれているのが13人」というところからきているのです。

666もきらわれている

ちょっと数字が大きいですが、666も不吉な数とされています。聖書によると、666とは7つの頭と10本の角をもつ野獣の数字、もしくは名前のことです。その獣は、この世の終末の間際に海から上ってきて、この世界を42カ月もの間支配します。さらに、その獣が人々に刻む数字が「666」なのです。

英語圏だけでなく、キリスト教徒の多い国々では13や666は不吉な数としてなにかと避けられています。

> **やってみよう**
>
> ### 不吉を避けるおまじない
>
> 英語を使う国で行われているおまじないを紹介しましょう。
> 1「木を触る、木をコンコンと小突く」
> 悪いことが起こらないように、いいことが続くようにと願いながら行います。198ページでくわしく紹介しています。
> 2「塩を左の肩越しにかける」
> 日本でもおはらいに塩が使われるので、理解しやすいですね。肩越しに塩を投げるのは、うしろからやってくる悪霊を追い払うという意味だそうです。

 ハリウッドでは『13日の金曜日』というタイトルのホラー映画のシリーズもあります。「13日の金曜日恐怖症」にかかる人もいるそうです。

朝からパイは食べられないよ

札幌市立北の沢小学校
岩村鋭介先生が書きました

9月22日 September

読んだ日　月　日　｜　月　日　｜　月　日

日本人の英語は伝わる！

昔は、英語を勉強しても、日本にいる間はなかなか使うことがありませんでしたし、海外に行って英語で話すことはとってもきんちょうすることでした。

しかし、今は小学校から学校で外国の人と話をする機会も多いですね。海外でも英語で話しかけると、ほとんどの人は、笑顔でいっしょうけんめい聞いてくれます。そして、私たちがわかるようにゆっくりと話してくれます。中学校で勉強する英語で十分に話すことができるのです。

ところ変われば英語も変わる？

身近になった英語ですが、英語ならではの勘ちがいが起こることがあります。ある人が行った田舎のホテルでのできごとです。

チェックインのとき、ホテルの人が、Would you like morning pay？と聞いてきました。その人は「モーニングパイ？」と聞こえたので、「明日の朝、パイを食べますか？」と聞かれたと思い、「いいえ結構です」と答えました。するとホテルの人は、Would you like pay now？と聞いてきました。その人は「パイナウ？」と聞こえたので、また

「パイを食べますか？」と聞かれたと思い、「いいえ結構です」と答えました。ホテルの人はそういわれて、ぽかんとしてしまいました。

じつはホテルの人は最初に、「お支払いは、明日の朝にしますか？」と聞いたのでした。morning pay のpayは「支払い」という意味です。この旅人はpayをpieと聞きまちがえたというわけです。

英語は国や地域によって「エイ」を「アイ」と発音するところがあります。たとえば、eightはふつう「エイト」と発音しますが、「アイト」と発音するところもあるのです。日本語にも方言があるように、英語にも国や地域によっていい方や発音が変わる場合があるのです。

 北海道では、よく「ごみをすてる」ではなく「ごみをなげる」といいます。知らないで聞くと、ごみを野球のボールのようになげるのかと思いますよね。日本の方言も調べるとおもしろいですよ。

いろんな場面で話しかけてみよう！

9月23日 September

福岡教育大学　英語教育講座　教授
中島 亨 先生が書きました

読んだ日　月　日　｜　月　日　｜　月　日

スモールトークを駆使しよう

外国の人と仲よくなりたいときは、スモールトークが役に立ちます（209ページ参照）。今日はその続きです。いろんな場面で使える会話を紹介しましょう。

公園で

A : Nice shoes! Do you like red?
　　いいくつはいてるね！　赤が好きなの？

B : Thank you! Yes. I like red. How about you?
　　ありがとう！　そう。赤が好き。あなたは？

くつの色によって、red（赤）をblue（青）やwhite（白）に変えるといいでしょう。また、shoes（くつ）の代わりにbag（バッグ）をほめてもいいですね。

雨宿りしているとき

A : Terrible weather. Don't you think so?
　　ひどい天気だね。

B : Yes. I hope it's sunny tomorrow.
　　そうね。明日は晴れるといいな。

晴れの日だったら、It's a nice day, isn't it?（いい天気ですね）といいましょう。

遊びの輪の中へ入りたいとき

A : It looks fun! I like lego blocks too.
　　楽しそう！　ぼくもレゴブロック好きなんだ。

B : Oh! Let's play together!
　　そうなの？　じゃあ、いっしょに遊びましょう！

みんながしている遊びを自分も好きなことを伝えて輪に入れてもらいましょう。

ふたりぐみの女の子に出会ったとき

A : Your friend is very cute! Hey, I'm Chip. Would you like to dance with me?
　　きみの友だちってとってもかわいいね。ぼくはチップ。もしよかったらダンスしない？

B : I'm sorry. I have to stay with my friend.
　　ごめんなさい。友だちといっしょにいないといけないの。

ふたりぐみの女の子がひとりになったときの声のかけ方です。友だちをかわいいといっちゃったので、断られたのかもしれません。

ひとくちメモ　会話がうまくいって、相手の名前を教えてもらったときは、That's a lovely name.（いい名前だね）というといいでしょう。

303

ゾウは決して忘れない？

9月 24日 September

愛媛大学 教育学部
立松大祐先生が書きました

読んだ日　月　日　｜　月　日　｜　月　日

記憶力の高い動物

陸上でもっとも大きい動物であるゾウは、記憶力が優れていることで知られています。英語には、記憶力が優れている人をほめる言葉があります。

You have a memory like an elephant.（あなたの記憶力は、まるでゾウのようにすごいですね）という表現です。elephantは英語で「ゾウ」のこと。ものごとを簡単に覚えることができて、しかも長い間その記憶を失わない動物だと信じられているのです。

ゾウは決して忘れない

ゾウの記憶力が優れることから、Elephants never forget.（ゾウは決して忘れない）。つまり、記憶力が優れているという意味のことわざがあります。前に紹介した例よりも、こちらの表現のほうがよく使われるようです。

このElephants never forget.（すごい記憶力ですね）という表現は、記憶力が優れていることをほめる場合以外にも使われることがあります。じつは、自分に対して不親切であった人や、いやなことをいつまでも忘れない、または、仕返しをするかもしれないという場合にも使われるのです。それほどまでにゾウ

の記憶力は優れているとされています。そこまで記憶がいいと、悲しいことも忘れられずに大変そうですね。

調べてみよう

ゾウの体の部分の呼び方

優れた記憶力のほか、ゾウの特徴は大きな体、大きな耳、長い鼻ときばを持っていることですね。体は英語でbody、耳はearです。それでは、ここでクイズです。ゾウの鼻は英語でなんというでしょうか？　人間の鼻は英語でnoseですが、ゾウの鼻はちがうようです。正解はひとくちメモで！

ひとくちメモ

答え：ゾウの鼻は英語でthe trunk of an elephantといいます。もともとtrunkには「木の幹」という意味があります。ゾウのりっぱな鼻は、たしかに木の幹のようにも見えますね。

時速160キロと時速100マイルでは、どっちが速い？

9月25日 September

東北福祉大学
太田聡一 先生が書きました

読んだ日　月　日　｜　月　日　｜　月　日

長さと重さの単位のちがい

　日本のプロ野球では、ピッチャーが投げる球の速さが時速160キロを超えたとき、アメリカでは時速100マイルを超えると剛速球といわれます。このマイルとはなんでしょうか？　日本では長さを測るときは「〜メートル」といいます。これをメートル法といいます。
　一方、アメリカでは、長さを測るときは「〜ヤード」などといいます。これをヤード・ポンド法といいます。ヤード・ポンド法の長さの単位は、ヤード、インチ、フィート、マイルです。
　1インチは約2.5センチ、1フィートは約30センチ、1ヤードは約90センチ、1マイルは約1.6キロです。時速100マイルは、キロに直すと時速約160キロ。つまり、日本とアメリカの剛速球は、どちらも同じ速さだったのです。

カナダもメートル法

　アメリカからカナダまでドライブするとします。アメリカの高速道路の最高速度は時速約60マイルと決められています（時速約96キロ）。看板には「60」と書かれています。
　一方、カナダの最高速度は時速約100キロと決められています。看板には「100」と書かれています。カナダは日本と同じメートル法を使っているのです。
　アメリカの高速道路を時速60マイルで走っていて、そのままカナダに入ると、道路の看板には「100」と書いてあるので、「カナダは時速100マイルまで出してもいいんだ」と勘ちがいして、スピード違反を起こしてしまうことがあるそうです。国によって単位がちがうと、こういうことが起こるのですね。

ひとくちメモ　ミャンマーとリベリアもヤード・ポンド法を使っています。でも、これらの国もメートル法に変わりつつあるので、将来、ヤード・ポンド法を使っている国は、アメリカだけになるかもしれません。

英語で電話をかけてみよう！

9月26日 September

音声対応

岡山県立大学 保健福祉学部・共通教育部 語学教育推進室
高橋幸子 先生が書きました

読んだ日　月　日　｜　月　日　｜　月　日

会話を聞いてみよう

英語で電話しているときの会話を聞いてみましょう。リョウタとメイは友だち同士です。今、メイはアメリカにいる親せきの家に泊まっています。リョウタはメイと話がしたくて、電話をかけることにしました。

🔊 **A : Hello. May I speak to May ? May from Japan.**

　もしもし？　メイはいますか？
　日本から来ているメイです。

🔊 **B : Who is this, please ?**

　どちらさまですか？

🔊 **A : This is Ryota. I'm calling from Japan.**

　ぼくはリョウタです。
　日本から電話をかけています。

🔊 **B : OK. Hold on.**

　わかったわ。ちょっと待ってね。

英語にも決まったフレーズがある

リョウタは最初に、Hello. といっていますね。Hello.は「こんにちは」というあいさつですが、電話をかけるときにも使います。日本語の「もしもし」と同じです。

May I speak to May ? はそのまま日本語にすると「メイと話ができますか？」とい

う意味ですが、もう少し自然な日本語になおすと「メイはいますか？」となります。

Who is this, please ? のWhoは「誰」という意味です。thisは「これ」という意味で、ものの名前の代わりに使う言葉です（84ページで紹介しています）。でも、この場合は「この電話をかけている人」という意味になります。つまり、「この電話をかけている人は誰ですか？」と聞いていることになります。次のThis is Ryota. のThisも同じですね。

最後の Hold on. は「少々お待ちください」という意味で、電話でよく使われます。holdは「手に持つ」という意味があります。「電話を手に持ったまま、そのままお待ちください」というイメージです。

ひとくちメモ　「もしもし」は、電話をかけるときと電話を受けるとき、どちらにも使いますね。英語のHello.も同じです。電話がかかってきたときは、Hello. といって電話に出ましょう。

1-800-EATCAKEって、なんの番号!?

9月27日（日）September

福岡教育大学 英語教育講座 教授
中島 亨 先生が書きました

読んだ日　月　日　月　日　月　日

電話番号に書かれたなぞの文字

ケーキを注文しようと電話番号を見たら、1-800-EATCAKEと書いてありました。1-800はアメリカのフリーダイヤルの番号です。ケーキ屋さんだからEAT CAKE（ケーキを食べよう）というのはわかりますが、数字ではありません。さて、このあとなん番をダイヤルすればよいのでしょう？

お家の人に携帯電話を借りて、電話をかける準備をしてください。文字盤をよく見ると、2から9までの番号のそばに、英語の文字が3つか4つ書かれています。Eをさがすと、3のところにあります。Aは2、Tは8、Cは2……。こうして1-800-3282253に電話をすればいいということがわかりました。

歯医者さんの番号は4618？

日本にも番号を覚えてもらうための工夫があります。歯医者さんなら「921-4618（白い歯）」や「41-6480（虫歯ゼロ）」のように、「語呂合わせ」のできる番号にするのです。英語ではそれができないので、文字を数字に割りあててわかりやすい英単語をつくるのです。これならどんなに長い番号でも、すぐに覚えられそうですね。
（注意：ここにあげた電話番号はすべて架空です。電話をかけないでください！）

お店にピッタリの英単語は？

次のお店の電話番号が覚えやすくなるように、英単語を考えてみましょう。答えは「ひとくちメモ」にあります。
(1) 22-6262の果物屋さん（fruit shop）
(2) 264-6257の動物園（zoo）
(3) 22-8364の獣医さん（vet）
(4) 464-7336のリサイクルショップ（recycle shop）
(5) 携帯番号が090-9697-8744の寿司屋さん（sushi restaurant）※090はそのままでかまいません。
（注意：これらの電話番号はすべて架空です。電話をかけないでくださいね！）

答え：(1) BANANA　(2) ANIMALS　(3) CATDOG　(4) GO GREEN（go green＝グリーンでいこうよ）(5) WOWSUSHI（Wow! Sushi!＝ワォ！寿司）このほかにもできた人はすごい！

ヘンゼルとグレーテル①
Hansel and Gretel

秀明大学 英語情報マネジメント学部 准教授
Gaby Benthien 先生が書きました

読んだ日　月　日　｜　月　日　｜　月　日

　ヘンゼルとグレーテルは木こりの子どもです。ヘンゼルとグレーテルはお父さんと、新しいお母さんと一緒に森のそばに暮らしていました。ある日、食べるものがなくなってしまい、新しいお母さんはお父さんに「子どもたちを森に置いてきちゃいましょう」と言いました。そして、その次の日にヘンゼルとグレーテルは森に置き去りにされてしまいました。しかし、ヘンゼルは新しいお母さんとお父さんの話を盗み聞きしていたので、家に無事に戻れるように白い小石を落としながら歩いていました。

　ふたりが無事に家に帰り着いたので、新しいお母さんの計画は台無しになってしまいました。そのため、お父さんと新しいお母さんはもう一度ヘンゼルとグレーテルを森に置き去りにしました。今度は成功です。ヘンゼルが白い小石を集めておくことができなかったからです。ヘンゼルは小石の代わりにパンくずを落として歩いていましたが、パンくずは森の動物や鳥に食べられてしまいました。

　ヘンゼルとグレーテルは迷子になってしまいましたが、3日後に白いハトがお菓子の家へふたりを連れて行ってくれました。ヘンゼルとグレーテルはお菓子の家の屋根や壁を食べました。しかし、この家には子どもたちを食べてしまう魔女が住んでいたのです。魔女はふたりを捕まえ、ヘンゼルを太らせるためにオリにいれ、グレーテルには家事をさせました。

　魔女はあまり目がよくなかったので、ヘンゼルがよく太ったかどうかを調べるためにヘンゼルの指を毎日触って確かめました。しかし、ヘンゼルは指の代わりに小さな細い骨を魔女に触らせてだましていました。

9月 September 28日

グリム童話『ヘンゼルとグレーテル』。新しいお母さんに、森に置き去りにされた兄と妹は道に迷い、お菓子の家を見つけます。しかし、そこには魔女が。魔女に食べられそうになったふたりは魔女を突き飛ばし、宝石を持って家に帰ります。すると、そこで待っていたのは……。

音声対応

Hansel and Gretel were the children of a poor woodcutter, who was living with his new wife near a forest. One day, when they didn't have enough to eat, the wife said to her husband "Let's leave the children in the forest." They led the children into the forest the next day. However, Hansel had overheard their plan and dropped white pebbles on the ground to mark the path back home.

The children arrived back home that evening, so the wife's plan failed. The husband and wife tried the same plan for a second time. This time they succeeded, because Hansel was not able to get any white pebbles. Instead he used bread crumbs, which were eaten by the animals and birds in the forest.

The children were lost until the third day, when a white dove led them to a cottage made of bread, cake, and sugar. Hansel and Gretel started to break off parts of the cottage, and ate the roof and walls. However, an evil witch who ate children lived in this cottage. She caught the children and put Hansel in a cage to fatten him up, and made Gretel do chores.

The half blind witch felt Hansel's finger every day to see if he was fattening up, but he always tricked her by holding out a little bone instead.

9月

ヘンゼルとグレーテル ②
Hansel and Gretel

秀明大学 英語情報マネジメント学部 准教授
Gaby Benthien 先生が書きました

魔女はヘンゼルが太るまで我慢できなくなり、明日ヘンゼルを食べてしまおうと決めました。その朝、魔女はパンを焼こうと思ったのでグレーテルに「かまどに頭を入れて、パンを焼く準備ができたかどうか見てみなさい」といいました。しかしグレーテルは「私は背が小さすぎてできないわ」と答えたので、魔女は自分でかまどの中に頭を入れてみようとしました。グレーテルはそのすきに、魔女をかまどの中に押し込みました。そしてヘンゼルのオリの鍵を開け、家の中にある宝石や真珠を見つけました。ヘンゼルとグレーテルは、その宝石をポケットにいっぱい入れて家に帰ることにしました。

そのうち大きな湖にたどり着きました。自分たちでは渡れなさそうだったのですが、白いアヒルが乗せてくれて、ヘンゼルとグレーテルをひとりずつ渡らせてくれました。すると、そこは見慣れた場所で、家に帰り着くことができました。

お父さんは、森にふたりを置いてきてしまってからとても悲しかったので、とても喜びました。新しいお母さんは死んでしまっていました。ヘンゼルとグレーテルが持ち帰った宝石のおかげで、3人はもう空腹になることもなく、幸せに暮らしました。

このお話に出てくる主な英単語

- woodcutter（木こり） ● forest（森） ● pebbles（小石）
- bread crumbs（パンくず） ● dove（ハト） ● cottage（家）
- witch（魔女） ● bone（骨） ● patience（我慢） ● oven（かまど）
- precious stones（宝石） ● pearls（真珠） ● lake（湖）
- duck（アヒル）

9月 29日
September

音声は9月28日から続いています。

The witch lost her patience and decided to eat him the next day. In the morning, the witch wanted to make bread and said to Gretel "Put your head in the oven and check if it's ready." Gretel said "I am too short !", so the witch put her head in the oven to look for herself. Gretel saw her chance and pushed the witch inside the oven. She then unlocked the cage to let Hansel out, and they went into the cottage and found a treasure of precious stones and pearls. They stuffed their pockets full and set off home.

After a while, they came to a large lake, which seemed impossible to cross. Then they saw a white duck, who took them, one by one, across the lake. Suddenly, they recognized the scenery and ran home.

The father was very happy to see them, as he had been sad since he and his wife had left the children in the forest. In the meantime, his wife had also died. Thanks to the treasure, they were able to live happily ever after, without ever being hungry again.

魔女の退治

ふたりを早く食べてしまおうと思っていた悪い魔女。ふたりは、魔女をある方法で退治しました。さて、その方法はなんでしょう？ 答えは「ひとことメモ」です。

ひとくちメモ　魔女のすきを見て、かまどに魔女をつき落としましたね。それでふたりは、家に帰ることができたのです。

杉原千畝と命のビザ

9月30日 September

愛媛大学附属高等学校
三好 徹明 先生が書きました

読んだ日　月　日　月　日　月　日

ユダヤ人を救った日本の外交官

今日は、世界中でヒーローとして讃えられている日本人外交官のお話です。杉原千畝は1900年1月1日に岐阜県で生まれました。杉原は、英語教師になりたいと1918年に今の早稲田大学に入学。そして、その翌年には外務省留学生試験に合格し、外務省の留学生として中華民国のハルビンに行きます。そこでロシア語を学び、ロシア語教師になりました。

1939年にはリトアニアで外交官として働きはじめましたが、すぐに第二次世界大戦が開戦。戦争が激しくなると、ナチス・ドイツに迫害された多くのユダヤ人にビザを出し、ヨーロッパを離れるチャンスを与えました。その結果、6,000人もの命を救ったのです。

人として正しいことを

ビザを発給した杉原に外務省から「これ以上ビザを発給するな」と命令が出ました。杉原は、「人間としてなにをするべきか」と考えました。そして、命令に反してもビザを発給し続けます。

やがて、リトアニアを離れる日が来ました。杉原は汽車の中でもビザを書き続けました。そして汽車が走り出すと、「許して下さい、私

にはもう書けない。みなさんのご無事を祈っています」と頭を下げたといいます。現在、杉原に助けられたユダヤ人の子孫たちが世界中に4万人以上いるといわれています。この杉原の業績が世界的に評価されているのです。

話してみよう

英語で説明してみよう

杉原千畝について、英語で説明してみましょう。生まれたところは岐阜県で、英語教師になることが夢でした。そして、「東洋のシンドラー」と呼ばれています。これらを英語でいってみましょう。

His dream was to become an English teacher.
彼の夢は英語の先生になることでした。
He was born in Gifu.
彼は岐阜県に生まれました。
Sugihara is called Schindler Oriental.
杉原は東洋のシンドラーと呼ばれています。

シンドラーとは、現在のチェコで生まれたドイツの実業家です。第二次世界大戦中に自分の工場で働く1,200人のユダヤ人をナチス・ドイツの虐殺から救いました。

10 月

October

オーストラリアのコーヒー文化

10月 October 1日

音声対応

愛媛大学 教育学部
立松大祐先生が書きました

読んだ日　月　日｜月　日｜月　日

オーストラリアの人はコーヒーが好き

みなさん、コーヒーは好きですか？　砂糖もミルクも入れないブラックは苦手でも、ミルクをたっぷり入れたカフェラテやカプチーノは好きという人は多いのではないでしょうか。

さて、オーストラリアには、この国ならではのコーヒー文化があります。オーストラリアはもともとイギリスの影響を受けていて、古くから紅茶を飲む習慣がありました。時代がたつと、イタリアの人たちがやってくるようになりました。イタリアの人たちがコーヒーを楽しんでいたため、オーストラリアにもコーヒー文化が広がりました。

オーストラリアの大きな都市、シドニーやメルボルンには、街のあちらこちらにカフェがあり、老若男女それぞれが好みのコーヒーを味わっています。

日本にはないコーヒーのメニュー

オーストラリアのカフェには、日本では見慣れないメニューがあります。たとえば、Long Black、Short Black、Flat Whiteというメニュー。Long Blackは日本のコーヒーと同じようなコーヒーのこと。Short Blackは、こくて深い味わいのあるエスプレッソコーヒー、Flat Whiteはエスプレッソコーヒーに温めたミルクを入れたものです。

話してみよう

英語でコーヒーを注文してみよう

カフェなどで飲み物を注文するいい方法を紹介しましょう。

🔊 Can I have an iced coffee?
　アイスコーヒーをください。

🔊 I'll have a caramel macchiato.
　キャラメルマキアートをください。

アイスコーヒーは英語でice coffeeではなく、iced coffeeといいます。

ひとくちメモ　10月1日は「コーヒーの日」。ブラジルでコーヒーの収穫が終わるのが毎年9月頃なので、コーヒー業界では10月1日から新しい年がはじまります。このため、10月1日が「コーヒーの日」と定められました。

英語のことわざのお話 KOTOWAZA

宿題？ そんなの「ケーキひと切れ」だよ

10月2日 October

音声対応

中国学園大学 国際教養学部
竹野純一郎 先生が書きました

読んだ日　月　日　｜　月　日　｜　月　日

ケーキひと切れなんて、朝めし前

英語のpiece of cakeという言葉は、「ケーキひと切れ・ケーキひとつ」という意味です。でも、この言葉はケーキそのものではなく、「簡単なこと」や「朝めし前」をあらわすたとえとしても使われます。ケーキひと切れだったら、簡単に食べられますよね。だから、「ケーキひと切れ」というと、「簡単なこと」をあらわすようになりました。

🔊 Was your homework difficult?
　　宿題は難しかった？
🔊 No, it was a piece of cake.
　　ううん。朝めし前だったよ。

満点をとるのは「パイ」だね

もうひとつ、おもしろい表現を紹介しましょう。

🔊 Getting full marks in the test is as easy as pie.
　　テストで満点をとるのはお茶の子さいさいだよ。

easy は「簡単」という意味です。pieはお菓子の「パイ」のことです。easy as pieはそのまま日本語にすると「パイのように簡単」という意味です。パイは食べるのが簡単なので、こういう表現が生まれました。でも、日本人には「パイのように簡単」といわれても、少しわかりにくいですよね。わかりやすい日本語にすると、「お茶の子さいさい」ですね。

It was a piece of cake.
朝めし前だね。

Done 終了！

覚えておこう

空にあるパイは役に立たない

「役に立たないもの」や「実現できないこと」を英語でpie in the skyといいます。そのまま日本語にすると「空にあるパイ」。空にあるパイは、実際には食べられませんね。だから、「役に立たないもの」の意味でこの表現が使われるようになりました。日本語にも「絵にかいたもち」という言葉がありますね。

ひとくちメモ　英語のsweet toothは、そのまま日本語にすると「あまい歯」。実際には「あまいもの好き・甘党」という意味で使われます。

つい買いたくなる？商品名に使われる魔法の言葉

10月3日 October

愛知東邦大学 教育学部 子ども発達学科 教授
西崎有多子先生が書きました

読んだ日　月　日　｜　月　日　｜　月　日

「限定」に弱い？

お店に行くとさまざまなものが売られています。ものをつくっている会社は、たくさんの商品の中から自分たちの会社の商品を選んでもらえるよう、いろいろな工夫をしています。中でも商品名にはとくに力を入れています。お客さんがひと目見て、つい買いたくなる名前をつけるのです。たとえば、「地域限定」「期間限定」など、「限定」という言葉。英語ではlimitedといいますが、商品名などによく使われています。「ここだけ」「今だけ」という言葉に弱いのはどこの国も同じですね。

高級そうに見える言葉

その商品を特別なものに見せる、というやり方もあります。英語で「極上の」とか「特大の」という意味のsuperは、日本でもおなじみですね。「スーパー◯◯」といった商品名はお店にあふれているはずです。さらに特別、高級なものに見せたい場合、最近ではpremiumという言葉も人気です。もともとは「なにかに追加される」「上乗せ」という意味で、おまけや景品などのことを指していたこともあったのですが、いつのまにか「高級」「品質がよい」「ほかとはちがう」という意味を持つようになりました。今では日本の商品名でもカタカナでよく使われる言葉になっています。

探してみよう

商品名によく使われる色は？

ここでクイズです。商品名になりやすい、色をあらわす英語はなんでしょう？ 商品のパッケージをその色にしている商品もあります。スーパーマーケットに行って探してみてください！ 答えは下の「ひとくちメモ」で！

ひとくちメモ：クイズの答え：「金」。英語ではgoldです。「金色の」という意味のgoldenとともに、高級なイメージを伝えたいときに使われます。

街を守るバットマンは、「悪い人」ではない！

10月 October 4日
音声対応

中国学園大学　国際教養学部
竹野純一郎先生が書きました

読んだ日　月　日　｜　月　日　｜　月　日

バットマンってどんな人？

　映画『バットマン（Batman）』を観たことがありますか？　Batmanはそのまま日本語にすると「コウモリ人間」です。コウモリを元にしたコスチュームを身にまとった、アメリカン・コミックス（略してアメコミ）のスーパーヒーローです。

　バットマンを、「悪い人（bad man）」と勘ちがいしていた人はいませんか？　batとbadは似ていますからね。

　バットマンが登場する『ダークナイト』という映画がありました。この映画をdark night（暗い夜）と思っていた人がいましたが、実際はdark knight（闇の騎士）がタイトルだった、という話があります。nightとknightは、つづりがちがっても発音やカタカナ表記が同じなので勘ちがいしたのですね。

アリとおばさん、発音は同じ！

　発音は同じだけど、たがいに異なる言葉のことを「同音異義語」といいます。日本語にも、白と城、神と紙と髪など、たくさんの同音異義語があります。

　英語にも同音異義語はあります。発音が同じでつづりがちがう単語を紹介しましょう。ant（アリ）とaunt（おば）、know（知っている）とno（ない）、hear（聞こえる）とhere（ここに）、mail（郵便）とmale（男性）、right（右、正しい）とwrite（書く）、son（息子）とsun（太陽）、meat（肉）とmeet（会う）などがあります。

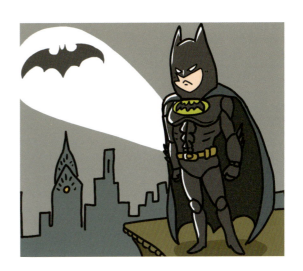

比べてみよう

バットマンとバッドマン

Batman（バットマン）とbad man（悪い人）の発音を聞き比べてみましょう。よく聞くと、発音がちがうことがわかりますよ。

🔊 Let's watch Batman!
『バットマン』を観よう！

🔊 He is a bad man.
彼は悪い人です。

ひとくちメモ　bath（入浴）とbus（バス）、seat（座席）とsheet（1枚の紙、敷布）はそれぞれ「バス」と「シート」と書きますが、英語の発音はちがいます。このような例を調べてみましょう。

先生に感謝の気持ちを伝えよう！

10月5日 October

三重県小学校英語活動研究会代表 JES三重県理事
鷹巣雅英先生が書きました

読んだ日　月　日／月　日／月　日

10月5日は「先生の日」

日本にはないけれど、世界中でよく知られている記念日があります。それは「先生の日（Happy Teachers' Day）」です。

1994年に、ユネスコ（国際連合教育科学文化機関）が、10月5日を「世界教師デー（World Teachers' Day）」と定めました。今では100以上の国が「先生の日」を行っています。世界中の先生をサポートすることと、子どもたちが十分な教育を受けられるようにすることがその目的です。

メッセージを書いておくろう！

アメリカでは、5月の最初の1週間はTeacher Appreciation Week（先生に感謝を伝える週）です。お世話になった先生方へ、感謝のメッセージをカードや手紙に書いて、小さなプレゼントといっしょにおくります。プレゼントは、クッキーやマグカップ、お花、文房具などが多いようです。先生は同じものをたくさんもらうことになりますが、とてもうれしい日です。

残念ながら、日本にはまだ「先生の日」はありません。でも、あなたから「先生ありがとう」というメッセージをもらったら、先生はきっとよろこんでくれるでしょう。

考えてみよう
感謝の気持ちを言葉に

アメリカでは、先生への感謝の言葉を印刷したメッセージカードがたくさん売られています。You are the best.「先生は最高！」、We love our teachers.「みんな先生が大好き！」など自分の気持ちにぴったりのメッセージを見つけるのも楽しいですね。でも、感謝の気持ちを伝えるには、やっぱり手書きのカードがいちばんです。英語のメッセージを考えてみましょう。

 教育のシンボルは、知恵者のフクロウ（owl）が有名です。みにくい幼虫から美しく変身するチョウ（butterfly）や、実りをあらわすリンゴ（apple）もあります。これらの形のブローチやステッカーも売られています。

「ピックアップ」は英語のようで英語でない?

広島大学大学院教育学研究科 教授
築道和明先生が書きました

10月 October 6日

読んだ日 月 日 | 月 日 | 月 日

ピックアップとpick up

みなさんは「ピックアップ」という言葉を知っていますか？「この箱の中からほしいものをピックアップしておいて」や「図書館から好きな本をピックアップしておいで」など、「たくさんの中からいくつかを選び出す」という意味で使いますよね。この「ピックアップ」、じつは日本語オリジナルの表現なのです。

pickという言葉の意味は「選ぶ」。だから、upを組み合わせなくても、Pick one number from one to ten.といえば「1から10の数字の中からひとつの数字を選んでください」という意味になります。それでは、ほんとうのpick upはどんな意味なのでしょう？

pick upのほんとうの意味

正解は、「拾いあげる」や「持ち上げる」「車で迎えに行く」など。たくさんの意味がありますが、「上」という意味のupがついているので、「下にあるものを拾いあげる」というイメージが共通しています。日本語の「ピックアップ」に近いのは、「外へ」という意味のoutを組み合わせたpick out。箱などからなにかを外へ取り出す、まさに「選ぶ」という意味になります。

Pick one number from one to ten.

考えてみよう

いろいろな「選ぶ」

「選ぶ」という意味を持つ英語は、pick以外にchooseやselectがあります。日本語では同じ「選ぶ」ですが、じつはこの3つは「どんなふうに選ぶのか」がちがうのです。以下の例文を読んで、なにがちがうのか考えてみましょう。

- Pick a card!
  カードを1枚選んで。
- I chose a red rose for you.
  私はあなたに赤いバラを選びました。
- He was selected MVP of the game.
  彼はその試合で最優秀選手に選ばれました。

ひとくちメモ pick、choose、selectのちがいは、「どのくらい考えて選ぶか」です。pickはあまり考えずに選ぶ、chooseはよく考えて選ぶ、selectは慎重に選ぶイメージです。

酔っぱらうとスカンクになる!?

大阪商業大学
前田和彦先生が書きました

10月 7日 October

読んだ日　月　日　月　日　月　日

スカンクみたいに酔っている

人がお酒に酔っていることを、英語でas drunk as a skunk と表現することがあります。drunkは「酔っている」という意味です。skunkは動物のスカンクのことです。この英語をそのまま日本語にすると、「スカンクみたいに酔っている」となります。

酔っている人からはお酒の匂いがすること、drunkとskunkの発音がにていることから、こうした表現が生まれたといわれています。

日本にも同じような表現があります。昔の人は、お酒にひどく酔うことを、「トラになる」と表現したそうです。なぜなら、お酒に酔うと四つんばいになって、手がつけられなくなるからとか、はり子（紙でできた置きもの）のトラのように首を左右にふるからとか、あばれるようすがまるで猛獣のようだから、などの理由があるといわれています。

イヌみたいに気分が悪い

英語ではとても気分が悪いことを、as sick as a dogと表現することがあります。sickは「気分が悪い」という意味です。dogは「イヌ」のことですね。この英語をそのまま日本語に直すと、「イヌみたいに気分が悪い」となります。イヌはウイルスによる感染症にかかることがあることから、こうした表現が生まれたといわれています。

調べてみよう

動物にたとえる表現いろいろ

ほかにも動物を使ったおもしろい表現は、たくさんあります。それぞれの表現について、どうしてその動物が使われるようになったのか調べてみましょう。

as hungry as a bear
［クマのように］お腹がすいている
as quiet as a mouse
［ネズミのように］静かな
as scared as a rabbit
［ウサギのように］こわがっている

オオカミは国、文化によってイメージがわかれる動物です。「勇かん」と感じる国もあれば、「ずるがしこい」と感じる国もあります。動物にたとえた表現から、どのようなイメージをもたれているのかわかります。

ものの名前のお話

ピーマンは英語じゃなくて日本語？

皇學館大学文学部 コミュニケーション学科 准教授
川村一代先生が書きました

10月8日 October

音声対応

読んだ日　月　日　｜　月　日　｜　月　日

カタカナで書くけれど

　野菜の中でも西洋から入ってきた野菜には、カタカナの名前がついていることが多いですね。この場合、発音はちがえど、その読み方は英語と日本語でほぼ同じです。しかしピーマンはちがいます。英語でgreen pepperかsweet pepperといいます。

　pepperはこしょうやとうがらしのことを指します。ピーマンはナス科トウガラシ属でとうがらしの仲間ですが、とうがらしのようには辛くありません。だから「緑の」（＝green）とうがらし、「あまい」（＝sweet）とうがらし、という呼び名がついているのですね。

　またbell pepperといういい方もあります。これは、ピーマンの形がベル（鈴）の形ににていることからきています。

野菜にまつわる英単語　話してみよう

- green pepper / bell pepper　ピーマン
- tomato　トマト
- potato　じゃがいも
- sweet potato　さつまいも
- onion　たまねぎ
- cucumber　きゅうり
- egg plant　なす
- cabbage　キャベツ
- spinach　ほうれんそう
- broccoli　ブロッコリー
- cauliflower　カリフラワー
- turnip　かぶ
- carrot　にんじん
- radish / Japanese radish　だいこん
- lettuce　レタス
- pumpkin　かぼちゃ
- okra　オクラ
- celery　セロリ
- green onion　ねぎ
- mushroom　きのこ
- bean sprout　もやし
- bamboo shoot　たけのこ
- asparagus　アスパラガス
- burdock　ごぼう
- chinese cabbage　はくさい

ひとくちメモ：ピーマンは明治時代に日本に入ってきました。「ピーマン」という名前はスペイン語のpimientoまたはフランス語のpimentからきているといわれています。

321

英語にまつわる偉人の話

18か国語をあやつる超人!?
南方熊楠（みなかたくまぐす）

10月 October 9日

国立明石工業高等専門学校
飯島睦美先生に聞きました

読んだ日　月　日｜月　日｜月　日

学校はきらい、勉強は好き

南方熊楠という人を知っていますか？ 世界の植物や動物、民俗、天文など、さまざまな研究を行った人物で、日本のレオナルド・ダ・ビンチともいわれています。それらの知識は、学校で学んだものではありません。すべてひとりで勉強して身につけたのです。

南方熊楠は、1867年に今の和歌山県で生まれました。子どものころから自然が好きで、植物を取りに山に入ったまま、なん日も家に帰らないこともあったそうです。学校はきらい、でも勉強は大好きでした。

熊楠は、なみはずれた記憶力の持ち主でした。勉強のやり方も変わっています。本に書かれた文章や絵を、丸ごと書き写して覚えるのです。中学生のころには、何年もかけて、百科事典を書き写したといわれています。なんでもよく知っているので、"歩く百科事典"と呼ばれていました。

語学の天才、アメリカへ行く

熊楠は20歳のとき、生物の研究をするために、ひとりでアメリカへわたります。まだ明治のはじめで、外国へ行く人などほとんどいない時代です。そのすごい行動力を支えたのは、語学でした。いちばん得意だったのは英語で、ほかにもドイツ語、フランス語、イタリア語、ラテン語、中国語など、18か国語ができたといわれています。

その後、熊楠はイギリスへ行き、ロンドンの大英博物館に通いつめて、世界中の本を読みあさりました。そして、有名な科学雑誌にたくさんの論文を発表します。「ミナカタ」の名前は、いちやく有名になりました。

日本を出て14年がたったころ、熊楠はトランクいっぱいの本をかかえて帰国します。そして、ふるさとの和歌山にもどり、一生、植物や菌類の研究を続けました。のちに発見した新種の菌には、「ミナカテラ・ロンギフィラ」という名前がつけられています。

ひとくちメモ　南方熊楠はアンパンが大好物。夜に仕事をするときは、いつも6つ食べたそうです。アンパンは日本生まれのパンです。英語で説明するときは、sweet bean bun、bean-jam bun などといいます。

322

アフタヌーンティーは、イギリス流おやつの時間

10月10日 October

愛知県立大学 外国語学部 准教授
池田 周 先生が書きました

読んだ日　月　日｜月　日｜月　日

「おやつの時間」は午後4時から

日本におやつの時間があるように、イギリスにはアフタヌーンティー（afternoon tea）という習慣があります。afternoon teaは午後のお茶会のことです。日本で「おやつの時間」といえば、午後3時ですが、アフタヌーンティーはだいたい午後4時頃はじまります。

🔊 **Please come to my house for afternoon tea at four o'clock.**
4時にアフタヌーンティーにお越しください。

19世紀の半ば、イギリスでは、夕食を午後8時過ぎにとっていました。夕食までにお腹がすいてしまったベッドフォード公爵夫人アンナ・マリアは、午後4時頃にパン、バター、小さなケーキ、紅茶をメイドに運ばせました。それが、アフタヌーンティーが午後4時になった理由です。

ティースタンドは欠かせない

現在のアフタヌーンティーといえば、お皿が3段に重なったティースタンドが名物です。これはせまいテーブルを有効活用するためのアイテムです。広いテーブルでは使われません。アフタヌーンティーでは、サンドイッチ、スコーン、ケーキ、紅茶がふるまわれますが、スコーンと紅茶だけがふるまわれる場合は、クリームティー（cream tea）と呼びます。

覚えておこう

紅茶は1日9杯！

イギリスでは1日になん度も紅茶を飲む習慣があります。まず朝の目覚めに飲む一杯に始まり、朝食時、11時頃、昼食時、午後のひと時、アフタヌーンティー、夕食時、夕食後、就寝前などです。これだけで1日なんと9杯！ 飲むたびに紅茶の種類を変える人もいます。

ひとくちメモ アフタヌーンティーが始まった頃、サンドイッチにキュウリがよく使われていました。当時のイギリスではキュウリは高級食材。新鮮なキュウリをふるまえるのは、お金持ちのあかしでした。

英語? フランス語? まさか日本語?

10月11日(日) October

秀明大学 学校教師学部
星野由子先生が書きました

読んだ日　月　日 ｜ 月　日 ｜ 月　日

ズボンには多くの説がある!?

　シャツやスカート、ワンピース、パンツは服に関係するカタカナ語です。

　パンツは英語でもpantsです。日本語でパンツというと、下着とズボンの両方をさしますが、英語のpantsも同じように両方をさします。しかし、男性用の下着はunderpantsということもあります。

　私たちがよく使うズボンですが、この言葉の由来にはいくつか説があります。ひとつはjuponというフランス語に由来しているという説です。juponは、女性がスカートの下にはくペチコートのことをさす言葉でした。

　もうひとつは、日本語に由来しているという説です。ズボンをはくときには、足を「ずぼん！」と入れるからズボンと呼ばれるようになったという嘘のような話です。みなさんはどちらを信じますか？

覚えておこう

TシャツとYシャツ

シャツの中にもTシャツやYシャツがあります。Tシャツは英語でもT-shirtsといいます。これは服の形がTの文字に似ているところに由来しています。一方、YシャツはYの文字には似ていません。Yシャツというのはwhite shirtsのwhiteがYに聞こえたため日本ではYシャツと呼ばれています。英語で、Yシャツのことは単にshirtsと呼んだり、dress shirtsと呼んだりします。

ひとくちメモ　夏になると「クールビズ」という言葉をよく聞くようになりましたが、「クールビズ」は造語です。「クール」は英語のcool、「ビズ」はbusinessの略です。

たのしい行事のお話

「アメリカ」という名前はなにからきているの?

10月12日(日) October

駒沢女子短期大学 教授
金澤延美 先生が書きました

読んだ日　月　日　｜　月　日　｜　月　日

ついにインドに到着!!

コロンブス

インドへの行き方をさがしていた

15世紀のヨーロッパの人たちは、絹やこしょうなどの高価な品をインドを中心としたアジアの国々で安全に手に入れる方法をさがしていました。陸の道は危険でしたが、どのように船で行けばよいのかわかりませんでした。そんな時代の1492年、探検家のコロンブスがインドにむけて大西洋を出発しました。当時は大西洋を西へ進むとインドがあるといわれていたので、コロンブスもその年の10月12日に到着した大陸をインドだと思いこんでしまいました。そしてその土地に住んでいる人を、インド人という意味の言葉、インディアンと呼ぶことにしたのです。

新大陸だと証明した人

コロンブスと同じように、この時代、探検家として活動していたアメリゴ・ヴェスプッチは、コロンブスがたどりついた大陸はインドではないのではないかと考えていました。そこで確かめるためにアメリゴは何度も航海に出ました。その結果、その大陸はまだヨーロッパ人には知られていない「新大陸」だとわかったのです。このことに気づいたアメリゴの名前にちなんで、この土地は「アメリカ」と呼ばれるようになったのです。

🔍 調べてみよう

コロンブス・デイ

国の名前にはなりませんでしたが、コロンブスの名前は地名や大学名になっています。またコロンブスが到着した10月12日は「コロンブスの日」という祝日です。どのようなイベントが行われるか調べてみましょう。

ひとくちメモ　アメリカの首都はワシントンD.C.。D.C.は「コロンビア特別区」を意味するDistrict of Columbiaの略。ここにもコロンビアの名前が残っているのですね。

325

「お手」「お座り」って英語でなんていう?

10月13日 October

日本大学 生産工学部 教養・基礎科学系(英語科)
濱田 彰 先生が書きました

英語でペットをしつけてみよう

おうちや学校で、動物を飼っている人はいますか? おうちではイヌやネコ、学校ではウサギやニワトリが人気ですね。動物といっしょに暮らしたり、世話をしたりするためには、「しつけ」をしなければなりません。ここでは、犬をしつけるとき、英語ではどんな言葉を使うかを紹介しましょう。次の英語は日本語にするとどういう意味になるかわかりますか?

- shake（シェイク）
- sit（スィット）
- stay（ステイ）
- down（ダウン）
- stand（スタンド）
- come（カム）

正解は、上から「お手」「お座り」「待て」「ふせ」「立って」「来い」でした。shakeは日本語で「握る」なので、犬と握手をしているイメージで覚えるといいでしょう。

「よしよし」「いいこだね」のいい方は?

次に、動物がなにかできたときのほめ言葉を紹介します。日本語では「よしよし」や「いいこだね」といいますね。英語では、オスに

はGood boy!、メスにはGood girl!といいます。動物にもちゃんとboyとgirlを使いわけるのがおもしろいですね。また、「よくできました」は英語でWell done!といいます。

- Good boy!（グッド ボーイ）
- Good girl!（グッド ガール）
- Well done!（ウェル ダン）

覚えておこう

友だちにGood boy!はダメ

Good boy!やGood girl!は人間にも使えますが、それは赤ちゃんや小さな子どもだけ! 友だちや年上の人に使うと子ども扱いしているみたいで、ちょっと失礼になるので気をつけましょう。

ひとくちメモ：英語には日本語よりもほめる言葉がたくさんあるといわれています。どんな言葉があるか調べてみましょう。

英語のなぞなぞに挑戦！ 〜初級編〜

10月14日 October

福岡教育大学 英語教育講座 教授
中島 亨 先生が書きました

読んだ日　月　日　｜　月　日　｜　月　日

英単語を思い出しながら考えよう！

みなさんに、英語のなぞなぞを紹介します。英語を話す国々では、子どもから大人まで、誰もが知っている有名な問題です。さあ、挑戦してみましょう！

Q1 What fruit is never lonely?
決してひとりぼっちにならないフルーツな〜んだ？

A1 pear（ナシ）
pearは「ペア」と聞こえます。これは「ふたり組」という意味のpairとまったく同じ発音です。つまり、ナシはいつもふたりでいるというわけです。このなぞなぞは、英語の発音を知らないと答えられないかもしれません。

A2 Lunch and dinner.（昼食と夕食）
「たったふたつだけ？」と思った人はいるかな？「なにを食べてもいいじゃない？」と思った人もいるかもしれませんね。答えはちょっと意外なところにありました。これは日本語でも出せるなぞなぞです。

Q2 What two things can you never have for breakfast?
朝食に食べられないものがふたつあるよ。それってな〜んだ？

考えてみよう

英語でしか答えられないなぞなぞ

英語で考えると解けるなぞなぞを、もう2問紹介します。答えは「ひとくちメモ」で！

Q3 What has hands but can not clap?
手はあるのに拍手はできないものってな〜んだ？

Q4 What room has no doors, no windows, no walls, no floors, and no ceilings?
ドアも、窓も、壁も、床も、天井もない部屋（room）ってな〜んだ？

ひとくちメモ　Q3の答え：clock（時計）。時計の針のことを英語でなんというかな？　Q4の答え：mushroom（マッシュルーム）。英単語をたくさん覚えて、友だちと英語のなぞなぞを出しあってみましょう。

knifeやknowのkはなぜ発音されないの？

呉工業高等専門学校 人文社会系分野
大森 誠 先生が書きました

10月15日 October

音声対応

読んだ日　月　日　｜　月　日　｜　月　日

最初のkを発音しない単語

英語の単語の中で、kで始まる単語はあまり多くありません。その中で、King（王）は最初のkは発音しますが、knife（ナイフ）やknow（～を知っている）、knight（ナイト、騎士）などは、最初のkが発音されません。このように、最初のkが発音されない単語には、ほかにも次のようなものがあります。どれも、kの次の文字がnになっていることが共通点ですね。どんな秘密があるのでしょうか。

- 🔊 knock　たたく
- 🔊 knee　ひざ
- 🔊 knob　取っ手
- 🔊 knit　編む
- 🔊 knot　結び目

kも発音されていた

11世紀よりも前の古い英語ではkという文字がなくcが使われていました。当時、knifeはcnif、knowはcnawan、knightはcnihtと書かれ、「クニーフ」、「クナーワン」、「クニヒト」と、最初の/k/の音が発音されていたのです。

しかし、cnと2文字続けて書くと、形がmに似てしまいます。そこで、見まちがえない

ようにするためにcをkに変えて、"kn"と書かれるようになっていきました。

また、時代が進むうちに、発音しにくい音や発音の弱い音が消えていきました。/k/という音は喉の奥で発音するのですが、そのすぐ後に口の先で発音する/n/を続けることは難しく、その結果、/k/の発音が省略されるようになったと考えられています。こうして、最初のkを発音しない単語が生まれたのです。

考えてみよう

kを書くことのメリット

/k/の音が発音されなくなっても、最初のkは書かなければなりません。もし、kを書かなければ、knowはnowとなってしまいます。これでは「今」という意味のnowと同じになって、区別がつかなくなってしまいます。同じことが、knightでもいえますね。もしkがなければ、「夜」という意味のnightと区別がつきません。

ひとくちメモ　イギリス・ロンドンの下町には、hを発音しないコックニーという訛りがあり、hourやhonest以外の単語でもhを発音しません。He has a hat.が、イーアズアナットとなります。

328

セリフがかぶったら「ジンクス！」といおう

10月16日 October

福岡教育大学 英語教育講座 教授
中島 亨 先生が書きました

読んだ日　月　日 ｜ 月　日 ｜ 月　日

Jinx!の呪いをとくには？

友だちと話していて、同じセリフを同時にいってしまったことはありませんか？　そういうとき、日本では大きい声で「ハッピーアイスクリーム！」とさけぶ遊びがあるそうです。そして、どちらかが相手にタッチすると、タッチされた方がアイスクリームをおごるというルールなんですって！

英語を話す国々にも、同じような遊びがあります。英語の場合は、Jinx！と大きな声でいいます。jinxとは、「呪いをかける」という意味です。先にそれをいった人が、相手に呪いをかけることになります。それは「しゃべれなくなる」という恐ろしい呪いです。この呪いをとく方法はただひとつ、相手に飲み物をおごることです！

Jinx again! で、もう一度！

アニメーション映画『アナと雪の女王』の中にも、この Jinx！が出てきます。主人公のアナとハンス王子が歌う「とびら開けて」（Love is an Open Door）という曲で、2番の歌詞の中に、sandwiches と同時に歌うところがあります。

そこで、ふたりは Jinx！といいます。でも、その Jinx！も同時にいってしまったので、Jinx again！といって、もう一度呪いをかけるのです。できれば英語で歌を聞いて確かめてみてください。

ひとくちメモ　アメリカでは、スポーツ選手が調子の悪いときなどに「ジンクスだ」といいます。「なにかに呪われて、いつもの調子が出ない」という意味で使っているのですね。

putで「身につける」をあらわそう!

駒沢女子短期大学 教授
金澤延美先生が書きました

読んだ日　月　日 ／ 月　日 ／ 月　日

putにアレを組み合わせると

「置く」という意味のputに、ある言葉を組み合わせると「なにかを身につける」という意味になります。ヒントは「スイッチの○○と△△」というときの最初の○○に入る言葉です。わかりましたか？　正解は、onです。onとoffというときのonですね。put onで「なにかを身につける」という動きをあらわすことができます。

🔊 I put on a T-shirt.
　私はTシャツを着た。

🔊 I put on a watch.
　私は時計をした。

🔊 I put on a belt.
　私はベルトをつけた。

🔊 I put on gloves.
　私は手袋をはめた。

put onとhave onは同じ？

put onと293ページで紹介したhave onは、どちらも洋服やくつなどを身につけることをあらわす表現ですが、このふたつはちょっと意味がちがいます。次の文を見てください。

このふたつのちがい、わかりますか？

have on = 状態
put on = 動き

① I have shoes on.
　私はくつをはいている。
② I put on shoes.
　私はくつをはいた。

①のhave onは「くつをはいている」という状態をあらわしています。これに対して、②のput onは、「くつをはく(はいた)」という動きをあらわしています。上で紹介したput onの文をhave onに直して、「〜を身につけている」という表現に変えてみましょう。

ひとくちメモ　「身につける」の反対は、「脱ぐ」ですね。「脱ぐ」は英語ではtake offといいます。352ページで紹介しています。

「！」や「？」はどこからきたの？

弘前大学 教育学部
佐藤 剛 先生が書きました

10月18日(日) October

読んだ日　月　日　｜　月　日　｜　月　日

ヨーロッパの歴史とラテン語

みなさんはヨーロッパにある国をいくつ知っていますか？ イギリス、フランス、イタリア、ドイツ……などたくさんありますね。これらの国々では独自の言葉を持っているので、ヨーロッパ連合（EU）で正式に使われている言葉の数は24語もあります。

ヨーロッパで話されている言葉に大きな影響を与えたのがラテン語です。ラテン語はかつてヨーロッパの広い範囲を支配したローマ帝国で使われていた言葉です。ローマ帝国は1500年ほど前にほろびましたが、ラテン語はその後も各地の文化や学問の場で使われつづけました。

世界一小さな国「バチカン市国」では、今でも政治に関係する記録を書くのはラテン語と決められています。

私たちにも身近なラテン語

遠い国で遠いむかしに使われていたラテン語ですが、みなさんがよく使うビックリマーク「！」やクエスチョンマーク「？」もラテン語に由来します。

ビックリマークは英語で、exclamation markといい、もとはラテン語でびっくりしたときの言葉「io」を縦に並べたもの。クエスチョンマークは英語でquestion markといい、ラテン語のquestioからきています。これもqとoを縦に並べたものが「？」となったといわれています。

学んでみよう

星座の名前もラテン語だった

おうし座やおとめ座などの星座の名前は、ラテン語がそのまま英語として使われています。なぜなら、むかしの学問にはラテン語が使われていて、星占い（占星術）も学問のひとつだったからです。それぞれの星座の名前は217ページでくわしく紹介しています。

日本のことを英語でJapanといいます。ではイギリスやフランスのことは英語でなんというでしょう？ 33ページでいろいろな国の英語のいい方を紹介しています。

海外旅行で英語を話そう！ 具合が悪くなったとき

10月19日 October

立正大学 文学部 特任講師
瀧口美佳先生が書きました

旅行先で病気になったとき、体の状態を伝えられるように覚えておきたい表現です。

がまんできない痛み

急にたえられないような痛みにおそわれたときは、painを使います。

おなかが痛い

I have a pain in my stomach.
急におなかが痛くなりました

脚が痛い

I have a sharp pain in my leg.
脚が急にとても痛くなりました

- stomachは「胃」という意味もありますが、おなか全般の痛みに使えます。
- legは太ももから足首をあらわす英語です。足首からつま先までをあらわす英語はfootといいます。

長く続く重い痛み

acheは、長く続いている重たい感じのする痛みをあらわします。

I have a headache.
頭痛がします

歯が痛い

I have a toothache.
歯が痛いです

ひとくちメモ　体調のよくない人には、Take care. / Feel better soon.（お大事に）といってあげるとよいでしょう。

scene 3 ほかによくある表現

そのほかにも具合が悪くなったときに、よく使われる表現を紹介します。

気持ちが悪い

I feel sick.
気持ちが悪い

熱っぽい

I feel feverish.
熱っぽいです

おなかをこわしている

I have diarrhea.
おなかをこわしています

これも覚えておこう

ふだんでもよくあるかぜは「I have a cold.」といいます

覚えておこう

旅行先での病院はお金がかかる！

海外で病院にかかると、とてもお金がかかります。急な病気以外は、病院にかかるのは避けましょう。旅行が近づいたら、よく睡眠をとって、治療中のところはできるだけ治して旅行に行きましょう。

スーパーへ行こうはなぜ通じない?

秀明大学 学校教師学部
星野由子先生が書きました

10月20日 October

読んだ日　月　日｜月　日｜月　日

すごい市場の略だった

お菓子や毎日の食事はどこで買いますか? 近所のスーパー、という人が多いはずです。スーパーはsuperという英単語からきています。では英語を話す外国人にLet's go to the super.(スーパーへ行こう)といったら……。きっと「なにをいってるの?」思われてしまうでしょう。

じつはスーパーは、supermarketを省略して日本語となった言葉。marketは「市場」、superは「すごい」とか「特別な」という意味。ふたつをあわせて「すごい市場」ということを表現しようとして生まれた言葉です。「スーパーへ行こう」は「すごいに行こう」という意味にとられ、「すごいってなにが?」と思われてしまうから通じないのです。

デパートも要注意

ちなみに、スーパーと並んでよく使われるお買い物スポットのデパートは、英語のdepartment storeからきています。departmentは「〜〜部」「〜〜売り場」という意味です。たとえば、子ども服売り場ならkids clothing department。つまり階によって売り場がわかれているお店、ということをあらわしているのです。もちろん「デパートへ行こう」というつもりで、Let's go to the depart! も通じませんのでご注意を!

覚えておこう

レジは英語?

買い物に関する言葉のひとつに、「レジ」という言葉があります。この「レジ」は和製英語で、英語ではcashierやcash registerといいます。英語のcash registerに由来して「レジ」という単語が使われるようになりました。

「デパート」でさえ省略されているのに、「デパートの地下」のことをさらに「デパ地下」と略しますね。日本人は本当に省略が好きですね!

楽しい歌にかくされた こわ〜い意味とは……？

10月21日(日) October

鳴門教育大学
畑江美佳先生が書きました

読んだ日　月　日　｜　月　日　｜　月　日

輪になって楽しく踊ろう♪

マザーグースはイギリスやアメリカで昔から親しまれている童謡です。今日はその中から、楽しいけどちょっとこわい歌を紹介しましょう。「Ring-a-Ring-o'Roses」（バラのお花で輪になろう）という歌です。

Ring-a-Ring-o' Roses,
バラのお花で輪になろう
A pocket full of posies,
ポケットいっぱい花束さして
Atishoo! Atishoo!
ハクション！　ハクション！
We all fall down.
みんなでころぼ

子どもたちは手をつないで、バラの花輪になったつもりでぐるぐるまわりながら歌います。「ハクション」のところでは、手を前後にふりながら踊り、最後にみんなであお向けに寝転びます。メロディは明るく軽やかで、みんなで歌詞をリズムよく口ずさみながら、だんだん速くまわったりして遊びます。

歌詞にこめられたこわい意味

でも、じつはこの歌の中には、ある歴史の真実がかくされています。17世紀半ば、イギリスのロンドンでペストという伝染病がはやり、大勢の人が亡くなりました。歌詞に出てくる「バラ」はペストの症状である赤い発疹、「花束」はペストを防ぐ薬草の束、「ハクション」はそのときの咳、そして最後の「みんなでころぼ」は死んでしまうという意味だとする説があるのです。

では、なぜこのようなこわい話を子どもの歌にしたのでしょうか？　それは、歌を通してペストの恐ろしさやそれを防ぐ方法を、将来に伝えようとする思いがこめられていたのだと思います。その思いは、350年以上も受け継がれているのですね。

10月

ひとくちメモ　この「Ring-a-Ring-o'Roses」（バラのお花で輪になろう）を聞いて、日本にもにた遊びがあることに気づいた人はいませんか？　そう、「かごめかごめ」です。手をつないで回るところがそっくりですね。

豚がピッグで豚肉がポーク？まるでちがう言葉なワケ

10月22日 October

外国のくらしと文化のお話

弘前大学 教育学部
佐藤 剛 先生が書きました

読んだ日　月　日　｜　月　日　｜　月　日

フランス人の侵略が英語を変えた!?

　日本語で豚と豚肉は同じ「豚」という言葉ですが、英語では豚はpig、豚肉はporkとまったくちがう言葉を使います。これには英語の歴史が深く関係しているのです。
　今でこそ世界中で使われている英語ですが、もともとはイギリス（グレートブリテン及び北アイルランド連合王国）の言葉。むかし、イギリスはまわりの国からたくさん侵略を受けていました。海をへだてたフランスから侵略されたときは、フランスの征服者にイギリスの王様の座を奪われてしまいます。
　このできごとは「ノルマン・コンクエスト（ノルマン征服）」といい、その後約300年間、フランス人たちがイギリスを支配しました。王様や家来たちはフランス人なので、お城ではフランス語を使って暮らしました。お城の外のイギリス人たちが使うのはもちろん英語。つまり、同じ国の中でふたつの言語が使われたのです。

王様の言葉と庶民の言葉

　pigとporkも、このときに使いわけられました。えらい王様は、使用人がつくった料理を食べるので、「豚」といえば"料理された肉"の状態。そのため、フランス語から生まれたporkが「豚肉」をあらわす言葉になりました。
　一方、庶民のイギリス人にとっての「豚」は、牧場にいる"生きた豚"のこと。そのため、イギリス人が使っていた英語のpigが、動物の「豚」を意味するようになったのです。

考えてみよう

王様の言葉はどっち？

pigとporkのように王様たちが使ったフランス語が英語となった例はほかにもあります。下にある4組の言葉のうち、フランス語からきたと思うほうを当ててみましょう。

牛をあらわす言葉　① beef　② ox
服をあらわす言葉　① clothes　② dress
家をあらわす言葉　① house　② mansion
結婚をあらわす言葉　① wedding　② marriage

 ひとくちメモ　正解：beef、dress、mansion、marriage。ちなみに、ベーコンエッグでおなじみの「ベーコン」も、王様たちが使ったフランス語。もとは「豚」をあらわす言葉でした。

336

bとvを比べてみよう

10月23日 October

音声対応

獨協大学 特任講師
木村雪乃先生が書きました

読んだ日　月　日｜月　日｜月　日

bとvのちがい、わかるかな？

288ページではlとrの発音のちがいを紹介しました。lとrと同じように、私たち日本人にとって区別するのがちょっと難しいのがbとvの発音です。bはbat（野球のバット）、bird（鳥）やbook（本）、bear（クマ）などに使われています。vはvat（大きなおけ）、violin（バイオリン）やvolleyball（バレーボール）、victory（勝利）などに使われています。

このふたつの音はとてもにているため、正しく発音しないとみなさんの伝えたいことが相手に伝わらないかもしれません。まずは、次の単語の音声を聞いてみましょう。

- 🔊 bat　野球のバット
- 🔊 vat　大きなおけ

カタカナで書くとどちらも「バット」ですが、ふたつの音はちがいますよね。ほかの単語も聞いてみましょう。

- 🔊 best（もっともよい）
- 🔊 vest（ベスト・チョッキ）
- 🔊 berry（イチゴなどのベリー）
- 🔊 very（とても）

bestとvestはカタカナで書くとどちらも「ベスト」、berryとveryもカタカナで書くとどちらも「ベリー」となります。でも、やっぱりそれぞれの音はちがいますね。

bとvを発音するコツ

bの音は「ばびぶべぼ」と同じように、上と下の唇をくっつけてから音を出します。一方、vの音は、唇同士を合わせず、上の歯で下の唇を軽くおさえながら音を出します。音声を聞きながら、みなさんも発音してみましょう。担任の先生やALTの先生に発音の仕方を教えてもらうのもいいでしょう。

「bat」　「vat」

やってみよう

早口ことばにチャレンジ！

bとvの音が入った英語の早口ことばに挑戦してみましょう。音声を聞いて、自分でもいえるように何回もいってみてください。

🔊 Betty bought a very big, beautiful vase.
ベティはとても大きな花びんを買った。

10月

ひとくちメモ　bのような上と下の唇を重ねてから発音する音を「破裂音」といいます。破裂音には、ほかにどんな発音があるか調べてみましょう。

337

町なかでとつぜん英語で道を聞かれたら……？

10月24日 October

京都教育大学 英文学科
泉 惠美子 先生に聞きました

読んだ日　月　日 ｜ 月　日 ｜ 月　日

進む方向と曲がる場所

とつぜん英語で道を聞かれたら、みなさんはどうしますか？　走ってにげちゃう？　道案内の英語は意外と簡単です。進む方向のいい方は「まっすぐ」「右に曲がる」「左に曲がる」の3つしかありません。あとは曲がり角のいい方を覚えておけば、だいじょうぶ。

まずは進む方向のいい方です。「まっすぐ進む」は、Go straight.「右へ曲がる」ならTurn right.「左へ曲がる」ならTurn left. です。「曲がり角」はcornerといいます。

ひとつ目の曲がり角はfirst corner、ふたつ目の曲がり角はsecond corner、3つ目の曲がり角はthird cornerといいます。

🔊 **Go straight ahead.**
このまままっすぐ進んでください。

🔊 **Turn right at the first corner.**
最初の曲がり角を右に曲がってください。

🔊 **Turn left at the second corner.**
ふたつ目の曲がり角を左に曲がってください。

遠いの？　近いの？

今いる場所から目的地までどれくらいかかるのかも気になるところですね。「どれくらい」は、how farを使います。

How far is it from here to ABC park?
ここからABC公園まで、どれくらいありますか？

It's about one hundred meter from here.
100メートルくらいです。

覚えておこう

blockってどういう意味？

道案内ではcorner（曲がり角）のほかに、blockもよく使われます。blockは曲がり角から曲がり角までの区間のことで、日本語では「街区・区画」といいます。blockはone, two, threeと数えます。「3ブロック進んでください」は、Go for three blocks.といいます。

ひとくちメモ　日本では、車は道路の左側を走る左側通行ですが、アメリカなどでは右側通行です。外国製の自動車に左ハンドルが多いのは、右側通行の道路を走りやすいからです。

「やっちゃだめ！」を教える NOがついている看板

10月25日 October

高知大学 人文社会科学部
今井典子先生が書きました

読んだ日　月　日　｜　月　日　｜　月　日

ひと目でわかる表現

英語では、文章を長々と読まなくても、すぐに意味が伝わる短くてわかりやすい表現が、看板や標識によく使われます。No Smokingという看板を見たことはありませんか？ これは「ここでタバコを吸ってはいけません」という意味です。

海外に旅行に行ったら、No Photography（あるいは、No Photo）というサインに注意しましょう。photographyは「写真撮影」ですから、これは「写真撮影禁止」という意味です。この看板のある場所では、スマートフォンやデジタルカメラをバッグから取り出すだけでも怒られるかもしれません。No Parkingは「駐車禁止」。parkingは「車を駐車すること」という意味です。

「死の終わり」の看板の意味は？

道路の入口にDead Endと書かれた看板もよく見かけます。deadは「死んだ、死んでいる」、endは「終わり」なので、文字通りなら「死の終わり」。その道にはいりたくなくなるような、とてもおそろしい看板ですが、じつは「（通路など、この先）行き止まり」という意味です。知らなかったらびっくりしてしまうほどインパクトがある表現ですね。

調べてみよう

近所にもきっとある、英語の看板

海外旅行で日本を訪れる人が増えていることもあり、日本にも英語の看板が増えています。特に誰でもはいれる公園などでは、やってはいけないことを伝えるときには、日本語とともに英語が書かれていることもあります。どのような表現が使われているのか、調べてみましょう。

 ひとくちメモ　No Standingは「停車禁止」。このstandは、「立つ」の意味ではなく、自動車がエンジンをかけながら一時的に止まる状態をあらわします。

339

音にまつわるお話

方言をなおすとレディになれる!?

10月26日 October

山口県立大学 国際文化学部
田中菜採 先生が書きました

読んだ日　月　日｜月　日｜月　日

ロンドンの下町言葉「コックニー」

日本では、地方によっていろいろな方言が話されています。「関西弁」や「東北弁」のように、それぞれ話すリズムや言葉づかいがちがいますね。

同じように、アメリカやイギリスなど英語を話す国々にも、たくさんの方言があります。イギリスでとくに有名なのは、「コックニー」と呼ばれる方言です。コックニーは、おもにロンドンの下町で使われている言葉で、ちょっと変わった発音をします。たとえば、標準英語で「ei」と発音するところを、「ai」といったりします。

「ザ ラインインザ スパイン……」？

コックニー方言は、有名な映画にもなりました。『My Fair Lady』というむかしの作品で、ストーリーはこうです。イライザという下町生まれの女性が、言語学者のヒギンズ教授に出会います。ヒギンズ教授は下のような文章を使って、イライザの下町なまり（コックニー方言）をなおそうとします。

The rain in the Spain stays mainly in the plain.
スペインでは雨はおもに平野に降る。

この文章には、あまり意味はありません。太字の部分を「ei」と発音する練習のためのものです。はじめイライザは、「ザ ライン イン ザ スパイン……」といってしまいます。しかし、特訓のすえに「ザ レイン イン ザ スペイン……」と発音できるようになりました。

この映画は、標準英語を身につけた主人公が、上品なレディ（貴婦人）になったというシンデレラストーリーです。しかし、地域で使い続けられている方言を守っていくことも大切なことでしょう。

やってみよう

コックニーで発音してみよう

コックニー方言には、Hの音を発音しないという特徴もあります。たとえば、日本語で「ここ」という意味のhereは、最初のhを声に出さずにereと発音します。これと同じようにhで始まる単語はないか、辞書で調べてみましょう。そしてコックニー風に発音してみましょう。

ひとくちメモ　『My Fair Lady』で主人公を演じたオードリー・ヘップバーンという女優さんは、映画の中に出てくる歌のキーが高すぎて歌えませんでした。じつは歌の部分だけ、代わりにほかの人が歌っているのです。

住所の書き方は日本と反対！

秀明大学 学校教師学部
星野由子先生が書きました

10月27日 October 日

読んだ日 　月　日 ｜ 　月　日 ｜ 　月　日

アメリカではせまい地域から

　海外にいる人に英語で手紙を出したいと思いませんか？　はがきは70円、手紙でも110円以上の切手をはれば、アメリカに手紙を出すことができます（2016年現在）。

　アメリカやヨーロッパでは、日本とは住所の書き方がちがいます。日本では、〒113-0033　東京都文京区本郷3-3-11のように、郵便番号を書き、そのあとに都道府県、市区町村、そして番地を書きます。

　しかし、アメリカはその反対で、まずは番地を書き、その次に、通りの名前を書きます。そして、町の名前、州の名前、郵便番号という順番です。

　日本の住所は、広い地域から始めてだんだんせまい地域になっていきますが、アメリカの場合は、せまい地域からはじめてだんだん広い地域になっていくのです。

住所を書いてみよう

　日本からアメリカのJohn Smithさんに手紙を出すとしましょう。Smithさんの住所は、400 W Main St. Crisfield, MD 21817です。住所は右上のように書きます。

　日本からアメリカへ手紙を送るには、航空便か船便かを選ぶことができます。航空便は飛行機で運ぶため早く届きます。船便は船で運ぶので航空便より時間がかかります。ふつうの手紙なら航空便を利用するのがよいでしょう。航空便の場合は、AIR MAILと書いておきます。

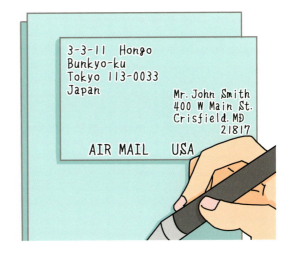

覚えておこう

英語で書く日本の住所

日本の住所を英語で書くときは、「県」や「市」をprefectureやcityと英語で書かなくてもだいじょうぶです。神奈川県はKanagawa-ken、もしくはKanagawaだけで通じます。海外から日本に手紙を送る場合は、Japanと書けば、ほかの住所は日本語でも届きます。手紙が日本につけば、あとは日本語を読める人が届けてくれるからです。

ひとくちメモ　年賀状もはがきのひとつなので、年賀状に18円分の切手を追加すれば、海外にも送れますよ。住所は必ず送り先の言葉で書いてくださいね。

世界でいちばん長～い名前の国はどこ？

10月28日 October

共栄大学 国際経営学部 助教
鈴木健太郎先生に聞きました

読んだ日　月　日　｜　月　日　｜　月　日

サッカーで有名なあの国！

世界の国々の中で、いちばん長い名前の国はどこでしょう？　答えはイギリスです。イギリスの正式な国名は、「グレートブリテン及び北アイルランド連合王国」。英語で書くと、the United Kingdom of Great Britain and Northern Irelandで、48文字もあります。イギリスは、イングランド、スコットランド、ウェールズ、北アイルランドという４つの国から成り立っています（105ページ参照）。でも、これでは長すぎるので、ふつうは略してUnited Kingdom（UK）と呼ばれています。なお、首都も、ロンドン（イングランド）、エディンバラ（スコットランド）、カーディフ（ウェールズ）、ベルファスト（北アイルランド）と、それぞれの国ごとにあります。

駅名も世界一長い！

イギリスには、世界一長い名前の駅もあります。それはウェールズ北部にある「ランヴァイル・プルグウィンギル・ゴゲリフウィルンドロブル・ランティシリオゴゴゴホ駅」です。ウェールズでは、この地方で使われるウェールズ語と英語の両方が公用語になっています。この駅名をウェールズ語で書くと……、

Llanfairpwllgwyngyllgogerychwyrndrobwllllantysiliogogogoch（58文字）。なんと、lが４つも続いています。しかも、これでひとつの単語だというからビックリ！　こんなに長いと、駅名をまちがえずにアナウンスするのがたいへんそうですね。

調べてみよう

世界一短い国名は？

英語の正式国名がもっとも短い国は？　答えは、Japan（日本）。ひとつの単語でたったの５文字です。同じように、Canada（カナダ）、Jamaica（ジャマイカ）、Malaysia（マレーシア）なども、ひとつの単語で表記されます。

ひとくちメモ　上の「ランヴァイル～」は「赤い洞窟の聖ティシリオ教会のそばの激しい渦巻きの近くの白いハシバミの森の泉のほとりにある聖マリア教会」という意味。この駅名は早口言葉としても親しまれています。

EUのもとを考えた あるオーストリア人とは？

10月29日 October

愛媛大学附属高等学校
三好徹明先生が書きました

読んだ日　月　日　月　日　月　日

EU（欧州連合）ってなに？

2016年6月24日、ヨーロッパで歴史的なできごとがありました。イギリスがEU(European Union)という組織に残るか、それとも出ていくかを国民投票で決めたのです。その結果、イギリスはEUをやめることになったのです。

第2次世界大戦のときに、戦争にかかわったヨーロッパの国々は大きな被害を受けました。その過ちをくりかえさないように、戦後「ヨーロッパをひとつに統合しよう」という国際組織が生まれました。加盟した国々は政治や経済、労働、外交などで協力しあいました。これが今のEUに発展したのです。

お母さんは日本人

"ひとつのヨーロッパ"というアイデアは、リヒャルト栄次郎というオーストリア人が考えました。彼の母親は日本人でクーデンホーフ＝カレルギー光子といいます。本名は青山光子、1874年に東京で生まれました。

光子は、オーストリア＝ハンガリー帝国の駐日代理大使だったハインリヒ・クーデンホーフ＝カレルギー伯爵と結婚。オーストリアへ渡り、7人の子どもに恵まれます。そして、次男のリヒャルト栄次郎がEUの基礎となる考えを提唱しました。彼はヨーロッパの国々が国境を越えて自由に行き来できることを思いえがいていたそうです。

（2016年現在）

話してみよう

EUの正式名称

EUはEuropean Unionを略したいい方です。Europeanは「ヨーロッパの」という意味です。unionは「連合」という意味です。ふたつを合わせると、「ヨーロッパ連合」となります。
EU is short for European Union.
EUは、ヨーロッパ連合の略です。

ひとくちメモ　EU（欧州連合）の加盟国の多くがユーロ（euro）という共通通貨を使っています。しかし例外もあり、イギリスはポンド（pound）、デンマークはクローネ（krone）という自国の通貨を使っています（2016年現在）。

外国のくらしと文化のお話

オーストラリアの人は言葉を短くする達人！

10月30日 October

東北福祉大学
太田聡一先生が書きました

読んだ日　月　日 ｜ 月　日 ｜ 月　日

短くするのが好きな人たち

　日本人は言葉を短くするのが大好きです。たとえば、スマートフォンはスマホ、コンビニエンスストアはコンビニ、ファミリーレストランはファミレスと短くして使っています。英語でも言葉を短くすることはありますよ。television（テレビ）を短くしてTVといったり、refrigerator（冷蔵庫）を短くしてfridgeといったりします。

　英語を話す人の中でも特に言葉を短くするのが好きなのが、オーストラリアの人たちです。たとえば、オーストラリアの人は、英語のあいさつのGood day.（こんにちは）をG'day.と短くしていいます。afternoon（午後）はarvo、barbecue（バーベキュー）はbarbie、university（大学）はuni、underwear（下着）はundie、mosquito（蚊）はmozzieと短くしていいます。これらの短いいい方は、オーストラリア以外の国ではほとんど使われていません。

自分のことまで短くしちゃう

　カメラで自分のことを撮影することを「自撮り」といいますね。自撮りを英語で「selfie」といいますが、この言葉を最初に使ったのもオーストラリアの人だといわれています。

　そもそもオーストラリアの人は「オーストラリア人」を意味するAustralianという単語もほとんど使いません。自分たちのこともAustralianを短くしてAussieと呼んでいます。

　ちなみに、AussieやAustralianには「オーストラリアの〜」という意味もあります。オーストラリアの牛肉のことをaussie beef、オーストラリアの英語のことをaussie Englishといいます。

🔍 調べてみよう

もとの単語がわかるかな？

下の単語はオーストラリアで使われる短縮語です。もとの単語がわかりますか？
①brekkie　②cardie　③footy
④journo　⑤kindy　⑥roo

ひとくちメモ

クイズの答え：①breakfast、②cardigan、③football(Rugby)、④journalist、⑤kindergarten、⑥kangarooです。オーストラリア英語には、ほかにもたくさんの短くしたいい方があります。調べてみるとおもしろいですよ。

344

ハロウィーンを楽しもう！

10月 October 31日
音声対応

アメリカ・ニュージャージー日本人学校
Nancy DalCortivo 先生が書きました

読んだ日　月　日　｜　月　日　｜　月　日

ハロウィーンってどんなお祭り？

今日はハロウィーンの日。このお祭りは、もともとはケルト人祭りが起源といわれています。秋の収穫を祝い、悪霊などを追い出すための行事です。

お菓子をくれないと、いたずらするぞ！

アメリカのハロウィーンでは、子どもたちがいろいろな衣装でドレスアップします。とくに人気があるのは、幽霊や魔女、王女、そしてスーパーヒーローのキャラクターです。ときには、子どもたちが衣装を着て小学校にくることもあります。

放課後や夜になると、子どもたちは近所に出かけます。そして、Trick-or-treat！ といいながらドアをノックします。ノックされた家の人は、子どもたちにお菓子をあげます。

Trick-or-treat！は、「お菓子をくれないと、いたずらするぞ！」という意味です。いたずらをされたくないので、お菓子をくれるのです。もちろん、お菓子がもらえないからといって、いたずらをするわけではありません。たまに、ドアをノックしても返事がない家があります。そんなときはなにもしないで、次の家に行くのです。

やってみよう

ハロウィーンをやってみよう！

仮装をして、友だちとハロウィーンをやってみよう。たくさんお菓子がもらえるように、先にハロウィーンをやるとお知らせしておくといいですね。

🔊 Happy Halloween！
ハロウィーンおめでとう！

🔊 Trick or treat！
お菓子をくれないと、いたずらするよ！

10月

かつてヨーロッパでは、食べ物やお金をもらうかわりに、ご先祖さまのためにお祈りをしますといって、子どもたちが家々を回りました。これが、ハロウィーンでお菓子をもらうようになったはじまりです。

345

話してみよう 子供の科学 写真館 vol.3

外国の人に「日本のことを英語で教えて！」といわれることが、これから増えていきます。そんなときは、日本のすばらしいものを英語で紹介しましょう。きっと外国の人も喜んでくれるでしょう。

写真／hlphoto / Shutterstock.com

手軽でおいしい「寿司」

酢飯の上に新鮮な魚などをのせた握り寿司。外国でもsushiと呼ばれ愛されています。握り寿司は手軽な屋台料理として江戸で生まれました。今では、高級な寿司店もありますが、回転寿司はみんなで行ける気軽な場所。外国の人をちょっと誘うにはおすすめのスポットです。

Sushi is a traditional food of Japan.
寿司は日本の伝統的な食べ物です。

Now it is popular not only in Japan, but also in foreign countries.
今では日本だけでなく外国でも人気です。

Sushi uses many kinds of fish.
寿司はたくさんの種類の魚を使います。

There are high-quality sushi restaurants, but you can eat sushi at reasonable prices in the sushi-go-round restaurants.
高級な寿司もありますが、回転寿司では手軽に寿司が食べられます。

11 月

November

あこがれのスイートルームはあまくない!

11月 1日 November

中国学園大学　国際教養学部
竹野純一郎先生が書きました

読んだ日　月　日　｜　月　日　｜　月　日

スイートルームに泊まりたい

ホテルのスイートルームというと、「とくべつに高級な広い部屋」というイメージがありますね。ところでみなさんはこのスイートルームのことをsweet room（あまい部屋）と勘ちがいしていませんか？ sweet home（楽しい家庭）という表現はありますが、sweet roomという英語はありません。

スイートルームは英語ではsuiteと書きます。英語ではroomはつけずsuiteだけです。これは、居間や寝室が「ひと続き」になっている、特別室という意味です。

お父さんのスーツと関係がある!?

ひと続きの部屋「suite」、じつはお父さんが仕事で着る服「suit」（スーツ）と深い関係があります。

suiteとsuitはもともと同じひとつの単語でした。長い時間をかけて、それぞれ少しずつ意味のちがう言葉に変化したのです。もともとの単語には、「ひと続き、ひとそろい」の意味がありました。だからsuiteはひと続きの部屋、suitはひとそろいの服、という風に使われているのですね。

英語では、上着はcoatやjacket、ズボンはpantsやtrousers、スカートはskirtですが、上着とズボンやスカートが別の生地でつくられたものはスーツとは呼びません。ちなみに、recruit suit(s)（リクルートスーツ）は就職活動中に着用されるスーツのことですが、日本でしか通じない和製英語です。

🔍 調べてみよう

元をたどれば深い兄弟?

suiteとsuitのように、同じ祖先から変化してできた言葉のペアは、ほかにもあります。たとえば、historyとstoryは、元はギリシア語のhistoria（探求すること、物語ること）という単語が枝わかれしたものです。hospital（病院）とhotel（ホテル）もさかのぼれば同じ言葉にたどり着くようです。shirt（シャツ）とskirt（スカート）もそうです。大きな辞書で単語を調べるときは、語源にも注目してみるとおもしろそうです。

ひとくちメモ　日本ではスーツのことを背広とも呼びます。背広の語源には諸説ありますが、ロンドンの高級洋服店通りSavile Row（サビィル・ロウ）からセビロになったという説があります。興味深いですね。

348

「それはギリシャ語です」は「ちんぷんかんぷん」のこと

11月2日 November

呉工業高等専門学校 人文社会系分野
大森 誠 先生が書きました

読んだ日　月　日｜月　日｜月　日

「それは私にとってギリシャ語です」

英語に It's (all) Greek to me. という表現があります。これをそのまま日本語にすると、「それは私にとってギリシャ語です」という意味になります。実際には「それはちんぷんかんぷんです（さっぱりわかりません）」という意味で使われます。なぜ、ギリシャ語が「ちんぷんかんぷん」なのでしょうか？

いろいろな説がありますが、有力な説のひとつを紹介します。この表現は、イギリスの劇作家、ウィリアム・シェイクスピアが16世紀に書いた戯曲『ジュリアス・シーザー』の中で使われたのが最初だといわれています。この話の中で、古代ローマの政治家キケロは、キャスカと話をするとき、盗み聞きされないようにギリシャ語で話しました。あとでだれかがキャスカに「キケロはお前になにを話し

たのか」と聞いたら、It was Greek to me.（私にとってギリシャ語だった）と答えました。当時、教養の高い人が使うギリシャ語は、わかる人が少なかったのです。

まだある「ちんぷんかんぷん」

英語のほかにも、「ちんぷんかんぷん」を表現するおもしろい言葉があります。フランス語では、C'est du chinois.（それは中国語だ）といいます。ドイツ語では、Das kommt mir Spanisch vor.（それはスペイン語だ）といいます。

日本語ではどうかというと、「唐人の寝言」ということわざがあります。「唐人の寝言」とは、「なにをいっているのかわからない」という意味です。

学んでみよう

小文字で始まるjapanとchina

Japanは「日本」、Chinaは「中国」ということは、みなさん知っていますよね。では小文字で始まるjapanとchinaはどういう意味かわかりますか？　じつはjapanには「漆器」という意味があります。漆器は、木にうるしという樹脂をぬった器のことですね。また、chinaには「磁器」という意味があります。磁器は、高温でやいた器のことです。

11月

難しいことをあらわす英語の表現には、double Dutch（さっぱりわからない）や、Chinese puzzle（複雑で難しいもの）といういい方もあります。Dutchは「オランダの」、Chineseは「中国の」という意味です。

349

いってみたい！英語のおもしろい表現

おもしろい英語のお話

弘前大学 教育学部
佐藤 剛 先生が書きました

11月 3日 November

読んだ日　月　日｜月　日｜月　日

ソファの上のじゃがいも？

日本語で忙しいときに「猫の手も借りたい」といいますが、英語にもにたようなおもしろい表現があります。

たとえば、「couch potato」。couchは「ソファ」、potatoは「じゃがいも」のことで、「ソファの上にあるじゃがいも」という意味。つまり、外で遊ぶことなく、ソファに座ってテレビを見たりして一日中過ごす人のこと。そういう人はたいていポテトチップスが大好物なので、potatoがつくというわけです。

しっぽが2本ある犬？

もうひとつおもしろい表現を紹介しましょう。それは、happy as a dog with two tails。happyは「うれしい」、asは「～のように」、a dog with two tailsは「2本しっぽがある犬」という意味で、そのまま日本語にすると「2本しっぽがある犬のようにうれしい」となります。よろこんでいる犬がしっぽをぶんぶん振ると、まるで2本あるように見えますね。つまりこの表現は「すごくうれしい」という意味で使われています。

考えてみよう

英語の動物表現クイズ

英語のおもしろい表現には、動物が登場するものがたくさんあります。下の文章のカッコにどんな動物がはいるか考えてみましょう。

①たくさん食べる人　eat like a（　　　）
　ヒント：たくさん食べる動物といえば？
②早起きな人　early（　　　）
　ヒント：早起きな動物といえば？
③インチキ、ずる　（　　　）business
　ヒント：悪知恵がはたらきそうな動物は？
④弱虫　（　　　）
　ヒント：近寄るとすぐ逃げる動物は？
⑤がんばり屋さん　eager（　　　）
　ヒント：ダムをつくることで有名です！

ひとくちメモ　答え：①horse（馬）、②bird（鳥）、③monkey（サル）、④chicken（にわとり）、⑤beaver（ビーバー）。

会社名がゲーム機やカメラの名前になる!?

ものの名前のおはなし

弘前大学 教育学部
佐藤 剛 先生が書きました

11月 4日 November

読んだ日　月　日 ｜ 月　日 ｜ 月　日

日本の製品が大活躍

　海外でも日本のゲームは大人気。彼らがそんなゲーム機やゲームについて、なんと呼んでいるか知っていますか？　そのゲーム機をつくった会社の名前で呼んでいるのです。たとえば、I like your Nintendo. 日本語にすると「私はあなたのニンテンドーが好きです」。これは会社を好きといっているのではなく、そのゲーム機を好き、という意味。カメラの場合も同じです。Nikonという日本のカメラメーカーがありますが、英語でNikonといえば、Nikonのカメラを指すことが多いのです。

私はNintendoを持っている？

　このように会社名を商品名のように呼ぶのは、それだけ海外でよく知られた証拠なのかもしれませんが、日本人から見るとちょっとびっくりすることがあります。それは、I have a Nintendo. などといわれたときです。
　I have a 〜〜は、私は〜〜を持っている、という意味です。〜〜に会社名がはいったら、日本人なら「任天堂を持っているということは社長!?」と思ってしまいそうです。子どもにそういわれたらおどろきますね。しかし、これは「私は任天堂のゲーム機を持っている」という意味なのです。

調べてみよう

日本語になった海外の企業名

製品の名前だと思っているものが、じつは企業名だということは日本語にもあります。たとえば、紙を束ねるときに使う「ホッチキス」の本当の製品名は、Stapler。日本が初めて輸入したStaplerが「E.H.HOCKISS社」のものだったので、その一部をとって「ホッチキス」と呼ばれるようになりました。最近はインターネットで検索することを「ググる」といいますが、これも大手検索エンジンGoogleから。そのほか、同じような例がないか調べてみましょう。

11月

お医者さんが使う「レントゲン」も、英語では通じない言葉のひとつ。英語では、「X-lays」（エックスレイズ）と呼びます。「レントゲン」とは、この装置を開発したドイツの物理学者の名前なのです。

「めがねをはずす」って英語でなんていう？

駒沢女子短期大学 教授
金澤延美先生が書きました

11月 November 5日 音声対応

読んだ日　月　日　｜　月　日　｜　月　日

はずす、脱ぐをあらわす言葉

「手にとる」「受け取る」「獲得する」「買う」「連れていく」「乗る」「座席に座る」「写真を撮る」……これらをあらわす英語に共通する動詞はなんでしょう？　そう、257ページにも登場したtakeですね。このtakeと組み合わせると便利なのが、off。「身につけているものをとる、脱ぐ、はずす」という意味になります。こんなふうに使います。

🔊 **I took off my T-shirt.**
私はTシャツを脱ぎました。

🔊 **I took off my watch.**
私は時計をはずしました。

🔊 **I took off my belt.**
私はベルトをとりました。

🔊 **I took off my gloves.**
私は手袋をとりました。

🔊 **I took off my hat.**
私は帽子を脱ぎました。

293ページに登場したhave onや、330ページのput onと反対の意味なので、セットで覚えておくといいですね。

takeの組み合わせいろいろ

takeはoffのほかにも、onやinやoutなどとも組み合わされます。
take A onで「Aを引き受ける」、take A inで「Aを理解している」、take A outで「Aを取り出す」などなど。takeのもともとのイメージは「置いてあるなにかを手にとる」です。はじめて目にする組み合わせでも、このイメージを知っておくと、文章全体の意味がつかみやすくなりますよ。

覚えておこう

「テイクオフ！」って知ってる？

飛行機のパイロットが、離陸するときにいう言葉「テイクオフ」もtake（テイク）とoff（オフ）の組み合わせ。「離陸する」のほかには、「（鳥や虫が）飛び立つ」という意味もあります。

 offは、onと反対の意味を持つ言葉です。onと同じように、上でも下でも横でも縦でも使えます。offは「どこにも接触していない」イメージです。

学校のチャイムは、英語の国からやってきた！

11月6日 November

外国のくらしと文化のお話

愛知県安城市立安城西中学校　教諭
久保田香直先生に聞きました

読んだ日　月　日｜月　日｜月　日

日本中で使われているけれど

授業の始まりや終わりを告げる学校のチャイム。一日に何度もこの音を耳にしているでしょう。日本の多くの学校で使われているこのチャイム、じつはイギリス生まれなのです。

イギリスの首都、ロンドンにあるウェストミンスター宮殿には、Big Benという愛称で呼ばれる大きな時計台の鐘があります。この鐘の音が、学校のチャイムのモデルです。

戦争を思い出したくない

かつて日本の学校では、学校でベルやサイレンを使っていました。けたたましい音のベルは先生方から不人気でした。またサイレンの音を聞くと、戦争中のことを思い出す、という声もありました。そこで、新しくしようとなったときに、ラジオから流れていたこの鐘のメロディが採用された、という説もあります。メロディが単純でオルゴールにしやすいことから、オルゴールに拡声器をつけて売り出したメーカーがあった、という説もあります。

いずれにせよ、今では毎日耳にする身近な音が、イギリスの時計台の鐘の音だったなんてビックリですね。

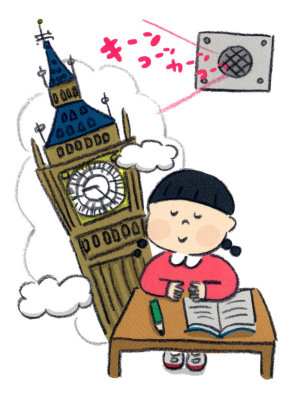

 調べてみよう

学校のチャイムの音

チャイムの音はドレミファソラシドのうち、4つの音からできています。Big Benにも、真ん中の大きな鐘のまわりにある4つの鐘が、あのキ〜ンコ〜ンカ〜ンコ〜ンのメロディを奏でています。さて、どの音を使うとあのメロディができるかな？　ピアノやけんばんハーモニカでさがしてみましょう。

11月

 ひとくちメモ　時計台の正式名は「時計台（Clock Tower）の大時鐘」でしたが、2011年にエリザベス女王（Queen Elizabeth II）の即位60年を記念し、クロック・タワーは「エリザベス・タワー（Elizabeth Tower）」となりました。

353

動物は英語でどうやって数える？

11月 7日 November

国立明石工業高等専門学校
飯島睦美先生に聞きました

読んだ日　月　日　｜　月　日　｜　月　日

動物の数え方、わかるかな？

日本語では動物を数えるとき、種類によってちがいがあります。たとえば、次の（　）にはなにが入りますか？
① 1（　　）の犬、② 1（　　）の牛、③ 1（　　）のかもめ

答えは、「1匹の犬、1頭の牛、1羽のかもめ」ですね。英語には、「匹、頭、羽」の表現はありません。しかし、「〜の群れ」という場合、「群れ」にあたる言葉が動物によってちがうのです。

"群れ"のいろいろな表現

英語の場合、種類によって同じ"群れ"の表現がちがいます。日本にも「メダカの学校は川の中〜」という歌がありますが、英語で「魚の群れ」を表すときには、school ofという表現を使います。また、1列で行進して目的のものに群がるようすが「軍隊」のように見えるアリはarmy ofを、またトリは次のように表現します。

a school of fish（魚の群れ）
an army of ants（アリの群れ）
a flock of birds（トリの群れ）

考えてみよう

フクロウの群れはなんという？

ヨーロッパでフクロウは、「知恵、賢者」の象徴。そんなイメージのフクロウが集まるところを想像してみましょう。賢いフクロウたちは、集まってなにかを話し合っているように感じますよね。それをa parliament of owlといいます。parliamentとは、「議会・国会」という意味です。

ひとくちメモ： geese（ガチョウやガンの群れ）はいる場所によって表現がちがいます。陸の上ではa gaggle of geese、空中ではa skein of geese、空中をV字で飛ぶようすは、a wedge of geeseといいます。

遊んでみよう！英語の「通りゃんせ」

11月8日 November

音声対応

皇學館大学文学部 コミュニケーション学科 准教授
川村 一代 先生が書きました

読んだ日　月　日　｜　月　日　｜　月　日

みんなで遊んでみよう

みなさんはお友だちと「通りゃんせ」という遊びをしたことがありますか？ ふたりの子が向き合って腕を高くあげてアーチをつくり、ほかの子がアーチの下をくぐる遊びです。みんなで「通りゃんせ、通りゃんせ、ここはどこの細道じゃ」と歌いながら遊び、歌が終わるときにアーチを下ろし、ちょうど下にいた子はつかまるというルールですね。おどろいたことに、この「通りゃんせ」とよく似た遊びが英語でもあります。

実際にあったことがわらべ歌に

「ロンドン橋落ちた」はイギリスのわらべ歌で、こんな歌詞です。

🔊 London bridge is falling down,
　falling down, falling down,
　ロンドン橋が落ちる、落ちる、落ちる
🔊 London bridge is falling down,
　my fair lady.
　ロンドン橋が落ちる、落ちる、落ちる　お嬢さん

遊び方は、「通りゃんせ」と同じです。ふたりでアーチをつくって、下をくぐる子をつかまえます。

ロンドン橋はイギリスの首都ロンドンに実際にかかっている橋で、昔は洪水などで本当によく落ちたのだそうです。歌は10番まであるので、2番から10番の歌詞も調べてみるとおもしろいですよ。

🔍 調べてみよう

おうちの人と歌ってみよう

「ロンドン橋落ちた」は日本語の歌詞もあり、昔から日本でもよく歌われています。おうちの人と左の英語の歌詞でも歌ってみましょう。

11月

ひとくちメモ　「ロンドン橋落ちた」の2番から10番の歌詞は、なんども落ちるロンドン橋をいろいろな材料でかけかえるという内容になっています。

目にすると怒ってしまう色ってな〜んだ

11月9日 November

呉工業高等専門学校 人文社会系分野
大森 誠 先生が書きました

読んだ日　月　日　｜　月　日　｜　月　日

赤を見ると激怒する？

英語にsee redという表現があります。そのまま日本語にすると「赤を見る」という意味ですが、「激怒する、かっとなる」という意味で使われています。

似たような意味の表現として、like a red rag [flag] to a bullといういい方があります。そのまま日本語にすると「雄牛にとっての赤い布のようだ」という意味ですが、これは「ひどく怒らせるもの」という意味で使われています。

これらの表現は、闘牛がもとになっているといわれています。闘牛では、闘牛士が赤い布をひらひらさせて雄牛を挑発していますね。雄牛は興奮して怒り、闘牛士にむかって突進してきます。このようすから、「赤い布」が「怒らせる」という意味とつながったのだそうです。

ウシは赤いから怒っているのではない!?

しかし実際には、ウシは色のちがいをほとんど見わけられないそうです。雄牛は赤い色を見て興奮しているのではなく、目の前で布がひらひらと動くのをいやがって、怒っているだけだといわれています。

ではなぜ、闘牛では赤い布が使われるのでしょうか？ 赤は、広い闘牛場でも布を目立たせることができます。また、闘いにふさわしい色だからだともいわれています。

考えてみよう

赤色にはどんな意味がある？

色を使った表現は、英語にも日本語にもたくさんありますが、言語によって色の持つ意味はちがうのでしょうか。英語には、red hot（熱烈な、興奮した）、red-blooded（元気のある、勇ましい）、red-faced（[怒りやとまどいで] 赤い顔をした）という表現があり、赤が「情熱」や「怒り」をあらわしています。

ひとくちメモ　日本語には「真っ赤なうそ」「赤の他人」「赤裸々」などの表現があります。この場合は、「明白な、ありのまま」という意味で使われています。

ものの名前のお話

同じ英語なのにちがう名前で呼んでいる？

11月 10日 November

音声対応

愛知県立大学　外国語学部　准教授
池田　周　先生が書きました

読んだ日　月　日 ｜ 月　日 ｜ 月　日

エレベーターは英語だけれど

エレベーターという言葉。私たちはすっかり日本語として使っている言葉ですが、もともとは英語です。アメリカでもエレベーターのことをelevatorと呼びます。イギリスも英語を使う国ですから、当然エレベーターはelevatorと呼んでいるかと思いきや、ちがう名前がついています。イギリスではliftと呼ばれているのです。どちらも英語を使う国なのに、同じものをちがう名前で呼ぶこともあるのですね。

地下鉄？　地下道？

地下鉄を英語でなんというか知っていますか？　東京では、地下鉄乗り場に続く地上の入り口に、英語でsubwayというサインを出していますから、見たことがある人もいるかもしれませんね。また「東京メトロ」という鉄道会社の名前もあるように、metroも地下鉄を意味する英語です。

しかし、イギリスではちがう呼び名がついています。主にundergroundと呼ばれているのです。首都ロンドンの地下鉄は、細長い形からtubeという呼び方もあります。

まぎらわしいことに、イギリスでもsubwayという言葉は使われていますが、こちらは「地下道」の意味です。イギリスで「subwayで」といわれたら、地下鉄なのか、地下道なのか、まちがえてしまいそうですね。

使ってみよう

きっぷの買い方

地下鉄に乗るとき、窓口できっぷを買うときに知っておきたい単語、表現を紹介します。じつはこれもアメリカとイギリスでは少しちがうので注意しましょう。

🔊 Can I have a one-way ticket to Boston, please?
ボストンまでの片道切符を1枚ください。
［アメリカ英語］

🔊 Two single tickets to London, please.
ロンドンまでの片道切符を2枚ください。
［イギリス英語］

11月

イギリス英語とアメリカ英語では、ものの名前など、同じ言葉なのに少しちがうところがあります。本書でもいろいろ紹介しています。

357

コンピューターは英語で動かす!?

11月11日 November

京都教育大学 英文学科
泉 惠美子 先生に聞きました

読んだ日　月　日　|　月　日　|　月　日

プログラミング言語とは？

インターネットを見たりスマートフォンをさわったりゲームをしたりと、現代の生活にコンピューターは欠かせません。コンピューターは本来は、機械語とよばれる特別な言葉しか理解できません。それを人間でもわかるように翻訳したのがプログラミング言語です。これは日本語や英語のように自然に生まれた言語とちがって、コンピューターを動かすためにつくられた人工的な言語です。多くのプログラミング言語は、英語をベースにつくられています。

技術も知恵も広がる

アプリやゲームをつくるためには、キーボードでプログラミング言語を打ち込み、コンピューターに命令しなければなりません。このようにプログラミングする人をプログラマーといいます。プログラミング言語さえ覚えれば、小学生でもプログラマーになることができます。ゲームやアプリを開発してお金をかせぐ小学生もいます。

また世界中のプログラマーが、インターネット上で技術的な質問をしたり、新しいテクニックについての意見を交換したりしています。ここで使われるのももちろん英語です。コンピューターに興味がある人は、英語が好きだととても役に立つのですね。

学んでみよう
プログラムに出てくる命令文

if～　「もし～ならば、～せよ」と命令したいときに使う命令文
goto　「～に行く」
print　「画面に表示させる」

これらは英語の意味と同じです。このような命令文がプログラミング言語にはたくさんあります。

プログラミング言語は毎日のように新しいものが生み出されています。コンピューターを使ってなにをしたいのか考えて、それが得意なプログラミング言語を選ぶといいでしょう。

音にまつわるお話

「ハンチョー」と「サラリーマン」

中国学園大学 国際教養学部
竹野純一郎先生が書きました

読んだ日　月　日　｜　月　日　｜　月　日

11月 November 12日
音声対応

「班長」は英語でhoncho？

英語にはhead honchoという表現があります。headは「頭」という意味ですが、「重要な・トップの」という意味もあります。では、honchoはどういう意味だと思いますか？ じつは「班長」のことなのです。日本語の「班長」が海をわたって、英語のhonchoになりました。head honchoは「ボス・責任者・オーナー」という意味があります。

🔊 **The head honcho is always busy.**
ボスはいつも忙しい。

「サラリーマン」はどんな人？

会社で働いている人のことを「サラリーマン」といいます。これを英語にするとsalarymanです。でも、日本語の「サラリーマン」と、英語のsalarymanでは、少し意味がちがいます。

日本語の「サラリーマン」は、会社で働いているふつうの人のことですね。一方、英語のsalarymanは、背広を着て、長時間仕事をしている日本の男の人のことを指します。

日本語の「サラリーマン」は英語ではoffice worker（オフィスで働いている人）やbusiness person（ビジネスをしている人）といいます。

🔊 **My father is a Japanese salaryman.**
ぼくのお父さんは日本のサラリーマンです。

考えてみよう

働きすぎから生まれた言葉

日本人がいっしょうけんめい働いて経済がどんどん豊かになったころに、過労死（karoshi）という言葉が英語になりました。過労死は、働きすぎが原因で、体調をくずして死んでしまうことです。karoshiは英語の辞書にものっています。働くことは大切ですが、命はもっと大切です。

11月

salarymanのsalaryは、「給料・賃金」を意味しています。英語では「会社員」といういい方はせず、具体的な職業名で呼ぶことが多いので、salarymanという言葉はほとんど使われていません。

359

イギリスでは、もともと英語を話していなかった!?

11月 November 13日

国立明石工業高等専門学校
飯島睦美 先生が書きました

読んだ日　月　日 ／ 月　日 ／ 月　日

英語とドイツ語は兄弟だった!

英語はイギリス（英国）の言葉だと思っていませんか? もともとイギリスでは、ケルト人がケルト語を使っていました。しかし、5世紀になるとそこに、今のドイツ北部からゲルマン系民族が侵入してきました。その人たちが話していた言葉が今の英語の原型です。そして、この言葉から英語とドイツ語が生まれたのです。

ですから、現代の英語とドイツ語には、にている単語がいくつかあります。たとえばinformation（情報）、student（学生）、problem（問題）は英語とドイツ語でまったく同じ書き方をします。また、まったく同じではないけど、書き方がにている単語もあります。たとえば、「音楽」は英語でmusicと書きますが、ドイツ語ではmusikと書きます。学級委員長の「長」は英語でchiefと書きますが、ドイツ語ではchefと書きます。ほかにも「日曜日」をあらわすSunday［英語］とSonntag［ドイツ語］、「月曜日」をあらわすMonday［英語］とMontag［ドイツ語］などがあります。

フランス語はどうやって入ってきた?

英語は、歴史の中で変化してきました。1066年にイギリスはノルマン人に征服されてしまいました。ノルマン人は、フランス語を話していたので、フランス語が英語に入ってきました。とくに上流階級では、たくさんのフランス語が使われるようになりました。このために、今でも英語には、フランス語からきた言葉が残っています。

学んでみよう

家畜は英語、食材はフランス語

そのむかし、家畜の名前には一般市民の言葉である英語が使われ、食材の名前には上流階級の言葉であるフランス語が使われていました。この慣習は今でも残っています。ウシはcowといいますが、牛肉はbeefといいます。ヒツジはsheepといいますが、羊肉はmuttonといいます。

ひとくちメモ　上で紹介した例とは反対に、英語とドイツ語で同じ書き方をするにもかかわらず、意味がまったくちがう言葉もあります。英語のgiftは「おくりもの」という意味ですが、ドイツ語のgiftは「毒」という意味です。

のどにカエルがいるってどういうこと？

11月14日 November

愛媛大学 教育学部
立松大祐先生が書きました

読んだ日　月　日　｜　月　日　｜　月　日

私ののどにカエルが！

　水辺でよく見かけるようなカエルは英語でfrogといいます。このカエルが「ノドにいます」といわれたら、どう思いますか？　はたまた飲みこんでしまったのか？　日本人が聞いたらビックリしてしまいますね。英語ではI have a frog in my throat.という表現があるのです。

カエルはハスキーボイス

　「私ののどにカエルがいます」というのは、のどにいたみがあるときや、声がしわがれているとき、ハスキーな声になっているときに使われる表現です。のどでカエルが鳴いているような、声を出しづらい感じをイメージするとよいでしょう。次の文のように使うと、もっとイメージがわきますよ。いい方も工夫してみましょう。

🔊 **I have a cold and have a frog in my throat.**
　かぜをひいて声がガラガラです。

調べてみよう　11月

歌に出てくるカエル

マザーグースの歌に「男の子はカエルやカタツムリや子犬のしっぽでできているよ」というおもしろい歌があります。

 ひとくちメモ　童謡の『かえるの合唱』では、カエルの声のところを「クヮクヮ」「ケロケロ」「ゲゲゲ」「ゲロゲロ」などと歌います。英語ではカエルの鳴き声はcroakですから、日本語と英語の表現はよくにています。

外国のくらしと文化のお話

エッ、たいへん！体温が98.6度!?

11月 15日 November 日

駒沢女子短期大学 教授
金澤 延美 先生が書きました

読んだ日　月　日｜月　日｜月　日

体温をはかる単位は2種類

アメリカ人に、「あなたの体温は？」と聞くとします。もしも相手が、「98.6度です」といったら、びっくりしてしまいますよね。でも、アメリカ人に「体温は37度です」というと、今度はアメリカ人にびっくりされるでしょう。

じつは、体温や気温をはかる温度の単位は2種類あるのです。日本では、37℃というように、「摂氏(Celsius)」ではかります。けれども、アメリカなどでは「華氏(Fahrenheit)」という単位を使います。摂氏0度は華氏32度、摂氏100度は華氏212度、少しぬるめのお風呂の摂氏40度は、華氏104度ですね。

のは、ファーレンハイトというドイツの物理学者です。℃と℉は、それぞれ発明した人の名前の頭文字なのです。

摂氏と華氏はこうして生まれた

摂氏という単位は、今から300年以上も前に、スウェーデンの天文学者セルシウスが考えました。セルシウスは、水がこおる温度を0度、水がふっとうする温度を100度として目盛りをつくったといわれています。それと同じころに、華氏も誕生しました。そのころ、氷と食塩でつくることのできた、いちばん低い温度を0度、ふつうの人の体温を100度として目盛りがつくられました。これを考えた

やってみよう

摂氏を華氏になおす

摂氏の温度を華氏になおすときは、次のように計算します。
摂氏の温度×9÷5＋32＝華氏の温度(℉)
また、華氏の温度を摂氏にするときは、次のように計算します。
(華氏の温度－32)÷9×5＝摂氏の温度(℃)
たとえば、98.6℉なら、(98.6－32)÷9×5＝37
となり、つまり、37℃です。

ひとくちメモ　現在は気温や体温をあらわすとき、日本と同じように摂氏を使う国がほとんどです。アメリカのように華氏であらわす国はほかにないか、調べてみるとおもしろいですね。

英語にまつわる偉人のお話

海外と結びつきの強い愛媛県生まれの人

11月 November 16日

音声対応

愛媛大学附属高等学校
三好徹明先生が書きました

読んだ日　月　日　｜　月　日　｜　月　日

「野球」という字を最初に使ったのは？

愛媛県生まれで海外と結びつきの強い偉人が3人います。野球という意味を持つbaseballという単語。この文字を初めて使った人が、俳人の正岡子規です。

日本に野球が入ってきたころ、野球が大好きだった子規は、幼いころ使っていた「升」という名前をもじって、「野球（の・ぼーる）」というペンネームを使ったのです。つまり、このときの「野球」は、baseballを意味せず、読み方もちがいました。

イヌぞり使いの神様と米の父

アメリカの北部やカナダで「イヌぞり使いの神様」として知られるのが和田重次郎です。重次郎はカナダのハーシャル島にいたときに、アラスカの先住民族やイヌぞりと出会いました。

1925年の冬、アラスカ西部の町、ノームでジフテリアという病気が流行り、血清が必要になりましたが嵐で飛行機が飛びません。そこで、重治郎のつくったイヌぞりの道を使い、イヌぞりで1,000kmも離れた場所から血清が届けられたのです。

また、日本人の主食「米（rice）」を、遠く離れたオーストラリア（Australia）で広めたのが高須賀穣です。彼は国会議員でしたが、それを捨ててオーストラリアに渡り、米づくりに一生をささげ、「オーストラリアの米の父」と呼ばれるようになりました。今では、オーストラリアでつくる米の8割が、日本でもつくっているジャポニカ米だそうです。

和田重次郎（1875-1937）
正岡子規（1867-1902）
高須賀穣（1865-1940）

話してみよう

3人の偉人のことを英語で言おう！

正岡子規は野球が好き、和田重次郎はイヌぞりで有名、高須賀穣は米づくりの名人です。これらを英語で言ってみましょう。

- 🔊 Shiki Masaoka likes to play baseball.
  正岡子規は、野球が好きです。
- 🔊 Jujiro Wada is famous for dog sledding.
  和田重次郎は、イヌぞりで有名です。
- 🔊 Jo Takasuka is an expert rice grower.
  高須賀穣は、米づくりの名人です。

11月

ひとくちメモ

アンカレッジからノームまで、イヌぞりで血清が届けられた歴史的な事件を記念して、世界最長ともいわれる「アイディタロッド・トレイル イヌぞりレース」が毎年開催されています。

363

世界各国 誕生日のお祝いいろいろ

11月 November 17日

京都教育大学 英文学科
泉 惠美子 先生に聞きました

読んだ日　月　日　｜　月　日　｜　月　日

お祝いはわかめスープ！

誕生日といえば、ケーキの上に年の数だけローソクをたててフーと吹き消すもの！ と思いこんでいませんか？ 誕生祝いの習慣は国によってさまざまなんです。

たとえば、韓国では、必ずチャプチェ（春雨の炒めもの）とわかめスープでお祝いします。イタリアやハンガリーでは、誕生日を迎えた人が、周りの人から耳たぶをひっぱられるのが約束事。耳が長くなる＝長生きできる、のようによい意味があるそうです。オランダでは自分でケーキを用意し、周りの人にふるまうそうです。日本と逆ですね。中南米では、小麦粉をかけるのが伝統という国もあります。これはそうじが大変そうですね。

お正月が誕生日の国もある

そもそも、生まれた日をお誕生日としない国もあります。中国やベトナムでは、数え年で年齢を数える風習があります。数え年とは生まれた日ではなく、新年をむかえるごとに1歳年をとる、という考え方（日本も昔はそうでした）。だから「おめでとう」とお祝いするのはお正月であって、それぞれが生まれた月日ではないのです。

調べてみよう

七五三、成人式など年齢にまつわるお祝い

日本では、年齢によって行われるお祝いがたくさんあります。3歳、5歳、7歳になったら祝う「七五三」、20歳になったときの成人式などは有名ですね。七五三は、今でも数え年で数えた年齢でお祝いすることがあります。ほかにも年齢にまつわるお祝いはいろいろあります。おじいちゃんやおばあちゃんに聞いてみましょう。

 ひとくちメモ　現在の日本のように誕生日がくるたびに1歳年をとっていくことを「満年齢」といいます。数え年は生まれた年を1歳と数えるので満年齢より1～2歳多い年齢になります。

外国の学校のお話

オーストラリアにある教室のない学校

11月18日(日) November

秀明大学 英語情報マネジメント学部 准教授
Gaby Benthien先生が書きました

読んだ日　月　日　月　日　月　日

学校や病院への交通手段は？

　オーストラリアは大きな国です。日本の約20倍の面積があります。しかし、人口は2,380万人で、日本の5分の1に過ぎません。オーストラリアでは多くの人が海沿いに住んでいますが、海沿いの町から遠く離れた内陸に住んでいる人もいます。このような土地を英語でoutbackと呼びます。「内地」や「奥地」という意味です。

　outbackに住む人たちは、家の近くに学校や病院がないこともあります。では、どのようにして学校や病院に行くのでしょうか？

授業は無線で

　outbackの子どもたちは、学校には行かず、自宅にある無線を通じて授業を受けます。先生は別の場所で無線機に向かって授業を行い、それを生徒それぞれの自宅で聞くという仕組みです。授業は1日30分ほどで、授業が終わったあとは、自分で復習をしたり好きなことをしたりして過ごします。1年に一度、生徒みんなが集まってキャンプなどをする日もあります。

　また、病院がないかわりに、医師が飛行機で各地域を定期的に訪問して、住民を診察す

るFlying Doctor Serviceという仕組みがあります。もし緊急で治療が必要な人が出たときは、地域の担当者が無線で連絡をし、医師が飛行機ですぐにかけつけてくれることになっています。

　学校も医療も広大なオーストラリアならではの仕組みですね。

学んでみよう

オーストラリアの先住民

オーストラリアにはむかしから、アボリジニと呼ばれる先住民が住んでいます。18世紀の終わりから、世界中からたくさんの人が移り住んできて、現在の多民族国家ができあがりました。

11月

ひとくちメモ　2015年にはFlying Doctor Serviceで66機の飛行機が使われ、合計2,680万kmもの距離を飛びました。

世界トイレの日

11月 November 19日

音声対応

三重県小学校英語活動研究会代表　JES三重県理事
鷹巣雅英先生が書きました

読んだ日　月　日｜月　日｜月　日

トイレのない生活は考えられますか？

みなさんの家や学校にトイレがあるのはあたり前ですよね。でも、世界の3人に1人は、トイレを使えない生活をしています。トイレがないので、当然手をあらう場所もありません。今も、世界で9億4,600万人の人は、道端や草むら、穴を掘った地面などにしています。

トイレや手をあらう場所がないために、うんちの細菌が体の中に入って、下痢が原因で命を落とす子どもが1日に800人以上もいるといわれています。特に、女の子は学校にトイレや手あらい場がないと、恥ずかしいので学校に行けません。用を足しているところをだれかに見られるのは恥ずかしいと思うのは、世界中だれでも同じです。トイレがないことは、健康に影響するだけでなく、心にも影響することがわかっています。

ユニセフ（国際連合児童基金）は、こうした世界のトイレの問題をみんなで考えようという提案をし、11月19日を「世界トイレの日」（World Toilet Day）に制定しました。

話してみよう

トイレに行きたいときはなんていう？

海外の人と話しているとき、トイレに行きたくなったら、なんていえばいいでしょう？　アメリカなどで「トイレ」（toilet）というと、ちょっと変な顔をされるかもしれません。toiletは日本語にすると「便所」「便器」という意味なので、トイレに行きたいというときにはあまり使わない言葉なのです。

日本語でも「便所」とはあまりいいませんよね。トイレに行きたいときは、「トイレ」や「お手洗い」といういい方をします。英語ではトイレのことを、restroomやbathroomといいます。

🔊 Can I use the restroom?
　トイレに行ってもいいですか？

なお、イギリスではトイレのことをtoiletという人が多いようです。

 うんちやおしっこのことを英語でなんていうか知っていますか？　うんちのことは英語でpooといいます。おしっこのことは英語でpeeといいます。なんだかかわいいいい方ですね。

種類や大きさで動物の呼び方は変わる

11月20日 November

北海道教育大学札幌校 非常勤講師
駒木昭子先生が書きました

読んだ日　月　日｜月　日｜月　日

ラビットと呼ばないウサギもいる

rabbitという英語をみなさん知っているでしょう。これは、学校やおうちで飼っているペットのようなウサギのことをいいます。一方、有名なお話の『ウサギとカメ』に出てくるウサギのことはrabbitとはいいません。あれは野ウサギなので、hareといいます。

身近かどうか、生活にかかわるかどうかなどで、動物の名前のつけ方は変わります。英語を話す国々では、ウサギはとても身近な動物です。だから種類によってちがう動物のようにわけているのでしょう。

大きさによっても呼び名が変わる

種類だけではありません。たとえばネズミ。ハツカネズミのことを英語ではmouseといいますが、野ネズミのようにサイズが大きいものはratというそうです。

サイズによって呼び方が変わる動物はほかにもいろいろあります。たとえば公園などでよく見かけるハトは、小さい白いハトならdove、大きいものはpigeonといいます。カラスは、ふつうのサイズならcrowで、大きいくちばしをもっているのはravenです。

調べてみよう

赤ちゃん言葉

bunnyという言葉を聞いたことはありますか？これは、rabbit（ウサギ）のことです。日本ではイヌのことをワンワン、ネコのことをニャンニャンということがありますが、これと同じで、小さな子と話をするときには、bunnyという言葉を使うことがあります。ほかには、虫（bug）のことをbuggy、お腹（stomach）をtummy、おいしい（tasty）をyummyといったりします。単語がyで終わるのが特徴で、「イィー」と伸ばすように発音されます。

11月

ひとくちメモ　日本の子どもや若者は「むずい」という言葉を使うことがありますよね。これは「難しい」という言葉が変化したものですが、英語でいうと、difficultよりはtoughのほうがぴったりくるでしょう。

367

料理人が多いと、スープはまずくなる？

11月 November 21日

中国学園大学 国際教養学部
竹野純一郎先生が書きました

読んだ日　月　日　月　日　月　日

人が多ければいいってもんじゃない

「船頭多くして船山にのぼる」ということわざを知っていますか？「船頭」は船長のことです。船頭がたくさんいると、指示する人がたくさんいるので、どの方向に船を進めればよいのか決められず、しまいには船は山にのぼってしまうという意味です。そこから、指示する人が多いと物事が決まらず、よくない結果になってしまうというたとえで使われるようになりました。

英語にもこれとそっくりなことわざがあります。Too many cooks spoil the broth. ということわざです。too many cooksは「多すぎる料理人」、spoilは「ダメにする」、brothは「スープ」という意味です。これをそのまま日本語にすると、「料理人が多いと、スープがだめになる」です。日本のことわざとにていますね。

🔊 **There are too many people planning the birthday party. As they say, "Too many cooks spoil the broth."**
誕生日会の計画にかかわる人が多すぎるよ。「船頭多くして船山にのぼる」っていうよ。

三度目の正直

もうひとつ日本語とそっくりな英語のことわざを紹介しましょう。「1回目や2回目はだめでも、3回目は確実に成功する」という意味のことわざに、「三度目の正直」という言葉がありますね。英語ではこれを、Third time lucky. と表現します。Third(third) timeとは「三度」という意味です。luckyは日本語の「ラッキー」と同じで「幸運」という意味。Third time lucky. をそのまま日本語にすると、「三度目は幸運がおとずれる」となります。日本語の「正直」よりも、「幸運がやってくる」といったほうがわかりやすいかもしれませんね。みなさんもなにかに挑戦するときは、一度や二度の失敗は気にせず、三度目の挑戦で成功する、くらいの気持ちでいるといいかもしれません。

日本のスープといえば、やはりみそ汁（miso soup）ですね。だしはこんぶやかつおぶしが一般的です。こんぶは英語でkelp、かつおぶしは英語で（a piece of）dried bonitoといいます。

英語のなぞなぞに挑戦！
～中級編～

11月 22日 November

福岡教育大学 英語教育講座 教授
中島 亨 先生が書きました

読んだ日　月　日　｜　月　日　｜　月　日

答えは英語で声に出してみよう！

少し難しい英語のなぞなぞです。英語がわからないと、うまく答えられないかもしれません。がんばって挑戦してみましょう。

Q1　Why is six afraid of seven?
　　6が7をこわがっているのはどうして？

A1　Because seven ate nine.
　　7が9を食べた (ate)から。

「食べた」は英語でateといいます。数字の8 (eight)と発音が同じ。それを利用したジョークみたいななぞなぞです。答えを声に出して読むと、seven, eight, nineと続くところがおもしろいですね。次の問題の文章は少し意味がわかりにくいかもしれませんが、答えを聞くとスッキリしますよ。

Q2　Why couldn't the skeleton cross the street?
　　ガイコツくんは通りを横断できませんでした。どうして？

A2　Because he didn't have the guts.
　　勇気（guts）がなかったから。

「勇気」は英語でguts。gutsには、「内臓」という意味もあります。これはgutsのふたつの意味をかけたなぞなぞです。日本語にも「なぞかけ」という言葉遊びがありますが、それとよくにていますね。

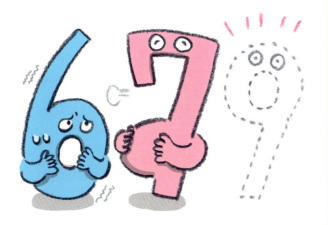

考えてみよう

月の名前が続けてあらわれる？

もう1問なぞなぞを出しますよ。
Q3　Does February march?
　2月は行進する？　しない？　どっち？
marchには「3月」と「行進する」という、ふたつの意味があります。ヒントを出しますね。
【ヒント1】答えの英語を日本語にすると「しないけど、4月ならするかもね」となります。
【ヒント2】問題と答えを合わせると、FebruaryからMayまで月の名前が連続してあらわれます。
【ヒント3】mayには「～するかもしれない」という意味もありますよ。わかったかな？　答えは「ひとくちメモ」で！

ひとくちメモ　Q3の答え：No. But April may. このなぞなぞは、Q1を出されたとき、その問いにビシッと答えて、「じゃあ、これはどう？」とかけ合いのように出すと楽しいですよ。

寿司は英語でもsushi！

中国学園大学 国際教養学部
竹野純一郎先生が書きました

音声対応

読んだ日　月　日｜月　日｜月　日

世界中で大人気

寿司を英語でいえますか？　答えはsushiです。寿司は日本生まれですが、今や世界中で大人気。本場の寿司を味わおうと、近所のお店にやってくる外国人観光客を見たこともあるでしょう。もしとなりにすわって話をするチャンスがあったら、英語で「あなたの好きな寿司はなんですか？」と聞いてみましょう。

🔊 **What kind of sushi toppings do you like ?**
あなたの好きな寿司はなんですか？

日本の子どもたちの間ではサケが人気ですね。サケは英語でsalmonです。ちなみにイクラはサケの卵なのでsalmon roe(egg)といいます。

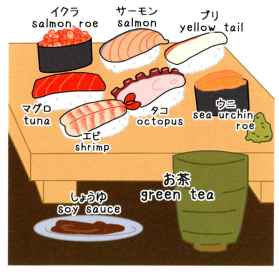

wasabiも通じる!?

寿司といえばわさび。もともとは魚の臭みを消すために加えられていましたが、新鮮な魚が手に入る現代では、鼻にツンとくるような独特なからみが人気です。もちろん、からいのが苦手、という人もいるでしょう。そんなときは「わさび抜きでお願いします」といいましょう。
英語では、こんなふうにいいます。

🔊 **Without wasabi, please.**
わさび抜きでお願いします。

そう、わさびもwasabiで通じることが多いのです。もし通じなければJapanese horseradishといえば大丈夫です。

調べてみよう

英語だと出世魚がわかりやすい

成長すると名前が変わる魚を日本では出世魚といいます。食の中で魚の重要度が高い日本ならではの呼び名です。たとえば、ブリは子どもの頃はハマチと呼ばれます。まるで別の魚のようですね。でも英語ではブリはyellowtail、ハマチはyoung yellowtailです。これなら出世魚だとわかりますね。tailはしっぽの意味。魚屋さんでしっぽが黄色いかも調べてみたくなりますね。

ひとくちメモ　果物をネタにしたものなど、世界にはいろいろなお寿司があります。アボカドやカニカマを具材にしたカリフォルニアロールは、海外で生まれ、日本に逆輸入されています。

シンデレラのガラスのくつは、「スリッパ」だった!?

11月24日 November

愛知県立大学 外国語学部 准教授
池田 周 先生が書きました

読んだ日　月　日　｜　月　日　｜　月　日

舞踏用のくつも「スリッパ」?

童話やディズニー映画でおなじみの「シンデレラ」。シンデレラは、魔法使いの力を借りて、王子様の舞踏会に出かけます。

このときシンデレラはどんなくつをはいていたかおぼえていますか？　そうですね。ガラスのくつです。ガラスのくつを英語にすると、glass slippersといいます。glassは「ガラス」で、slippersは「スリッパ」を意味します。シンデレラがはいていたのは、スリッパだったのでしょうか？

じつは、英語のslippersには「ひもや留め金がなく、かんたんにはいたり、脱いだりできる舞踏用のくつ」という意味もあるのです。

シンデレラの別名は「灰かぶり姫」

シンデレラは、日本語で「灰かぶり」や「灰かぶり姫」と呼ばれることがあります。継母とふたりの姉にこき使われて、いつもかまどや暖炉の灰にまみれていたので、こんな名前がつけられました。「シンデレラ」を英語で書くとCinderellaですが、これは「灰」をあらわすcinderに、「小さい」「かわいらしくて親しみがある」という意味のellaが組み合わさってできた言葉。Cinderellaをそのまま日本

語に直すと、「小さなかわいい灰まみれちゃん」という意味になります。

学んでみよう

あの物語は英語でなんていう？

みなさんもよく知っている童話や昔話は、英語でなんていうか見てみましょう。
「3匹の子ブタ」→ The Three Little Pigs
「ウサギとカメ」→ The Tortoise and the Hare
「白雪姫」→ Snow White
「アリとキリギリス」→ The Ant and the Grasshopper
「オオカミ少年」→ The Boy Who Cried Wolf
「かぐや姫」→ The Tale of the Princess Kaguya
「赤ずきん」→ Little Red Riding Hood ★
「ガリバー旅行記」→ Gulliver's Travels ★
「ヘンゼルとグレーテル」→ Hensel and Gretel ★
「ジャックと豆の木」→ Jack and the Beanstalk ★
★のついた話はこの本の中で紹介しています。

ひとくちメモ　舞踏会のことを、英語でballといいます。tennis ball（テニスボール）やbaseball（野球、野球の球）のballと同じつづりですね。

世界の子どもたちの暮らし

11月25日(日) November

秀明大学 英語情報マネジメント学部 准教授
Gaby Benthien 先生が書きました

読んだ日　月　日 ｜ 月　日 ｜ 月　日

学校に行くのはあたり前？

学校のことを英語でschoolといいます。この言葉はもともとギリシャ語の古い言葉「スコレー」からきています。「スコレー」とは「ひま」とか「労働の間の自由時間」という意味です。古代ギリシャでは、戦争で戦ったり、奴隷として働いたりする必要のない人々しか勉強することはできませんでした。そこから「ひまな人が集まって勉強するところ」＝「学校」となったといわれています。

これはむかしのことなのでしょうか？　いまの世界では、ある年齢になったら学校に行くのは当たり前、と思いますか？

毎日働いてる子どももいる

世界を見わたすと、6歳から12歳なのに学校に行けない子どもたちがたくさんいます。2015年の調査では、小学校に行くべき年齢なのに、実際は学校に行くことができない子どもが約5700万人いました。学校に行けない理由はいろいろありますが、大きな理由は家が貧しいからです。だから学校に行けない子どもたちは毎日働いています。

学校に行かなければ、文字の読み書きや生活に必要な計算を学ぶことができません。そ

こで、国連では世界中の子どもたちが小学校に行けるようにしよう、という目標をかかげて活動しています。

調べてみよう

学校でなにをしている？

学校は大人になるのに必要な勉強をするところですが、そのほか友だちと遊んだり、スポーツしたりもしますね。私たちはなぜ子どものころ学校に行くのでしょう？　そしてもし学校に行かなかったら……？　世界の子どもたちのことを調べて考えてみましょう。

ひとくちメモ　学校に行けない理由には貧困のほか、女の子だから、国が平和ではないから、遠くて通えないから、などがあります。

会話の途中で突然ピース！それってどういう意味？

11月26日 November

共栄大学 教育学部専任講師
名畑目真吾先生が書きました

読んだ日　月　日　｜　月　日　｜　月　日

強調をあらわすためのジェスチャー

英語で会話をしている人が突然、両手でピースをすることがあります。このピースのジェスチャーは、なにを意味しているのでしょうか？

このジェスチャーはただのピースではなく、動きをともないます。両手の人差し指と中指をピースの状態にしてから、指をくいっくいっと2回ほど前方に折り曲げるのです。

じつは、これは二重引用符（ダブルクォーテンションマーク）と呼ばれる記号をあらわしています。二重引用符は英語の文章で用いられる記号で、" "と書きます。指の形と動きが、この記号に似ていますよね。

文章中の単語に" "をつけると、その単語が強調されます。日本語でも「 」をつけて単語を強調することがありますね。

皮肉やジョークにもよく使われる

このジェスチャーは言葉を強調するために使われますが、じつは皮肉やジョークをいうときにもよく使われます。

たとえば、自分で自分のことをハンサムだといっている人がいたとします。誰かとその人について話しているとき、「彼ってほんとうにハンサムだよね〜」とからかうことがありますね。このとき、「ハンサム」のところで、指をくいっくいっとさせるのです。下の英語を読みながら、ジェスチャーをやってみましょう。

🔊 He's really "handsome".
彼ってほんとうに"ハンサム"だよね〜。

🎯 やってみよう

強調のジェスチャーをやってみよう

街中での英語の会話、海外の映画やドラマ、ハリウッドスターのインタビューなどを見かけたときは、このジェスチャーを思い出してみてください。きっとどこかでこのジェスチャーをしている場面に出くわすことでしょう。

11月

ひとくちメモ このジェスチャーは英語ではair quotesと呼ばれます。airは「空気」や「空中の」という意味、quotesは「引用符」という意味です。ジェスチャーなので、言葉を空中で引用しているイメージですね。

373

クリスマスより もりあがる感謝祭！

11月27日（日） November

福岡教育大学 英語教育講座 教授
中島 亨 先生が書きました

読んだ日　月　日｜月　日｜月　日

家族と過ごす大切なお祭り

アメリカやカナダで、1年のうちでもっとも盛大に祝うお祭りは秋の感謝祭（Thanksgiving Day）です。17世紀ごろ、イギリス人が最初にアメリカに渡ってきた年は、とても寒くてたくさんの死者が出ました。しかし、翌年は先住民からトウモロコシなどの育て方を教えてもらい、生きのびることができました。このことに感謝して、お祝いをしたのが始まりといわれています。

感謝祭は、家族や親せきが集まってごちそうを食べる日です。アメリカでは11月の最後の木曜日から日曜日まで4連休となります。家でゲームをしたり、おしゃべりをして楽しくすごします。

感謝祭のごちそうの定番メニュー

感謝祭のごちそうといえば七面鳥。チキンの3〜5倍もあるお肉を、朝から時間をかけてじっくり焼きあげ、クランベリーソースをつけて食べます。サツマイモ（またはジャガイモ）やトウモロコシ、サヤインゲン、アップルパイも欠かせません。ジャガイモはつぶしてマッシュポテトにします。マッシュポテトは、生クリームを加えてフワフワにしたものや、ポテトのかたまりがゴロゴロしているもの、グリーンピースやタマネギを混ぜたものなど、レシピはいろいろです。日本のみそ汁やお雑煮のように、それぞれの家庭に「おふくろの味」があるのです。

調べてみよう

七面鳥を特別に助ける？

感謝祭の朝、アメリカでは恒例のイベントがあります。それは大統領が2羽の七面鳥を解放すること。選ばれた七面鳥はごちそうにされずにすむのです。ふしぎなイベントですが、毎年ニュースになりますよ。

ひとくちメモ

七面鳥の胸のあたりの骨をwishboneといいます。V字型になっている骨のはしっこを片方ずつふたりがもって心の中で願いをとなえながらひっぱり、長い方の願いがかなうといわれています。

外国のくらしと文化のお話

世界遺産ストーンヘンジはなぞだらけ

11月28日 November

三重県多気町立勢和小学校　教諭
岡村里香先生が書きました

読んだ日　月　日　｜　月　日　｜　月　日

原っぱにとつぜんあらわれる！

　イギリスの首都ロンドンから西へ約200kmのところに、ソールズベリーという町があります。そこから、しばらくバスで行くと草原が広がっています。その真ん中に突然「ストーンヘンジ」という遺跡があらわれます。これらは紀元前3000年から2000年ごろにつくられたといわれています。細長い石の柱が円をえがくように並び、パワースポットとしても有名です。

誰がなんのためにつくったの？

　ストーンヘンジは、ユネスコの世界遺産にも登録されています。しかし、誰がなんのためにつくったのかはわかっていません。どうやって巨大な石を積んだり、並べたりしたのかもなぞです。ひとつの石の高さは4～5m、もっとも重いもので50トンもあります。これらは250kmも離れた場所から運ばれたと考えられています。

　さらにふしぎなことに、夏至の日（昼間が一番長い日）の太陽は、中央にある祭壇の石の中心にぴったり重なるのです。大昔の技術でどうやって正確にこの位置を決められたのか、なぞは深まるばかりです。毎年6月の夏至のお祭りには、たくさんの人が集まり、おどったり歌ったりしてお祝いをします。

話してみよう

ストーンヘンジを説明しよう！

ストーンヘンジについて英語で説明をしてみましょう。ストーンヘンジは遺跡です。そしてソールズベリーという町にあります。また世界遺産になっています。これらを英語でいってみましょう。

Stonehenge is the ruins.
ストーンヘンジは遺跡です。

Stonehenge is a world heritage.
ストーンヘンジは世界遺産です。

There is Stonehenge in Salisbury.
ストーンヘンジはソールズベリーにあります。

11月

ひとくちメモ　英語で夏至はthe summer solstice、冬至は the winter solsticeといいます。日本でも、夏至や冬至の日に、鳥居の間から日がのぼる神社や、真上に日がしずむ岩などがあり、有名な観光地になっています。

ジャックと豆の木①

Jack and the Beanstalk

山形大学 地域教育文化学部 地域教育文化学科 准教授
金子 淳 先生が書きました

読んだ日　月　日｜月　日｜月　日

　昔々、ジャックという名前の男の子がいました。お母さんと一緒に住んでいました。とても貧しく、牝牛が一頭、いるだけでした。あるとき、お母さんは「町へ行って、この牝牛を売っておいで」とジャックに言いました。ジャックは町へ行く途中、知らない老人に会って、「牝牛と豆の種5粒を交換しないか」と言われたので、交換しました。家に帰ると、お母さんは怒って、豆を窓から捨ててしまいました。

　次の日、ジャックは窓の外を見て、びっくりしました。大きな豆の木が育っているではありませんか！　豆の木はずっと伸びて、雲まで届いています。「よし、登ってみよう」。ジャックは豆の木を登り始めました。長い時間をかけて雲を突き抜け、てっぺんまで登ってきました。そこには大きな城がありました。ノックしましたが返事はありません。窓から中を見ると、金貨がたくさん入っている袋がありました。ジャックはそれを持って帰ることにしました。

　すると突然、ひとりの巨人がやってきました。「う〜ん、人間がいるようだな。捕まえちゃうぞ」。巨人はジャックを追いかけました。ジャックは小さかったので、壁の穴からするりと逃げ出すことができました。家に帰ったジャックはお母さんに金貨をあげました。でもその金貨はすぐになくなってしまいました。

『ジャックと豆の木』は、イギリスの童話です。牝牛と交換した豆の種が雲を突き抜けるほどに成長し、ジャックはてっぺんまで登りました。するとそこには巨人がいて、金貨や金の卵を産むめんどりを持っていました。それらをうちへ持ち帰るジャック。貧しかった暮らしは果たして……。

11月 November 29日

音声対応

Once there was a boy named Jack. He lived with his mother. They were very poor. They only had a cow. "Take the cow to town and sell her," said his mother. So he did. Going to town Jack met a strange old man. The man said, "I'll give you five magical beans for that cow !" Jack agreed. He gave the man the cow and ran back home. Jack told his mother the story. "I traded the cow for magic beans !" "You fool !" she said. "Now we'll have nothing to eat !" And she threw the beans out the window.

The next morning Jack was surprised to see a huge beanstalk in the same place where his mother had thrown out the beans. It stretched to the clouds. Jack decided to check it out. After many hours, Jack finally reached the top. There he saw an enormous castle. Jack knocked, but no one answered. He climbed through an open window and looked around. He saw a bag of gold coins. So much money ! He decided to take it.

Suddenly, the front door opened and a giant walked in. "Fe-fi-foe-fum ! Look out human, here I come !" The giant chased Jack. Luckily, Jack was small and escaped through a hole in the wall. That was close ! Jack gave the coins to his mother, but the money soon ran out.

11月

377

ジャックと豆の木 ②
Jack and the Beanstalk

山形大学 地域教育文化学部 地域教育文化学科 准教授
金子 淳 先生が書きました

読んだ日　月　日　｜　月　日　｜　月　日

　ジャックはもう一度、巨人のお城へ行くことにしました。今度は、巨人はめんどりと一緒にいました。巨人が「産め！」と言うと、めんどりは金の卵を産みました。めんどりは不思議な力を持っているようです。巨人がいなくなったとき、ジャックはめんどりを持って帰ろうとしました。そのときです。「ガーガー！」。めんどりが騒ぎました。「人間め！」。巨人に見つかってしまいました。ジャックは戸の隙間からすり抜け、豆の木を下りました。めんどりによって、ジャックとお母さんはお金持ちになりました。

　しかし、それでも、ジャックはもう一度、巨人のお城へ行くことにしました。今度は、巨人はごはんを食べていました。巨人は金のハープを取り出すと「歌え！」と言いました。すると、ハープはきれいな音楽を奏でました。やがて、巨人が眠りました。ジャックはハープを持って帰ろうとすると、ハープは「助けて下さい！」と叫びました。「人間め！」。巨人が気づきました。ジャックは急いで逃げました。

　しかし、今度ばかりは、巨人はものすごく怒っていました。ハープを取り戻さなければなりません。すごい勢いで追いかけてきました。「なんてこった！」。ジャックは一足先に地面に下りました。「お母さん、斧を持ってきて！」。ジャックは急いで、豆の木を切り始めました。早く！　早く！　ついに豆の木は倒れ、巨人も一緒に地面に倒れて死んでしまいました。それから、ジャックはお母さんと幸せに暮らしました。

このお話に出てくる主な英単語

- poor (貧しい) ● cow (牝牛) ● strange old man (知らない老人)
- beans (豆) ● beanstalk (豆の木) ● clouds (雲) ● castle (城)
- gold coins (金貨) ● giant (巨人) ● hen (めんどり)
- golden egg (金の卵) ● golden harp (金のハープ) ● axe (斧)

11月 30日 November

音声は11月29日から続いています。

So, Jack went back to the castle. This time the giant was in the kitchen with a hen. "Lay!" roared the giant. And the hen laid a golden egg. Jack knew he must have that magic hen. When the giant left Jack snatched the hen. "Squawk!" cried the hen. "Fe-fi-foe-fum! Look out human, here I come!" But Jack was too quick. He went under the door and down the beanstalk. The magic hen made Jack and his mother rich.

Still, Jack decided to visit the giant once more. The giant was eating this time. After dinner, the giant picked up a golden harp. "Sing!" he shouted to the harp. And the harp sang a most beautiful melody. Soon the giant fell asleep. Jack grabbed the harp. "Help, Master!" yelled the harp. "Fe-fi-foe-fum! Look out human, here I come!" shouted the giant. Jack ran and escaped through the back door.

However, on this day the giant was particularly angry. He must get his harp. He chased Jack furiously. "Oh no!" thought Jack. Near the bottom he shouted, "Mother! Bring the axe!" Jack jumped to the ground. With the axe he chopped on the beanstalk. Faster, faster! Finally, it was finished. Down came the beanstalk, down came the giant. Dead. And Jack and his mother lived happily ever after.

(協力・山形大学 地域教育文化学部 地域教育文化学科 准教授 Jerry Miller先生)

答えてみよう

ジャックが持ってきたもの

ジャックが豆の木の上にある、巨人のお城から家に持って帰ってきたものがあります。さて、なんだったでしょうか？ ヒント：巨人のお城から持ってきたものは3つあります。答えはひとくちメモです。

ひとくちメモ：金貨 (gold coin)、金の卵を産むめんどり (hen)、金のハープ (golden harp)。雲の上に、巨人がいるなんて、昔の人は想像力が豊かだったんですね。

話してみよう
子供の科学 写真館 vol.4

外国の人に「日本のことを英語で教えて！」といわれることが、これから増えていきます。
そんなときは、日本のすばらしいものを英語で紹介しましょう。
きっと外国の人も喜んでくれるでしょう。

写真／J. Henning Buchholz / Shutterstock.com

迫力ある国技「相撲」

まわしにまげ姿の力士が土俵上で真剣勝負を繰り広げる相撲。その始まりは古墳時代ともいわれています。いちばん強い力士は横綱と呼ばれ、みんな横綱をめざして稽古をしています。稽古の後に食べる鍋料理がちゃんこ鍋。栄養満点のおいしい鍋なのだそうです。ぜひ一度食べてみたいですね！

Sumo is a national sport of Japan.
相撲は日本の国技です。

The sumo wrestlers fight on the sumo ring.
力士は土俵で戦います。

They practice very hard to become a yokozuna.
力士は横綱をめざしてたくさん稽古をします。

When the practice is over, they eat Chanko-nabe.
力士は稽古が終わるとちゃんこ鍋を食べます。

12 月

December

英語圏では雪だるまは人間？

外国のくらしと文化のお話

愛知県安城市立安城西中学校 教諭
久保田香直先生に聞きました

12月1日（日） December

読んだ日　月　日 ／ 月　日 ／ 月　日

英語で雪だるまはsnowman

冬にたくさん雪が積もると、雪だるまをつくって遊ぶことがありますね。みなさんは、雪だるまをつくるときや絵をかくとき、いくつの雪玉をつくったり、円をかいたりしますか？ おそらく、頭と体で、ふたつの雪玉をつくったり、円をかいたりするのではないでしょうか。しかし、海外では、頭、体、足の3つの部分にわけてつくります。雪だるまは英語でsnowman。そのまま日本語にすると「雪男」です。海外の雪だるまは三頭身なので、より人間らしいといえますね。

海外の雪だるま　　日本の雪だるま

写真／jordache／Shutterstock.com　　写真／Peera_stockfoto／Shutterstock.com

日本の雪だるまとくらべると、より人間に近い形をしているので、buildも使われているのかもしれません。

雪だるまを建てる？

「雪だるまをつくろう」は英語でLet's make a snowman！といいます。makeは「つくる」という意味ですね。じつは、makeの代わりにbuildを使って、Let's build a snowman！ともいいます。buildは「建てる」という意味で、建物などを建てるときに使います。雪だるまを建てるなんてなんだかおおげさな表現ですね。でも、海外の雪だるまは、

話してみよう

雪にまつわる英語

雪にまつわる英語を話してみましょう。
We had a snowball fight.
私たちは雪合戦をしました。
I go skiing in winter.
冬はスキーに行きます。
She is a good snowboarder.
彼女はスノーボードが得意です。

ひとくちメモ：海外の雪だるまには、目は石、鼻にはニンジンを使うことが多いようです。みなさんがつくる雪だるまは、目や鼻になにを使いますか？

Let it goが「レリゴー」に聞こえるのは、なぜ？

12月2日 December

中国学園大学 国際教養学部
竹野純一郎 先生が書きました

読んだ日　月　日 ｜ 月　日 ｜ 月　日

「レリゴー」に変身

つぎの英語を聞いてみてください。

🔊 Let it go.
ありのままでかまわない。

カタカナで書くと、「レット・イット・ゴー」ですが、実際の英語では「レリゴー」といっているように聞こえます。英語を話す人に、一つひとつの言葉を区切って発音してもらうと、ちゃんと「レット・イット・ゴー」となりますが、つなげて発音してもらうと「レリゴー」になります。これはなぜなのでしょうか？　もうひとつ例を聞いてみましょう。

「レリビー」に変身

🔊 Let it be.

最後のgoがbeに変わりましたが、意味は同じで、「ありのままでかまわない」です。Let it beをカタカナで書くと、「レット・イット・ビー」。Let it beも実際の英語を聞くと、「レリビー」といっているように聞こえます。

「レリゴー」と「レリビー」の共通点は、Letの終わりのt（ト）の発音です。この「ト」を発音するときは、口の形は「ト」にしたまま、きちんと「ト」とはいわずに、うしろのitとつなげていうと、「リ」のように聞こえるのです。英語の話し言葉では、音が省略されたり、変化したりすることがよくあります。たくさん英語を聞いたり、自分でまねしたりすることで、音の変化も聞きとれるようになるでしょう。

調べてみよう

つながると別の音に

日本語でも、音がつながって変身することがあります。たとえば「反応」は、「ハンオウ」ではなく「ハンノウ」と読みますね。英語のTake it easy（気楽にね）という表現も「テキリージー」と発音されることがよくあります。英語の音の変身の例をもっと調べてみましょう。

12月

「レット・イット・ゴー」は、アニメ映画『アナと雪の女王』に出てくる曲のタイトルになっています。また、「レット・イット・ビー」はイギリスのバンド、ビートルズの有名な曲のタイトルです。

383

リンゴが大活躍する英語のおもしろ表現

広島大学大学院教育学研究科 教授
築道和明先生が書きました

12月3日 December

読んだ日　月　日　月　日　月　日

とても身近なくだもの

欧米の人たちにとって、リンゴはとても身近なくだものです。日本のリンゴより小さめ。皮のまま、まるかじりする姿を映画やテレビで見たことがあるでしょう。むかしから人々に愛されてきたくだものなので、英語にはリンゴがはいったおもしろい表現がたくさんあります。まずは有名なことわざを紹介しましょう。

An apple a day keeps the doctor away.
（1日1個のリンゴが医者を遠ざける）

これはリンゴを1日1個食べていれば、病気にならず、医者にかからない、という意味です。皮にも栄養がふくまれているので、丸かじりすると元気になることを感じていたのかもしれませんね。

My baby is the apple of my eye.
（私の赤ちゃんは目の中のリンゴだ）

つまり、私の赤ちゃんは大切なもの、目の中に入れても痛くない、という意味になるわけです。身近なくだものは、言葉の世界でも大活躍するのですね。

大切なものを表現するときも

日本語で「目に入れても痛くない」という表現があります。英語にもそっくりないいまわしがあります。ただし目に入っているのはリンゴです。たとえば次のように使います。

覚えておこう

青リンゴ＝ブルーアップルじゃない！

日本では「青リンゴ」と呼ばれる緑色のリンゴ。英語ではgreen appleです。英語のほうが、本来の見た目に近い表現といえそうですね。

ひとくちメモ

「リンゴをみがく」といういいまわしもあります。これは「ご機嫌をとること」「ごまをすること」という意味です。丸かじりする文化らしい表現ですね。

384

Good byeの元の意味は「神が守ってくださるように」

共栄大学 国際経営学部 助教
鈴木健太郎先生に聞きました

12月4日(日) December

読んだ日　月　日 ｜ 月　日 ｜ 月　日

goodとgod

Good byeは英語で「さよなら」の意味です。おはようがGood morning、おやすみがGood nightですから、別れのあいさつにもGoodがついているのかな、とおもいきや、Good byeは少しちがうようです。このGoodはもともとGod、つまり「神」の意味だったのです。

Good byeはGod be with youを短くした、Godbwyeからきています。God be with youは「神様があなたを守ってくださるように」の意味。しかし、昔はGodと軽々しく口にすることがはばかられていたため、ほかのあいさつ言葉に似せるように変化して今の形になった、といわれています。

別れのあいさついろいろ

毎日会う友だちどうしで「神が守ってくださるように」も少し大げさな感じがしますね。そこで、親しい人にはByeだけのほうがよく使われます。そのほかSee youも「またね」という意味を含んでいて、友だちどうしにぴったりです。

いつ会えるかわからない人には、See you again「また今度」といいましょう。

See you
Bye

調べてみよう

世界の言葉で「さようなら」

「さようなら」は「こんにちは」「ありがとう」とならんで、覚えておきたいあいさつです。世界のいろんな「さようなら」を紹介しましょう。
●中国語
再見(サイジェン)
●ドイツ語
Auf Wiedersehen.(アウフ ヴィーダーゼーエン)
Bis Morgen.(ビス モルゲン) ※「また明日」に近い意味です。
●フランス語
Au revoir.(オル ヴォワール)
A bientot！(ア ビアントゥ) ※「またね」に近い意味です。

日本語の「さようなら」の語源は「左様ならば」からきています。つまり「それではここでお開きにしましょう」といった雰囲気を含んだ言葉なのです。

覚えておこう！
授業でよく使う英語

共栄大学 国際経営学部 助教
鈴木健太郎先生に聞きました

12月 December 5日

音声対応

読んだ日　月　日｜月　日｜月　日

授業で先生がこういったら……？

学校の授業では、先生が決まった言葉をよく使います。たとえば、「教科書の○ページを開いてください」とか、「質問はありますか？」などです。英語でも、そのような決まり文句があります。

たとえば、Repeat after me. は、「私のあとに続いてください」とか「くりかえしてください」という意味です。

Do you understand ? は「わかりましたか？」という意味です。なにかわからないことがあれば、このときに質問するといいですね。

先生が授業でよく使う決まり文句をまとめました。覚えておくと、授業のときに役に立ちますよ。

🔊 **Do you have any questions ?**
なにか質問はありますか？

🔊 **Repeat after me.**
私のあとに続いてください。

🔊 **Do you understand ?**
わかりましたか？

🔊 **Well done.**
よくできました。

🔊 **Time's up.**
時間です。

🔊 **That's great.**
いいですね。

🔊 **That's all for today.**
今日はここまで。

🔊 **Bye.**
さようなら。

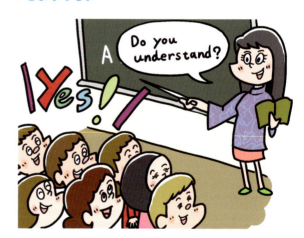

覚えておこう
授業がはじまるときの決まり文句

授業がはじまるときに先生がいう台詞もだいたい決まっていますよ。これらも覚えておくといいでしょう。

🔊 **Hello everyone !**
みなさん、こんにちは！

🔊 **Today we're going to play a game.**
今日はゲームをしましょう。

ひとくちメモ　授業中、先生にあてられたときや、話を聞いてなかったとき、もう1回いってほしいときなどに覚えておくと便利な英語があります。くわしくは128ページで！

外国のくらしと文化のお話

クリスマスツリーのお話

12月 December 6日

大阪市立大学　関西国際大学　非常勤講師
フィゴーニ啓子先生が書きました

読んだ日　月　日　｜　月　日　｜　月　日

どんな木が使われるの？

　クリスマスにはクリスマスツリーを飾ります。日本ではプラスチックでできたツリーを飾ることが多いですが、アメリカやイギリスなどでは、大きな本物のもみの木を買ってきて、飾りつけをする家が多いです。
　もみの木は、1年中、葉をつけている常緑樹なので、冬の間も葉が青々としています。そのため、冬を乗り越える「生命力の強さ」や「不滅」を象徴しているといわれています。もみの木のクリスマスツリーには色あざやかなオーナメント（飾り）やライトやベルがつるされて、ツリーの足元には、かわいい包装紙やリボンで包まれた、たくさんのクリスマスプレゼントが置かれます。

物語がこめられたオーナメント

　アメリカでは、日本ではあまり飾らないものもツリーに飾ります。たとえば、先祖代々うけつがれているもの、家族の歴史や物語をあらわすもの、結婚や出産などの記念日を示すもの、家族や友人からもらったおみやげ、手づくりのもの、思い出がつまったものなどです。家族みんなでクリスマスツリーに飾りつけをしながら、「これは、お母さんが生まれたときの記念におばあちゃんがつくってくれたものよ」とか「これは、お父さんが小学校の図工の時間につくったものだよ」と、子どもたちにお話を聞かせてあげるのです。

学んでみよう

ツリーの先についている星

クリスマスツリーの先には、星がついていますよね。この星は、キリストがベツレヘムという土地で誕生したことをみんなに知らせた星をあらわしているといわれています。アメリカやイギリスなどでは、星の代わりにエンジェル（天使）を飾っている家もあります。
また、日本のクリスマスは12月25日で終わりですが、アメリカやイギリスなどでは、1月6日ごろまで続くところもあります。クリスマスツリーも1月の初めから中ごろまで飾っておくことが多いです。

12月

ひとくちメモ　クリスマスが終わると、大量のクリスマスツリーがごみとして出されます。ごみとして出されたツリーは回収されてこまかくくだかれ、木のチップになったり、腐葉土になったりしてリサイクルされます。

「首が痛い」は「うんざり」だ

呉工業高等専門学校 人文社会系分野
大森 誠 先生が書きました

12月 December 7日

音声対応

読んだ日　月　日　｜　月　日　｜　月　日

めんどうになると首が痛くなる？

英語に、a pain in the neckという表現があります。そのまま日本語にすると「首の痛み」となりますが、「うんざりする、めんどうだ」という意味で使われています。

なにかをするときに手間がかかってめんどうに思うとき、気が進まないときに使われる表現です。また、イライラや不快な思いにさせる人に対しても使います。みなさんも使いたくなるような表現を１つ紹介しましょう。

🔊 **This homework is a pain in the neck.**
この宿題はめんどうだ。

painだけでも使える

painにはもともと「（体の）痛み、（精神的な）苦痛」という意味がありますが、「不快なもの（人）、うんざりさせるもの（人）」という意味もあります。

そのため、in the neckがなくても、同じような意味で使うことができます。体のどこかに痛みがあってうんざりするのは万国共通の思いといえそうです。

考えてみよう

neckを使う日本語ににた表現

risk one's neckは、そのまま日本語にすると「首を危険にさらす」という意味す。そこから発展して、「命をかける、命がけでする」という意味で使われます。
You shouldn't risk your neck for that.
そんなことで危険をおかすようなことはすべきじゃないよ。

up to one's neckという表現もあります。そのまま日本語にすると「～の首まで」という意味ですが、仕事や借金などにどっぷりとつかって、身動きがとれない状態をあらわしています。
He's up to his neck in work.
彼は仕事づけだ。
He's up to his neck in debt.
彼は借金で首が回らない。

 本当に首が痛いときは、I have a pain in the (my) neck.や、My neck hurts.といいます。文のおわりにliterally（文字通り）を追加していうと、より相手にわかりやすくなります。

388

「英検」で力だめししよう!

おもしろい英語のお話

京都教育大学 英文学科
泉 惠美子 先生に聞きました

12月8日(日) December

読んだ日　月　日　／　月　日　／　月　日

「英検」ってなあに?

みなさんは、検定試験を受けたことがありますが? 英語にも検定試験があります。その名も「日本英語検定」、略して「英検」といいます。試験はレベル別に、5級、4級、3級、準2級、2級、準1級、1級の7段階に分かれています。5級がいちばん簡単で、4級、3級と進むにつれてだんだんと難しくなります。試験は1年に3回行われていて、小学生以下だと、1年で約35万人の志願者がいます。

英検を受けたことがない人は、まずは5級に挑戦してみてはいかがでしょう。そして小学校卒業までに、4級が取れるといいですね。中学生になると3級、高校生になると準2級や2級を目指す人が多いようです。

試験問題は、スピーキング（話す）、リスニング（聞く）、リーディング（読む）、ライティング（書く）からバランスよく出題されます。日常会話に役立つ問題も多いので、検定に向けて勉強すると自然と英会話力が身につきます。

英検を受けるといいことがいっぱい

英検の資格を持っていると、中学受験で点数が加算されたり、大人になっても会社に提出する履歴書に書くことができたりと、将来役に立つことがたくさんあります。2020年度から、小学3年生から外国語活動が必修、小学5年生からは英語が教科になることが決まっています。英検を受けるのは小学校低学年でも早すぎることはないので、ぜひ家族と相談してチャレンジしてみてくださいね。

調べてみよう

ほかにはどんな検定があるの?

英検のほかに、英語の検定でよく知られているのが「TOEIC」や「TOEFL」「IELTS」「ケンブリッジ英検」「GTEC」などがあります。それぞれテストの傾向がちがうので、興味がある人は調べてみるといいでしょう。

英検は日本英語検定協会が行っています。協会のサイトでは、過去問題を見ることができます。どんな問題が出るのか一度見てみるとよいでしょう。

英語でちょうせん！
早口言葉

12月 December 9日

音声対応

島根大学 外国語教育センター 嘱託講師
ハーヴィー佳奈 先生に聞きました

読んだ日　月　日　｜　月　日　｜　月　日

舌がねじれる!?

「なまむぎなまごめなまたまご」「となりの客はよく柿食う客だ」など、日本語にはたくさんの早口言葉があります。いいにくい言葉が並んだ文章を早口でいってみる言葉遊びですね。英語にも早口言葉がありますよ。tongue twister（タン ツイスター）と呼ばれています。tongueは「舌」の意味。twisterは「ねじらせるもの」という意味です。

たしかに早口言葉は舌がもつれてねじれそうになります。日本人から見てもナットクできる単語ですね。

発音がにている単語が並ぶ

それでは英語の早口言葉を聞いてみましょう。

🔊 I scream, you scream, we all scream for ice cream!
（アイ スクリーム ユー スクリーム ウィ オール スクリーム フォー アイス クリーム）

意味は、「ぼくもキミもみんなアイスクリームがほしい」です。「スクリーム」という言葉がなん回も出てきました。

次はどうでしょう？

🔊 She sells seashells by the seashore.
（シー セルズ シーシェルズ バイ ザ シーショア）

意味は、「彼女は海辺で貝がらを売っている」です。今度はサ行がたくさん出てきました。

どちらもにている単語を組み合わせた文章になっていて、早口でいうのが難しいですね。そして文章にはあまり意味がないのも日本語と同じようです。

> I love ice cream

ひとくちメモ　日本語の早口言葉は俳優やアナウンサーが仕事のために練習することがあります。英語の早口言葉も発音練習になります。音声を聞いて練習してみましょう。

ビーチでバーベキュー！オーストラリアのクリスマス

12月10日 December

Faith Lutheran College
Kirsty Hansen 先生が書きました

読んだ日　月　日　｜　月　日　｜　月　日

12月のオーストラリアは夏！

オーストラリアでも、イギリスと同じようにクリスマスを祝います。しかし、ひとつ大きなちがいがあります。それは、南半球にあるオーストラリアにとってクリスマスシーズンは夏だということです。

オーストラリアの多くの家では、クリスマスツリーの下に山のようにプレゼントがおいてあります。そして、クリスマスイブには、子どもたちはサンタクロースのために靴下をツリーの近くにつるしておきます。でも、雪はまったくありません！

クリスマスの朝、子どもたちはとても早起きです。なにしろ、たくさんのプレゼントが待っているのですから！　おもちゃ、自転車、コンピューター、本、スポーツ用品などが、子どもたちに人気のプレゼントです。

真夏のクリスマスのすごし方

オーストラリアでクリスマスの日によく食べられているごちそうは、シーフードのバーベキューです。とくに、新鮮なエビやカキは大人気。イギリスをはじめとしたヨーロッパの国々で食べられている、焼いた七面鳥などの伝統的な料理と同じように、この時期の定番メニューです。

オーストラリアのクリスマスは、家族と一緒に、ビーチなど屋外でバーベキューをしながら、楽しくすごす日となっているようです。

調べてみよう

雪はなし！トナカイはカンガルー？？

暑い夏にやってくる南半球のクリスマス。クリスマスソングの歌詞も少しちがうようです。雪を思わせる言葉（ホワイト）は出てきませんし、サンタクロースの相棒はトナカイではなくカンガルー。そのほか、南半球らしいクリスマスの特徴を調べてみましょう。

ひとくちメモ　オーストラリアでも冬らしいクリスマスを楽しみたい、ということで真冬の7月にも「Christmas in July」というイベントを行います。クリスマスが2回もあるなんてうらやましいですね。

「うわさ」が続くのは、どれくらい？

12月11日(日) December

福島大学 人間発達文化学類准教授
髙木修一先生が書きました

読んだ日　月　日　｜　月　日　｜　月　日

英語ではたった9日間！

英語でことわざのことを、proverbといいます。ふしぎなことに、日本語と英語のことわざには、よくにた意味の表現があります。たとえば、A wonder lasts but nine days. ということわざ。「おどろきは9日間しか続かない」という意味ですが、日本語にもこれと同じようなことわざがあります。どんなことわざかわかりますか？　ヒントは人のうわさにまつわる言葉です。

正解は、「人のうわさも七十五日」。「人があれこれうわさをしていても、長くは続かない」という意味です。英語では「おどろき」が続くのが9日間と短いのに対して、日本語では「うわさ」が続くのが75日間ととっても長いですね。日本人は英語を使う人たちよりも、ものごとをいつまでも覚えているということでしょうか。

「口は災いの元」

もうひとつおしゃべりにまつわることわざを紹介しましょう。「口は災いの元」という言葉を聞いたことがありますか？　「不注意なことを話すと、自分に災いが起こるので、話をするときは十分気をつけるように」という

意味です。これと同じ意味の英語のことわざが、Out of the mouth comes evil.。「悪魔は口から出てくる」という意味です。日本語では口から出てくるのが「災い」なのに対して、英語では「悪魔」になっているのがおもしろいですね。

覚えておこう

どうして75日？

人のうわさはどうして75日たつと消えるのでしょう？　これにはいくつか説があります。昔の暦では、春夏秋冬がそれぞれ70〜75日で、ひとつの季節が終わると、うわさも忘れられるという説や、野菜は種をまいてからかり取るまでが大体75日で、悪いうわさも75日経てばなくなるという説などがあります。

「口は災いの元」ににていることわざに、「雄弁は銀、沈黙は金」という言葉があります。どんな意味か調べてみましょう。

私には「アキレスのかかと」などない！

おもしろ、英語のお話

12月12日 December

音声対応

中国学園大学 国際教養学部
竹野純一郎 先生が書きました

読んだ日　月　日　｜　月　日　｜　月　日

「アキレスのかかと」は弱点のこと

あなたには苦手なものや弱点がありますか？ ギリシア神話にアキレスという勇敢な戦士が出てきます。足が速かったアキレスは、みんなから「しゅん足のアキレス」と呼ばれて、弱点などないと考えられていました。しかし、トロイア戦争のとき、アキレスは、敵にかかと（heel）を射抜かれ死んでしまいます。

アキレスほどの強者にも弱点はあるということから、弱点をあらわす言葉としてAchilles' heel（アキレスのかかと）という表現が生まれました。

🔊 **He does not like to eat green peppers.**
That is his Achilles' heel.
彼はピーマンが食べられない。
それが彼の弱点だ。

「パンドラの箱」ってどんな箱？

ギリシア神話には「パンドラ」という神々によってつくられた、人類最初の女性が出てきます。神々は、パンドラに箱を持たせて地上に行かせました。箱には災いが封じ込められていました。神々から箱は決して開けていけないといわれていましたが、パンドラは好奇心に負けてその箱を開けてしまいました。

Achilles' heel アキレスのかかと

すると、箱の中からさまざまな災いが飛び出して、地上に住む人間たちが苦しむことになりました。ここからパンドラの箱（Pandora's box）は、「触れてはいけないもの、災いをもたらすもの」をあらわすようになりました。

覚えておこう

かかとが弱点になったわけ

アキレスのお母さんはアキレスを不死身にするために、幼いアキレスの体を黄泉の国（死者の世界）にある川にひたしたといわれています。川にひたすとき、お母さんはアキレスのかかとをもっていて、そこだけ水につからなかったので、かかとが弱点になったというわけです。

ひとくちメモ　日本語にも弱点をあらわす「弁慶の泣きどころ」という言葉があります。弁慶は平安時代のお坊さんで武術がとくいでした。でも、あるときすねをけられて泣いたことから、この言葉が生まれました。

言葉から差別をなくそう

大阪教育大学
加賀田哲也先生が書きました

12月13日(日) December

読んだ日　月　日　｜　月　日　｜　月　日

差別や偏見を含まない言葉

I like history.（私は歴史が好きです）。みなさんはこの英文を見てなにか気になるところはありますか？　じつはこのhistoryという言葉がとても気になった人たちがいました。1960年代のアメリカにいた、女性解放運動の支持者たちです。

この人たちは、historyという単語は、his（彼の）とstory（話）でできているので、男性を優先させていると考えました。もっと女性を優先させるべきだと考えて、his（彼の）の代わりに、her（彼女の）を使って、herstoryという言葉をつくり出しました。このように、当時のアメリカでは、性差別、人種差別をなくして、だれでも平等に教育を受け、仕事ができる社会にしようという運動が行われました（この運動を公民権運動といいます）。

言葉に対しても、差別や偏見がない表現を用いるべきだという考えが広まり、次のような新しい言葉におきかえられました。

● 職業

警察官　policeman ▶ police officer
消防士　fireman ▶ firefighter
実業家　businessman ▶ businessperson

● 人種

インディアン（ネイティブ・アメリカン）
Indian ▶ Native American

黒人（アフリカン・アメリカン）
Negro ▶ African-American

● 障がい

障がいのある
handicapped ▶ physically challenged

目が見えない
blind ▶ visually impaired, visually challenged

結婚している／していない
Mrs.（既婚女性）／ Miss（未婚女性） ▶ Ms.

学んでみよう

日本語にも性別を含まない言葉がある？

日本語も英語と同じように、言葉による差別や偏見をなくすために、「看護婦」や「看護士」の代わりに「看護師」が、「保母」の代わりに「保育士」が、「ブラインドタッチ」の代わりに「タッチタイピング」が使われるようになっています。

 ひとくちメモ　ちなみに、historyの単語にhis（彼の）という言葉はまったく関係ありません。ギリシャ語のhistoria（「探究」という意味です）からきた単語だといわれています。

「永遠のお別れ」のいろいろないい方

12月14日 December
音声対応

中国学園大学 国際教養学部
竹野純一郎先生が書きました

読んだ日　月　日　｜　月　日　｜　月　日

遠くへ行ってしまう

「死ぬ」という言葉があります。人はだれでも死ぬのですが、この言葉が好きな人はあまりいないでしょう。そこで、「死ぬ」という言葉の代わりに、「亡くなる」「天に昇る」「他界する」などと少し遠まわしに表現することがあります。英語でも遠まわしに「死ぬ」をあらわす言葉があります。

🔊 **The famous movie star passed away last night.**
有名な映画スターが昨夜亡くなった。

pass awayは「亡くなる」という意味です。passは「過ぎる、消える」、awayは「遠くに」という意味なので、合わせると「遠くに行ってしまう」という意味になります。

バケツをけると死ぬ？

もっと遠まわしな表現もあります。それはkick the bucketという言葉。kickは「ける」、bucketは「バケツ」という意味なので、合わせると「バケツをける」という意味になります。なぜ「バケツをける」という表現が、「死ぬ」になるのでしょうか？ いろいろ説がありますが、足場にしていたバケツをけって首をつるようすから、「死ぬ、くたばる」という意味になったといわれています。

🔊 **I want to go to as many places as possible before I kick the bucket.**
死ぬまでにできるだけたくさんの場所に行きたい。

考えてみよう

星になる？ スターになる？

日本語で「死ぬ」ことを「星になる」ということがあります。たとえば「おじいちゃんはお星さまになったんだよ」などと使います。でも、この日本語をそのまま英語にすると、意味が変わってしまいます。そのまま英語にすると、Our grandfather became a star．これを見た英語の国の人たちは、「おじいちゃんはスターになった→人気者になった」と思ってしまいます。日本語を英語にしたり、英語を日本語にしたりするときは、そのままほん訳するのではなく、よく意味を考えてほん訳しなければなりません。

 breathe one's lastといういい方もあります。そのまま日本語にすると「最後の呼吸をする」。つまり、「息を引き取る」という意味です。

12月

頭の体操、英語のクイズに挑戦しよう！

共栄大学 教育学部専任講師
名畑目真吾先生が書きました

| 読んだ日 | 月 日 | 月 日 | 月 日 |

12月15日 December

「ま」が３つでなんの魚？

今日は、英語を使った「言葉のパズル」を紹介しましょう。まず、例として日本語のクイズを見てみましょう。

「ままま」

これはある魚の名前をあらわしています。「ま」が3つありますね。3個の「ま」なので、これは「サンマ」と読みます。では、次の問題はどうでしょうか？

```
    3
3  3   3
   お
 3    3
    3
```

これはある職業をあらわしています。「3」と「お」の位置はどのような関係にありますか？　これは「お」のまわりに「3」があるので「おまわりさん」が正解です。

英語のクイズに挑戦！

同じような問題に英語で挑戦してみましょう。なんという単語をあらわしていると思いますか？ヒントを見て考えてみましょう。

① ever ever ever ever

ヒント：everはいくつある？

② gr8

ヒント：grはグゥルと読みます。

①は4つ(four)のeverがあるので、forever（永遠）という単語になります。

②はgrのあとに数字の8がありますね。8は英語でeightです。このふたつを続けて読み、だんだん速くいってみましょう。すると、great（すごい）という単語になりますね。

難問に挑戦！

pawalkrk

ヒント：parkとwalkというふたつの単語が合体しています。

さらに難しい問題を紹介しましょう。ヒントにあるようにpark（公園）とwalk（歩く）というふたつの単語が合体していますが、walkがparkの中に入っています。「〜の中」は英語でin 〜となります。つまり、この答えはwalk in (the) park（公園の中を歩く）という文になります。

英語の言葉クイズは、楽しむだけでなく、知らない単語を勉強するきっかけにもなりますね。

オーストラリアの動物と看板

Faith Lutheran College
Kirsty Hansen 先生が書きました

12月16日(日) December

読んだ日　月　日　｜　月　日　｜　月　日

カンガルーに気をつけて！

　オーストラリアには、世界のほかの場所にはいない、ユニークな動物がたくさんいます。そういった動物たちのほとんどは、オーストラリアの中央部と北部にある「奥地」で暮らしています。しかし、「奥地」とはいっても実際には道路が通っているので、カンガルーやエミューが道路を横切っているようすもよく見られます。

　道路の脇には黄色い標識があり、近くにさまざまな動物がいることをドライバーに警告しています。しかし、突然道路に飛び出してきたカンガルーと車がぶつかる事故が起きることもあり、とても危険です。

コアラの爪に要注意！

　コアラはふつう、ユーカリの木にすんでいます。しかし、ときには道路上を歩いていることもあります。コアラはすばやく動くことができないので、車は道路の真ん中で休んでいるコアラにあたらないように注意しなければなりません！

　道路にいるコアラを見かけたら、どかしてあげようと思う人もいるかもしれません。しかし、コアラはとても鋭い爪を持っています。道路からどかそうとすると、その爪で引っかかれて大けがをしてしまうかもしれません。どんなに危ないと思っても、決して道路にいるコアラを運ぼうとしてはいけません。

調べてみよう

硬貨に描かれた動物たち

オーストラリアの紋章や硬貨には、動物が描かれているものが多くあります。オーストラリアの20セント硬貨にはカモノハシが描かれています。10セント硬貨にはコトドリが、5セント硬貨にはエリマキトカゲがいます。1ドル硬貨にはカンガルー、いちばん大きな50セント硬貨には、オーストラリアの紋章が描かれています。

写真／THPStock / Shutterstock.com

ひとくちメモ　カンガルーとエミューは、うしろに歩くことができません。オーストラリアの紋章に描かれたこの2種類の動物は、決してあと戻りしないというオーストラリアの国としての姿勢をあらわしています。

海外旅行で英語を話そう！

道端にて

12月 December 17日

音声対応

日本大学 生産工学部 教養・基礎科学系（英語科）
濱田 彰 先生が書きました

読んだ日　月　日　｜　月　日　｜　月　日

街の中を歩いていて、道に迷ったり、行きたい場所が見つけられないときの会話です。

scene 1 道をたずねる

ホテルまでの道がわからなくなってしまいました。どうすればいいでしょうか。

1. Excuse me, can you tell me the way to ABC hotel?
すみませんが、ABCホテルへの行き方を教えていただけませんか？

2. Go down this street, and turn left at the second block.
この道をまっすぐ行って、ふたつ目の角を左に曲がってください

3. You'll see it on your left.
左側にホテルが見えてきますよ

4. Thank you so much.
どうもありがとうございます

No problem.
どういたしまして

ひとくちメモ　旅行先では地図を持って歩くと安心。道に迷ったときに今いる場所を知ることができます。また、ホテルの名前やホテルの近くにある目印となる場所を覚えておくと道をたずねるときに便利です。

scene 2 迷子になったら

迷子になってしまいました。
外出するときは地図を持っていきましょう。

scene 3 トイレに行く

トイレに行きたくなってしまいました。
どこにトイレがあるのか聞いてみましょう。

(※) これはイギリス式の聞き方です。アメリカ式では
toiletではなくrest roomなどといいます。

熱いの？ 辛いの？ hotな食べ物

国立明石工業高等専門学校
飯島睦美先生に聞きました

12月18日 December

読んだ日　月　日　｜　月　日　｜　月　日

お湯は「熱い水」という

冬の自動販売機などで「ホット」というマークを見たことがあるでしょう。英語のhotは、ものが熱いときに使います。たとえば英語で「お湯」といいたいときは、hot waterと表現します。「熱い水」ということですね（hot waterは、231ページでさらにくわしく紹介しています）。

日本語ではちがう漢字を使いますが、気温が高くて暑い、というときもhotを使います。

「この食べ物はhot」といったら？

さて、hotにはもうひとつ意味があります。それは「辛い」という意味です。トウガラシやカレーなど、食べ物が辛いときもhotを使うのです。辛いものを食べると、口の中やからだが熱くなりますから、日本人も思わず納得してしまいますね。

ただ少しややこしいこともあります。「このマスタードはhotだ」といったら、辛いという意味だとすぐにわかりますが、「このカレーはhotだ」といったらどうですか？「熱い」なのか「辛い」なのか、ちょっと迷ってしまいそうですよね。そこで辛いときはspicy hotといういい方もします。これなら迷わないですみますね。

覚えておこう

hotの反対、coldの意味

「熱い」を覚えたら、反対の「冷たい」もいっしょに覚えましょう。英語でcoldです。「冷たい」だけでなく、「寒い」もcold。病気の「かぜ」の意味でも使います。

ひとくちメモ　hotはほかにも「人気がある」とか「流行中」という意味でも使います。人の注目が集まることで温度があがっているようで、これも日本人でも納得できる表現かもしれませんね。

400

ものの名前のお話

おせんべいはなんという？
みんな大好きおやつの話

12月 19日 December

北海道教育大学札幌校 非常勤講師
駒木昭子先生が書きました

読んだ日　月　日　｜　月　日　｜　月　日

sweetsとsnacks

おやつには、あまいお菓子としょっぱいお菓子がありますね。みなさんはどちらが好きですか？

英語では、あまいほうはsweets、しょっぱいほうはsnacksといいます。英語圏では、sweetsの代表はchocolate（チョコレート）、cake（ケーキ）、candy（キャンディ）、pudding（プリン）、ice cream（アイスクリーム）、あまずっぱいものやミントの味がするgum（ガム）やgummy（グミ）です。snacksの代表はpotato chips（ポテトチップ）、rice crackers（おせんべい）、popcorn（ポップコーン）、pretzels（プレッツェル）などです。

rice crackers（おせんべい）はお米でできているので、rice（米）という言葉から始まります。

季節を感じるお菓子

seasonal sweets（期間限定のおやつ）が味わえるのは、日本ならではの楽しみだといわれています。春はstrawberry flavor（イチゴ味）、green tea flavor（抹茶味）、夏はpeach flavor（モモ味）、秋はchestnut flavor（クリ味）、pumpkin flavor（カボチャ味）など旬の味がお菓子で楽しめます。

英語圏にも独特のお菓子がいっぱいあります。ミントのチョコレートやミントチョコのケーキ、ダークチェリーがぎっしり詰まったパイ、キャラメルたっぷりのカボチャのプリンなどがあります。どれもとても濃厚な味でダイナミックな感じですよ。

覚えておこう

「アイス」は通じない？

日本ではice cream（アイスクリーム）のことを短縮して「アイス」と呼ぶことがありますが、英語圏では通じません。iceは「氷」の意味だからです。ちなみにソフトクリームはsoft-serve ice creamです。

12月

ひとくちメモ

snackは軽い食事のことを指すこともあります。日本語のスナック菓子より幅広く考えたほうがいいでしょう。

401

おもしろ英語のお話

キミはなにどし？干支を英語でいえるかな？

12月20日 December

音声対応

中国学園大学 国際教養学部
竹野純一郎先生が書きました

読んだ日　月　日　｜　月　日　｜　月　日

干支は日本だけじゃない

年賀状の準備は順調ですか？　この時期になると、次の年の干支が気になりますね。英語を話す国に「十二支」はありませんが、世界では発祥の中国をはじめ、日本、韓国、タイ、ベトナム、モンゴル、ロシアなどに広まっています。

登場する動物は国によって少しちがいがあります。イノシシがいるのは日本ぐらいで、ほかの国はブタが多いようです。タイやベトナムではウサギの代わりにネコが登場します。ヒツジではなくヤギの国もあります。

英語で自分の干支をなんというのかは、下のイラストから探してみてください。

🔊 **What is your Chinese zodiac sign ?**
あなたの干支はなんですか？

🔊 **I was born in the year of the Monkey.**
私は申年生まれです。

覚えておこう　十二支にまつわる英単語

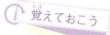

🔊 rat　子（ネズミ）

🔊 ox　丑（ウシ）

🔊 tiger　寅（トラ）

🔊 rabbit　卯（ウサギ）

🔊 dragon　辰（龍）

🔊 snake　巳（ヘビ）

🔊 horse　午（ウマ）

🔊 sheep　未（ヒツジ）

🔊 monkey　申（サル）

🔊 rooster　酉（ニワトリ）

🔊 dog　戌（イヌ）

🔊 (wild) boar　亥（イノシシ）

ひとくちメモ　十二支は古代中国で、空を約12年で1周する木星の動きを目安に、12の方角にわけて名前をつけたことからはじまったといわれています。むかしの日本でも方角や時刻に十二支が使われました。

ドイツの子どもたちも英語を学んでいるよ！

12月 December 21日

お茶の水女子大学　非常勤講師
赤木美香先生が書きました

読んだ日　月　日｜月　日｜月　日

楽しい色の覚え方

　みなさんと同じように、ドイツの子どもたちも英語を学んでいます。ドイツの小学校では2年生から英語の授業がはじまります。授業はすべて英語。最初の3年間は、英語に慣れるために、英語の歌を歌ったりゲームやパズルをしたりしながら、「英語のシャワー」を浴びます。

　自分たちで色のついたカードをつくり、カードの表には色の名前をドイツ語で書きます。カードの裏には色の名前を英語で書きます。友だちにカードの表（ドイツ語）だけを見せて、それが英語でなんというか答えてもらいます。答えてもらったら、カードを裏返して答え合わせをします。ドイツ語の代わりに日本語にすれば、みなさんもできますね。

5年生からは本格的

　ドイツの小学校では、5年生になると一気にレベルが上がります。日本の中学3年生が勉強するような内容を勉強します。英語の授業は1週間に5時間もあります。毎週、テストがある学校もあります。ドイツの子どもたちはこうしたトレーニングを3年間続けることで、英語を身につけていくのです。

覚えておこう

英語がとくいな人に聞きました

英語がとくいな大学生に「子どものころはどんなことをしていたの？」と聞いてみると、「とにかくたくさん英語を聞いていました」という答えが返ってきます。中学生になってからは、自分が興味あることを誰かに伝えたい、誰かに知ってほしいという気持ちで、たくさん英語を書いたり話したりしたそうです。

12月

ひとくちメモ　外から情報を取り入れることをinput（インプット）といいます。反対に、自分から情報を発信することをoutput（アウトプット）といいます。英語もたくさんインプットとアウトプットをすることがたいせつです。

403

チャックは日本語って知ってた？

ものの名前のお話

愛知県尾張旭市立本地原小学校　教諭
鈴木由季子先生が書きました

12月22日 December

音声対応

読んだ日　月　日　｜　月　日　｜　月　日

チャックとファスナー

みなさんは「チャック」という言葉をよく耳にするでしょう。たとえば、ようち園や小学校の低学年では、先生が子どもたちを静かにさせるとき、「お口にチャック！」といって、口を閉じる動作をします。すると、子どもたちも口をギュッと閉じて、お話をやめて静かにしますね。

ほかにも、同じ意味で「ズボンのチャック」のようにも使われています。みなさんは「チャック」というと、どんなものを思い浮かべますか？

これらのチャックは、いわゆるファスナーのことです。ふつう、カタカナで書くことが多いので、チャックを英語だと思っている人が多いのではないでしょうか？　でも、チャックは英語でファスナーの意味として使われることはありません。英語では、fastenerやzipperといいます。

じつは、英語のように感じていた「チャック」は日本語だったのです。

巾着からチャック

チャックという言葉は、昭和のはじめごろに日本でつくられたファスナーの名前です。名前の由来は「巾着」から。巾着の「ちゃく」の部分をもじって、ファスナーに「チャック」という名前をつけたのだそうです。

巾着は布などでできたふくろで、口のところにひもが通してあり、ひもを引っ張ることでふくろの口を閉じることができるようにしたもの。日本ではむかしからなじみのあるもので、みなさんの給食ぶくろなどにも利用されていますね。チャックという名前は、つくりが巾着と同じように、布どうしを自由に閉じたり開いたりできるようになっているところから考えついたのでしょう。

話してみよう

「チャック開いてるよ！」

ズボンのチャックは英語でflyともいいます。友だちのズボンのチャックが開いているのを見つけたときは、こんな風に声をかけましょう。

🔊 Your zipper is open.
🔊 Your fly is open.
　ズボンのチャックが開いているよ。

ひとくちメモ　ズボンのチャックが開いていることを遠まわしに伝える方法で、X.Y.Z.といういい方もあります。これは、examin your zipper.の略語で、ズボンのチャックが開いていることを教えるときに使います。

いろいろな国に伝わるドラゴン退治のお話

神田外語大学 グローバル・コミュニケーション研究所特任講師
亀井ダイチ・アンドリュー先生が書きました

読んだ日　月　日　月　日　月　日

ドラゴンは悪の権化

むかし話といえば、「むかしむかし、あるところに……」で始まります。これは英語でOnce upon a time, there were (was)…といいます。ここでセント・ジョージの話に出てくる簡単な英語の表現を見てみましょう。

🔊 **Slay the dragon!**
ドラゴン（竜）を倒せ！

🔊 **Rescue the princess!**
姫を救い出せ！

イギリスには、古くから知られる多くの伝説がありますが、その中のひとつがドラゴン退治の物語です。ドラゴン（竜）は、中国などでは英雄にたとえられるなど、よい印象があります。しかし、ヨーロッパでは悪のイメージ。セント・ジョージの話でも悪者です。

王の娘を救った英雄

ある街の近くの湖にドラゴンがいました。人々は災厄から逃れるために毎日2頭のヒツジをいけにえにしていました。しかし、いけにえのヒツジがいなくなってしまい、代わりに人間を出すことになったのです。

くじをひくと、王の娘があたってしまいました。王は宝石と引き換えに逃れようとしま

すが、8日間の時間を得るだけで精一杯。そこにセント・ジョージが現れ、王女に迫るドラゴンに槍を刺したのです。ドラゴンを倒したセント・ジョージに神の力を感じた人たちは、キリスト教徒になったと伝わっています。

この伝説はイギリス以外でも有名で、国によって少し話がちがいます。しかし、お姫様を悪いドラゴンから助けることは共通で、ゲームのストーリーのもとになっています。

学んでみよう

むかし話に出てくる表現

お姫様を助け出すお話では、主人公である王子様や騎士はお姫様と結婚し、いつまでも幸せに暮らしました、で終わることが多いです。これは、英語で
They lived happily ever after.
といいます。

ひとくちメモ：日本の神話にもセント・ジョージのドラゴン退治とにた話があります。8つの頭と8つの尻尾をもった怪物、ヤマタノオロチに食べられそうになっている美しい娘を、男性の神様が助けるお話です。

ロンドンの静かなクリスマス

高知大学 教育学部 准教授
多良静也先生が書きました

読んだ日　月　日｜月　日｜月　日

家族や親せきと過ごす

みなさんはクリスマスをどうやって過ごしますか？　家で家族と過ごす人もいれば、家族とどこかに出かけたり、友だちとパーティをしたりする人もいるでしょう。

では世界の人たちはどうやって過ごしているのでしょうか？

イギリスの人たちは、クリスマスに外に出かけることはほとんどありません。家の中で家族や親せきの人たちと楽しく過ごします。外に出かけるのは、教会のミサ（礼拝行事）に行くときだけです。ミサは午後11時から午前0時に始まり、みんなで静かに賛美歌を歌い、祈りをささげます。

交通機関はすべてストップ！

イギリスのクリスマスは祝日です。だから、デパートやレストランなどのほとんどのお店はお休みです。働く人がいたらその人は家族とは過ごせません。みんながクリスマスを過ごせるように休日になっているのです。さらに、首都ロンドンでさえ、なんと交通機関がほとんどストップしてしまいます。電車も地下鉄もバスも動きません。町中がお休みムードになるのです。

覚えておこう

アドベントカレンダー

家にはクリスマスまでの残りの日数を数えるための「アドベントカレンダー」が飾られます。アドベントカレンダーは12月1日からはじまります。24個の窓がついていて、毎日窓をひとつずつ開けて、クリスマスが来るのを楽しみに待つのです。窓を開けるとイラストや写真、チョコレートや小さなプレゼントが入っているものもあります。

ロンドンの華やかな雰囲気を味わいたければ、12月24日より前の訪問がおすすめ。町は10月後半からクリスマスの飾りつけが始まり、プレゼントを買い求める人たちでにぎわいます。

たのしい行事のお話

待ち遠しい！クリスマスのお話

大阪市立大学 関西国際大学 非常勤講師
フィゴーニ啓子先生が書きました

12月 December 25日
音声対応

読んだ日　月　日　｜　月　日　｜　月　日

クリスマスってどんな日？

　クリスマスは、キリスト教徒がイエスキリストの誕生をお祝いする日です。クリスマスは英語で Christmas といいます。Christは「キリスト」、masは「ミサ、礼拝」という意味です。アメリカでは、約7割の人がキリスト教徒なので、12月24日と25日は、ほとんどの学校や会社が休みになります。この日は、家族や親せきのみんなで集まって、教会へ行ったり、ごちそうを食べたりしてお祝いをします。日本のお正月のように、家族みんなでのんびりと過ごすのが一般的です。

プレゼントは山盛り

　アメリカでは、クリスマスプレゼントは、12月25日までクリスマスツリーの下にずっと置かれています。25日になると、家族みんなでいっせいにプレゼント交換をします。プレゼントはひとり2個から3個ももらえるので、兄弟や親せきが多いと、山のようなプレゼントがもらえることになります。

　子どもは12月24日の夜になると、サンタさんのためにミルクの入ったコップとクッキーを用意します。翌朝、ミルクとクッキーがなくなっていたら、サンタさんが来てくれた証拠です。プレゼントはクリスマスツリーのそばのくつ下に入れておいてくれます。

覚えておこう

クリスマスのあいさつ

家族や友だちと交わすクリスマスのあいさつを覚えましょう。

🔊 Merry Christmas！
メリークリスマス！

🔊 Happy Holidays！
ハッピーホリデイズ！

12月

ひとくちメモ　アメリカには、いろいろな宗教を信じている人がいます。「メリークリスマス＝楽しいクリスマスを」だとキリスト教の人だけにしか使えないので、「ハッピーホリデイズ＝楽しい祝日を」ということもあります。

407

言葉の研究者だった グリム兄弟

岡山県立大学　保健福祉学部・共通教育部　語学教育推進室
高橋幸子先生が書きました

12月26日 December

読んだ日　月　日　｜　月　日　｜　月　日

口伝えの物語を集めて記録した

『白雪姫』『ヘンゼルとグレーテル』などのお話を集めた『グリム童話』は世界中の子どもたちが読んでいます。この童話集は、グリム兄弟が、ドイツのいろんな地方に伝わるお話をまとめたものです。

ふたりはドイツの大学に勤める、言語学者でした。言語学者とは言葉の研究をする人のことです。言葉について調べるなかで、さまざまな村で人の口から口へと伝えられてきたお話がたくさんあることに気がつきました。口伝えの物語は、記録しなければそのうち消えてしまいますから、これらを書物に残そうと考えたのです。

と呼ばれています。今でも英語をはじめとするヨーロッパの言葉を勉強するときに役立っているのです。

言葉を比べながら研究

グリム童話を世に送り出したことで、世界中で知られるグリム兄弟ですが、母国ドイツでは、言語学者としても高く評価されています。ドイツ語と英語は、祖先を同じくする親戚のような関係ですが（くわしくは360ページ参照）、どうにているか、どう変わったかを、元になった古い言葉と比べながら、その変化の歴史をひもといたのです。この研究で見つかった言葉のきまりは「グリムの法則」

調べてみよう

グリムの法則ってなんだ!?

英語やドイツ語は共通する祖先の言葉の子音が変化することでできたことを発見したグリム兄弟。そのこまかいきまりをグリムの法則といいます。ちょっと難しいですが、例をご紹介しましょう。

```
       祖先の言葉
        /    \
     ドイツ語    英語
    ファーター  ファーザー
     Vater    father
    （お父さん） （お父さん）
```

グリム兄弟は『ドイツ語辞典』のような辞書づくりをスタートさせたことでも有名。辞書づくりは彼らの死後も引き継がれ、完成したのはスタートから約120年後。なんと全16巻もの大作になったそうです。

408

どちらが日本語？ トランプとかるた

ものの名前のお話

秀明大学 学校教師学部
星野由子先生が書きました

12月27日(日) December

読んだ日　月　日　月　日　月　日

かるたは日本語？

　かるたはポルトガル語から生まれたもの。ポルトガル語でcartaと書いて「カルタ」と読みます。では、トランプは英語ではなんと呼ぶのでしょう。トランプは英語でcardと書いて「カード」と読みます。ポルトガル語のcartaも英語のcardも、スペルが似ていますね。どちらも「カード」という意味なのです。

　むかしは今のトランプのことをかるたと呼んでいたという説があります。しかし、今では日本語でトランプといえば4つのマークそれぞれに13枚ずつの札があるカードゲームのことで、かるたは読札を読んで取り札を取るカードゲームのことを指します。トランプは日本語で、かるたはポルトガル語なのです。

トランプってどういう意味？

　では、トランプという言葉は英語にはないのでしょうか。もちろんあります。英語でtrumpは、「切り札」という意味です。トランプのゲームをしていて、強い札を最後まで切り札として残しておくことがありますよね。ここから転じて、日本語では、カードそのものを指すようになったのでしょう。

　それぞれのカードの呼び方も紹介しましょう。ハートのエースは、ace of hearts、スペードのキングはking of spadesといいます。ダイヤは、英語ではdiamondsというので、ダイヤのクイーンであればqueen of diamondsと呼びます。

覚えておこう

トランプにまつわる英語表現

トランプで使う英語の表現をひとつ紹介しましょう。トランプを切る（混ぜる）のはなんというでしょうか？　トランプのカードの束のことをdeckというので、トランプを切る（混ぜる）ときには、shuffle the deckといいます。

ひとくちメモ　「七並べ」は英語でSevens、「ババ抜き」は英語でOld maidといいます。

早起きの鳥はミミズをつかまえる

12月28日 December

🔊 音声対応

北海道教育大学札幌校 非常勤講師
駒木昭子 先生が書きました

読んだ日　月　日　｜　月　日　｜　月　日

早起きするといいことがある

「早起きは三文の徳」という言葉を聞いたことがありますか？　これは、早起きをするといいことがある、という意味のことわざです。「三文」は「わずかな」という意味です。「徳」は「得した、損した」の「得」のことです。じつは英語にも、このことわざとそっくりなことわざがありますよ。

🔊 **The early bird catches the worm.**
　早起きの鳥は、ミミズをつかまえる。

食べ物であるミミズをつかまえられることは、鳥にとってはまさしくいいことですね。

このように、英語には日本のことわざとよくにた意味のことわざがたくさんあります。もうひとつ紹介しましょう。

ミルクをこぼしたら、泣いてもムダ

一度してしまった失敗は、取り返しがつかない、という意味のことわざに、「覆水盆に返らず」という言葉があります。「覆水盆に返らず」を簡単にいうと、お盆からこぼれた水は、元にはもどらない、ということです。英語にも同じような意味のことわざがあります。

🔊 **It's no use crying over spilt milk.**
　こぼれてしまったミルクに泣いてもムダ。

It's no use crying over spilt milk.
「覆水盆に返らず」だよ。

日本語ではこぼすのは「水」ですが、英語では「ミルク」をこぼすのがおもしろいですね。

答えてみよう

なんていうことわざかわかるかな？

英語で、次のような意味のことわざがあります。
🔊 **Don't count your chickens before they are hatched.**
　ヒナがかえる前に、ニワトリの数をかぞえてはいけない。

日本語にもこれとそっくりなことわざがあります。さて、どんなことわざかわかりますか？　ヒントは、まだ手に入っていないものをあてにして計画を立てること、です。答えは、ひとくちメモにあります。

ひとくちメモ　答え：「取らぬタヌキの皮算用」。ちょっと難しかったかもしれませんね。わかりやすくいうと、まだつかまえていないタヌキの皮をかぞえて、売るといくらもうかるか考えるということです。

外国のくらしと文化のお話

アメリカにも福笑いがある!?

秀明大学 英語情報マネジメント学部 准教授
Gaby Benthien 先生が書きました

12月29日 December

読んだ日　月　日　｜　月　日　｜　月　日

目かくしをして顔をつくる

日本の伝統的なお正月の遊びに「福笑い」というゲームがあります。まず、まゆ・目・鼻・口など顔の部品と、のっぺらぼうの顔の絵を用意します。目かくしをした人が、のっぺらぼうの顔の上にそれぞれの部品を置いていくのです。見えていないので当然正しいところに置くことはできません。できあがった顔はきっとおもしろいものになっているでしょう。それを見ているまわりの人とともにみんなで大笑いする、という遊びです。

いかにも伝統的な日本の遊びですが、なんとアメリカにもよくにたゲームがあります。pin the tail on the donkey（ロバにしっぽをつける）というものです。

そっくりな遊び方

福笑いでは、目や鼻のない顔の絵を床やテーブルの上に置いて遊びますが、pin the tail on the donkeyは、壁や黒板にしっぽのないロバの絵をはります。そして目かくしをしたままその場でぐるぐる回ったあとで、ロバの絵にしっぽをつけるのです。

見えていないので当然正しいところにつけることはできません。おかしなところにしっぽがついたロバの絵を見て、みんなで大笑いする、という遊びです。

国も文化もまったくちがうのに、にたような遊びで笑っているのは、なんともおもしろいものですね。

やってみよう

英語版しりとり word chain

しりとりも日本だけの遊びではないようです。英語を話す国々ではword chain（単語のくさり）と呼ばれる言葉遊びがあります。cup→pen→news→snowのように、最後の文字が頭につく言葉を続けていくのです。英語の勉強にもなりますね。

12月

ひとくちメモ
世界中で行われている遊びといえば鬼ごっこがあります。英語ではtag, tiggy, tig, chasingなどと呼びます。鬼ごっこしたいときは、Let's play tag！で通じますよ。

英語のなぞなぞに挑戦！
〜上級編〜

12月30日 December

広島大学大学院教育学研究科 教授
築道和明先生が書きました

読んだ日　月　日　｜　月　日　｜　月　日

最難関なぞなぞにチャレンジ！

英語のなぞなぞ最終回です。最終回はかなりレベルが高いです。でもこれまでこの本を読んできたみなさんにはきっと解けるはずです。がんばってチャレンジしてみてください。

Q1 What are the most beautiful flowers between your nose and chin?
鼻とあごの間にあるいちばんきれいな花ってな〜んだ？

A1 Tulips（チューリップ）

鼻とあごの間にあるのは口ですね。口にはくちびるがあります。くちびるは英語でlip（85ページを見てね）。くちびるはふたつあるので、two lips。two lipsを口に出していうと、なにかの花の名前ににていますね。そうです。tulipです。

ではもう１問です。

Q2 Which is heavier, a half moon or a full moon?
半月と満月、重いのはどっち？

A2 A half moon（半月）

半月は満月の半分だから、半月のほうが軽い……。そう思った人は素直な人ですね。でもこれはなぞなぞです。なぞなぞには「とんち」が必要です。

半月と満月ではどっちが明るいと思いますか？　満月のほうが光っている面積が大きいので、満月のほうが明るいといえます。「明るい」を英語でlightといいます。「満月は半月よりも明るい」を英語でこういいます。

A full moon is lighter than a half moon.
満月は半月よりも明るい。

じつはこのlightには別の意味もあります。なんだと思いますか？　そうですね。「軽い」という意味もあります。だから、上の英語は「満月は半月よりも軽い」という意味でもあるのです。

どうでしたか？　最後のなぞなぞはやっぱり難しかったかもしれません。みなさんの英語力があがると、こうしたなぞなぞを解くのがどんどん楽しくなってきます。この本をなん回か読むだけでも、自然と英語が身につくはずです。ぜひ楽しみながら読んでくださいね。

月のお話は294ページで紹介しています。また、light（明るい）は60ページで紹介しています。すみからすみまでこの本を読んだ人だったら、簡単だったかもしれませんね。

ボーイズ・ビー・アンビシャス！クラーク博士が残したもの

12月 31日 December

国立明石工業高等専門学校
飯島睦美先生に聞きました

読んだ日　月　日　｜　月　日　｜　月　日

クラーク博士がやってきた！

今から140年ほど前、ひとりのアメリカ人が日本にやってきました。札幌農学校（今の北海道大学）の土台をきずいた、ウィリアム・スミス・クラーク（William Smith Clark）博士です。

クラーク博士は、アメリカの大学で農業を教える有名な先生でした。日本の政府は、クラーク博士に北海道にきて、新しい農業のやり方を教えてほしいとたのみました。

クラーク博士の教え方は、日本の学校とはまるでちがっていました。まず、こまかい校則をすべてなくして、ルールはたったひとつ「Be gentleman（紳士であれ）」だけにしました。この学校は、農業を教えるだけでなく、新しい国づくりのリーダーを育てることが目的だったのです。

授業はすべて英語だった！

農学校の授業は、すべて英語で行われました。学生たちは英語でノートをとり、あとでクラーク博士が全員のノートをチェックします。とても難しい単語もありましたが、みんながんばって勉強しました。

約束の期間がすぎて、いよいよ日本を去る

とき、クラーク博士は、お別れにきた学生一人ひとりと握手をして、あの有名な言葉をおくったのです。

「Boys, be ambitious!（青年よ、大志をいだけ！）」。クラーク博士が日本にいたのは、わずか8カ月でしたが、のちに札幌農学校からは、日本の発展につくしたリーダーが数多く巣立っていったのです。

調べてみよう

クラーク博士がカレー大好き!?

札幌農学校の学生の食事は、すべて洋食でした。メニューは1日おきに、meat & bread（肉とパン）か、rice curry（ライスカレー）が登場したそうです。もしかしたら、クラーク博士も同じカレーを食べていたのかもしれませんね

ひとくちメモ　クラーク博士は今の北広島市で、お別れの言葉を残しました。一説では「Boys, be ambitious like this old man.（青年よ、大志をいだけ、この老人（＝私）のように）」だったともいわれています。

著者・監修者一覧
（50音順 敬称略）

赤木美香
お茶の水女子大学　非常勤講師

飯島睦美
国立明石工業高等専門学校

池田 周
愛知県立大学　外国語学部　准教授

泉 惠美子
京都教育大学　英文学科

伊藤 豊
山形大学　人文学部教授

今井典子
高知大学　人文社会科学部

岩村鋭介
札幌市立北の沢小学校

卯城祐司
筑波大学　人文社会系

太田聡一
東北福祉大学

大森 誠
呉工業高等専門学校　人文社会系分野

岡村里香
三重県多気町立勢和小学校　教諭

Kirsty Hansen
Faith Lutheran College

加賀田哲也
大阪教育大学

風早由佳
岡山県立大学　デザイン学部造形デザイン学科

加藤拓由
愛知県春日井市立鷹来小学校

金澤延美
駒沢女子短期大学　教授

金子 淳
山形大学　地域教育文化学部　地域教育文化学科　准教授

Gaby Benthien
秀明大学　英語情報マネジメント学部　准教授

亀井ダイチ・アンドリュー
神田外語大学　グローバル・コミュニケーション研究所特任講師

亀井ダイチ・利永子
立正大学　文学部特任講師

川村一代
皇學館大学文学部　コミュニケーション学科　准教授

北村友美子
京都ノートルダム女子大学他　非常勤講師

木村雪乃
獨協大学　特任講師

久保田香直
愛知県安城市立安城西中学校　教諭

駒木昭子
北海道教育大学札幌校　非常勤講師

佐久間康之
福島大学　人間発達文化学類　教授

左近政彦
愛知県瀬戸市立掛川小学校

414

佐藤 剛
弘前大学　教育学部

Jane O'Halloran
岡山理科大学　客員講師

篠村恭子
広島文教女子大学　非常勤講師

清水 遥
東北福祉大学　総合基礎教育課程

鈴木健太郎
共栄大学　国際経営学部　助教

鈴木由季子
愛知県尾張旭市立本地原小学校　教諭

相馬和俊
北海道室蘭市立海陽小学校教諭

髙木修一
福島大学　人間発達文化学類准教授

鷹巣雅英
三重県小学校英語活動研究会代表　JES三重県理事

高橋幸子
岡山県立大学　保健福祉学部・共通教育部　語学教育推進室

瀧口美佳
立正大学　文学部　特任講師

竹野純一郎
中国学園大学　国際教養学部

多田 豪
筑波大学大学院　人文社会科学研究科

立松大祐
愛媛大学　教育学部

田中菜採
山口県立大学　国際文化学部

多良静也
高知大学　教育学部　准教授

築道和明
広島大学大学院教育学研究科　教授

中島 亨
福岡教育大学　英語教育講座　教授

名畑目真吾
共栄大学　教育学部専任講師

Nancy DalCortivo
アメリカ・ニュージャージー日本人学校

西崎有多子
愛知東邦大学　教育学部　子ども発達学科　教授

ハーヴィー佳奈
島根大学　外国語教育センター　嘱託講師

畑江美佳
鳴門教育大学

濱田 彰
日本大学　生産工学部　教養・基礎科学系（英語科）

フィゴーニ啓子
大阪市立大学　関西国際大学　非常勤講師

星野由子
秀明大学　学校教師学部

細田雅也
筑波大学　大学院　人文社会科学研究科

前田和彦
大阪商業大学

三好徹明
愛媛大学附属高等学校

森 好紳
筑波大学　大学院　人文社会科学研究科

執筆	小学生のための英語教育研究グループ
編集協力	井上幸　戸村悦子　塩野祐樹　寺西憲二 小野寺佑紀（レカポラ編集舎）　藤屋翔子
録音	一般社団法人英語教育協議会（ELEC）
ナレーション	Helen Morrison　Howard Colefield
AR技術	三美印刷株式会社
イラスト	アニキK.K　有留ハルカ　イケウチリリー　池田蔵人 キノ　ホリナルミ　ほりみき　マツモトナオコ
装丁	宇江喜桜（SPAIS）
デザイン	SPAIS（宇江喜桜　小早谷幸　佐藤ひろみ　熊谷昭典） 大木真奈美

子供の科学 特別編集

英語好きな子に育つ たのしいお話365
遊んでみよう、聞いてみよう、話してみよう　体験型読み聞かせブック

NDC830

2016年12月20日　発　行
2017年 3 月25日　第2刷

著　者　小学生のための英語教育研究グループ
発行者　小川雄一
発行所　株式会社 誠文堂新光社
　　　　〒113-0033 東京都文京区本郷 3-3-11
　　　　（編集）電話 03-5800-3614
　　　　（販売）電話 03-5800-5780
　　　　http://www.seibundo-shinkosha.net/
印刷・製本　大日本印刷株式会社

© 2016, Seibundo Shinkosha Publishing Co., Ltd.　　Printed in Japan

検印省略
本書記載の記事の無断転用を禁じます。
万一落丁・乱丁の場合はお取り替えいたします。

本書のコピー、スキャン、デジタル化等の無断複製は、著作権法上での例外を除き、禁じられています。本書を代行業者等の第三者に依頼してスキャンやデジタル化することは、たとえ個人や家庭内での利用であっても著作権法上認められません。

JCOPY <（社）出版者著作権管理機構　委託出版物>
本書を無断で複製複写（コピー）することは、著作権法上での例外を除き、禁じられています。本書をコピーされる場合は、そのつど事前に、（社）出版者著作権管理機構（電話 03-3513-6969／FAX03-3513-6979／e-mail: info@jcopy.or.jp）の許諾を得てください。

ISBN978-4-416-71631-1